2023年
上海市体育决策咨询研究成果报告

上海市体育局 编

2023 NIAN SHANGHAISHI
TIYU JUECE ZIXUN YANJIU CHENGGUO BAOGAO

上海大学出版社
·上海·

图书在版编目(CIP)数据

2023年上海市体育决策咨询研究成果报告/上海市体育局编．—上海：上海大学出版社，2024.3
 ISBN 978-7-5671-4951-9

Ⅰ.①2… Ⅱ.①上… Ⅲ.①体育事业－研究报告－上海－2023 Ⅳ.①G812.751

中国国家版本馆CIP数据核字(2024)第060716号

责任编辑　傅玉芳
封面设计　柯国富
技术编辑　金　鑫　钱宇坤

2023年上海市体育决策咨询研究成果报告
上海市体育局　编
上海大学出版社出版发行
(上海市上大路99号　邮政编码200444)
(https://www.shupress.cn　发行热线021-66135112)
出版人　戴骏豪

＊

南京展望文化发展有限公司排版
上海颛辉印刷厂有限公司印刷　各地新华书店经销
开本787mm×960mm 1/16 印张24.25 字数410千
2024年3月第1版　2024年3月第1次印刷
ISBN 978-7-5671-4951-9/G·3612 定价　85.00元

版权所有　侵权必究
如发现本书有印装质量问题请与印刷厂质量科联系
联系电话：021-57602918

编委会名单

主　编　徐　彬

副主编　许　琦

编　委（以姓氏笔画排序）

　　　　　王才兴　刘学华　余诗平

　　　　　张　蓓　郭　蓓　柴盈儿

　　　　　曹可强

编　辑　路　宁

坚持以创新引领发展
加快建设全球著名体育城市

（代序）

上海市体育局党组书记、局长　徐　彬

　　体育是提高人民健康水平的重要途径，也是实现中国梦的重要内容。上海体育坚持以习近平新时代中国特色社会主义思想为指导，深入学习习近平总书记关于加快建设体育强国的重要论述，全面学习宣传贯彻党的二十大精神，围绕全球著名体育城市建设目标，坚持改革驱动，统筹高质量发展，持续办好人民满意的体育。

　　一是贯彻全民健身国家战略，探索建立运动促进健康新模式。 上海市作为老龄化程度较高的城市，着力把建立运动促进健康新模式作为构建更高水平全民健身公共服务体系的重要内容。将"体医养融合"纳入"健康上海2030"规划和健康上海行动，体育部门和卫健、民政、总工会共同制定全国首个探索运动促进健康新模式的专项计划《上海市运动促进健康三年行动计划（2021—2023年）》，构建覆盖全人群、全地域、全生命周期的运动促进健康新模式。2023年市委常委会和市政府常务会议审议通过《上海市关于构建更高水平全民健身公共服务体系的实施意见》，把建立运动促进健康新模式作为重点任务。首创长者运动健康之家，为老年人提供"一站式"运动康养服务，目前已建成超过120个，并入选工信部、体育总局评选的智能体育典型案例，被写入有关部委印发的《全民健身场地设施提升行动工作方案（2023—2025年）》。会同上海市总工会和卫健委建设职工健身驿站、智慧健康驿站，为在职人群和社区居民提供服务。加强人才培养，组织"体医交叉培训"，试点运动健康师项目，将运动健康服务引入基层社区，指导市民健康吃、科学练、防慢病、治未病。成立上海市运动促进健康专家委员会，推进全民健身公共服务数字化、智能化。

将社区体育服务配送纳入全市基本公共服务项目,实现各街镇全覆盖。每年配送服务8 000余场,受益市民超千万人次。编写《上海市民运动健康知识手册》,发布《运动促健康长三角宣言》,结合全民健身日、体育宣传周等活动加强指导、营造宣传氛围。

二是发挥市场机制作用,构建上海特色的都市型竞技体育发展格局。贯彻落实上海市人民政府《关于构建本市竞技体育发展新体系的实施意见》《关于加快本市冰雪运动的实施意见》,推进传统体校办训、普通学校办训、社会力量办训三种模式协同的后备人才培养模式,着力推进一、二、三线训练体系贯通。市体育部门已与多家高校、体育企业、市级协会、区级体育部门联办优秀运动队。对于市场化程度高的项目,坚决走联办优秀运动队道路,制定社会力量办训管理、激励、选拔与监督政策,建立有效竞争体系,有效整合各类资源力量,持续优化项目布局。注重科技支撑,加快打造竞技体育科研中心和运动医疗康复中心。着力构建后备人才培养新体系,从功能定位、运行机制、项目布局、队伍建设、硬件设施等方面入手改革传统体校办训,深化普通学校办训,2021—2024年,共建成国家(高水平)体育后备人才基地40家,其中传统体校20家、普通学校10家、社会办训俱乐部10家。制定《关于加强新时代体教融合和学校体育工作 促进青少年健康发展的实施意见》和《上海市学校体育"一条龙"课余训练管理办法》,会同市教委开展新周期青少年高水平运动队布局,积极构建学校体育"一条龙"人才培养体系,以足球、田径、游泳等9个重点项目和X个项目为布局范围,由1所高中、2~3所初中、4~6所小学,组成"一条龙"布局单位。2022年市第十七届运动会共有19 568名参赛运动员,其中4 960名来自社会办训单位,获得前八名的有2 953人次,社会力量办训已逐渐成为上海体育后备人才培养的重要增长点。

三是深化赛事改革,打造世界一流的国际体育赛事之都。以完善赛事管理服务为目标,提升赛事品质,释放综合效益,致力于将"上海赛事"打造成城市软实力和核心竞争力的一张金名片。建立《体育赛事品牌认定体系》《体育赛事评估体系》《体育赛事扶持办法》等品牌认定、评估和扶持体系。从2021年开始,"上海赛事"分为"PHD"三档,即顶级赛事、标志性赛事和培育性赛事,定期对赛事开展认定,目前已有19项赛事获得"上海赛事"品牌认定。完善上海赛事影响力评估指标三级体系,委托第三方对上年度举办的重大赛事进行评估并发布报告,参照评估结果根据申请为赛事提供资金扶持,形成赛前认定、赛中评估、赛后扶持的监管服务闭环。专注打造自主品牌赛事,确立了

"3+3+3+X"自主品牌赛事发展框架。第一个"3",即三个依托城市景观培育的头部赛事——中国首个世界田联白金标赛事上海马拉松、上海赛艇公开赛和上海帆船公开赛;第二个"3",即聚焦三大球发展的明日之星系列赛;第三个"3",即三个各具特色的赛事——上海超级杯、上海杯象棋大师公开赛和环上海新城自行车赛。

2024年是实施《上海市体育发展条例》的第一年,是实现"十四五"规划目标的关键之年,上海体育将深入学习贯彻习近平总书记考察上海的重要讲话精神和对体育的重要论述,全面实施《体育法》和《上海市体育发展条例》,发挥体育在支撑上海城市重大战略任务中的重要功能,展现体育在服务上海构建新发展格局中的重要地位,提升体育在助力国际化大都市建设中的重要作用,构建更高水平的全民健身公共服务体系,打造更具竞争力的竞技体育人才培养体系,培育更具消费带动效应的体育产业发展体系,探索更加有效的体育市场治理体系,为城市发展赋能,为市民幸福加码,加快建设全球著名体育城市。

目 录
Contents

（★为优秀课题）

★上海市科学健身信息服务研究……………	汪嘉琦 童　超 陈　莹 潘加文 尹　航 袁子茵		1
★商旅文体联动促进消费举措国际比较研究…………………………………………	杨　鹏 孙　浩 王璐婷 余典松 刘成云		19
★体医融合发展促进社区老年人慢性疾病管理策略研究…………………………………	王美凤 谢春艳 魏　军 石　瑛 马周理		43
★上海运动处方推广应用策略研究…………	李云霞 孙　扬 常　琳 庄　洁 徐克拉		66
★上海运动处方推广应用策略研究…………	许明飞 罗雅双 李宏云 全明辉 刘欣宇 张晨曦		107
★上海市体育公园服务质量评价体系构建和实证研究………………………………………	林章林 张思帆 郭　娟		131
上海建设全球著名体育城市的政策回顾与战略展望研究……………………………	陈林华 陈　静		173
上海都市体育发展体系建设研究 ——都市体育公共服务体系…………	卢天凤 汪　悦 冯琳琳 王恩锋 吴馨予 吴丹婷		190
上海都市体育发展体系建设研究 ——都市体育公共服务体系…………	丁　响 丁　浩 高丽华 刘　涛 林大勇 陈炜东		218

上海都市体育发展体系建设研究
——都市体育产业体系………… 卓武扬 陈虹屹 林慧丹 罗 吉 237
　　　　　　　　　　　　　　 刘 宇 俞佳立 张 洋

上海都市体育发展体系建设研究
——都市体育文化独特性研究…………………………… 秦迎林 254

上海市科学健身信息服务研究
——以场馆数字化发展为例……………………………… 张程锋 272

上海社区体医融合服务的评价体系
研究………………………………… 方 朕 岑 珏 阎玮婷 284
　　　　　　　　　　　　　　 陈 丽 张潇真

上海市儿童青少年体育锻炼研究
………………………… 徐划萍 汪东颖 王会儒 倪伟平 316

上海市儿童青少年体育锻炼研究………… 周 璇 杨晓颜 邓巍巍 331
　　　　　　　　　　　　　　 王立霞 陶 晶 李颖娴

元宇宙体育场景创设研究………………………… 雷 禹 李学澄 358

上海市科学健身信息服务研究

汪嘉琦　童　超　陈　莹　潘加文
尹　航　袁子茵*

[摘　要]　随着体育健身参与人数的增多与人民健康意识的增强,目前"如何科学健身"已成为和"健身去哪儿"一样迫切的群众需求。2022年上海市经常参与体育锻炼人数比例首次超过50%,意味着上海市体育工作重心由市民如何参与体育锻炼向如何科学地参与体育锻炼转移。通过一系列举措,上海市在科学健身指导方面取得了良好的效果,但仍存在群众获取健身知识难、政府对于科学健身知识服务的概念和定位模糊、群众通过政务平台等渠道无法获取到关于科学健身知识的完整供给、科学健身知识服务的重要性不够突出等问题。因此,本研究从科学健身知识服务的内涵阐释出发,结合服务供给的相关理论,基于网络爬虫数据整理分析梳理出科学健身知识服务供给的现实困境,在此基础上提出科学健身知识服务供给的提升路径。

[关键词]　科学健身;信息服务;知识服务

一、研究背景

"健身去哪儿"和"如何科学健身"是群众健身难的两大痛点,2022年7月14日在国家卫生健康委员会召开的新闻发布会上,国家体育总局群体司副司

---

*　本文作者简介:汪嘉琦,上海体育科学研究所(上海市反兴奋剂中心)研究实习员,硕士,体育信息研究;童超,上海体育大学,博士,体育管理;陈莹,上海体育科学研究所(上海市反兴奋剂中心)助理研究员,硕士,国民体质与健康指导;潘加文,上海体育大学,博士,体育管理;尹航,上海体育大学,硕士,体育管理;袁子茵,上海体育大学,硕士,体育管理。

长高元义答记者问时指出,随着体育参与人数的增多与人民健康意识的增强,目前"如何科学健身"已成为和"健身去哪儿"一样迫切的群众需求。2022年上海市经常参与体育锻炼人数比例首次超过50%,表明上海市致力于促进体育参与的工作已取得阶段性成果,同时也意味着上海市体育工作重心由市民如何参与体育锻炼向如何科学地参与体育锻炼转移。围绕破解群众"如何科学健身"这一难题,国务院发布的《全民健身计划(2021—2025年)》提出了开设科学健身大讲堂,发挥体育名人的明星效应、社会体育指导员和志愿者的基层作用等促进科学健身知识普及的举措。上海市则以社区体育配送为抓手创新地方实践,2022年完成市级社区体育配送课程需求7 162场次,线下服务市民近12万人次,线上课程受益市民更是高达1 900万人次。2022年上海市全民健身600指数达到457.2,其中体质健康指数最高,达到90.2,较2021年提高8.1%,市民参与体育锻炼意识和行为均有所提升,市民总体健康水平良好、满意度较高。总的来说,上海市在科学健身指导方面取得了良好的效果。但是仍存在不足的地方,群众仍然存在获取健身知识难的问题。政府对于科学健身知识服务的概念和定位模糊,群众通过政务平台等渠道无法获取关于科学健身知识的完整供给,科学健身知识服务的重要性不够突出。因此,本研究从科学健身知识服务的内涵阐释出发,结合服务供给的相关理论,基于网络数据整理分析梳理科学健身知识服务供给的现实困境,在此基础上提出科学健身知识服务供给的提升路径。

二、科学健身知识服务

(一)科学健身知识服务的内涵

国务院于1995年最早颁布实施《全民健身计划纲要》,第一期工程提出"建立起社会化、科学化、产业化和法制化的全民健身体系的基本框架"的目标,"科学"和"健身"两个词首次在全民健身计划中出现,科学化作为全民健身体系的重要内容被提出,但是"科学健身"并未作为一个整体概念被体现出来。2011年国务院颁布的《全民健身计划(2011—2015年)》中目标任务的第七条提出:"科学健身指导服务不断完善。大力宣传推广科学健身方法,……,依据个人体质状况提供有针对性的科学健身指导服务,增强全民健身的吸引力,提高全民健身质量和水平","科学健身"一词在全民健身计划中首次出现。

2016年国务院颁布的《全民健身计划（2016—2020年）》中提到"大力开展科学健身指导,提高群众的科学健身意识、素养和能力水平""鼓励企业参与全民健身科技创新平台和科学健身指导平台建设,加强全民健身科学研究和科学健身指导","科学健身"的内涵得到丰富,其概念延伸到群众科学健身意识、创新平台建设和科学建设指导。2021年国务院颁布的《全民健身计划（2021—2025年）》中指出"提升科学健身指导服务水平""征集推广体育科普作品,促进科学健身知识、方法的研究和普及",体现出通过科学健身指导、科学知识方法手段以达到"科学健身"目标的重要性。科学健身是主动健康的重要手段,个体积极主动通过运动促进身心健康,社会和政府主动为个体科学健身提供政策、环境、文化、软硬件等保障措施,促进全民健康（周志雄等,2023）。通过梳理国内"科学健身"概念脉络,本研究认为"科学健身"是全民健身的重要内涵和促进全民健康的关键手段。

"知识服务"是以政府为主导,通过线上传播与线下指导相结合的手段开展各种知识服务活动,将体育知识服务向社会公众传达,使公众能够共享知识资源,最大限度满足其知识需求。对健身知识的科学普及还能让更多的人了解健身是什么、为什么要健身、健身有什么益处,从而自觉积极地参加健身活动。体育健身知识是指通过实践确认的各种体育健身语言和文字信息表征的显性知识及与有关体育运动的信仰、信念、价值、习惯、经历、技术、能力等隐性知识的总和。其特点：一是多领域知识的整合；二是以体育健身实践为目标导向；三是只有小部分是显性知识,大部分为隐性知识（杜长亮等,2023）。

综上所述,本研究认为"科学健身知识服务"是为了实现科学健身所提供的知识服务,其特征包括：

一是以"提升群众科学健身素养"为供给目标。"群众健身素养"是指：人们能够运用系统化的、标准化的锻炼手段以提高自身身心健康的能力。科学健身知识服务的目的是满足群众"健好身"的需求,提高群众对科学健身的理解和掌握,具备科学健身的能力,帮助他们通过科学的方法进行锻炼,从而保持身体健康和提高生活质量。二是以全体人民为供给对象。习近平总书记强调："体育在提高人民身体素质和健康水平、促进人的全面发展,丰富人民精神文化生活、推动经济社会发展,激励全国各族人民弘扬追求卓越、突破自我的精神方面,都有着不可替代的重要作用。"这一重要论述彰显了体育"以人民为中心"的根本宗旨。增强人民体质,提高全民族的身体素质、健康水平和生活质量,促进人的全面发展是体育工作的出发点和落脚点。科学健身知识服务供给作为构建全民健身公共服务体系中的重要组成部分,服务对象是全体人民,致力于满足不同人群的需求,为全民健身提供广泛的支持,保障任何人都可以获得适合自身的科学健身方法。三是以科普知识定位供给内容层次。科普知识即科学普及知识,旨在以简单的方式传达科学基本思想,使大众能够理解。科学健身知识服务的供给内容以科普知识为主,包括健身的基本原理、方法、技巧、营养健康等方面的知识,特点是便于理解、实用性强。四是以"线上传播+线下指导"相结合建立供给渠道。互联网具有广泛性、互动性、参与性、个性化、多样化以及即时性等特点。基于这些特点,使"线上传播"成为推广科学健身知识服务的重要渠道。首先,通过社交媒体平台、健身博客、健身应用程序等,不仅扩大了科学健身知识的传播途径,同时还以更加生动、多样的方式呈现给用户。如线上视频教学、健身程序跟练、健身主播科学训练的短视频。其次,互联网平台提供了互动交流的机会,加强了用户之间的联系和共同体感。用户可以在平台上分享自己的健身经验、成果和困惑,与其他用户交流互动,形成健身社群。这种社群感使得用户能够相互激励、分享资源、共同学习健身知识,推动科学健身知识向更广泛的范围传播。但是,线上传播存在信息准确性难辨别、信息过载、商业利益主导等问题,必须与线下指导相结合才能便于群众获得中立、客观的信息,甄别适合自身特点的健身知识,充分领会科学健身的要领。通过线下指导能够提升群众的参与感,增强人们的科学健身实践能力。以"线上传播+线下指导"结合的这种多元模式为供给渠道,有助于提高科学健身知识的普及性和有效性。

(二)科学健身知识服务与相关概念辨析

本研究辨析了体育健身知识服务与体育健身信息服务、体育健身指导服务的概念。根据秦椿林等编写的《体育管理学》一书中对体育信息的定义,得出体育健身信息的定义:凡内容与健身有关,或者能够满足健身运动某种特定需要的信息,都可以称为体育健身信息。信息的普及离不开传播,而随着互联网的发展,以图文、动画、音频、小程序等方式出现的健身信息呈多样化的特点。因此,体育健身信息服务是以传播体育信息为目的,通过多种途径向群众传播健身知识、健身活动信息的过程。

在服务目的的层面,健身信息服务在于补充健身信息、数据或提供赛事信息,而健身知识服务侧重于解决群众健身遇到的问题;在服务对象层面,健身信息服务主要提供相关健身咨询,而健身知识服务则侧重于通过专业人员,如社会体育指导员向群众提供系统的体育健身知识;在服务提供者层面,健身信息服务提供者帮助群众进行健身知识的查找、整理和总结,而健身知识服务则要求服务者接受过专业化的学习、具备专业化的知识技能,为群众提供科学健身指导;在服务方式层面,健身信息服务主要通过现有信息被动、机械地提供应答服务,而健身知识服务则是根据不同群众的健身需求、生理情况提供主动的、集成的、个性化的健身服务。

体育健身指导服务是以满足群众健身需求、提高群众体育生活质量为目标,通过社会体育指导员的科学指导,提供健身知识等为主要内容的服务。体育健身知识服务是指通过向群众传播健身知识、进行健身指导,以增强群众参与全民健身的意识、巩固群众对健身知识的理解、促进群众运动能力提升的服务。由此可见,体育健身指导服务强调知识的教育过程,体育健身知识服务则涵盖知识服务的生产、传播、评价的全过程。

三、数据来源与分析框架

(一)数据来源

本研究通过网络爬虫的方法,收集到以下数据:一是百度知道和知乎的知识与信息需求数据,构建科学健身知识服务关键词表,从网络知识问答平台百度知道和知乎上收集上海市全民健身公共服务需求数据,从而形成上海市全民健身需求数据集;二是政务网站政策供给数据,从国务院、国家体育总局、各省市体育局官网和北大法律法宝数据库检索全民健身公共服务相关政策,形成政策供给数据集。

(二)理论分析框架

根据服务供给的相关理论,科学健身知识服务的供给过程应该是以群众科学健身需求为中心,在实现有效供给的基础上,向实现精准化供给迈进的管理过程。首先,科学健身知识服务供给属于公共体育服务供给范畴,而现阶段公共体育服务的供给强调的是公共体育服务的精准化。公共体育服务精准化供给是在对传统粗放型供给模式"忽略对民众公共体育服务需求识别"问题的反思基础上提出来的,是公共体育服务从"有没有"到"好不好"的转变(韩宏宇等,2021),是以识别民众复杂性需求为逻辑起点,通过系统科学的规划决策、多元主体的协同供给和贯穿全过程的评估反馈,不断"提升供给体系的韧性和对国内需求的适配性"(新华社,2021)。因此,科学健身知识服务供给理应达到精准化的发展水平。然而,现阶段的科学健身知识服务供给发展水平相对较低,科学健身知识和科学健身方法尚未达到全民覆盖,因此科学健身知识服务供给"有没有"依然需要关注。最终科学健身知识服务的供给目标要达到"精准覆盖全民"。综上,本研究使用公共体育服务精准化供给的理论分析框架从微观层面的群众科学健身知识需求关注科学健身知识服务供给的管理过程,从需求识别、供给决策、服务生产、供给反馈等四个方面反映科学健身知识服务的管理过程,对接群众科学需求识别、服务供给、内容生产、反馈渠道(图1)。

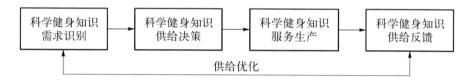

图1 科学健身知识服务供给过程

四、科学健身知识服务供给的现实困境

(一)公众的科学健身素养有待提高

在纳入分析的3 439条需求数据中,与科学健身相关的数据有794条,科学健身的需求数据量占比不到总体需求数据量的25%(表1)。当前,上海市群众主要的健身需求集中在"健身去哪儿"这一层面,需求主要是询问健身场地设施位置及条件、询问健身的相关信息、寻求基本的健身指导等。科学健身需求的不足反映出当前群众科学健身意识较为薄弱的客观事实。"什么是科学健身""怎样算科学健身""如何进行科学健身"是需求端数据反映较多的科学健身问题,需求数据反映出当前群众不了解科学健身和科学健身知识,缺乏对科学健身知识方法的认识。

表 1　全民健身公共服务需求情况表

需求主体 \ 需求类别	场地设施	健身指导	健身信息	赛事活动	体质监测	健身组织
一般健身需求人群	636	381	1 195	141	15	17
科学健身需求人群	7	768	265	13	1	0

科学健身意识与体育健康素养具有密切的联系。体育健康素养指个人通过掌握的体育情感、运动能力、健康知识及运动习惯,促进自身健康的能力(龙佳怀等,2017)。据国家卫生健康委员会统计,2022年中国居民健康素养水平为27.78%,发展水平仍然有待提高。体育课堂教学中,教师和教练更偏向于传授运动技能,对于科学健身的关注相对较少,科学健身知识教育普遍缺乏,使得科学健身理念普遍缺失。科学健身素养是科学运动的重要基础,公众的科学健身意识是影响科学健身知识服务供给的重要因素之一。然而,当前公众的科学健身意识普遍较为薄弱,参与运动的过程中往往不清楚需要达到怎样的科学健身目的和效果,健身具有盲目性。现有的健身趋势和潮流使得人人渴望参与运动,但也可能会形成对健身的错误认识,如马拉松赛事猝死和运动器械使用不规范导致意外身亡等悲剧屡见不鲜。当前,薄弱的科学健身意识不仅影响了公众的健身效果和健康水平,也增加了科学健身知识服务供给的难度。政府仍然需要对科学健身知识进行宣传,对科学健身观念进行价值引领。

(二)政府获取公众科学健身知识需求难

国家体育总局公布的《"十四五"体育发展规划》第3章第11条明确提出:"提高科学健身指导水平。深化社会体育指导员管理制度改革,充分发挥社会体育指导员在组织社区体育活动、指导科学健身等方面的作用。组建科学健身指导巡讲团,深入机关、企事业单位、学校、社会俱乐部以及群众身边进行科学健身指导。建设科学权威的健身方法库、宣传平台和线上培训平台,为群众提供科学健身知识和方法。"目前,各省市级体育局能够积极开展科学健身指导和宣传教育等相关活动,然而政府获取群众科学健身知识需求仍然较为困难。主要表现在以下几个方面。

1. 科学健身知识服务体系未能建立,"一网通办"等渠道流于形式

通过搜索上海市各区政府、市区体育局的网站发现,除了科学健身活动的培训和宣传外,几乎没有"科学健身知识"或者相关服务的提供,缺乏对科学健身知识的梳理和展示,科学健身知识供给体系未能建立,现有科学健身知识的宣传手段也相对单一。而与科学健身相关的培训讲座,群众参与程度也比较低,需求端数据也反映出群众表达自身健身需求的渠道有限,政府及体育部门因而无法识别群众实际的健身需求和在健身活动中的问题(图2)。

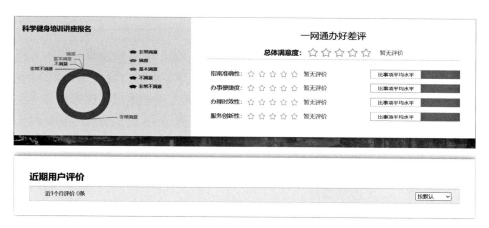

图2 某科学健身培训讲座一网通办参与情况

2. 群众隐性健身需求表达困难

全民健身公共服务供给对象是全体人民,政府提供的全民健身公共服务体系满足了全民参与体育运动的基本需求,保障了他们的基本权益。但健身需求具体到个人而言本质上具有差异性。现有沟通机制下,一些个体性的健身需求难以表达。即使群众表达了科学健身需求,政府也并不能够在较短时间内提供针对性的健身知识服务(表2)。缺乏可反馈的健身信息服务平台是目前政府获取公众科学健身知识需求难和科学健身知识服务供给难的重要因素。一方面,群众参与健身活动可能会涉及场地设施损坏、健身场地未按时开放等权益受损和需求未满足等情况,缺少反馈平台会使得这些有效信息无法第一时间反馈给政府和有关部门,无法解决群众的实际问题,阻碍了政府公共服务职能的发挥;另一方面,科学健身知识的形成很大一部分依赖于群众参与健身的过程中发现的问题,这些问题可能进一步促进康复、医疗和体育运动知识的发现和积累,科学健身知识必然是由健康、医学、体育等多领域学科知识融合而形成的,同时也是在科学健身事业发展中不断完善的。因此,构建全民健身信息服务平台从而促进群众隐性健身需求表达机制完善,对于进一步促进形成科学健身知识具有重要意义。而目前,全民健身信息服务平台还没有实现知识和信息在不同主体之间的有效传递,抑制了全民健身需求表达和科学健身意识提高。

表 2　健身需求表达示例

序　号	健身需求表达
1	(健身房、学校)的硬件设施环境怎么样,有健身房吗?
2	我在家中锻炼,只有杠铃、哑铃、跑步机,如何安排健身活动?
3	健身领域有哪些伪科学、错误的常识?
4	两个月内如何快速减脂?
5	仰卧起坐常犯的错误有哪些?正确的姿势又是怎样的?

(三)科学健身知识服务相关政策供给不足

当前,科学健身知识服务政策供给严重不足。政府出台的各项全民健身公共服务政策中,"科学健身""健身知识"和"知识服务"等有关内容的出现频率较低。纳入分析的政策文本内容中,以科学健身知识服务作为章节或列为标题单独介绍的比重较低,关于科学健身的政策文本通常以科学健身知识服务或体育健身知识服务作为主题而颁布的政策也几乎没有。"健身知识""科学健身"的相关表述更多的是与健身指导相联系,缺少对于科学健身具体方法和知识的传授,没有与科学健身知识生产和知识服务提供产生紧密的联系。政策供给中对于科学健身知识的作用定位以及需求识别等相关内容的阐述较少(表3)。

表 3　科学健身政策文本内容示例

科学健身政策文本内容	政　策　名　称
鼓励全民健身活动站点、体育俱乐部等群众性体育组织开展全民健身活动,宣传科学健身知识	《全民健身条例》
广播电台、电视台、报刊和互联网站等应当加强对全民健身活动的宣传报道,普及科学健身知识,增强公民健身意识	《全民健身条例》

续表

科学健身政策文本内容	政策名称
征集推广体育科普作品,促进科学健身知识、方法的研究和普及	《全民健身计划(2021—2025)》
将全民健身理念和知识融入义务教育教材,打造一批科学健身传播平台,加大全民健身公益广告创作和投放力度	《关于构建更高水平的全民健身公共服务体系的意见》
丰富科学健身指导方式、渠道和频次,强化全民健身激励	《2022年群众体育工作要点》
开展志愿服务活动注重与大型体育活动、与科学健身指导、与服务基层相结合	《2014年群众体育工作思路和要点》
推动"体医结合",加强科学健身指导,积极推广覆盖全生命周期的运动健康服务	《关于加快发展健身休闲产业的指导意见》

(四)供给内容生产门槛高、隐性健身知识表达困难

从需求数据的分析结果看,与科学健身主题相关度较高的情感词是"计划""运动""饮食""女生""腹肌""学校"等,这反映出科学健身需求与主体的关联性和多样性(图3)。

科学健身知识包括多个学科的交叉知识,作为科普内容,其知识体系的构建是一个漫长的过程。一个看似简单的科学健身知识可能需要反复检验和确认才能为人们所认可和应用,甚至在未来还有可能会被推翻,因此科学健身知识供给内容本身的生产门槛较高,高质量的科学健身知识体系构建需要投入大量的人力、物力和财力,其知识体系的构建又是一个不断发展演进的过程,这就意味着建设科学权威的健身方法库、运动处方库,为群众提供科学健身知识和方法的过程也必然是不断发展和更新的。除此之外,公众的实际健身行为体现出个人与个人之间巨大的差异性,建立一个包含大量健身人群的数据库,以大样本尽可能为每个

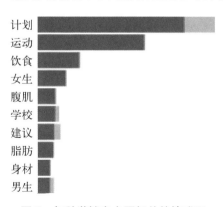

图3 与科学健身主题相关的情感词

个体寻找参照和针对性科学健身指导是一项艰巨的工作。现如今，KEEP、咕咚、悦动圈、小红书等健身和社交平台已经在市场上提供了训练计划、身体评估等相关的健身服务内容，虽然市场上提供的这些健身服务能够在一定程度上弥补科学健身知识供给端的短板，但毕竟是属于商业性质的服务内容，与科学健身知识的科普定位相去甚远，无法做到全人群覆盖且并没有达到供给或创新科学健身知识的最终效果，缺乏对科学健身知识本身的凝练和分类。

此外，科学健身知识获取门槛高也导致公众对科学健身知识的习得存在一定的问题，科学健身知识中包含着一些隐性知识。隐性知识通常是通过亲身体验而习得的知识，个体形成的经验、体会多是"直觉"的，具体表现为主体的体会和经验无法用语言进行直观描述。隐性知识只有在真实的学练情境中才能基于经验的个体性亲知过程而真正习得（徐庆涛等，2023）。一些科学健身知识难以用量化的标准进行评判，如每个人对特定的健身术语或概念的理解和感受各不相同，只能依靠"潜移默化""熟能生巧"等含糊的方式掌握，想要统一的表述知识内涵和形成方式较为困难，这也提高了科学健身知识的供给门槛。

（五）供给渠道效率有待提高

目前，科学健身知识的普及正在向"线上传播＋线下指导"相结合的供给方式迈进，但目前的供给效率有待提高。为向市民供给高质量的体育健身知识与信息服务，上海市建立了多个平台：一是体育健身信息服务专业平台——"来沪动|健身地图"：该平台于"十三五"期间由上海市体育局主导建设，归集了社区体育公共设施管理和群众体育赛事管理等数据，为市民提供了体育场馆运动服务、日常健身、赛事报名、体育配送等服务等多项便民服务应用。二是体育健身知识服务专业平台——"科学健身加油站"：该平台由上海体育科学研究所（以下简称体科所）和上海市市民体质监测指导中心主办，2012年8月8日正式上线。网站以体科所体质中心的科研人员为主创团队，成员拥有运动医学、生理学、生物力学、营养学等各个相关学科背景，科普内容基于最新的研究成果，具备较高的专业性和权威性。三是体育健身信息与知识服务综合平台——上海市体育局以及各区体育局官方网站：这些网站提供了有关上海地区域内体育设施、健身活动、健身赛事等信息。四是非体育部门主导的体育健身信息与知识服务综合平台——上海市与各区政府网站、"一网通办"：上海市各区政府网站也提供了各种健康和体育方面的信息，包括政策、指南、法规等，这些网站提供了健身政策的重要信息，也可以用于查询健身

相关的法规和指导文件;"一网通办"作为一个政府服务的综合平台,提供了便捷的政务办理服务。虽然它不是专门面向健身信息的平台,但也可以用于查询和办理与健身相关的事务,如体育场馆的预订或报名赛事。

总的来说,上海市的健身信息与知识服务供给内容与渠道在不断丰富扩展,越来越多的市民群众积极利用这些服务来改善他们的健康和体育活动体验。但上海市政府在提供科学健身知识与信息服务时还存在以下不足之处:一是知识与信息碎片化:不同部门和机构提供的健身知识与信息可能分散在不同的平台和网站上,增加了市民群众的搜寻成本。二是知识与信息重复率高:科学健身信息服务不同平台、网站和渠道之间缺乏统筹安排,导致健身知识与信息不一致或重叠。三是知识与信息质量不一:在多渠道供给的情况下,信息的质量和准确性可能不一致,一些知识与信息可能过时或不准确,存在一定误导性。四是体育知识与服务专业平台知名度不高:"来沪动|健身地图"是以微信小程序的形式访问,"科学健身加油站"网站也挂靠在上海市体育局所属上海体育科学研究所(上海市反兴奋剂中心)官网之下,一些市民可能尚未了解到该网站的存在,不利于年长人群或对数字媒体不擅长的人群使用。五是知识与信息过载:提供太多信息可能会导致信息过载,使市民难以筛选和理解有用的信息。从本质上而言,科学健身知识供给是一项与身体教育相关的服务内容,想要使民众获得并能够在健身中掌握和运用,则必须通过线下实践进行知识学习成果的检验。然而,目前绝大多数的科学健身活动虽然向群众宣传了这些健身知识和科学的健身理念却并没有配套的供给成果检验措施,难以确保供给成果落实落地。现阶段,由于存在服务供给的覆盖面较窄和活动参与率较低等情况,无法保障供给的效果。科学健身知识供给不足,尤其是在运动处方库、科学健身方法库和科学健身知识人才建设没有完全建立和充分发展的情况下,现有的科学健身知识服务供给体系依然是碎片化的,而不是精准化的,"线上传播+线下指导"相结合的供给渠道没有真正建立起来。

五、科学健身知识服务供给的提升路径

(一)加强健身知识和信息服务的整体性供给

1. 明确科学健身知识与信息管理的责任主体

统筹全市健身知识与信息管理,确定体科所为全市健身知识的审核部门,

体育局信息中心为全市健身信息的审核部门,以此来确保知识与信息的真实有效。

2. 加强数据标准化建设

为确保不同来源的科学健身信息可以标准化地在平台上进行统一呈现,提供可共享使用的数据源格式。

3. 生产高质量知识与信息内容

高质量的知识内容需要满足易懂性、针对性等要求,易懂性可以借助图表、图像和可视化工具来实现,针对性可以通过向不同年龄和需求的市民提供个性化服务来实现。

4. 加强体育专业平台推广宣传

在非体育部门主导的平台上,体育专业平台通过分享内容与政务门户网站置换宣传资源,扩大体育专业平台的知名度。

（二）构建科学健身知识服务协同供给模式

1. 政府在构建科学健身知识服务协同供给时扮演着关键的角色

政府的角色是促进、支持和协调多元主体在科学健身知识服务中的协同供给,以确保科学健身知识服务的质量、可访问性和可持续性。政府应该积极参与并引领这一过程,以提高市民的健康水平和健身意识,以下是政府在这方面可以采取的行动和措施：一是政策制定与规范。制定相关政策和法规,鼓励不同主体参与协同供给、促进信息共享的同时,规范科学健身知识服务的提供和使用。制定数据共享政策,鼓励不同主体分享科学健身数据和研究成果。二是投资和资助。提供公共资金支持,用于建设和维护科学健身知识服务平台。扶持不同主体健身知识教育项目、科学研究和社会组织的健身促进活动,全力推广科学健身知识。三是协调和合作。协调不同政府部门、社会组织、企业和学术界的合作,以整合资源和知识。建立跨部门协作机制,促进科学健身知识共享和合作项目的实施。四是建立统一科学健身知识共享平台。建立科学健身知识共享平台,允许不同主体上传和分享科学健身知识、信息和资源。确保平台具备搜索和个性化建议功能,设立在线帮助中心和客服支持渠道,解决用户的问题和疑虑,满足广大市民的需求。

2. 体育社会组织和相关体育俱乐部的角色在构建科学健身知识服务体系方面至关重要

体育社会组织和相关体育俱乐部可以起到教育、培训、宣传、社区组织和合作伙伴关系的关键作用，为市民提供有关健康和健身的信息和资源。体育社会组织和相关体育俱乐部在构建科学健身知识服务协同供给时可以采取以下行动和策略：一是内容创作与知识传播。体育社会组织和相关体育俱乐部可以担任健身知识服务提供者的角色，开展健身知识的内容创作，包括文章、视频、培训材料等，并发布于政府创办的统一科学健身知识共享平台上，专业团队及人员组成的体育社会组织能够确保科学健身内容准确、权威。二是培训和教育。提供健身教练培训和专业课程，以培养健身教练和健康教育者，为共享平台输送科学健身师资力量。参与政府倡导的科学健身项目，如全民健身活动和健康促进活动，作为政府协办开展科学健身健康教育项目，面向学校、社区和工作场所，面对广大市民传播科学健身知识和技能培训。三是提供社区服务。通过社区合作伙伴关系，为共享平台及政府提供方便的科学健身设施和资源。同时组织社区科学健身活动，如科学健身课程、户外锻炼和健康运动日，为不同年龄和群体的市民提供科学健身建议和培训。四是宣传和推广。依托于与社区的良好关系，制定共享平台宣传计划，提高市民对科学健身知识服务及共享平台的认知度，帮助政府扩大科学健身信息服务宣传范围，促进健康生活方式的普及。五是合作伙伴关系。与政府、企业、学术界和其他社会组织建立合作伙伴关系，共同提供科学健身知识服务，制定合作协议，以分享资源和信息，提高科学健身知识服务综合质量。

3. 企业可以为市民提供便利的科学健身知识获取途径

企业可以通过创新科学健身知识服务和提供便捷的工具，为市民提供便利的科学健身知识获取途径来提高公众健康水平。同时，企业还可以通过合作伙伴关系和社会责任活动，积极参与全民健身倡导和健康促进。企业在构建科学健身知识服务协同供给时可以采取以下行动：一是开发科学健身应用和工具。企业可以协助开发科学健身知识服务移动应用程序、在线共享平台、健身设备和工具，提供科学健身知识和技术支持。利用相关体育企业资源，确保科学健身知识服务应用程序和工具具有用户友好的界面和功能，以满足不同市民的需求。二是建立合作伙伴关系。与政府、健身设施、专业健身教练、学术机构和社会组织建立合作伙伴关系，共同提供科学健身知识和服务，分享科学健身资源和信息。三是承担社会责任和参与政策倡导。承担社会责任，通过支持全民健身项目、健康教育和慈善活动，回馈政府、社区及广大市民。参与政策倡导，推动政府支持科学健身知识服务和促进健康的政策。四是提供资金和资源支持。与不同主体合作开展科学健身信息服务，提供科学健设施、课程以及给予政府资金支持,以推动科学健身知识服务的发展。

4. 高校、学术界及科学健身知识服务领域的相关专家可以为构建科学健身知识服务提供权威的支持

高校、学术界及科学健身知识服务领域相关专家作为科研和知识创新的中心,具有丰富的专业知识和研究资源,可以为构建科学健身知识服务提供权威的支持。他们还可以通过教育和培训、合作研究、知识传播和社会责任活动等方式,积极参与科学健身知识服务的协同供给,提高市民的健康水平。高校及学术界在构建科学健身知识服务协同供给时可以采取以下行动和策略:一是科研和知识创新。为政府、社会组织和企业提供科学健身知识的支持,包括最新研究成果和指导,提供科学健身知识的权威和可信来源,确保知识的科学性和准确性。着力推进科学健身科研项目,探索健身和健康领域的最新发展。政府可以考虑将相关数据开放给学术研究者,以便他们可以进行更深入的研究,帮助完善全民健身科学知识。二是教育和培训。为政府以及科学健身知识共享平台输送科学健身知识服务相关人力和知识资源,开设科学健身、健康、运动科学、运动医学等相关课程,培养健身教练和专业人员。为研讨会、讲座和培训课程提供知识支持,面向广大市民提供科学健身知识教育。三是合作研究项目。参与合作研究项目,与政府、社会组织和企业合作,共同推动健康和科学健身知识服务领域的研究,以提供有关健身和健康的新见解。提供研究相关咨询,为实际健身知识服务的提供者提供学术支持。四是知识传播和宣传。提供科学健身知识的传播渠道,如学术出版物、在线平台和社交媒体。通过邀请专业的健身教练、医生、营养师和其他专家参与知识的生产,提供可靠的信息,回答常见问题,并提供科学健身知识服务建议。

5. 广大市民是科学健身知识服务的积极参与者和最终受益者

市民通过自我教育、积极参与社区活动、形成健康习惯并主动分享健康知识,可以为自己和社会的健康做出积极的贡献。他们的反馈和需求也是政府、社会组织和市场主体改进科学健身知识服务的重要依据。

(三)建立基本科学健身知识服务标准

1. 制定线上体育健身知识课程标准

一是明确课程的主要目标。确保课程的内容科学准确、有组织、易于理解,能够满足不同年龄市民的需求。二是制定科学健身知识课程大纲。包括课程的主题、单元、模块及其表现形式。按主题和子主题对科学健身知识内容

进行分类和归档,以方便广大市民用户导航和查找信息。三是建立科学健身知识内容提供者培训机制。在存在多个不同主体内容提供者的情况下,为确保课程内容的质量和统一,需要定期对相关人员进行培训。四是课程的评估和改进。以广大市民对线上课程的反馈和评价为抓手,建立科学健身知识课程反馈改进的长效机制。五是课程的维护和更新。在科学健身知识不断发展的情况下,需要定期更新课程内容,以确保时效性。

2. 制定线下科学健身指导服务标准

一是明确线下健身指导服务的根本目标。要明确所提供服务的性质,是个人健身指导、团体健身课程还是其他类型的服务,根据每种服务不同的特点和需求量身定制线下健身指导服务标准,以确保服务的质量和实用性。二是参考健身市场的行业标准和指南。如各个国家或地区的健身协会和教练认证机构的指导方针,这些标准可以为线下健身指导服务的质量、安全性和道德性提供有益的方向,以确保线下健身指导服务提供者能够遵循最佳实践路径。三是建立清晰的线下健身指导服务流程。包括市民咨询、健康评估、健身目标设定、训练计划制定、实施训练、监督进度、调整健身计划等一系列专业健身步骤,以确保线下健身指导服务有条不紊地进行。四是确定线下健身指导服务内容。提供有关健身、营养、健康和生活方式等方面的健身训练计划、饮食建议、健康监测、体能测试等具体指导和建议。五是将健身安全措施纳入标准范围。市民的安全是首要关切,标准应涵盖正确的健身运动姿势、应急处理计划、紧急医疗措施等方面的要求,以降低健身运动中存在的潜在风险。六是社会体育指导员、体育志愿工作者培训。确保人员了解并能执行制定的健身指导服务标准,政府要提供专门的健身培训课程和认证机会,以确保他们具备必要的专业知识和技能。七是线下健身指导质量评估。通过市民对政府提供的线下健身指导的满意度调查、身体测量指标、运动成就等渠道及时了解服务表现。

(四)结合新技术创新科学健身知识服务供给形式

1. 充分利用社交媒体平台分享和传播科学健身知识

专业学者、健身教练、科研人员、健身博主等不同信息源在网红健身播客、社交媒体账户的交互可以促进健身实践经验和科学研究成果的分享。通过社交媒体,健身专业人员和健身爱好者可以与更广泛的受众互动,传播科学健身知识,激发市民健身兴趣,提高健康意识。

2. 开发多功能科学健身信息知识共享平台的移动应用

应用程序不仅能随时查看平台上所有的科学健身知识与信息,还具有健身跟踪功能,记录市民饮食,测量其身体数据,并能够访问大量的科学健身教程。通过使用移动应用程序,市民可以随时随地获取科学健身知识,获取实时的指导和反馈,进而提高健身效果。

3. 充分发挥智能健身设备的数据管理作用

通过智能设备监测市民的运动和健身表现,提供实时反馈和建议。政府可以与市场上的智能健身设备企业合作,将设备与政府科学健身信息共享平台进行信息同步,以便跟踪和分析用户的健身进展,从而更好地调整训练计划和达到健身目标。此外,通过大范围辐射智能健身设备用户,能更好地扩大政府科学健身信息共享平台的影响力。

4. 开发远程健身指导功能

通过视频通话和在线互动为市民提供更便捷的方式获取科学健身专业指导。市民可以与专业的健身教练在线交流,获取个性化的建议和指导,同时获得远程监督和进度跟踪。这种形式不受地理位置限制,为用户获取科学健身知识提供了更灵活的选择。

5. 利用虚拟现实(VR)和增强现实(AR)技术加强市民健身体验的沉浸感

政府可以与相关企业开展合作,市民可以通过穿戴 VR 设备参与虚拟健身课程,此外 AR 应用程序可以为市民提供实时反馈和指导,如在健身时检查正确的动作和姿势,从而提高健身的效果和安全性,避免存在科学健身知识与信息宣传受限于线下条件的局限性。

参考文献

[1] 杜长亮,刘东升.体育锻炼群体知识转移:全民健身战略推进研究的新视角[J].上海体育学院学报,2023(6).

[2] 周志雄,唐子人,贾晓芸,冯子勇,李炳照,何明.全民健身信息服务平台关键技术研究[J].首都体育学院学报,2023(3).

[3] 龙佳怀,刘玉.健康中国建设背景下全民科学健身的实然与应然[J].体育科学,2017(6).

[4] 卢文云,王志华,华宏县.群众"健身难"问题破解路径研究[J].体育科学,2021(5).

［5］ 秦椿林,张瑞林.体育管理学［M］.北京:高等教育出版社,2002.
［6］ 韩宏宇,郑家鲲.公共体育服务精准化供给的内涵、困境及实现策略［J］.体育学研究,2021(3).
［7］ 新华社.中华人民共和国国民经济和社会发展第十四个五年规划和2035年远景目标纲要［EB/OL］.(2021-03-13)[2021-03-27].http：//www.gov.cn/xinwen/2021-03/13/content_5592681.htm
［8］ 徐庆涛,李如密.体育教学中的默会知识及其实践培育［J］.体育学刊,2023(5).

商旅文体联动促进消费举措国际比较研究

杨 鹏 孙 浩 王璐婷 余典松 刘成云[*]

[摘 要] 立足"十四五"期间上海市建设全球著名体育城市的发展目标,本研究通过分析纽约、伦敦、东京、巴黎等全球体育城市,发现全球体育城市借助场馆设施驱动、资源要素驱动、休闲需求导向、治理能力创新等方式,不断推动场馆运营、体育旅游、商业消费、运动休闲等融合发展,以此实现商旅文体联动发展,提升体育产业的消费变现能力。本研究认为,上海市具备深厚的体育产业基础、强大的消费能力和广阔的市场潜力,未来可进一步围绕商旅文体发展的载体、赛事、项目和治理四大层面,不断提升上海促进体育消费的潜力:依托一流的场馆设施和社区公园设施,构建多元化"场馆经济"生态圈,以品质载体建设,推动消费可持续变现;积极打造赛事IP体系,构建本土国际相结合的赛事内容,带动关联产业发展;围绕全民体育消费新需求新趋势,开展以苏州河滨水空间利用和精致露营等多元化体育项目,推动消费内容扩容升级和提质发展;积极推动体育基层组织建设,不断创新体育服务监管模式,从而不断推动商旅文体联动发展,助力建设体育消费中心城市。

[关键字] 商旅文体联动;全球城市;体育消费;国际对比

一、全球城市迈入商旅文体联动发展的新阶段

商旅文体联动是利用商业、旅游、文化、体育四种产业中相互关联的市场

---

[*] 本文作者简介:杨鹏,上海体育大学副教授,博士,体育旅游,体育旅游规划与开发;孙浩,上海体育大学,博士,体育旅游管理;王璐婷,上海体育大学,研究生,体育管理;余典松,上海体育大学,研究生,体育消费;刘成云,上海体育大学,研究生,体育旅游。

要素的渗透和交叉实现产业之间产品、业务与市场的融合,从而形成全新的一体化创新型产业融合发展模式。这种发展模式具备要素集聚度高、业态丰富度高、消费带动性强等特点,能够通过资源整合集成、业态跨界联动与产业链重构,整体提升区域消费能级的业态融合发展新方式。

纵观全球一流城市的发展实践,可以发现:世界体育名城往往伴随着发达的体育产业和群众基础深厚的体育文化,通过体育与文化、旅游、科技、商业等产业融合,不断培育群众体育消费市场。作为以产业融合为特征的现代经济发展的必然趋势之一,商旅文体联动发展也是纽约、伦敦、巴黎、东京等体育产业发达、文旅资源丰富、消费需求旺盛的全球一流城市大力扶持的新模式和新动能,对刺激体育消费提质升级、城市经济转型具有重要作用。因此,想要打造顶级的商旅文体联动发展标杆城市,需要强大的体育产业、体育设施和体育内容作为支撑,还需要强有力、体现影响与辐射作用的品牌赛事体系,依托有影响力的赛事"IP"、顶流主场球队、精彩的职业联赛、浓厚的体育文化氛围以及强大的宣传推广渠道等方式,同时,还要借助强大的体育消费内容和消费能力、精细化的监管模式作为支撑,以形成体育消费氛围和消费习惯,才能最终树立城市在体育资源方面的核心竞争力。

与此同时,我国各级政府主管单位近年来密集出台《进一步促进体育消费的行动计划(2019—2020年)》《关于促进全民健身和体育消费推动体育产业高质量发展的意见》《关于以重大体育赛事为契机组织开展体育消费促进活动的通知》《关于恢复和扩大体育消费的工作方案》等文件,以不断提升场地设施质量、实现高质量赛事供给、丰富体育消费活动内容、打造体育消费新业态、优化体育消费环境、推动体育行业融合发展等,最终恢复和扩大体育消费,实现体育产业高质量发展和商旅文体联动发展(表1)。

表1 近年来我国关于促进体育消费的相关政策文件

发布主体	发布年份	政策名称
国家体育总局	2023年	《关于恢复和扩大体育消费的工作方案》
国家体育总局	2023年	《关于以重大体育赛事为契机组织开展体育消费促进活动的通知》
北京市体育局	2023年	《北京市进一步促进冰雪消费三年行动方案(2023—2025年)》

续 表

发布主体	发布年份	政 策 名 称
江苏省体育局	2023 年	《关于进一步恢复和扩大体育休闲服务消费的措施》
上海市体育局	2021 年	《上海体育消费券配送管理暂行办法》
国务院办公厅	2019 年	《关于促进全民健身和体育消费推动体育产业高质量发展的意见》
国家体育总局 国家发改委	2019 年	《进一步促进体育消费的行动计划(2019—2020 年)》
国务院办公厅	2018 年	《完善促进消费体制机制实施方案(2018—2020 年)》
国务院	2014 年	《关于加快发展体育产业 促进体育消费的若干意见》

二、上海商旅文体联动发展的现状与特征

(一)上海具备打造体育消费中心的优势基础

上海作为全球一流城市和国内超一线城市,其国际化程度十分高,且体育产值、商业氛围、市场潜力、消费能力等十分突出,本研究根据国际传播咨询公司 BCW(Burson Cohn & Wolfe)发布的全球体育城市榜单(Ranking of Sports Cities①),重点选取巴黎、伦敦、纽约、东京等全球体育城市进行对比分析。作为权威榜单,BCW 全球体育城市榜单主要参照国际体育联合会和 700 余家体育媒体的观点,并结合体育与城市之间的量化关联性进行分析,对主要城市进行体育综合实力排名。通过对比上海的发展基础,本研究认为上海具备打造全球体育消费中心的优势(表 2)。

---

① Burson Cohn & Wolfe(BCW)是全球最大的全方位传播咨询与服务公司之一。本榜单主要参照国际体育联合会和体育媒体的观点并结合体育与城市之间的量化关联性进行分析,对全球体育城市进行综合排名。核心指标如下:一是使用社交媒体分析工具 Sysomos,对数字环境中的体育与城市之间的关联进行了深入分析(包括在 Twitter、Instagram 或 Facebook 等社交媒体平台,博客和网站上提及与城市名称相关的"体育"一词的总数):权重 50%;二是根据国际体育联合会(International Federations, IFs)主席、秘书长和活动负责人提供的相关数据:权重 50%;三是结合 700 多家国际体育媒体的权威投票结果:25%。

表 2　上海与其他全球城市体育发展对比

对比	体育影响力排名			体育消费潜力	
年份	2023	2022	2021	人口规模：万人	GDP：亿美元
巴黎	1	2	5	1 259	645.27
伦敦	3	3	2	920	635.68
纽约	4	5	1	882	1 043.94
东京	8	1	9	937	878.17
北京	24	14	14	2 189	569.92
上海	55	—	—	2 489	612.39

通过比较可以看出，在体育产业基础方面，作为全球城市，尽管尚未举办奥运会等大型赛事，上海市的体育产业发展基础相对深厚，在体育城市排名中处于不断上升过程中。从体育产值来看，2021 年上海市体育产业总产出（总规模）为 1 737.80 亿元，增加值为 596.31 亿元，体育产业增加值占当年全市 GDP 的比重为 1.4%，虽然与全球城市有差距，但基本位列国内顶尖水平。而随着人均 GDP 突破 1.2 万美元，将带来大众运动户外需求细化升级，相对小众高端的滑雪、潜水、冲浪、攀岩等户外运动项目热度增速显著。

此外，体育在上海有着良好的群众基础，且近年来上海的体育参与人口呈现逐渐上升的趋势。目前，上海市常住人口 2 489 万人（中心城区人口占 26.9%，浦东新区人口占 22.8%，合计约 1 237 万人），中心城区人口密度十分高，据统计，2022 年经常参与体育锻炼人数比例达 50.1%，尤其是 40 周岁以下市民，经常参加体育锻炼人数比例有所上升。

而在商业消费基础方面，上海多年来稳居国内社会消费品零售总额"第一城"，其市场潜力和消费能力十分突出。据统计，2022 年上海实现社会消费品零售总额 1.64 万亿元，继续保持全国第一，人均体育消费位列全国第二名（仅次于深圳）。同时，根据第七次人口普查公报给出的数据，上海还是全国城区人口最接近 2 000 万人的城市（1 987 万人）。这一人口基础优势再叠加经济发展水平所能激发的消费能量，是其他城市难以比拟的。

此外，上海位居全球零售商集聚度全球城市排名第二，国际知名高端品牌集聚度超过90%;夜间经济综合实力位居全国首位,具备十分便利的消费环境,品牌经济、首发经济、后街经济等特色突出……这一系列消费市场数据和消费创新方式,都能反映上海在全球商业消费版图上的重要分量,体育消费作为一种针对人本身的"投资"型消费,将获得越来越多的消费者青睐。

(二) 上海仍需优化体育消费的"供给与结构"

尽管上海在资源供给、市场潜力、消费能力上优势十分突出,但《2022年上海市居民体育消费调查报告》①显示,上海居民人均体育消费3 435.6元,仅占当年人均可支配收入的4.32%和人均消费支出比重的7.46%,尽管领先全国大部分城市,但仍然远远低于全球一流城市水平(非营利组织全球健康研究所报告称:区域市场中,北美地区人均体育消费最高,达到1 345美元;其次为欧洲,528美元)。

但从体育产品消费的供给和结构来看,上海体育消费仍有优化的空间,从结构上看,2022年上海居民仍以实物型体育消费(59.5%)为主,服务型体育消费(40.5%)为辅。根据马克思的消费理论,"生产决定消费",生产结构不合理,导致供给不合理,这是造成消费需求不旺的直接原因之一。运动服装鞋帽、运动装备器材、智能体育设备、健身会费及指导均处在发展优势区,人均消费金额及消费发生率均较高;体育培训和教育发生率虽不算高,但人均消费金额较高,处在发展维持区;户外运动装备、场地和相关器材用品租金、运动代餐/补剂/饮品、体育彩票消费发生率较高,人均消费金额较低,处在发展修补区;但体育旅游、体育赛事及其他体育相关消费领域与全球一流城市相比,差距相对较大,仍然处在发展机会区。整体上来看,上海市作为国内顶尖消费中心城市,吸引居民体育消费因素多元,体育消费预期向好。场地供给优化、消费专项促进、丰富赛事活动是吸引居民体育消费最核心的三大因素。

与此同时,与全球一流城市相比,上海在场馆运营、赛事品牌、体育影响力等软性方面,仍然存在一定差距,比如,纽约除了是世界金融和文化中心外,还是世界体育之都,它拥有不少于11支顶级联盟的球队(如NBA纽约尼克斯、MLB纽约扬基、MLB纽约大都会、NHL纽约游骑兵、NHL纽约岛人、NFL纽

---

① 由上海市体育局委托上海零点市场调查有限公司开展,采用电话调查形式,调查接触量总计248 897个样本,共回收分析9 706份有效居民样本,覆盖上海市全部街镇。

约巨人、NFL纽约喷气机等)。此外,纽约也同样热衷于主办大型体育赛事,比如纽约马拉松和美国网球公开赛等。每年的纽约马拉松更是吸引全球众多跑步爱好者参与……美国经济分析局发布的《美国2021年户外休闲经济统计报告》显示,艺术、娱乐、休闲、住宿和餐饮服务是美国第二大行业集团,其中,纽约州凭借82亿美元的行业增加值位列全美第三位。

另外,上海作为国际消费中心城市,在体育消费的可靠度、消费环境人性化、消费便捷度等方面,已经达到较高水平,但是基础性配套服务品质参差不齐、监管模式创新相对不足、知识产权保护力度不足、商业服务标准不统一、服务人员专业化能力较低、购物环境诚信度不足等,与国际大都市配套水平仍具有一定差距。

三、全面解析体育消费中心城市的内涵与外延

尽管全球一流城市纷纷借助商旅文体联动发展推动体育消费,打造具备影响力和辐射力的世界体育名城。但国内外学者的关注相对较少,鲜有研究对商旅文体联动如何促进消费展开深入分析,普遍认可产业融合对于城市经济社会发展的重要价值,消费变现是商旅文体产业发展的最终举措。

国外学者主要基于"体育消费"的商业、文化、旅游价值等角度展开学术讨论,如在欧美一些职业体育开展得较好的国家,有大量针对"曼联""湖人""巴塞罗那"等传统体坛豪门开展的文体旅融合相关研究,从经济收入、城市知名度提高、打造城市文化名片等方面分析了文体旅融合对于促进地方发展的重要性。

国内学者则根植于中国产业经济的发展特点,对商旅文体产业融合的概念内涵、现状问题、优化模式及路径展开研究。从概念内涵上看,学者多采用"商旅文""体旅"或"文体旅"融合等概念展开论述,将"商旅文体"作为对象的研究还不多,如张媛、楼嘉军(2018)认为"商旅文"严格意义上来说不是一个学术概念,而是由旅游实践倒逼出来的一种理论共识。从融合发展现状上看,有学者对长三角、四川成都、广州花都、上海黄浦、吉林、黑龙江等地文体商旅产业融合发展的现状问题展开相关分析。从融合发展模式上看,李进军(2018)从产业价值链角度出发,发现"渗透性融合、交叉型融合以及重组型融合"是商旅文体联合发展的可选模式;毕斗斗、田宛蓉(2021)指出粤港澳大湾区"文商旅"融合发展在实践中主要呈现为文化导向型城市更新带动型、消费升级下场

景体验营造型和产业集群价值链延伸驱动型三种模式。

研究通过对伦敦、纽约、东京、巴黎等全球一流城市借助体育设施、体育赛事等推动体育消费发展的实践展开案例分析，总结成功经验，为上海文体商旅联动发展、打造全球著名体育消费城市提供对策建议。

（一）面向体育爱好者需求，打造业态融合的"新一代体育综合体"

以特色场馆为载体，以体育服务为内核，打造集赛事、竞演、商业、办公、娱乐等多种业态为一体的综合体项目，在全球一流体育城市发展中越来越普遍，如伦敦温布利球场、伦敦O2体育馆、东京巨蛋体育场等，这些设施和项目不断满足大众体育的多样化、个性化需求，驱动城市经济增长极。

1. 极致观赛体验，温布利球场致力打造全球最伟大球场

温布利球场（Wembley Stadium）位于英国伦敦，是英国国家队以及英国国内杯赛的决赛场地。最早建于1923年，在即将进入21世纪时，旧温布利球场显得越来越陈旧老化，尽管它是一个足球圣地，但是已经无法满足现代足球比赛的需求，英国足球总会最终还是选择了拆除旧温布利球场。2007年，新温布利球场建成并投入使用，新温布利球场是一座现代化的高科技球场，总造价7.8亿英镑，圆形球场直径近300米，看台高52米，拥有近90 000个座位，有可以浮动关闭的顶棚，是全世界最大的可封顶式体育场。

因为英国对温布利球场的更新改造，形成了以球场为中心，周边积极引入文化、商业、商务等业态，辐射覆盖的一个体育商业综合体和带动地方商业、经济发展的增长极：一方面，新温布利球场有可伸缩式屋顶，可以在不同的天气条件下为观众提供舒适的观赛体验，另外，球场还提供了包括企业套房、大会堂、温布利套房、三狮套房、鲍比摩尔套房、场地景观房等多达160种选择，并引入了更先进、更现代化的科技和舒适的观赛设施，以不断提升温布利球场的观赛体验。同时注重设计类型繁多的附属消费空间来满足球迷的消费。另一方面，以新温布利球场作为区域核心，在球场周围布置了酒店、办公楼、剧院、品牌零售店、餐厅、酒吧、咖啡店等商业业态，逐步形成一个充满活力的城市新中心，每年吸引了超过1 500万人次的客流来此。

2. 多元业态布局，O2体育馆致力打造全球体育娱乐中心

伦敦O2体育馆又称千年穹顶（Millennium Dome），最初是为庆祝千禧年而建造，于2007年6月向公众开放，在2012年5月改建为奥运会和残奥会比

赛场馆,现在已经被改造成一个集体育和娱乐为一体的多功能场馆,改造后O2体育馆场馆可容纳2万人,每年举办演唱会、球赛、会议、展览等多类室内赛事活动接近300场,被誉为"世界上最受欢迎的场馆"①,而借助体育、文艺、娱乐活动来吸引人流,推动整个地区的发展,场馆所在区域也逐渐成为伦敦乃至世界的体育和娱乐中心。

多功能多元化的设计理念为O2奠定发展基础。伦敦O2体育馆由英国设计师理查德·罗杰斯设计,也是伦敦100多年来第一个为体育赛事和音乐表演专建的场所,其设计主要基于末端式舞台的音乐演唱会功能,同时兼顾场馆的灵活性、极佳的观众舒适度和观看其他体育娱乐活动的良好视野。为了使场馆能够举办多样化、高要求的赛事和活动,赛场地板和看台的设计采用一种永久性冰面底层结构。同时,结合可拆卸、可伸缩的座位系统可在一夜之间转换场内活动模式。机械装置的维护车间占地9290平方米,能够同时容纳9辆带挂卡车直接进入赛场或通过卸车台卸货,使得该馆中央场地可快速、灵活地转换为溜冰场、篮球场、展厅、会议场地、私人场地和音乐会场地等。

表3　O2体育场的多功能多业态设施

设　　施	主要功能参数
Indig O2	能容纳2 350名观众的小舞台,很多现场音乐会在此举办
The O2 Bubble	古埃及墓穴文物在此展出的时候轰动一时
Vue多厅电影院	有11块大银幕,一些大片的英国首映式在这里举行
休闲娱乐区	超过20家咖啡屋、酒吧和餐厅
伦敦广场London Piazza	The O2 Bubble旁边的一块空地,夏天的时候是人工沙滩,冬天的时候是溜冰场
Up at the O2	让游客不光可以享受到室内的娱乐设备,同样可以欣赏到户外的伦敦美景。在安全人员的指导下,游客穿好装备可一步一步走上O2体育馆拱顶上

---

① O2体育馆造型独特,气魄宏伟,辉煌一时,引起了人们的极大关注,它是英国旅游协会评出的2000年度英国最受欢迎的收费观光景点,被誉为"伦敦的明珠"。

续 表

设 施	主要功能参数
Icon Outlet	奢侈品牌打折购物中心,占地21万平方英尺的零售综合体改变了O2 Arena在购物方面的体验,迎来85家商户,有3.5万平方英尺的新餐厅、咖啡馆和酒吧区域,重量级的火锅连锁店"海底捞"也进驻
音乐场地	格林尼治区议员们批准了在O2旁边建设一座可容纳4 000人音乐场地的规划申请。据悉,开发商骑士龙(Knight Dragon)计划为格林尼治半岛带来一个2层的综合场馆,场馆将设置1 400个座位,可容纳3 000人,以举办各种演出、会议和其他活动
Design District	市集和创意工作区(正在建设)

专业体育集团助力O2实现多元化商业运营。在建成初期,O2体育馆就是一个坐落在伦敦市郊、接近废弃的大型建筑,糟糕的运营让O2在12个月开馆期内迎接的参观人数远远无法达到最初1 200万人的预期(全年仅有650万人次)。高额的维护费(据统计每个月140万美元)迫使政府不得不甩掉这个包袱。AEG集团接管O2体育馆,让它重回正轨①。通过AEG集团旗下的AEG Facilities和AEG Live(全球领先的娱乐公司,拥有十分丰富的娱乐和演出资源)的共同努力,以及AEG Global Partnerships等丰富合作资源的支持,O2体育馆活动丰富,闲置时间很少,场地出租和门票销售提成成为O2体育馆的最主要的收入来源②,两项合计约占运营总收入的70%。另外,西班牙电信巨头Telefónica的子公司也伸出援手,买下了场馆的冠名权,将冠名期延长到2027年,合同金额达到1.74亿美元(1.35亿英镑)。

此外,作为全球运营标杆体育馆,O2体育馆提供多种数字化服务,建造多元配套设施,运用科技手段提升场馆内安全性,全方位优化场馆内的用户

---

① AEG是全球仅次于Live Nation、排名第二的体育和现场娱乐公司,每年主办10 000多场演出,招待现场观众1亿多人次,世界排名前100位的体育场馆中有20多座是AEG运营管理的。公司业务从场馆运营、票务销售逐渐扩展到内容制作、体育营销、球队管理等方面,同时围绕体育赛事、音乐演出等现场活动在全球打造出多个颇负盛名的体育娱乐综合体。经过谈判,AEG集团免费得到了O2场馆所在的土地,付出的代价则是在未来25年里,每年将场馆净利润的15%上缴给英国政府。
② O2的营收主要来自场地出租和各类活动门票销售的提成,具体数额因表演者不同而存在差异。

体验。目前,O2体育馆在场馆的多个入口处部署了先进的面部识别系统,通过物联网和云计算技术快速识别入场观众身份,提升场馆安全性。在场馆内,建有高密度Wi-Fi网络覆盖,以保证设备的网络连接,可以满足多达15 000个用户同时接入的需求。同时,O2体育馆正在增设场内的数字标牌,实现场内信息100%的数字化展示,帮助场内观众了解商家产品和场馆运营资讯。

3. 文体旅多元驱动,小巨蛋体育馆打造体育商业娱乐综合体

东京巨蛋(东京ドーム,Tokyo Dome,亦称为BIG EGG)位于日本东京文京区,是一座有55 000个座位的体育馆[1],同时是日本职业棒球读卖巨人[2](日本职业棒球历史上最成功的球队)的主场,也举办篮球与美式足球比赛,还有职业摔角、综合武术、K-1赛事或音乐表演。其蛋形屋顶为具有弹性的薄膜,作为日本膜结构建筑的代表作,东京巨蛋不仅承担着游览观光的任务,更是各种比赛、演出的承办场所。此外,东京巨蛋以独特的造型和巨大的容量成为东京标志性的建筑物之一。

经营东京巨蛋的是东京巨蛋公司[3](后被三井不动产收购),而这个公司在东京巨蛋周边修筑了一连套的娱乐休闲设施。它把在这片地区的事业称作东京巨蛋城(Tokyo Dome City),是一个集游乐、休闲、购物、住宿等功能于一身的大型娱乐设施,游客在观看比赛或演唱会的同时,还可以在这里体验到其他的娱乐项目。东京巨蛋就像是一个"网红"平台,然后通过"网红"吸引流量到东京巨蛋城来消费。特别是由于东京巨蛋体育馆不是开放式体育场,配置的音响效果也非常好,在场馆后屏幕旁边安装了22个最新的线路阵列扬声器作为主扬声器,东京巨蛋曾举行过多场几乎都是国民偶像或天团级别的歌星的演唱会。2023年2月,羽生结弦更是创造历史,成为第一个在日本东京巨蛋体育馆单独演出的花样滑冰运动员,名为"礼物(Gift)"的冰演门票全部售空(平均票价200美元,约合人民币1 200元),一共吸引3.5万名观众到现场。

---

[1] 球场容量根据活动类型可调整,约46 000人(举办棒球比赛时)、约57 000人(举办音乐会时)。
[2] 读卖巨人(よみうりジャイアンツ、Yomiuri Giants)是一支隶属日本职业棒球中央联盟的球队,成立于1934年,1936年加入原日本棒球联盟,在单一联盟时代拿下9次联盟冠军。截至2005年,巨人队一共赢得20次日本大赛冠军,仍为所有球队中最多的。
[3] 东京巨蛋是日经225指数成份股,总资产3 000亿,年利润上百亿。2021年三井不动产收购东京巨蛋。

表4 东京巨蛋城的多功能多业态设施

设　施	主要功能参数
Tokyo Dome City Attractions	通过自由出入口(免费进出),可提供从小孩到成年人各年龄段顾客娱乐的游乐场
室内儿童设施 ASO Bono	东京最大规模、可携带子女共同游玩的室内型儿童设施
东京巨蛋保龄球馆	竞技保龄与社交保龄(设吧台),拥有54道球道,可同时演绎两类保龄球的球场
乒乓球场"TaKuSuRu"	学乒乓,打乒乓,缤纷乒乓空间,老少皆宜
东京巨蛋旱冰场	东京最大规模的室内旱冰场
室内型运动设施 SPO‐DORI!	可一站式玩遍游玩室内攀岩、棒球击球、高尔夫等诸多娱乐项目的室内型运动设施
Gallery AaMo	融合了艺术与娱乐,适合成熟人士放松娱乐的展览室
棒球殿堂博物馆	日本棒球界(专业·业余)共同运营的博物馆
餐饮设施	拥有70多家餐厅、咖啡馆和酒吧,提供各种美食选择,包括西餐和日本料理、中式和其他亚洲风味美食
购物场所	拥有50多家商店,提供各种购物选择,从棒球用品到纪念品、时尚配饰和超级市场
住宿设施	东京巨蛋酒店是一家高155米、一共43层的东京都内为数不多的超高层酒店

(二)以"赛事+旅游"方式吸引外来消费,实现体育商业价值变现

体育赛事不仅对城市的体育产业,而且对城市的基础设施、产业结构和声誉有持久、深刻的影响,赛事经济更是与城市经济和商业消费发展息息相关,成为许多城市品牌运营的精彩一笔,随之而来的还有城市文明的复苏与觉醒。国内外学者的研究均表明:大型体育赛事带来的经济效应较为明显,除赛事门票收入外,体育赛事还带来了住宿餐饮、文体娱乐等方面的多层次、多元化消费需求。以现阶段最火爆的马拉松赛事为例,一个城市在举办马拉松赛事

的时候,会对城市的各经济部门产生影响,赛事举办的投入,参赛者因赛事而在当地产生的消费,都会对城市产生直接经济影响(也可称为直接资金流入);而直接资金流入则会带动城市的各行各业的经济活动产生利益,成为间接经济影响。还有就是在赛事直接经济影响或间接经济影响下所增加的收入在当地的再消费引致的经济影响。

1. 品牌特色叠加商业运营,马拉松赛事综合效应凸显

伦敦马拉松(London Marathon)打造"慈善马拉松"品牌吸引全球跑者。伦敦马拉松诞生于1981年,当时是受纽约马拉松的启发而生成,于每年4月下旬举行,宽阔的场地,景色优美的路线,热情的观众,排山倒海般的欢呼,再加上管理有效的秩序和完美的组织工作,深深吸引着全球马拉松资深跑者。不同于其他赛事,伦敦马拉松是一个"慈善马拉松",超过四分之三的跑者都是通过慈善捐款的方式获得参赛资格的,每个慈善名额高达2 000英镑。1981年伦敦马拉松创办初始,就为白血病研究机构筹集了100万英镑的善款,至2017年,累计筹措善款超过7.5亿英镑。时至今日,虽然各类马拉松赛事早已融入越来越多的公益慈善元素,众多的跑友愿意以奔跑的方式献出自己的爱心,公益慈善属性越来越多地渗透到国内外知名马拉松赛事中。但伦敦马拉松赛可以说是世界范围内赛跑与公益慈善完美结合的典范,也是吸金能力最强的赛事之一。与此同时,伦敦马拉松也是第一家通过商业化的方式来进行马拉松参赛名额售卖的。他们和全世界知名旅行社合作,启动免抽签的吸引外国高端跑者来参赛。比起英国其他马拉松赛事100~200英镑的报名费,伦敦马拉松高达几千英镑的报名费让更多有意愿参赛的高端人士得以在当地产生更多消费。在逐渐形成品牌化赛事之后,伦敦马拉松为这座城市带来了巨大的经济效益。在全球市场监测和数据分析公司尼尔森公布的数据中,伦敦马拉松至少给英国带来1.2亿英镑的经济收益,相关外地的跑者包括旅游者同时贡献了约3亿英镑的直接经济收入。

纽约马拉松(New York City Marathon)被评选为全球范围内商业化程度最高的马拉松,也是"最受欢迎的马拉松赛"。这背后离不开纽约路跑协会(New York Road Runners,NYRR)的专业化运营[1],为纽约提供了大量的变

---

[1] New York Road Runners成立于1958年,作为世界上最大的非营利大众跑步组织,旗下拥有纽约马拉松、纽约半程马拉松等一系列赛事,而且作为一家赛事运营机构,其服务不仅是运营比赛而已,他们将自己的服务范围扩展到整个纽约的社区,扎根当地,开展公益活动,让跑步运动在纽约真正实现了从娃娃抓起。

现机会，打造了纽约特色的赛事体系。在赛事举办方面，除了运营纽约马拉松外，路跑协会每年举办40多项各种距离、各类人群（小孩、妇女等）的路跑活动，有固定的赞助商和合作伙伴。这些活动、比赛把会员紧密结合起来，适度进行商业化运营。在会员招募方面，路跑协会有"9+1"方案、"9+1K"方案等，鼓励会员参加志愿活动和协会组织的比赛。如"9+1"方案中，只要是会员，参加协会组织的9次跑步活动、外加1次志愿服务，可以直通1次纽约马拉松。"9+1K"方案是指会员如果参加9次跑步活动，外加1 000美元捐款，也可直通1次纽约马拉松。另外，会员报名参加纽约马拉松、参与其他付费活动，费用比非会员低一点。在赛事旅游推动方面，拓展多元合作渠道。面向马拉松报名没有中签的国际跑步爱好者（即非美国全职居民的跑步者），还可以通过路跑协会指定的官方国际旅行合作伙伴获得旅行套票，旅行套票将包含：1个TCS纽约马拉松的付费免抽签名额，1张TCS纽约马拉松赛前晚餐的门票，纽约的酒店住宿和/或往返机票。

借助"传播+旅游"，持续放大赛事经济效益。从赛事延伸上来讲，马拉松是一场赛事，但其实更是一个时间、地域、形式可以无限延伸的节日。伦敦、纽约马拉松赛事的举办在为城市带来活力、旅游消费的同时，也在塑造着这些国际都市的城市形象。据统计，每年纽约马拉松超过5万名的参赛者中将近一半的跑者是外国人，这些拥有着强劲消费能力的游客，对当地经济发展产生了显著的拉动效应。

2. 体育运动结合社会生活，环法自行车成为盛大国际景观赛事

经历百年和百届[①]发展的环法自行车赛（Tour of France，简称环法赛）已经成为法国人在7月的全民盛事，它不仅是一项国际体育赛事，还是法国民众日常生活的一部分。环法赛很好地把体育运动和社会生活结合起来，并较好地兼顾了赛事、文化和商业，通过电视转播成功地宣传了法国的风土人情、自然风光和运动热情，把自行车这项在法国有相当运动基础的项目成功地运作为既赚眼球又赚钱、既推广赛事又推广法国的国际体育赛事。就赛事组织而言，环法赛的专业化程度也很高，在赛道设计、赛事服务、媒体报道、品牌塑造等方面都可圈可点。因此，有一种说法，将环法赛与世界杯、奥运会列为世界三大赛事。

---

① 自从1903年开始以来，除了两次世界大战中断比赛，环法自行车赛已经度过了它的百年（2003）和百届（2013）。

在环法赛 23 天的 21 个赛段中,电视观众看到的是法国的城市、山区、丘陵、森林等景色以及埃菲尔铁塔、塞纳河、阿尔卑斯山等知名景点或景区,整个法国就是环法赛的舞台和剧场。举办主要自行车赛的城市和地区欢迎无数世界各地的消费者,促进当地经济发展,道路和山地自行车等户外自行车赛也可以将该地区作为旅游目的地来展示,创造出超越事件本身的经济效益。很多国际游客还沿着环法赛的路线畅游法国各地,有相当数量的人们通过环法赛了解法国历史、地理和文化,这为举办城市带来了大量国际游客。环法赛每年举办,除了电视转播权收益和赞助收益外,通过赛事本身吸引了来自世界各地的游客,创造了交通、住宿、餐饮、娱乐、购物等消费契机,为法国经济注入新的活力。

3. 吸引全球顶级赛事 IP 落地,卡塔尔迎来城市文体旅消费爆发增长

2022 年在卡塔尔历史上首次举办世界杯足球赛(FIFA World Cup Qatar 2022),这也是世界杯首次在中东国家境内举行,也是首次在北半球冬季举行。借着举办世界杯的机遇,卡塔尔政府开始在有限的土地上大量投入基础建设,如价值 70 亿美元的港口和机场、150 亿美元的人工旅游岛。在申办世界杯之前,卡塔尔由于地域面积较小,全国几乎没什么公共交通,上下班通勤主要靠跑车和飞机。为了举办世界杯,卡塔尔修建了价值 360 亿美元的无人驾驶地铁系统和专为世界杯量身定制的公交,并且全部免费乘坐。除此以外,卡塔尔还顺便升级了电力、太阳能发电系统、自来水和天然气管道及设备等。

除了依托赛事活动推动城市更新和社会发展,卡塔尔也顺势开启全球体育旅游营销。一方面,吸引大量的商业赞助和商务考察。在开幕赛中,作为本届卡塔尔世界杯最大的赞助商,万达与可口可乐、阿迪达斯、现代起亚、卡塔尔航空、卡塔尔能源、VISA 一道,被列为国际足联七大官方合作伙伴。在本届世界杯中,FIFA 官方指定的中国赞助商总共有四家,分别是万达、Vivo、蒙牛和海信。而这些中方赞助商都有"商务考察"的机会。另一方面,提升卡塔尔的全球旅游知名度,吸引观赛体育旅游者。马蜂窝旅行玩乐大数据显示,赛事举办前一周,"卡塔尔"系列关键词相关热度上涨明显。其中,"卡塔尔世界杯"热度上涨 1 133%,"卡塔尔攻略""卡特尔签证""卡塔尔住宿"等关键词热度上涨均超过 600%。可见,卡塔尔的旅游业成为此次世界杯的最大赢家。

可以说,重大体育赛事,尤其是全球顶级赛事 IP 的落地引进,可为城市文旅消费带来空前的繁荣,也为文化体育旅游相关配套设施建设提供了良好契机。不仅加快了城市旅游支持系统的不断完善,而且能够带动以赛事为中心

的其他诸如交通设施、市政、地标性场馆等服务设施建设,促进城市文体旅消费的支持系统发生结构性的变化。

(三)挖掘项目特征打造体育消费产品,引领体育消费新需求

与专业赛事和职业体育相比,城市公园、滨水休闲、城市露营等为城市居民提供更多的参与体育活动的机会,不同的城市空间结合特色运动项目布局,能有效激发城市居民的体育消费需求,这也是纽约、巴黎、东京等全球著名体育城市在推动体育消费时的有效经验。

1. 让体育消费融入日常生活,中央公园成为体育文化消费集聚区

与大多数城市公园强调自然特色不同,体育公园是以体育为主题、以当地居民为主要使用和共享对象,能够自发产生社会活力的公共空间。纽约中央公园不仅具备较完备的体育运动及健身设施,供各类比赛、训练及市民的日常休闲健身及运动之用,还将体育运动融入园林景观当中,建立其自身特色,并有效宣传体育精神和城市休闲文化,也带动周边地块的综合性消费业态布局。

自然优势得天独厚,打造各类运动客群的绿洲。纽约的中央公园(Central Park)于1857年开放,早期仅支持观赏类的被动娱乐,游客不允许在草地上行走和躺卧,更不要说在公园里玩耍、游戏和运动①。后来随着各类体育项目的普及,运动爱好人群数量快速增长,到公园的游客已不再单纯满足于对自然风景的欣赏,而是更多地参与到户外体育活动当中,其中包括登山、攀岩、远足、山地自行车、休闲垂钓等。尤其进入20世纪的时候,开始出现游乐场、室外体操场、运动场及其他运动设施。纽约中央公园在运动项目设置上,充分考虑到周边群众的运动喜好以及不同年龄、性别、身体状况、游园目的等因素,"按需供给",吸引人们到公园中从事自己喜爱的运动项目,促进人与人之间的相互交流,体现人文关怀。现在,纽约中央公园的面积已达341公顷,长约4千米,宽约0.8千米。精心营造数个人工湖、漫长的步行道、野生动物保护区、多处公共草地、多种运动场地等供各种体育爱好者使用,还举办各种节庆日活动和音乐会,成为身处闹市中的居民和游客急需的休闲场所和宁静的精神家园。

特色体育产品齐上阵,用"社交"催化运动激情。在纽约中央公园内,每天都可以看到一群活力四射的专业体育教练,在草坪上,在湖边,带领一群小朋友进行集体运动,也可以看到爱美的姑娘和小伙子们齐聚一处,在练习瑜伽和

---

① 美国最初在城市设立公园,旨在引入乡村的自然风景,美化城市环境,为都市居民提供呼吸空间。

健身操的过程中,享受彼此陪伴支持的乐趣。此外,纽约中央公园深受跑步者和骑自行车者喜爱,还专门设有一条长达 10 千米的运动道路供人跑步和骑行。而除了常规的跑步、球类等项目外,纽约中央公园还根据不同季节,利用自身自然资源开展更具趣味性的休闲运动内容。例如,夏季在美丽的湖面上划船,或者来一场遥控帆船竞赛;冬天湖面则摇身一变成为广阔冰场供滑冰爱好者们游玩。

多元化配套,满足全龄客群"一站式"多元需求。除服务各类人群的专业和休闲运动以外,纽约中央公园还提供周全、高品质的配套服务,餐饮方面,可满足各类聚会、高端社交甚至婚礼庆典等需要。更吸引人的当属中央公园动物园(Central Park Zoo)①,它始建于 19 世纪 60 年代,最早只是一个动物展览,经过几波修缮,现在成为美国第二个公众拥有的动物园,占地面积约 2.6 公顷。小小的公园不但服务大众,尤其是亲子家庭群体,而且还为公园带来可观的门票收入,可谓一举多得。

2. 开发滨水空间和挖掘水上运动文化,塞纳河成为桨板运动和休闲娱乐的新空间

桨板是现下最热门的水上运动之一,就是站在桨板上划水,全称 Stand Up Paddle,简称 SUP。当代 SUP 运动同冲浪运动一样,是从夏威夷群岛开始流行起来的。由于桨板运动相对简单,容易玩,玩法多,男女老少,高手和入门选手皆可玩,因此成为风靡全世界的新兴运动,而且有越来越多的全球桨板赛事,正在如火如荼地举行。

法国巴黎塞纳河依托滨水空间和城市文化,举办世界上最大的立式桨板比赛 Nautic Paddle。从 2017 年开始,该比赛每年有 1 000 名左右专业和业余参赛者参与,个人或团体(最多 4 人)可报名参赛,每位参赛者报名费 70 欧元(含税),业余选手需要完成的赛程约 11 千米,专业选手则需要完成 13.5 千米。参赛者从塞纳河上穿越巴黎 29 座桥梁中的 27 座,在比赛中,从贝西到埃菲尔铁塔、巴黎圣母院再到杜乐丽花园,尽情欣赏巴黎的独特景观。

塞纳河的滨水空间不仅仅是桨板和其他水上运动的天堂,滨河公园举行的"巴黎沙滩节"更是成为巴黎人最期盼的盛夏节日之一和被世界各地效仿的对象,沙滩节活动时间为每年 7 月至 8 月,在沙滩节期间,塞纳河两岸瞬间变

---

① 中央公园动物园与布朗克斯动物园(Bronx Zoo)、展望公园动物园(Prospect Park Zoo)、皇后动物园(Queens Zoo)和纽约水族馆(New York Aquarium)组成综合体系,由国际野生动物保护学会管理。

成了人流涌动的人工沙滩,左岸海滩被各种游戏、活动、艺术展览、攀岩墙和热闹的餐厅酒吧包围,可以参加皇家桥附近的水上运动会,可以看着夕阳落日,欣赏海滨舞台上的乐队表演;相比于左岸的喧嚣,右岸显得更加宁静和惬意,高大的盆栽棕榈树,增加了不少热带氛围。可以说,塞纳河的滨水休闲空间,不仅让参与者充分享受"人工沙滩"景致,还可以免费参加花式多样的文娱、体育活动,仿佛变成一个大型的水上乐园和体育消费空间。

3. 借助政企合作,东京贴合城市活动场景打造"精致露营"新玩法

精致露营也是当下深受年轻客群喜爱的户外运动项目。2015年Glamping的概念到达日本,与欧美一些国家崇尚传统露营(追求安全、便捷和性价比高的消费人群)、汽车露营方式不同,日本把精致露营(Glamping)的精致和风格发挥得淋漓尽致。当时,精致露营相关的产品迅速出现在市场上,触觉灵敏的度假村星野集团[①]在当年就推出了全国首家Glamping概念的酒店虹夕诺雅·富士。酒店度假村距离东京只有100多千米,面朝富士山和河口湖,周围森林茂密。

东京近郊的一些露营地通过积极承办音乐、戏剧、动漫、咖啡等年轻化、多元化活动等来挖掘"露营+"新玩法,比如通过露营+体育、露营+音乐、露营+温泉、露营+教育等形式,将营地的特色住宿体验与其他户外休闲娱乐及教育活动融合成一体,引导"营地+"产业生态圈的形成。而东京近郊的奥多摩和秋川溪谷,是东京都市圈爱好垂钓、烧烤人士的最佳露营地之一。这片区域有着丰富的洄游淡水鲑鱼、清澈的溪水以及平坦的河滩。从东京出发,乘坐电车不需两小时即可到达,春夏秋季都有极高的人气,而营地通过挖掘垂钓、烧烤等场景,扩大了消费的同时,也增强了露营体验。

作为露营的核心,这些营地多采用了政企合作模式,支持营地建设和市场化运营,提供核心消费场景,支撑着露营产业发展。从20世纪60年代开始,日本政府就有意引导市民的露营习惯,并由政府出资建设大量公共营地,到90年代,日本的露营地就已经超过400所,2000年后,以公营露营地为主导的营地规模不断扩大,如今在日本的露营预约网nap-camp.com上,登记有3 986处露营地。日本相对较小的国土面积,有着亚洲最多的露营地,营地密集程度高。同时,精致露营还积极致力于引入体育产业、开发康养产品、融合自然资

[①] 星野集团是具有百年历史的日本度假村管理公司,创始于1914年。星野集团在日本全国经营高端奢华度假村品牌虹夕诺雅、精品温泉旅馆品牌界、家庭度假村品牌RISONARE、城市观光酒店OMO、滑雪度假村星野TOMAMU、婚礼教堂品牌星野梦缘等共39家度假设施。

源以及因地制宜承办各类体育活动。

(四)打造安全便利的消费环境,为释放体育消费潜力保驾护航

消费环境差强人意,会在一定程度上抑制消费的发生。而体育消费作为消费服务的重要内容,伴随着行业内消费安全事件频发、消费陷阱较多,消费"信心赤字"严重,会进一步降低人们的消费意愿,限制人们的消费行为,消磨体育消费发展的内生动力。伦敦、东京等全球体育城市纷纷围绕体育消费环境的塑造,构建了强大的体育基层组织和创新的监管模式,从而推动体育消费发展。

1. 大力培育基层组织,伦敦不断提升体育消费治理能力

作为全球知名的体育名城,伦敦构建从上层到基层的多元化主体协作机制,形成以政府为核心决策机构、社会组织为主体执行机构的高效体育服务管理体系,为城市体育消费环境建设提供保障支撑。

政府层面,伦敦成立全面负责体育发展的服务与管理机构——伦敦体育。"伦敦体育"作为伦敦体育文化发展的核心管理及服务组织,与80余家社会机构合作,构建了体育信息服务平台、企业赞助与项目资助平台,以及多方参与的资源整合平台,为政府、企事业单位、社会团体及社区等利益各方营造了合作、共建、共享的亲密关系,为伦敦体育事业发展保驾护航。

社会组织层面,多样化的体育组织和人力资源是体育城市建设的主体力量。一方面,体育俱乐部、体育类慈善机构或信托组织等非营利性体育组织在伦敦十分发达,这些机构的核心任务就是执行政府的相关战略和决策,助力伦敦打造优质体育环境。以体育俱乐部为例,据统计伦敦共有正式注册的体育俱乐部接近8 000个,参与体育俱乐部成员人数占城市16岁以上总人数的21.79%。另一方面,伦敦的体育产业能够有效依据市场的供需进行发展,商业消费氛围浓厚,离不开各类市场化体育联盟和协会的合作协同。体育联盟和协会保证了运动的传承性、纯正性,确保有足够的人群能参与、关注到该运动;同时也充分发挥市场化、商业化的作用,让体育的商业价值得以充分开发利用,极大地扩大了体育活动的影响力和效果。

2. 创新付费模式,伦敦改变体育消费领域的监管运营

体育服务作为体育产业的核心组成部分,其监管也是体育名城的核心竞争力。以健身俱乐部为例,作为大众进行健身等运动活动的主要场所,近年来,随着经济的持续增长和大众生活消费水平的逐渐上升,以及对增强自身体

质的意识愈发重视,全球健身产业发展迅速,进而刺激了健身俱乐部行业的发展势头。以英国为代表的欧洲地区是全球第二健身市场,地区内的健身人数总量大、居民消费水平较高、健身设施建设相对完善,健身俱乐部市场发展也相对成熟。然而不健康的"预付费模式"成为健身房闭店跑路"重灾区"。随着倒闭事件的频繁发生,健身行业被投诉且口碑暴跌,社会信任度持续下滑,人们开始对预付费模式产生疑虑。一些消费者甚至表示,他们不再相信预付费模式,而是更倾向于选择现付模式,即上课时再支付费用。

为了稳住体育爱好者的消费信心,The Gym Group[①]作为伦敦健身服务的市场领导者之一,开启了全新的付费运营模式,有效提升了健身服务的监管能力。通过对 The Gym Group 的体验和官网各种内容的挖掘,发现该机构不仅仅通过简单、清晰、低廉、灵活的价格体系极大降低会员入会的心理和消费能力门槛,更通过体系化运营、品牌设计等,给会员构建了一个放心、便利、可以接受的价格的健身服务,真正体现了他们的企业理念——致力于为健身会员提供一个全新的训练方式,包括可以负担的价格、更广泛的门店覆盖以及绝对确保让每个会员都能够感觉到热烈的欢迎。尤其是他们不采用年费制,最大限度地降低会员加入俱乐部的心理和消费能力门槛。

四、推动上海商旅文体联动发展的建议与举措

《上海市体育发展"十四五"规划》提出:到 2025 年基本建成全球著名体育城市。2020 年出台的《上海全球著名体育城市建设纲要》,则进一步明确了到 2035 年迈向更高水平全球著名体育城市、到 2050 年全面建成全球著名体育城市的目标。提出要夯实"体育+"和"+体育"发展模式,促进体育跨区域、跨行业、跨领域融合发展。从实践来看,近年来上海市也通过"五五消费节""会商旅文体示范区""上海体育消费节""体育服务综合体"等形式尝试将商旅文体联动促进消费的理念落到实处,致力于打造商旅文体联动发展的产品和活动体系。

因此,借鉴国际一流城市的先进经验,上海市可以从以下几方面着手,推动上海体育消费提质增效,助力上海创建国家体育消费试点城市:

---

① 在英国市场上,Pure Gym 和 The Gym Group 两大连锁健身房机构合计占据着国内健身俱乐部市场超过 50% 的份额,市场竞争格局较为集中。

（一）提供多样品质化的体育消费载体，推动消费可持续变现

载体供给是体育消费的源头。通过增加体育产品与体育服务的供给，能够为城市繁荣体育消费打下坚实基础。全球体育城市的发展经验均表明，以体育场馆为代表的体育资源供给成为众多城市再生与转型的催化剂。通过合理利用存量土地进行宗地治理、城市更新建设体育场馆，不断加速城市更新进程，打造成为区域经济活力的增长极。这一举措有效推动了伦敦、东京等地区的"再都市化"。

1. 依托场馆经济，积极打造新一代体育综合体

结合打造世界城市和全球著名体育城市的发展战略，上海市可在新城区域，积极谋划体育场馆设施，引入国内外知名大师设计团队，打造具有国际知名度的地标场馆建筑和场馆综合体，从而成为引领区域经济发展的活力增长极。同时，上海市可进一步鼓励中心城区现有老场馆的升级和改造，推动存量资源的可持续利用，在升级数字科技和智慧场馆，满足现代化办赛要求之外，还可积极打造集赛事承办、健身休闲、体育培训、旅游购物等功能于一体的体育服务综合体，共同形成市级公共体育活动集聚区，为"老场馆"注入"发展新活力"。

2. 围绕多元运动需求，打造系列化的体育公园

社区体育也是体育产品供给、满足市民运动休闲消费的重要方式。对标纽约、伦敦等体育公园建设实践，建议上海以满足全龄段居民的健身需求为目标，提供集中和分散相结合、室内和室外相结合的高品质社区体育设施，打造更多品质化的户外运动空间。一方面，充分考虑到一线城市群众体育的发展特点，如年龄、性别、身体状况、运动偏好等因素，通过"按需供给"吸引人们到公园中从事自己喜爱的运动项目，促进人与人之间的相互交流，体现人文关怀。尤其是位于城市中心的休闲公园，虽可充分利用开展户外体育运动的场地和条件，增加体育活动和体育设施的供给，从而盘活利用率不足的公园设施。另一方面，将现有体育公园打造成为活动发生地，通过举办各种类型的活动，包括音乐节、节庆、体育赛事、艺术展览等，吸引了不同兴趣和喜好的观众。还可以积极举办大型赛事以及嘉年华等节庆活动，引入世界级流行音乐歌手和乐队演出，以及知名建筑师的作品展示，增加了公园的知名度和吸引力，成为艺术打卡地，提升目的地的品牌形象和文化内涵，为游客提供更多的文化体验和参与机会，打造特色型的体育公园。

此外，上海还可以利用城市城中村改造、老旧社区等消极空间、边角空间，

在其中设置合理的运动健身器材、绿色生态景观以及配套设施,与"社区口袋公园"相呼应,服务好周边居民。

(二)坚持"双向链接",构建本土国际化相结合的赛事体系

大型赛事(赛事IP)是一种稀缺资源,诸如世界杯、奥运会以及网球四大赛事等,均具有很高的城市营销价值,使得更多城市将其视为展示城市综合实力、提升城市品牌与吸引力的有效手段。同时,核心体育赛事IP还具有"爆发力强、培育周期长、生命周期长、收入稳定性强"的特点。但是,品牌赛事与职业俱乐部的培育和打造,往往需要几十年甚至上百年的产业发展和文化积淀。只有通过促进体育事业的社会化与生活化,不断将各类体育要素资源,如体育联赛、节庆活动等,"包装、打造和运营"成为各种"大众消费品",才能真正实现体育赛事的商旅文体联动发展。

1. 外引内培,利用IP"破圈效应"提升赛事经济

对标国际公认的世界体育赛事名城,全球体育名城均有强大的职业体育发展和赛事品牌体系,上海可立足实际,充分挖掘自身潜力和优势,办好品牌名赛,使体育赛事与城市经济社会发展更加协调,提升上海体育赛事的国际化水平和影响力:一方面,可积极申办和引进更具影响力、更高品质的世界顶级体育大赛,比如世锦赛等,能够带来更多的城市营销作用和消费经济带动性;另一方面,可融入海派文化,举办上海马拉松①、上海赛艇公开赛等具有上海特色的体育赛事,培育自主体育品牌,实现赛事"全年无休"。比如,可通过对体育企业进行赛事补贴方式,组织体育企业策划开展更多观赏性、参与性强的体育赛事,从而培训城市自身特色的品牌,鼓励举办不同类型体育赛事活动,也是强化体育消费产品供给的有效方式之一。

此外,体育活动商业化程度不高,一直制约国内体育产业的发展,也是中国体育与超一流世界体育大国差距的根本原因所在。上海作为极具商业活力的一流城市,还可积极引入专业体育赛事运营机构,推动体育事业向体育产业转变,而借助商业公司成熟的运营模式,会不断提升体育产业市场化,推动上海体育产业走得更远。

2. 因势利导,抓住体育活动流行趋势"促"变现

大型体育赛事具有聚集性、体验性和综合性等特征,对举办城市的旅游业

---

① 上海马拉松被国际田联认定为全球20个黄金级马拉松之一。

发展具有重要的促进作用。同时,大型体育赛事是举办城市旅游产业转型升级的重要契机,相关城市应把握趋势、抓住机遇,通过赛前、赛中和赛后的持续发力,有效放大体育赛事的短期和长期效应,进而促进旅游产业高质量发展。因此,在拓展体育赛事融合消费场景方面,除开辟新的领域外,围绕体育赛事的深度挖掘也应作为上海推动赛事经济发展的重要方向,比如,围绕青少年体育消费方面,在成年人商业化赛事的影响力基础上,通过定期举办面向青少年客群的体育赛事,打造完善的赛事体系,能够有效构建青少年体育培训、运动装备更新、赛事观看等一系列消费场景,高效带动相应的体育消费需求。

(三)体育项目导向,推动消费内容扩容升级和提质发展

建议上海要结合新兴体育运动项目充分"借势",即通过密切结合流量效应和流行趋势,为政策措施取得成效带来更多的"便利性"。以当下流行的城市露营、桨板、飞盘等户外运动为例,这些项目有着较好的人气与社会关注度,在此情况下围绕上述项目增加资源和政策供给,则有望"借势"社会热点事件可观的社会影响力,迅速带动体育消费增长,使得在有限的资源投入下,对体育消费产生更好的促进作用。

1. 围绕苏州河开展特色文体旅活动,引导消费转化

以"滨水运动+休闲娱乐"为例,随着苏州河步道贯通开放,两岸沿河景观已逐渐成为休闲娱乐的"网红打卡地",也逐渐成为集生活空间、生态空间、景观空间和活动空间于一体的"生活秀带"。

为进一步将苏州河打造为上海城市的"会客厅",建议上海市要统筹各级体育行政部门,因地制宜地利用苏州河中心城区42千米岸线(尤其是普陀段和长宁段,公共开放空间充足、资源丰富),组织开展苏州河旅游节、迷你赛事活动等水上运动项目以及消费季、消费节、消费券等促消费活动。通过举办水上运动导向的项目活动,植入多元化的消费场景,让体育项目与体育消费相互促进、上下联动、协调配合,积极营造促进体育消费的浓厚氛围,更加广泛吸引社会力量参与,不断恢复和扩大体育消费。

2. 充分挖掘市民需求,培育"露营+"微度假目的地

上海作为海派文化的发源地,世俗的精致、别样的小资成为市民休闲消费的核心价值主张。未来,上海应更加契合市民的需求,有序引导在上海郊区(共青森林公园、长兴岛郊野公园、青西郊野公园等)凭借自身在选址灵活性、环境生态性、体验深入性、投资可负担性等方面的突出优势,构建新一代"微度

假型目的地"。面向大众客群,打造"露营+"产业生态圈,提供价格合理的基础服务,同时布局有品质的会议厅、咖啡馆、餐厅酒吧等服务,通过采用精益成本管理,获取高复购率支撑下的规模效益,让上海的户外露营经济凭借创新和特色的服务,走上特色可持续发展之路,真正成为文体旅消费新风口。

随着体育消费自身的内容和含义不断丰富,可进一步鼓励体育项目与其他产业交叉融合,打造消费新业态,比如,体育与大型文娱综合内容相结合,形成体育旅游、体育娱乐等多元内容和多重场景,从而加快实现上海市体育产业由"投资驱动"向"内容驱动""消费引领"的转变。

(四)试点升级,推动文体重点服务领域监管模式创新

1. 主体互动,促进文体商旅融合发展组织协调走向制度化

体育消费场景丰富,业态多元,涉及监管主体和参与部门也各不相同。推动商旅文体联动首先应该在监管制度层面实现平台互联、主体互动和信息互通。通过与文旅部门的联动开发,加强体育赛事活动的文化内涵植入,提升旅游吸引力,延长旅游产业链;通过建立与商务部门的沟通机制,及时掌握体育消费新特征和新需求,将消费促进政策融入体育消费场景;建立商旅文体媒体联合宣传机制,共同打造上海体育消费品牌;充分调动国有企业民营企业、相关机构等推进商旅文体会融合发展的积极性,发挥各自优势,促进协调互动。将各部门事务性合作沟通的有效做法与日常经验,总结成体育赛事、体育节庆、体育公园、体育消费新场景项目建设和运营过程中的制度化安排,保障文体商旅融合发展及其对体育消费发挥持续的刺激作用。

2. 细化规则,推动体育消费权益保障改革走向深水区

目前,上海市已经相继出台《上海市单用途预付消费卡管理规定》《上海市单用途预付消费卡管理实施办法》,明确将商务、文旅、体育、交通、教育全部纳入监管范围,体育局进一步细化并出台《上海市体育健身行业单用途预付消费卡存量预收资金余额管理实施办法》,对体育消费领域的预付费商业模式进行有效管理。可以说,上海体育市场监管已经覆盖监管主体、监管内容、监管依据、监管工具等方面,初步建成体育市场监管体系,但仍存在未充分考虑体育市场特征、强化监管与体育消费的关联、监管效率有待进一步提升、监管依据仍需进一步完善、监管数字化水平有待加强等问题。因此,结合上海体育服务的发展实际,以健身服务和体育培训为例,除了施行月付制、可退费等模式,而针对体育服务的资金监管,建议加大数字化手段,构建企业、商家、平台、消费

者的"信任消费"模式,探索新的信任消费模式,通过余额申报①、信托担保②、信用履约模式将年费转化为阶段付形式。

参考文献

[1] 徐翠蓉,赵玉宗,高洁.国内外文旅融合研究进展与启示:一个文献综述[J].旅游学刊,2020(8).

[2] 廖建荣.论文商旅融合发展的三种模式[J].河南教育学院学报(哲学社会科学版),2018(2).

[3] 李进军.成都文商旅体融合发展模式推进研究[J].四川文理学院学报,2018(5).

[4] 纪晨光.黑龙江省构建商旅文一体化发展模式的对策研究[J].商业经济,2021(6).

[5] 郑正真.产业融合视角下文商旅体融合发展策略研究——以成都市为例[J].四川旅游学院学报,2020(2).

[6] 侯庆海.供给侧改革背景下文商旅融合发展研究[J].市场论坛,2020(4).

[7] 毕斗斗,田宛蓉.高质量发展背景下粤港澳大湾区"文商旅"融合发展:模式创新与优化路径[J].城市观察,2021(5).

[8] 李雪敏.巴黎左岸与故宫以东:文商旅深度融合的打开方式[J].北京城市学院学报,2019(5).

[9] 杜宇.建设现代化新城视域下文商体旅融合发展的路径分析[J].黑河学刊,2020(3).

[10] 张媛,楼嘉军.全域旅游视角下上海"商旅文"发展现状.特征与模式转型[J].现代城市研究,2018(7).

---

① 在日本对预付费交易的法律规制中,普遍采用余额申报制度以及变更通知函制度,即将两个月内交易发行情况报告总理大臣,当发行消费凭证发生变化时,也及时说明情况。
② 在我国台湾,会通过预付资金存入信托账户等方式,来保证消费者的权益,拥有五种保证金形式供经营者选择,经营者提供给消费者的预付费凭证上,需要明确保证期限、已开立信托账户等担保信息。

体医融合发展促进社区老年人慢性疾病管理策略研究

王美凤　谢春艳　魏　军　石　瑛　马周理*

[摘　要]　体医融合作为老年人管理疾病的有效手段,对慢病的防治作用优势凸显,而社区作为推进体医融合实践工作的主要发力点之一,研究社区体医融合发展现况困境及优化管理策略具有重要的现实意义。课题组采用系统性文献综述与实地调研相结合的方法,基于内部环境资源类型与外部环境PEST分析框架,研究社区体医融合促进老年人慢病管理的现况困境,发现存在体医部门协同不强、体医融合规范标准欠缺、复合型专业人才匮乏、硬件场地设施不足、资金来源单一不足、法规政策不完善、实体产业发展滞后、体医融合观念认知不足、智能化服务平台建设滞后等问题,并结合美、日、德、英四国经验梳理与上海实践案例(普陀长风、长宁程家桥、杨浦殷行)分析,提出针对性对策建议。

[关键词]　体医融合;社区;慢性病;健康服务

---

*　本文作者简介:王美凤,上海市卫生和健康发展研究中心(上海市医学科学技术情报研究所)助理研究员,博士,卫生政策与人口学;谢春艳,上海市卫生和健康发展研究中心(上海市医学科学技术情报研究所)助理研究员,在读博士,卫生政策与社会学;魏军,上海对外贸易大学副教授,硕士,体育教育;石瑛,上海市卫生和健康发展研究中心(上海市医学科学技术情报研究所)实习研究员,在读硕士,老年健康与护理学;马周理,上海市光华中西医结合医院副主任,硕士,预防医学。

一、研究背景

（一）人口老龄化与老年慢病的发展趋势特征

老龄化程度日益严峻与预期寿命逐渐延长已是我国人口发展的必然趋势，上海情况更甚。据统计，2022 年我国 65 岁及以上老年人数增至 2 亿多人，占总人口的比重为 14.9%，比 2010 年提高了 8.87%[①]；人均预期寿命也从 2010 年的 74.83 岁增至 2021 年的 78.2 岁[②]。到 2050 年，预计 65 岁及以上老年人数将进一步达 3.8 亿人，其占比将增至 30%，人数和占比几乎都翻倍，届时人均预期寿命也将再增加 5 岁（王广州，2023）。上海作为我国人口老龄化程度严重与人均预期寿命较高的省份之一，2020 年 65 岁及以上常住人口占比达 16.28%[③]，高于同期我国多数省份的水平（排名第四，低于辽宁、四川、重庆），步入老龄社会，同时其人均预期寿命达 83.67 岁，位居全国榜首。

伴随老龄化浪潮与长寿趋势而来更棘手的是老年人的健康问题，尤其是老年人慢病问题，面临的形势非常严峻。随着年龄的增加，老年人的器官功能结构逐渐出现变化，抵抗力随之下降，慢性疾病发生率迅速增加。据统计，我国居民慢性疾病患病率呈增加趋势，2018 年（34.3%）比 2008 年提升了 18.6 个百分点；具体到年龄别来看，年龄越大，慢性疾病患病率越高，高峰年龄段主要集中在 65 岁及以上，并且随着时间的推移，分年龄别慢性疾病患病率均有所上升，老年年龄段尤为明显（图 1）。所以随着老龄化趋势日益严峻，慢性疾病患病人数将不断扩大，老年人慢病群体更是占主导地位。同时因慢病导致的致死率又较高，如 2019 年因慢病导致死亡占总死亡人数的 88.5%[④]，这势必对老年人日常生活与生活质量造成较大的影响，给政府与家庭带来沉重的经济负担，是各国都难以回避的现实困境。因此，在人口老龄化日益加剧趋势下，慢病防治需求激增，面临的形势非常严峻。

---

① 据国家统计局数据显示，2010 年，我国总人口为 134 091 万人，其中 65 岁及以上人口为 11 894 万人；到 2022 年，总人口增至 141 175 万人，其中 65 岁及以上人口也增至 21 035 万人。
② http://www.nhc.gov.cn/xcs/yqfkdt/202306/07ecda768ffd4bbd99695a5c61682653.shtml。
③ 据上海市统计局数据显示，2020 年，上海市常住人口为 2 487.09 万人，其中 60 岁及以上人口为 581.55 万人，65 岁及以上人口为 404.90 万人。
④ 《中国居民营养与慢性病状况报告（2020 年）》。

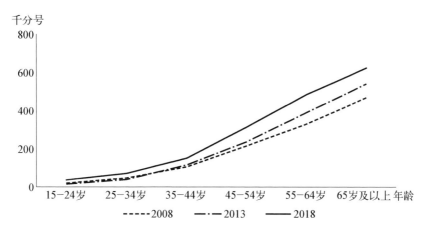

图 1　我国居民年龄别慢性疾病患病率变化趋势

资料来源：2022 年《中国卫生健康统计年鉴》。

（二）实施社区体医融合防治老年慢病管理的必要性

在老龄化与高龄化趋势日益凸显情境下，面对老年人慢病防治需求，单纯以疾病治疗为主的手段已无法成为有效的解决措施，而将疾病预防关口前移不仅是有效的防治策略，也是新时代大健康理念的必然要求。在此形势下，就需要发展非医疗与医疗手段相结合的慢病防治模式，体医融合正是整合体育、卫生健康等资源，将体育置于人体衰老周期和疾病周期的前沿，构建运动干预疾病的防治模式体系。2016 年，中共中央、国务院印发的《"健康中国 2030"规划纲要》明确提出要加强体医融合和非医疗健康干预，推动形成体医结合的疾病管理与健康服务模式。2017 年，《中国防治慢性病中长期规划（2017—2025 年）》则进一步提出将促进体医融合作为防治慢病的重要途径，可见体医融合已纳入国家宏观政策层面，成为慢病健康管理战略。为积极应对人口老龄化与防治慢病管理工作需求，社区作为体医融合的主要落脚点与着力点之一，研究体医融合促进社区老年人慢病防治管理具有重要的现实意义，同时也是当下公共卫生的迫切需求。

二、体医融合发展现状和国际比较

（一）我国社区体医融合服务模式

社区作为老年人生活活动的主要场所，在推进体医融合工作落地惠及大众中发挥着重要的载体作用。尽管目前我国各地已开展了积极的实践探索，但尚处于起步阶段，其实施主体、运营管理、资金支持等均不尽相同，在全国可复制推广仍未形成成熟的路径。通过检索文献结合新闻报道分析可知，目前我国社区体医融合服务模式主要有社区体质监测中心模式、社区体育俱乐部模式、社区政企合作模式与社区区校合作模式四种（表1）。四种模式的具体运营管理如下：

表1 我国社区体医融合服务模式特征

	社区体质监测中心模式	社区体育俱乐部模式	社区政企合作模式	社区区校合作模式
典型代表（以上海为例）	1. 嘉定区"1+1+2"社区主动健康工程① 2. 徐汇区的"邻里汇"社区联动模式	1. 杨浦区四平路社区"体医结合"② 2. 杨浦区长白新村社区"体医融合"	上海市静安区社区"体医融合"中心③	上海市杨浦区殷行社区卫生服务中心
实施主体	社区体质监测中心	社区体育健身俱乐部	第三方企业	上海体育学院
针对群体	1. 嘉定区为社区慢性疾病（Ⅱ型糖尿病、高血压等）为主 2. 徐汇区以社区老年人为主	慢性疾病患者（如糖尿病、高血压等）	慢性疾病人群（糖尿病、高血压、高血脂等）	Ⅱ型糖尿病患者
运营管理	社区体质监测中心由社区医疗部门开设，社区医生对患者进行医学检查，开具药物与	社区体育俱乐部（主要依托于特有的社区睦邻中心建立体质测试站和"运动小站"）为组	1. 政府提供免费场地与购买适老化设备及部分公共服务，由第三方企业负责运营管	成立了糖尿病运动干预工作小组，将上海体育学院的"社区（运动）

---

① 1名社区医生、1名社会体育指导员、2名健康自我管理小组组长。
② 杨浦区的"学校-医院-社区-家庭"协同发展的"四平模式"，受上海市体育局委托，由社区体育俱乐部主办，与卫生服务中心合作，请上海体育大学与医院专家等来开展讲座。
③ 陈佩杰.加快社区老年人"体医融合"中心建设[EB/OL]. http://www.chinareform.net/index.php?a=show&c=index&catid=40&id=37082&m=content. 2020-05-27。

续 表

	社区体质监测中心模式	社区体育俱乐部模式	社区政企合作模式	社区区校合作模式
	运动处方及膳食指导、医务监督等,社会体育指导员指导居民进行科学健身锻炼,以此达到预防干预目标。	织单位,联合社区卫生服务中心(按照"1＋1＋1"配备服务团队①),为社区居民提供体质监测和运动健康指导,其中全科医生负责运动处方制定等,社会体育健康指导员在"运动小站"带领居民进行身体锻炼。	理,免费向老年人开放。 2. 政府免费提供场地,由企业负责适老设备配置等建设运营管理,为居民提供体质监测、运动风险评估与健康指导等,向老年人采取会员制收费99元/月。	健康师"服务纳入社区,融入医保、卫健、体育等工作,构建糖尿病运动干预体系。
资金支持	政府财政拨款	政府财政拨款	1. 政府财政拨款; 2. 政府、企业、居民共同出资	政府财政拨款
模式优势	公益性,服务便利	覆盖面广,专业化水平高	半公益性,减轻政府财政压力,激发市场主动活力	公益性,服务便利
模式缺陷	过分依赖政府经费扶持	过分依赖政府经费扶持	需政府健全监管制度	过分依赖政府经费扶持

社区体质监测中心模式是由政府主导并给予专项财政资金支持,以社区慢病患者为服务对象,通过开设的社区体质监测中心有效整合社区卫生服务与体育公共服务资源,由此达到运动促进健康等目的,上海市具有代表性的是嘉定区"1＋1＋2"社区主动健康工程。

社区体育俱乐部模式是由社区体育俱乐部为组织单位,政府给予财政资金支持,其联合社区卫生服务中心,为居民提供医学检查、运动指导等服务,上海市具有代表性的是杨浦区四平路社区"体医结合"。

社区政企合作模式运营有两种形式:一种是纯公益性的,政府免费提供

---

① "1＋1＋1"模式配备服务团队,即1名全科医生、1名社会体育健康指导员与1名健康自我管理小组组长。

场地和购买部分公共服务,由第三方企业负责运营管理,向老年人免费开放,如:上海市静安区大宁街道5家社区"体医融合"中心;另一种是半公益性的,政府与企业合作,其中政府免费提供场地,企业负责建设运营管理,为老年人提供体质监测、运动处方制定和科学健康指导等服务,采取99元/月会员制收费,如上海市静安区其他街道"体医融合"中心(除上海市静安区大宁街道外)。

社区区校合作模式是通过社区卫生服务中心开设"运动干预门诊",成立慢病干预工作小组(体育大学院校专家团队、家庭医生等),邀请体育大学院校专家团队持续跟踪关注与分析相关数据,探索运动健康干预技术在临床的运用。上海市具有代表性的是杨浦区殷行社区卫生服务中心开设的糖尿病运动干预门诊。

四种模式各有优劣,社区体质监测中心模式、社区体育俱乐部模式与社区区校合作模式均是由政府给予资金支持,具有公益性与覆盖面广的特点,但却存在过度依赖政府财政扶持,社区主动运营困难等特点。而社区政企合作模式有一种是半公益性质的,政府与企业分工协作,虽一定程度上有力减轻了政府的财政压力,但却需要建立健全政府监督管理制度。尽管这四种社区模式均已初具雏形,但开展中仍面临一些现实困境。

(二)我国社区体医融合促进老年人慢病管理的存在问题

基于系统文献综述的结果,本研究从内部环境资源类型与外部环境PEST分析框架两大视角全面系统地分析了我国社区体医融合促进老年人慢病管理存在的现况问题。

1. 内部环境

体医融合促进老年人慢病管理的内部环境主要包括对内部的无形资源(组织结构、服务标准)与有形资源(人才供给、场地配置、经费支持)进行分析。

(1)体医部门协作机制不强。尽管国家十分重视体医融合的推行,但基层部门的推进过程仍旧困难重重。我国社区医疗卫生服务与体育公共服务分属于不同的行政管理部门,主管医疗卫生服务工作的行政部门是国家/省/区卫健委,而主管体育公共服务工作的是国家/省/区体育局,两个管理部门在管理职能、运作机制、基层组织等方面有较大差异,存在"体管体、医管医"现象,致使在人员、设备、技术等方面缺乏共享。两部门这种条块式管理架构,加之缺乏有效的沟通媒介,造成实践中存在各部门职责边界不清、合作意向不足等诸多问题。此外,社区举办活动或是请医院医生进行健康咨询讲座,或是与一些健身机构合作,以单一医疗或体育为主,即使融合也是部门间临时性的工作结合,呈现出碎片化、单一化等特点,缺乏长效合作联动机制。

(2) 体医融合规范标准欠缺。目前,我国推进社区体医融合实践工作中缺乏统一的标准规范。主要体现在两个方面:一是针对社区老年人慢病健康管理工作(包括前期运动评估、中期处方制定、后期效果评估),尚缺乏可操作的标准规范;二是具体服务实施过程时,人员安全与硬件安全措施、应急处置举措等均缺乏统一明确的保障规范标准。

(3) 体医融合专业人才匮乏。目前,我国已积极探索体医融合复合型人才培养模式,设立运动康复等专业的院校逐渐增多,其专业设置也日益多元化,同时培养模式从学校专业教育逐渐延伸至社会机构的职业、技能培训,但我国体医融合复合型专业人才仍旧匮乏,下沉到社区的更是少之又少,主要表现在以下几方面:一是人才培养体系不健全。在教学培养方面,医学与体育两类院校均注重各自领域技能的培养,缺乏对跨领域技能的重视,即医学类院校会重医学理论知识轻运动技能的培养,而体育类院校则会重运动技能轻医学知识积累的培养。在课程设置方面,运动/康复类课程地位薄弱、学时设置差异大。例如:多数高校将运动/康复类的课程设定为选修课,该类课程地位未能在培养体系的课程中体现;各高校在运动/康复类课程学时设定上差异较大,最少仅为 16 学时,最多则为 60 学时,同时课程理论与实践分配差异大(沈歆等,2023)。二是存在就业职业资格认证壁垒。目前,我国社会体育指导员是通过国家体育总局制定的标准培训考核认证,社区卫生服务人员是通过国家卫健委组织的执业医师或护士资格考核认证,可见这两类人员资格认证体系相互独立;同时在中华人民共和国职业分类大典中也未纳入体医融合专业,所以实际上体医融合复合型人才的职业资格认证仍属空白。另外,尽管各类部分院校(如体育/医学/综合类院校)开设了运动人体科学、运动康复等专业,但由于这些专业人员获得的是理学或教育学学位,他们无法参加全国卫生专业技术资格考试,加之社区也没有体医融合复合型人才的就业岗位,相关专业的毕业生就业受到很大限制。职业资格认证与就业行业壁垒限制了体医融合复合型人才就业出路。三是复合型人才数量存在缺口。受体医融合相关专业的教育规模、职业准入等条件限制,体医融合复合型人才较少,以运动康复师为例,2016 年我国每 10 万人中只有 2.65 名康复治疗师(余清等,2018),与国家提出的"2022 年康复治疗师要达 10 人/10 万人口,到 2025 年进一步增至 12

人/10 万人口"①仍有较大差距,同时也远低于欧美地区水平(60 人/10 万人口),可见我国康复人才严重短缺。加之这些优秀人才多数主要集中在大医院,下沉到社区的比较少,社区层面更是处于几乎空白的状态。

(4) 体医融合场地设施不足。目前,存在硬件场地设备等基础设施分布不均与供给不足。从运动场地供给来看,高档小区可能有专门的运动场地配置,但多数普通住宅小区可能都没有运动场地,老旧小区体育活动场地供给不足现象更为突出,更别提运动空间的分层管理,或针对慢病运动管理的场地;社区卫生服务中心运动康复训练场地也十分有限。从医疗服务设备与体育健身器材供给来看,一些社区医疗服务设备主要有血压计、血糖仪等基本检查检验设备,诊疗服务设备与专业的检测仪器相对缺乏;同时一些社区体育健身器材老化、损坏较为严重,社区运动康复治疗的体育公共设施与高质量的健身器材更是稀少,公共健身设施数量不足与质量不达标,商业健身价格又较高,无法满足社区老年人慢病运动管理需求。

(5) 资金投入不足来源单一。当前,尽管我国社区体医融合服务资金来源宽泛,但主要还是来源于有限的政府财政支持。受体医健康服务市场化程度低、投资回报慢等因素的影响,社会资本投资于社区体医融合服务的积极性不高,其他资金投入来源也不稳定,所以社区体医融合服务资金实际上投入不足且来源渠道较为单一。

2. 外部环境

课题组采用 PEST 分析方法,从政治(法规政策)、经济(产业发展)、社会文化(意识形态)、技术(信息支撑)四个方面对外部环境进行分析。

(1) 体医融合法规政策不完善。体医融合在推进实施过程中缺乏相关的立法支撑与法律保障。虽然国家出台了许多提到体医融合发展的政策文件,为推进全民健康服务指明了方向,但尚未有针对体医融合的人才培养、部门职权、组织协调机制、管理规章制度等工作开展的具体实施细则、实施标准与配套法规制度等颁布,一定程度上制约了具体工作操作实施。

(2) 体医融合配套实体产业发展迟滞。体医融合发展尚处于起步阶段,对实体产业而言,其营利性与稳定性有待考量,加之国家又侧重推崇其公益性(市场介入较少),致使配套的实体产业未能进入大规模的开发。此外,由于体

---

① 2021 年 6 月 16 日,国家卫生健康委、国家医保局、国家中医药管理局等 8 部门联合印发的《关于加快推进康复医疗工作发展的意见》提出,力争到 2022 年,每 10 万人口康复医师达 6 人、康复治疗师达 10 人;到 2025 年,每 10 万人口康复医师达 8 人、康复治疗师达 12 人。

医融合属于一种开创主动健康服务的新型产业模式,具有一定的独创性,这就要求原有的各实体产业转型发展,在缺乏政府与市场的引导下,转型实体产业可能会面临市场风险,难免会出现"望而生畏"的现象(杨继星等,2019)。这些均导致体医融合配套的实体产业发展滞后,未步入快速发展期。

(3) 社区体医融合观念认知不足。在我国社区体医融合推进探索过程中,仍普遍存在对体医融合理念认知不足。一是社区居民主动运动健康意识欠缺,自身观念淡薄。长期以来受传统固化思维影响,多数老年人对体育的印象仍停留在竞技性比赛的功效,依旧存在"重医轻体"的思想,老年患者"吃药打针"控制慢性疾病的观念牢固;加之他们可能知道体育运动对慢病防治有一定的作用,但会担心运动风险,主动锻炼意识仍不够强烈,被动健康理念仍占主导。二是科学体育锻炼宣传力度不够。即使一些老年人已意识到体育锻炼的重要性,也已具有运动促进健康的意识,但可能并不清楚如何进行科学锻炼,如选取什么运动与如何运动(运动强度、运动方式及运动频率)才最为合适,所以很多人运动缺乏针对性,盲目性较强,有时反而会对身体造成不必要伤害。老年人获取的科学锻炼知识,多数情况下来源于电视、网络等,有时这些渠道获得的内容不够精准,与科学锻炼理念可能仍存在偏差。三是医生对运动干预治疗不重视。目前缺乏对社区医生的激励机制,大部分医生仍以药物治疗等为主,并没有很好地贯彻体育促进健康的理念,可能仅是口头轻描淡写地建议要加强体育锻炼。如果医疗人员都不重视,而医疗体系话语权又很高,那么体医融合要在居民观念中形成就更难了。

(4) 社区体医融合智能化信息服务平台建设滞后。我国社区居民体质监测数据、健康档案数据及医疗卫生诊疗数据之间尚未实现资源共享整合,管理系统仍处于碎片化、模块化的运营状态。多数社区体医融合智能软件与智慧化软件开发不足,服务平台建设滞后,智能信息化水平较低,并没有建立起体医健康服务融会贯通的模块设置,所以无法实现诊治运康一体、动态监测精准等服务功能。此外,运动处方制定尚处于粗放阶段,智能化水平也不足。

(三) 上海实践案例

1. 长风社区卫生服务中心"体医融合"案例

上海市普陀区长风街道长风社区卫生服务中心联合上海市普陀区体育局与第三方企业(上海卷柏信息技术有限公司)合作,开始进行"运动干预对老年骨质疏松人群的防治"试点实践。

该项目于2023年4月正式启动实施,普陀区体育局出资、家庭医生签约服务费及家庭医生课题费三部分资金共同支持该项目,由第三方企业负责运营管理,跟踪对象为普陀区骨质疏松常住居民(以老年人居多),人数不少于300人。第三方企业主要负责数字化管理下家庭医生助手对居家老年骨质疏松患者运动干预成效研究项目中的数字化系统设计、开放和调试安装,并将开发完成的系统上线到"约健长风"小程序上;在社会体育指导员(家庭医生助手)协助下,家庭医生根据患者在社区服务中心的体测结果和诊断结果开具制定相应的运动处方;社会体育指导员借助数字化服务平台对目标人群定期进行指导、提醒、跟踪、反馈与随访;参与者(目标人群)参照平台上的标准康复预防运动训练动作视频(由社会体育指导员联合社区家庭医生拍摄并上传至服务平台),同时按照运动处方进行相应的运动与训练,并通过平台进行打卡与视频上传反馈。这种院内与院外相结合的形式形成运动干预互动闭环。最后,定期(通常为1年)对参与者进行握力、下肢平衡、骨密度等测定,评价运动干预对骨质疏松的防治效果(图2)。

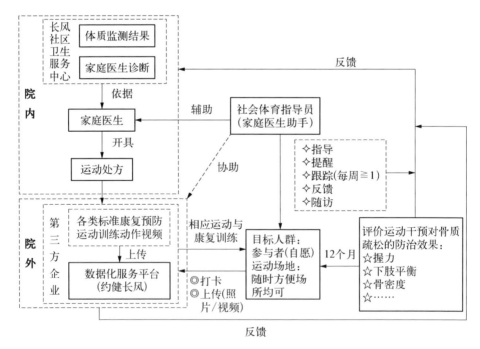

图2 普陀区长风社区中心"骨质疏松"干预项目服务实施路径

来源:课题组根据实地调研访谈所作。

2. 杨浦区殷行社区卫生服务中心"糖尿病运动干预门诊"案例

杨浦区医保局、区卫健委、区体育局与上海体育学院合作,印发了《关于开设糖尿病运动干预门诊的试点方案》,率先在杨浦区市东医院(每周三下午)和殷行社区卫生服务中心(每周四下午)开设糖尿病运动干预门诊,尝试研究运动干预糖尿病诊治效果。

该项目依托区校合作模式,成立了糖尿病运动干预工作小组,将上海体育学院的"社区(运动)健康师"服务纳入社区,融入医保、卫健、体育等工作,构建糖尿病运动干预体系(图3)。区医疗保障局主要统筹协调推进各部门工作,并做好相关数据采集与分析;区卫生健康委员会推进落实,做好运行中的监督指

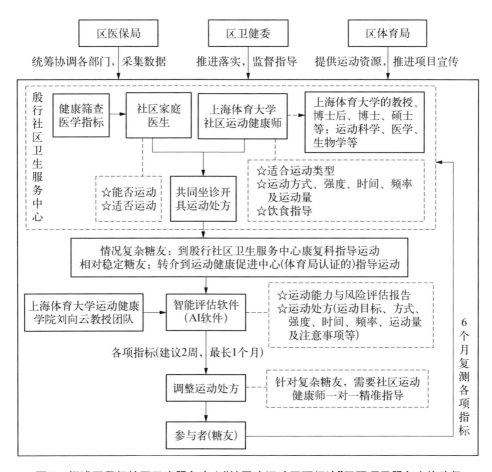

图3 杨浦区殷行社区卫生服务中心"糖尿病运动干预门诊"干预项目服务实施路径

导;区体育局提供体育运动技术和资源保障,推进项目宣传;上海体育学院落实糖尿病运动干预指导,与家庭医生制定糖尿病标准化运动处方,并做好相关培训及完成前后监测分析与撰写报告;殷行社区卫生服务中心落实糖尿病健康筛查、医学指标采集、健康管理与健康宣教,协同制定糖尿病标准化运动处方。参与者运动可以是居家、或设置在市民健康中心等运动场地①。

未来为了纳入更多运动健康师队伍人才,社区康复师、社会体育指导员、优秀教练员、体育赛事公司职工、基层群体骨干、健康促进中心专业人员等均可参与培训考核获得;运动健康师在培训通过考核后,兼具二级社会体育指导员与运动健康师两张证书,但上岗前还需完成一定次数的公益实践服务。

课题组通过实地走访调研上海市普陀区长风街道长风社区卫生服务中心、杨浦区殷行社区卫生服务中心与长宁区程家桥街道社区卫生服务中心,发现上海市各区推进实施体医融合促进慢病管理的实践情况差异较大,区与区之间存在发展不均衡,存在的困境也不尽相同,有的社区认为对体医融合促进老年人慢病管理方面,居民与家庭医生存在体医融合观念认知不足(居民积极性不高与被动运动,同时欠缺对家庭医生激励机制,家庭医生积极性不高)、体育部门与卫生部门融合不够,有的社区则认为资金来源不足、缺乏推进基层工作协调联合各部门的管理机构、缺乏完善的政策法规驱动保障,还有的社区认为场地有限、尚未建立智能化体医融合服务平台、复合型人才较少,等等。

(四)国外体医融合促进慢病管理策略经验

为进一步了解国外体医融合发展的现况特点,课题组采用文献资料法,通过梳理总结德国、日本、英国与美国推进社区体医融合发展方面的经验(表2),以期为我国社区体医融合走出当前困境提供一些参考与借鉴。

1. 国外社区的体医融合模式

德国社区的体医融合模式主要包括嵌入型与项目型两类,均以政府或保险机构出资支持。嵌入型模式主要是依托多组织构成的基层医疗卫生服务网络推进,这种模式相对灵活与便捷,但专业性不强;项目型模式则主要由多部门负责,多学科团队对不同类慢性疾病患者实行全程监控、管理等工作,是一种循证的实践模式,专业性较强。

---

① 关于印发《关于开设糖尿病运动干预门诊的试点方案》的通知。https://www.shyp.gov.cn/yp-zwgk/zwgk/buffersInformation/details?id=a75e9314-e412-4e48-ade7-669560ebd336,2023-06-07。

表 2 部分国家社区体医融合模式

国家	模式类型	实施主体	运 营 管 理	适宜人群	经费支持	特　点
德国	嵌入型	社区医院、社区体育组织、社区康复中心	主要依托基层社区医疗卫生服务网络（社区医院、社区康复医院及社会体育组织）进行推进，其中社区医院通过社区初级保健医生（全科医生）签约等形式为居民提供健康咨询、定期体检等个性化的健康服务指导，全科医生为居民开具针对性的运动处方，社区康复中心和体育俱乐部（社区体育组织）负责居民运动方案实施。	社区居民、亚健康群体	保险机构（医保报销）	灵活、便捷，但专业性不强
德国	项目型	科研机构、地方政府、政府部门	由医疗、卫生、体育专科医生、护理人员、运动康复师、营养学专业人员等多学科团队，对不同类慢性疾病患者提供全程策划、监控、管理与协调等体医融合服务。	不同类慢性疾病患者	政府或保险机构	专业性强（循证实践，监控效果）
日本	福利型	社区综合俱乐部	政府依托于该实施主体（社区综合俱乐部），实施主体中的全科医生指导、健康运动指导员为居民提供服务并开具运动处方，健康运动指导员在社区卫生开展针对性的体育锻炼指导。	社区居民	基础设施政府投资，人员费用统一由财政支付或志愿者提供志愿服务	公益性、覆盖范围广，但专业性不强

续表

国家	模式类型	实施主体	运营管理	适宜人群	经费支持	特点
英国	运动转介计划	运动与医疗中心或相应的俱乐部	该计划通过医院医生分级转介诊疗与整合运动实现,是英国初级保健环境中运动促进健康的一项举措,即英国专业人员(全科医生或职业护士)将需要运动干预的各类人群进行分级,分类转介到下级"运动与医疗中心"或"娱乐部"中一位专业人士,之后依据卫生专业人士提供的医疗资料,运动专业人士制定一套有针对性的体育活动计划,指导不同类患者进行科学化体育锻炼。	各类人群	地方政府	公益性、便捷性
美国	交叉融合型	医学健身中心	依托于集体体医疗与医学双重功能属性的医学健身中心,由体医复合型诊疗团队(公共组织及营部、教育部等多个部门成员与社会组织方、其依利性企业)开具精准个性化的运动处方,其依据患者健康信息,运动风险评估结果开具,具体包括运动方式、运动强度、运动频率,运动时间及运动量等内容。	慢性疾病患者	政府给予财政补贴,同时通过税收优惠、捐款、优惠券等形式让市场积极参与	专业性强、费用较高

日本社区的体医融合模式主要是福利型,依托其社区综合俱乐部,全科医生和健康运动指导员为居民提供服务指导。该模式的基础设施由政府负责建设,服务人员费用也由财政统一支付或志愿者免费提供服务,所以该模式具有公益性、覆盖范围广的特点,但同样具有专业性不强的特征。

英国社区的体医融合模式为运动转介计划,主要由政府出资支持,依托运动与医疗中心或相应的俱乐部,医生对需要运动干预的人群进行分类,并通过分级转介诊疗将其转介到下级一位运动专业人士,运动专业人士依据医生提供的医疗资料指导患者进行科学体育锻炼,具有公益性与便捷性。

美国社区的体医融合模式是交叉融合型,依托医学健身中心,体医复合型诊疗团队依据患者健康信息等为其开具个性化运动处方,并指导其进行科学体育锻炼,该模式主要服务于慢性疾病患者。在经费支持方面,与德、日、英有所不同,美国除政府给予财政补贴外,还通过税收优惠、捐款、优惠券等多种形式让市场积极参与。

从四国社区的体医融合服务实践来看,均呈现出多组织协同治理的格局,表现出职责明确与分工合作的特点;同时多数(如德、日、英)主要是由政府补贴或保险机构报销支持,具有公益性、灵活性、覆盖面广等特点,但专业性不强,而专业性强(如美国)的费用又较高,主要原因是采用多种形式引入市场参与机制。

2. 国外体医融合防治慢病管理经验

(1) 构建了职责明确的多组织协同治理机制:

2016年,英国修订了新的《国家运动转介框架》,详细列出了运动转介的管理者、目标人群、转介从业人员与体能活动服务提供者等的角色及职责。英国运动转介计划的落地实施是由英国卫生部、地方卫生政府、多学科小组多方共同参与推进,英国卫生部主要负责提供运动转介计划的框架标准与建立数据管理系统等工作;地方卫生政府负责提供资助,以确保基础设施到位;多学科小组(基层医疗信托基金、健康委员会、全科医生、运动专业人士等)主要负责具体计划设计,包括实施转诊计划的基本操作程序及监测评估程序。在微观层面,该计划设计,明确界定了所有参与、协调与推介该计划专业人士的角色义务,如医生处理运动转诊患者时,如果只是简单地建议增加活动,一旦患者运动出现医疗事故,责任方仍为医生;如果是患者没有听取医生建议进入转介程序并进行锻炼实践,患者就应对自己的行为负责;如果医生已经推介给其他主体,其责任则相应进行转移(肖子高,2022;韩磊磊等,2020)。

德国联邦政府在16个联邦州中建立了负责协调医疗资源、体育资源、医保资源的"健康协调平等中心",联邦政府、州政府与地方政府、各职能部门在推进体医融合工作中,各主体在合作中呈现出分工职责明确的特点。联邦政府主要负责制定相关法律法规与战略规划等;州政府与地方政府主要负责体育设施建设与维护等工作;各职能部门则主要出台政策等推动体医融合。

日本政府、地方政府及各部委在推进体医融合过程中既分工又合作,日本政府主要负责政策制定、健康信息传达与保障经费供给;地方政府主要负责制定具体实施计划,并指导国民开展健康促进活动;各部委在政府协调下出台政策等推进体医融合工作。

(2) 构建了完善的体医融合复合型人才培养体系:

自1988年起,日本就开始培养既懂医又懂体的健康运动指导员。健康运动指导员仅参加培训机构的学习是不够的,还需要接受至少120个课时体育健康知识的培训,并通过资格考试获得相关职业技能证书才能上岗,其中体育健康知识的培训包括保健、运动康复与基本医疗知识等内容。健康运动指导员可以经过培训获得资格证书,但证书的有效期只有5年,有效期后需再次通过相关考试才能更新(黄晶等,2021;黄亚茹等,2016)。

美国培养体医融合复合型人才主要体现在:一是培养临床医生时纳入了EIM理念的运动处方培训等内容,推动临床医生运动技能的发展(MEALY RN,et al.,2019);二是健康健身专业人员需通过国家制定的教育培训等获得资格认证(KRISTI M K,et al.,2019;JORDAN M,et al.,2015)。

英国培养以慢病运动治疗为主的临床运动生理师(clinical exercise physiologist,CEPs),为体医融合输送专业人才,目前有11所高校设置了临床运动生理学专业,以硕士研究生教育为主,结合医学和运动科学,并构建了严格的CEPs资格认证体系;认证合格的CEPs可以在医疗卫生机构工作,也可以选择在公共卫生部门或健身俱乐部等场所工作(刘国纯等,2022)。与此同时,英国围绕"运动锻炼临床指导能力"的核心素养目标,分别从医学类和体育类开展体医融合人才培养计划;人才培养计划形成了包括英格兰体育协会、英格兰公共卫生局、英国健康学院等机构在内的体育、医学、教育跨领域培养体系,着重培养包括合作能力、变革能力、沟通能力、胜任能力、临床技能、自信心的医学生体育锻炼临床指导能力;课程内容设置方面主要包括3个部分、6个模块及23个主题(吴进等,2023)(图4)。

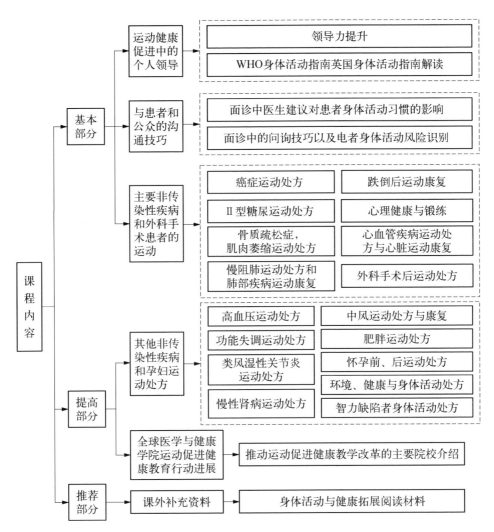

图 4 英国体医融合人才培养课程体系

(3) 保障体医融合场地设施供给充足并明确了标准规范：

日本社区体育运动场所设施供给充足。主要体现如下：一是日本拥有数量众多的社区体育俱乐部(何文捷等,2017)。截至 2018 年,日本已有 4 000 个综合体育俱乐部,超过 70％的人参与其中。二是通过政策与立法规定社区体育场地的供给。日本政府要求社区体育场地设施按其人口规模进行配置,确保有足够体育场地供居民使用;同时通过立法明确公立学校要向社区居民开放体育设施。三是规定了社区体育场地的建设标准。日本颁布了《体育基本法》《体育运动振兴法》等一系列政策法规,详细规定了社区体育场地设施类别、功能与附属设备的标准,并明确了附属设备涵盖的内容,如通过法律政策规定了运动公园建设标准,健康运动公园计划为老年人运动提供便利。

(4) 健全了体医融合政策法规体系:

日本政府颁布一系列的法律法规,赋予运动健康政策的法律保障。例如:2003年,日本颁布《健康增进法》,保障了"健康日本21计划"(明确制定了老年人每日体力活动的详细指标)的法律地位;2005年与2013年,日本分别颁布《饮食教育基本法》《为了增进健康的运动指南2013》。在同一政策目标下,这些法律法规为推进体医融合实施中各部门的职责定位与分工合作提供了有力保障。

(5) 推动了体医融合产业发展:

日本调动多元主体参与,推动了体医融合产业发展:一是调动多种社会资源丰富了体医融合产品供给。以地方政府运营为主体,充分调动多种社会资源,向老年人提供预防保健、健康管理、急救医疗等多层次、多种类的体医融合服务。二是推动体医融合健康产业集群网络发展。日本在18个府县、15个城市设立了"次世代健康产业协议会",以康复保健医疗器械、健康食品和运动产品为主,在全国范围内形成了体医融合健康产业集群发展网络。截至2016年,日本体医融合健康产业市场规模已达到25万亿日元。三是部分商业健康保险公司定期向参保人提供运动体育设施优惠券,鼓励参保人利用运动增强体质。

(6) 形成了深入人心的体医融合普及理念:

日本已形成了较为完善的体医融合健康教育体系,主要特征表现为:一是规定任职教师具有一定的严谨专业性。日本政府规定健康教育教师若想获得上岗的教师资格证书或养护教谕资格证书,就必须完成保健体育(如体育技术等)、保健(如生理学及营养学等)、养护教谕(如药理学等)三大块的18门课程并积满相应学分。二是教育内容的持续与连贯性。日本小学主要讲解身体发育健康知识等,小学高学年主要讲述疾病预防、健康生活等内容,中学则讲解疾病预防原理等。三是课程安排的科学渐进性,课程学时安排从低年级到高年级依次增多(黄晶等,2021)。

(7) 构建了数据资源共享的信息化服务平台:

美国运动促进健康指导服务平台是由政府主导、研究机构与团体组织辅助、体育健身与医疗卫生服务联动的运动促进健康指导服务平台(表3)。该平台主要由五大主体内容构成,各主体均依据自身职能发挥着不同的健康指导服务功能,相互联系及影响,共同形成推动运动促进健康发展的强大合力(彭国强等,2016)。其中美国国家健康统计中心就是提供体质健康信息的指导服务平台。

表3 美国运动促进健康服务平台

序号	主体名称	主体类别及构成	服务功能
1	美国卫生和公共服务部(HHS)	管理卫生与体育的最高行政机构	制定各类体力活动标准与国民健康计划
2	美国国立卫生研究院(NIH)	由27个研究机构组成	提供科学研究成果服务于运动健康,并出版一些刊物进行运动促进健康的宣传
3	美国运动医学会(ACSM)	由教育工作者、体质专家、临床医生、研究人员及对运动感兴趣的人员构成	倡导"运动是良医"(EIM)理念,通过科学研究成果推动健康指导,制定运动处方、开发健康健身职业认证体系、开展基层医务人员运动损伤康复培训等。此外,鼓励临床医生将"体力活动"基本特征纳入问诊体系
4	美国国家健康统计中心(NCHS)	健康数据调查与统计机构	通过收集与分析体质健康数据,提供科学研究信息,指导与监督健康促进服务
5	体力活动指南咨询委员会(PAUAC)	由熟悉政府健康政策与在体力活动领域的有较高造诣的专家组成	提供体力活动指导,并建立"美国体力活动科学数据库",为体力活动提供科学依据

HHS: The U. S. Department of Health and Human Services; NIH: National Institutes of Health; ACSM: American College of Sports Medicine; NCHS: National Center for Health Statistics; PAUAC: Physical Activity Guidelines Advisory Committee; EIM: Exercise is Medicine。

三、上海市体医融合发展对策建议

(一)加强多部门协同治理,形成长效合作工作机制

现阶段,虽然社区体医融合服务已在各地进行了积极探索实践,但总体发

展并不理想，一个重要的原因是社区卫生服务中心、社区体育组织、社区居委会等实际上各自为政的"条块管理"局面，未能形成协同治理结构。在基层管理架构上，应成立以政府为主，协调体育、医疗、医保、民政等各部门的联络组织，如组建社区体医融合管理组织或成立社区体医融合工作领导小组（如社区运动促进健康委员会），该组织或小组以社区为依托，可由基层政府/党组织、医疗卫生部门、体育部门、民政部门、社区居委会等人员构成，其主要负责社区体医融合工作的统筹协调推进，促使各部门分工明确又密切合作，破除各部门旧有的沟通不畅掣肘，构建多部门协同治理框架，形成长效合作工作机制。

（二）构建社区体医融合服务标准体系

目前，各地社区体医融合服务模式均在各自摸索进行，缺乏明确完整的服务标准及实施流程细则，严重影响了社区体医融合服务的普及推广。建立完善的社区体医融合服务标准体系，有助于规范与引导社区体医融合服务的持续健康发展。体医融合服务标准体系主要包括体医融合的服务供给标准、服务保障标准等，其中体医融合的服务供给标准体系包括运动前健康筛查、运动处方制定与指导、运动干预效果评估等标准；体医融合的服务保障标准体系主要包括服务场地安全、设备安全、人员安全、应急处置等保障标准。

（三）完善体医融合复合型人才培养体系

以实际需求为导向，完善体医融合复合型人才培养体系，主要涵盖以下几方面：一是创新复合型人才培养模式。借助医学院校与体育院校各自优势资源，积极引导两者实施联合办学或联合培养模式。二是细化完善专业课程体系。借鉴国外实践经验，结合我国具体情况，教育部应联合医学专家、体育专家等细分制定体医融合复合型人才课程体系，包括课程内容设置、课程时长分配等。三是政府应建立统一的资格认证与行业准入制度，并提升薪酬福利等激励措施。经过体医融合专业学习或系统培训，可以授予相关的资格证书，同时设置相关从业岗位，使其可以选择到医疗卫生机构工作，尤其是下沉社区医院，也可以到健身俱乐部等场所工作，并给予体医人才薪酬福利等激励，提升其专业化与强化身份认同。四是提供学生社会实践锻炼机会。高校与社区卫生服务中心等应加强合作，让学生不再局限于理论与实践课程学习，增加学生深入一线社区进行实践锻炼的机会。五是扩大高校体医融合人才培养规模，并形成"专业为主导，社会为补充"的多元化社区体医融合人才队伍。

（四）政府加强对场地设施合理配置，扩宽多元投融资渠道

在场地设施供给方面，政府应动态掌握各区老年人口分布与健康服务需求及场地设备供给情况，加强各区街道场地设施的合理配置，并及时对老旧社区的体育锻炼设施进行增添、更新及修缮，同时充分利用好离家较近的公共体育场所、学校体育场所、小区外安全空余场地、住宅楼宇等活动场地，如对于学校体育场地，可分时段对外开放，附近居民可实行身份证或社保卡登记入校。在筹资渠道方面，单靠政府资金投入，后期将会造成巨大的财政支出压力，不利于体医融合落地社区长期稳定发展，在加大政府对社区体医健康服务财政投入补偿力度的同时，可以通过项目合作、税收减免、贴息补助等多种政策支持，鼓励或引导社会力量（如企业、个人等）参与到投资社区体医健康服务建设中来。初期资金可以由政府拨款、街道补贴、个人捐款、税收减免等来支持运营，到后期可以转化为向居民收取一定比例的费用。

（五）尽快出台法律法规细则保障机制

从国家层面应出台体医融合的法律法规，进一步明晰社区体医融合的各主体责任与义务、具体实施流程、细化工作任务、资金投入、监督评价等具体事宜，保障社区体医融合规范化、程序化与制度化发展，以法律法规强制规约社区体医融合碎片化、低层次化等现象，保障各项政策真正落地可操作。

（六）推动扶持体医融合产业发展

目前，我国体医融合产业基础较为薄弱，企业缺乏投资积极性。政府应多途径推动扶持体医融合产业发展：一是可以通过税收减免、财政补贴、项目支持等形式加大对体医融合产业发展的扶持，积极促进体医融合健康产业的孵化与成长；二是可以制定行业标准制度，以规范体医融合健康服务业健康持续发展；三是立足居民人口特点与政策导向需求等，明确体医融合产业的功能定位，做好体医融合产品发展规划。

（七）多途径加强体医融合宣传力度，促使健康宣教常规化

目前来看，居民对运动促进健康均有所知，但对如何标准地运动知之甚少、对运动预防"治未病"也不够重视。应通过多途径加大居民对体医融合服务的宣传与教育。在社区层面，借助新媒体介质（如视频 APP、微信公众号等）

加大对各类慢性疾病管理视频的宣传,定期在社区开展体医融合服务的宣讲,并聆听居民对体医融合服务的看法与意见等,同时可通过 APP、小程序等方便居民随时查询学习,还可以通过电子屏幕、宣传栏以视频或图片形式宣传运动促进健康的实践案例与重要性。此外,可借鉴日本经验,体医融合教育内容方面注重持续连贯性与渐进科学性。如对幼儿园采取漫画、对中小学采取进课堂等方式讲解运动防治疾病的知识。

(八)加快构建全市/全区统一的信息化服务平台,实现多方资源共享

考虑到不同慢性疾病管理需求不同,可以分点先行试点,待试点实践成熟后,以人工智能为基础理论,开发全市或全区统一的社区体医融合服务管理平台(APP)。该平台实行基于不同疾病的分类管理模块,可以集居民健康档案、体质监测、运动处方、疾病管理、健身指导、跟踪监督等多项服务,实现数据资源共享。社区居民可以通过 APP 便捷地获得相关服务(如健康咨询、健身指导、体育场所使用情况、个性化处方等),家庭医生与社会体育指导员可以通过管理平台统一端口对居民运动进行随时指导与实时监督,以及饮食指导与心理疏导等工作。

参考文献

[1] 王广州.中国人口负增长问题再认识[J].晋阳学刊,2023(2).
[2] 沈歆,许云霞,张立万等.体医融合视角下我国健康服务与管理专业运动/康复类课程设置比较研究[J].中国高等医学教育,2023(1).
[3] 余清,秦学林.体医融合背景下运动康复中心发展困境及对策分析[J].体育与科学,2018(6).
[4] 杨继星,陈家起.体医融合的制约因素分析及路径构建[J].体育文化导刊,2019(4).
[5] 肖子高.健康中国背景下"体医融合"实现路径研究[D].广州体育学院,2022.
[6] 李彦龙,陈德明,常凤等.体医融合模式:国内实践与国外经验双向考察[J].哈尔滨体育学院学报,2022(3).
[7] 刘晴,王世强,黄晶等.德国体医融合服务模式及对我国的启示[J].中国慢性病预防与控制,2021(7).
[8] 韩磊磊,王艳艳,贺立娥等.英国运动转介计划的发展经验对我国体医融合的启示

[J].西安体育学院学报,2020(2).

[9] 李静,杨子宁.中外体医融合发展模式比较研究[J].体育科技文献通报,2022(8).

[10] 黄晶,王世强,刘晴.日本体医融合健康促进的经验借鉴与启示[J].中国全科医学,2021(18).

[11] 黄亚茹,郭静,王正珍等.加强体力活动指导对提高民众体质健康之作用研究——基于对"健康日本21"实施效果的考察[J].西安体育学院学报,2016(1).

[12] MEALY R N, RICHARDSON L A, MILLER B, et al. Exercise is medicine®: knowledge and awareness among exercise science and medical school students[J]. Int J Exerc Sci,2019(3).

[13] KRISTI M K, JASON R J, KUPPER W. Strategies for partnering with health care settings to increase physical activity promotion[J]. ACSM's Health&Fitness Journal,2019(4).

[14] JORDAN M, WOLEVER R Q, LAWSON K, et al. National training and education standards for health and wellness coaching: the path to national certification[J]. Glob Adv Health Med,2015(3).

[15] 刘国纯,曹春梅.中国体医融合人才培养的专业、职业、就业体系构建——临床运动生理学的域外经验[J].体育科学,2022(12).

[16] 吴进,张俊杰,李利强等.英国体医融合人才培养:动因、举措与镜鉴[J].中国卫生事业管理,2023(3).

[17] 何文捷,王泽峰.日本社区体育俱乐部发展历程及启示[J].体育文化导刊,2017(4).

[18] 彭国强,舒盛芳.美国运动健康促进服务体系及其对健康中国的启示[J].体育与科学,2016(5).

上海运动处方推广应用策略研究

李云霞 孙 扬 常 琳 庄 洁 徐克拉*

[摘 要] 自2016年10月国务院颁布《"健康中国2030"规划纲要》以来,运动处方的发展进入了快车道。但目前该技术在国内的推广和应用仍然处于起步阶段,需要做诸多的规范化和标准化工作。本报告结合世界发达国家的发展情况及国内普遍现状,调研上海市的实际情况与需求,以落实体医融合、推广运动处方应用来开展运动处方的内容及人才培养相关的研究。调研结果显示,运动处方的内容本身中西方之间无明显差异,但在相关知识普及平台建设、体医融合转诊渠道建设、费用支付、运动处方合法性认定与监管等方面仍然存在差异;与上海地区庞大的慢病人群相比,运动处方相关人才数量严重缺乏,医学院现有教育内容未能实现医体融合教育的开展,普及式继续教育培训不足,运动处方人才培养学位教育与岗位设立脱离且无准入标准等问题,都为深入开展运动处方工作带来了困难。本报告从以上两个方面进行了详细阐述,并给出了合理化建议,期待可为上海市体医融合政策和运动处方的应用的实际落地提供执行策略上的参考。

[关键词] 运动处方;运动促进健康;医体融合;人才培养

---

* 本文作者简介:李云霞:复旦大学附属华山医院运动医学科副主任,副主任医师,副教授,硕士生导师,医学硕士;孙扬:复旦大学附属华山医院运动医学科主管康复治疗师,运动康复博士;常琳:复旦大学附属华山医院运动医学科运动康复师,上海中西医结合学会运动医学专业委员会保膝学组委员,康复治疗学硕士;庄洁:上海体育大学运动健康学院教授,博士生导师,教育学博士;徐克拉:复旦大学附属华山医院运动医学科康复治疗师长,上海市特警总队康复顾问。

一、研究背景和意义

运动处方的应用与研究已有 150 多年的历史,世界卫生组织(World Health Organization,WHO)正式采用的 Exercise Prescription 这一专业术语是从 20 世纪 60 年代末兴起的,其根本原因来自当时因身体体力活动不足这一危害人类健康的第一独立危险因素带来的全球范围内的健康危机。西方运动处方的发展与应用至目前为止,大致经历了三个时期:第一个时期主要是 1950 年以前,研究主要针对运动的重要性以及其在人类进化中所起的重要作用;第二个时期主要是 1950—1990 年,通过各项研究确定了运动与健康、慢性疾病之间的关系;第三个时期为 1990 年至今,通过中西方的研究与实践,确定了运动对慢病防治的量效关系以及影响应用"运动是良药"的因素。现如今,各个国家继续支持该领域内专家学者不断开展研究,在以精准制定处方内容的同时,也在积极通过各类政策的引导与宣传,提高运动处方的落实,惠及大众健康。走在前列的如美国、澳大利亚等,均有相对完善的医疗支付体系和人才队伍,以保障"运动"这一重要的疾病预防与治疗手段的实施。

我国对运动处方的关注始于 20 世纪 70 年代末,1978 年运动处方在《运动医学》一书中的首次亮相迈出了我国现代运动处方研究的第一步。1995 年《全民健身计划纲要》的颁布加快了运动处方研究的步伐,在国家重点研发计划的支持下,各类科学健身指导得以应用及推广。同时,国内学者翻译出版了《ACSM 运动测试与运动处方指南》的多个版本,也拓展了国内运动处方应用的国际视野。2016 年 10 月,中共中央、国务院颁布了《"健康中国 2030"规划纲要》(以下简称《纲要》),引领了健康中国建设这一伟大事业的开启。《纲要》中强调要"加强体医融合和非医疗健康干预,发布体育健身活动指南,建立完善针对不同人群、不同环境、不同身体状况的运动处方库,推动形成体医结合的疾病管理与健康服务模式",开启了运动处方发展的快车道。

但不得不正视的是,虽然运动处方已经成为大众健身、疾病防治的新需求,但该技术目前的推广和应用在国内仍然处于起步阶段,需要做诸多规范化和标准化的工作。此外,运动作为一把双刃剑,除了特定的获益外,也可能因监管不力、技术使用不当、滥用、误用等原因,造成运动风险的增加,从而导致疾病加重或新的损伤。顾悦等(2022)在针对国内运动处方师培训的相关调研中发现,运动处方师在发展过程中存在以下困境:运动处方师数量不足、工作环境不具备开展运动处方的条件、从业人员专业水平不够、受众接受度低。运动处方专家王正珍也得出同样的观点：当前，运动处方发展工作的主要困难并不在于运动处方本身，更重要的是客观工作环境、专业人员的水平和"消费者"。

因此，本研究将结合世界发达国家的发展情况及国内普遍现状，调研上海市的实际情况与需求，以落实体医融合、推广运动处方应用来开展运动处方的内容及人才培养相关的研究。期待相关成果可为上海市体医融合政策和运动处方的应用的实际落地提供执行策略上的参考。

二、现状分析与问题

（一）运动处方的具体内容及执行实施

1. 运动处方的内容

（1）运动处方概述。《运动处方中国专家共识（2023）》（以下简称《共识》）中，将运动处方定义为："运动处方包括运动频率（Frequency，F）、运动强度（Intensity，I）、运动时间（Time，T）、运动方式（Type，T）、运动总量（Volume，V）及运动进阶（Progression，P）等要素，是为不同年龄、不同体适能水平以及存在/不存在冠心病危险因素或冠心病人群制定的，用于促进健康及防治慢病的运动锻炼指导方案。"根据《共识》中对运动处方的分类，目前国内主流将运动处方分为以服务健康人群和慢病风险人群为主的健身运动处方，以服务慢病人群、运动损伤人群和围手术期人群为主的医疗运动处方。其中慢性疾病人群可囊括各类心血管疾病、骨关节疾病、代谢性疾病、恶性肿瘤、神经系统疾病、精神疾病等；运动损伤人群则可包括各类肌肉骨骼系统疼痛、损伤人群；围手术期人群则为针对各类手术术前及术后早期适合通过运动提升治疗效果、促进术后康复的人群；慢病风险人群则可包括静坐少动、高血压、糖代谢紊乱、肥胖、血脂异常等风险因素人群；健康人群则包括不同年龄段、不同生理状态、不同地理气候环境人群等。课题组广泛收集了美国运动医学学会、澳大利亚运动与竞技科学学会两大机构推荐的几项常见疾病的运动处方内容，并将其与国内权威机构发布的运动处方内容进行比较。同时，查找各地运动处方模板及转诊单，并将其与课题组调研的几家国内运动处方执行权威机构的模板比较。

(2) 美国、澳大利亚与中国运动处方内容比较：

查阅美国运动医学学会（American College of Sports Medicine，ACSM）网站，美国运动处方主要致力于预防和缓解一系列健康问题，主要包括了以下二十多种疾病/特殊人群需求：阿尔兹海默症、抑郁和焦虑、帕金森、外周动脉疾病、动脉瘤、哮喘、肥胖、高血压、心房颤动、心力衰竭、心脏瓣膜疾病、出血性疾病、糖尿病前期、Ⅱ型糖尿病、下腰痛、骨质疏松、类风湿关节炎、慢性肾脏病、慢性阻塞性肺病、慢性肝病、非酒精性脂肪肝、纤维肌痛、妊娠、艾滋病/儿童0～12岁、青少年13～19岁、老年人。在美国，运动处方已经成为一种广泛推广的运动健康指南，旨在引导人们保持积极的生活方式，它包括了相对具体的指导和建议，根据不同人群的需求和特点进行了更加精细的划分。此外，随着科技的发展，许多运动跟踪器和健康应用程序使人们更容易跟踪自己的运动量和进展，从而更好地执行运动处方中的建议。其主要特点有以下几个方面：一是多样化的人群关注。美国运动处方着眼于不同年龄段的人群，包括儿童、青少年、成年人和老年人。每个年龄段都有相应的运动建议，以满足不同阶段的生理和生活需求。二是个性化的运动计划。运动处方强调个性化，建议人们根据自己的兴趣、健康状况和能力选择适合的运动。这有助于提高人们的参与度和坚持性。三是有氧活动、力量训练和平衡练习相结合。运动处方提倡多种类型的运动，包括有氧活动、力量训练和平衡练习。这种综合性的运动方案有助于全面提升身体素质，降低受伤和疾病的风险。四是科学依据和医疗指导。美国运动处方的建议基于科学研究和医疗专业意见。在开始新的锻炼计划之前，强调咨询医疗保健专业人士，特别是对于有健康问题的人。五是兼顾心理和社交健康。运动处方不仅关注身体健康，还强调锻炼对心理健康的积极影响以及通过与他人一起锻炼促进社交交往。六是激发积极行动。运动处方通过建议人们少坐多动、找到乐趣、与朋友一起锻炼等方式，激发积极的运动行为，鼓励人们积极参与健康的生活方式。

澳大利亚作为运动科学及运动医学发展较好的国家，鼓励全民运动，而澳大利亚运动&竞技科学协会同样将运动作为一种治疗手段用于慢病人群、特殊人群的治疗，做了积极的工作。澳大利亚运动处方的特点如下：一是全面的健康关注。澳大利亚的运动处方关注身体和心理健康的综合性，不仅强调身体锻炼对心血管健康、体重控制等的重要性，还提及减轻压力、改善睡眠、提高注意力和心理健康的益处。二是逐步增加活动。无论是成人还是老年人,该方案都强调了逐步增加活动的原则。通过从简单的活动开始,逐渐增加时间和强度,帮助人们适应并保持持续的锻炼习惯。三是多样化的运动形式。该方案鼓励参与多种不同类型的运动,包括有氧运动、力量锻炼、灵活性活动和平衡训练。这有助于综合提高身体的健康状况,防止特定类型的问题。四是融入日常生活。澳大利亚运动处方强调了将活动融入日常生活的重要性。通过在日常任务中加入一些小的锻炼,如步行、爬楼梯等,帮助人们在繁忙的生活中也能保持活跃。五是医学指导。该方案鼓励与医生讨论,特别是对于有健康问题的人群。根据不同的健康状况,由医生为他们提供适当的建议和锻炼方式,以确保他们的健康安全。六是积极推进健康饮食与生活习惯结合。澳大利亚的运动处方强调健康饮食和生活习惯与运动相结合的重要性。无论在哪个年龄段,都鼓励人们选择健康的食物,保持适度的饮食,并且避免过量摄入盐和糖。此外,还提倡戒烟、限制酒精等健康生活方式。

课题组对比了几种常见慢病、肌骨损伤、心血管疾病及特殊人群中由美国运动医学学会、澳大利亚运动&竞技科学协会、华山医院陈世益教授主编的《临床实用运动处方》一书,冯连世主编《运动处方》一书中提供的运动处方关键要素(见表1至表4)。从运动处方核心要素的推荐上可以看到,目前无论是美国、澳大利亚还是中国,在针对特定健康问题/特定人群的运动处方核心要素的推荐上无显著差异。

表1　Ⅱ型糖尿病(常见慢病)

	有氧运动	肌力训练	其他
美国	任何有节奏的、连续的活动;每周3~7天;由易到难;从几分钟开始,然后逐渐增加到每周150分钟	手部举重、阻力带、举重器械或您自己的身体(如厨房柜台俯卧撑或椅子深蹲),每周2~3天,中间休息1天。开始时重复10~15次(每个主要肌肉群),然后进行8~10次富有挑战性的训练	增加步数至每天7 000~9 000步。瑜伽、普拉提和太极拳都有助于平衡、力量和放松,并可以降低血糖。每周2~3天伸展肌肉,直至感到紧绷,保持10~30秒,重复2~4次。平衡练习包括单脚站立、沿直线行走或使用平衡板。选择热量、脂肪和添加糖含量较低的食物

续　表

	有氧运动	肌力训练	其他
澳大利亚	每周至少150分钟、至少中等强度心肺运动和/或每周至少90分钟、至少剧烈强度心肺运动。患者每周应至少锻炼3天,连续不锻炼的时间不得超过2天	应鼓励Ⅱ型糖尿病患者每周进行3次抗阻训练,目标是锻炼所有主要肌肉群,并以最多可举起的重量进行8～10次重复训练	每餐食用少量低血糖指数(GI)碳水化合物食物,重点食用低脂肪食物,建议适量饮酒,吃少量富含碳水化合物的食物,并坚持每周2天禁酒。进行血糖监测
中国	中等强度有氧运动,包括步行、慢跑、骑车、游泳、徒手体操、羽毛球、做健身操等。每周至少3～5次,每次至少30分钟,累计时间至少150分钟	举哑铃、沙袋等,也可以利用自身的重量作为阻力进行训练。比如抬腿、仰卧起坐和平板支撑等。推荐每周进行2～3次中等强度阻力运动,每次8～10个动作,每个动作重复8～15次,1～3个循环(两次锻炼间隔≥48小时)	推荐有氧和阻力的混合训练,可以每周3次以上。太极拳、八段锦等传统中国运动项目有助于降低血压,改善心肺功能,有利于骨关节健康,提升骨关节的力量、稳定性、协调性、柔韧性。推荐柔韧训练2～3次/周,平衡训练2～3次/周。每个动作持续10～30秒,重复2～4次;每次运动的持续时间在10～30分钟

表2　高血压(常见慢病)

	有氧运动	肌力训练	其他
美国	任何有节奏的、连续的活动;每周5～7天,一天中逐渐增加到30分钟以上	手举重物、阻力带、举重器械或您自己的身体(如厨房柜台俯卧撑或椅子深蹲),每周2～3天,中间休息1天;从中等努力开始积累挑战性的努力。8～12次重复(针对每个主要肌肉群),重复2～4次	吃健康的食物并减少盐的摄入量。如果需要的话可以减肥。减轻压力,睡得更好。停止吸烟。不要喝太多酒。瑜伽、太极拳和普拉提都有助于增强平衡、灵活性和力量。每周2～3天伸展肌肉,直至感到紧绷。保持10～30秒(老年人为30～60秒),如伸展小腿或大腿后部

续 表

	有氧运动	肌力训练	其他
澳大利亚	中度至剧烈的有氧(耐力)活动(最多5天/周)每天30分钟,或自行车/慢跑(3天/周)每天20分钟	阻力(力量)训练(2天或以上非连续天/周),每天8~10次	
中国	中等强度有氧运动,包括步行、慢跑、骑车、游泳、做健身操等。每周3~7次,每次30~60分钟,累计时间至少150分钟	低强度阻力运动,如弹力带训练等。每周2~3天,每天至少1组,每组8~12次重复	

表3 孕期女性(特殊人群)

	有氧运动	肌力训练	其他
美国	任何使您心跳加快的持续有节奏的身体活动。每周3~7天;由易到难的强度为"能说话,但不能唱歌"。每周至少150分钟的体力活动	训练盆底肌肉能够支撑您的盆腔器官,控制上厕所并在性交过程中提供愉悦感	产前瑜伽和伸展运动有助于保持肌肉灵活和头脑放松
澳大利亚	快步走、固定循环、游泳等。每周至少150分钟中等强度的有氧运动,或每周至少75分钟的高强度有氧运动,或中等强度和剧烈强度活动的等效组合	每周至少进行2天的肌肉强化活动。旨在进行强化活动,如阻力训练或重量训练。骨盆底练习包括坐下来,背部挺直,稍微向前倾斜,挤压并抬起肌肉,保持挤压最多5秒,然后放松最多10秒。重复最多10次,每天3~4次,练习时保持呼吸	

续 表

	有氧运动	肌力训练	其 他
中国	中等强度有氧运动,包括快走、游泳、步行式自行车等。每周5次,每次至少运动30分钟	阻力训练可以采用器械、哑铃或者弹力带负重等方式完成。可与有氧运动混合训练,运动强度中等,每次训练5~10个动作(包括上肢、下肢、躯干核心肌群的动作),每个动作10~15次,1~4次循环重复。运动频率在每周3次左右	推荐有氧和阻力的混合训练,每周2次以上。柔韧训练有利于阴道分娩、产后盆底功能恢复。主要以瑜伽、普拉提等形式,训练次数以每周3~5次为宜。每个动作持续10~30秒,重复2~4次;每次运动的持续时间在10~20分钟

表4 慢性心衰(心血管疾病)

	有氧运动	肌力训练	其 他
美国	任何有节奏、持续的活动,每周3~5天;强度为"能说话,但不能唱歌";一天中逐渐增加到30~60分钟	手举重物、阻力带、举重器械或您自己的身体(如靠墙俯卧撑或椅子深蹲)每周1~2天,中间休息1天;10~15次重复(针对每个主要肌肉群),重复2次	灵活性每周2~3天伸展肌肉,直至感到紧绷,保持10~30秒,重复2~4次。如伸展小腿或大腿后部。瑜伽、普拉提或太极拳都有助于平衡、力量和放松。增加步数至每天7 000~9 000步
澳大利亚	步行/跑步、骑自行车和游泳等活动4~7天/周,运动强度应低于心肌缺血阈值(如果适用),从目标运动强度10~15分钟开始,初始运动与休息比为1:1,逐渐发展到2:1	循环重量训练、治疗带练习。体重锻炼 NYHA Ⅰ-Ⅱ,每周2~3天,RPE 11~15,从20分钟开始,直至45~60分钟,每组重复6~15次从每次练习1组开始,最多可进行3组。针对主要肌肉群的4~8种不同练习。NYHA Ⅲ-Ⅳ每周2天,RPE 10~13每组重复4~10次,从	NYHA Ⅰ-Ⅳ每周2~3天伸展影响臀部、膝盖、上下脊柱、胸部和肩部的主要肌肉群5~10分钟

续　表

	有氧运动	肌力训练	其他
		每次练习1组开始,逐渐增加至2组,针对主要肌肉群设置3～4种不同的练习	
中国	中等强度有氧运动,如走路、骑自行车、跑台训练等。每周至少2～3次,每次15～30分钟,或者分开连续完成	中等强度阻力运动,如器械、弹力带及身体负重完成的局部到全身的力量运动。每周至少2～3次,每次8～10个动作,每个动作重复8～12次,2～4个循环;每次运动的持续时间≥20分钟	推荐进行低到中等强度的太极、瑜伽练习,以改善神经肌肉功能。每周至少2～3次,每次运动的持续时间≥20分钟。推荐进行静力性、动力性以及本体感受性的神经肌肉拉伸运动,以改善柔韧性。每周至少2～3次,每个动作持续10～30秒,重复2～4次;每次运动的持续时间在10分钟以内

（3）中外临床运动处方模板及转诊单：

课题组收集了美国、加拿大、新加坡、德国等国家及欧洲运动医学联盟目前使用的临床运动处方模板/运动处方转诊单（图1至图7）。

图1　美国运动医学学会运动处方模板及转诊单

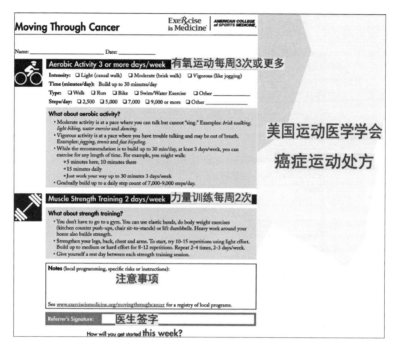

图 2 美国运动医学学会癌症运动处方及转诊单

图 3 加拿大运动处方及转诊单　　图 4 澳大利亚运动处方及转诊单

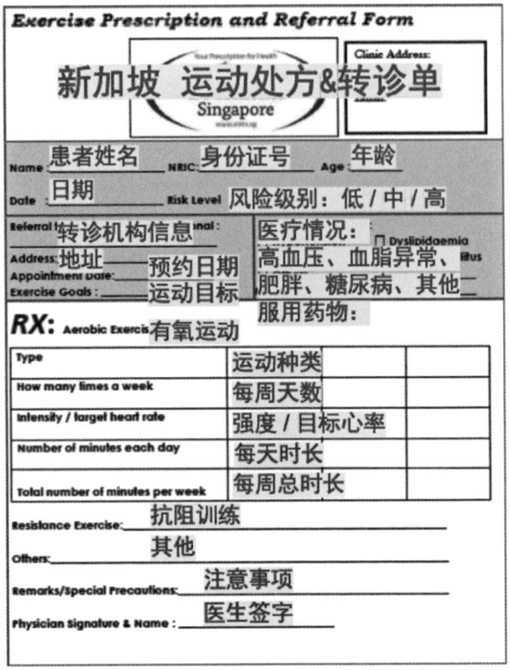

Exercise Prescription and Referral Form

Your Prescription for Health

新加坡 运动处方&转诊单

Singapore

Clinic Address:

Name 患者姓名 NRIC 身份证号 Age 年龄

Date 日期 Risk Level 风险级别：低 / 中 / 高

Referral 转诊机构信息

Address 地址 Appointment Date 预约日期

Exercise Goals 运动目标

医疗情况： Dyslipidaemia 高血压、血脂异常、肥胖、糖尿病、其他

服用药物：

RX: Aerobic Exercis 有氧运动

Type	运动种类		
How many times a week	每周天数		
Intensity / target heart rate	强度 / 目标心率		
Number of minutes each day	每天时长		
Total number of minutes per week	每周总时长		

Resistance Exercise: 抗阻训练

Others: 其他

Remarks/Special Precautions: 注意事项

Physician Signature & Name: 医生签字

图 5 新加坡运动处方及转诊单

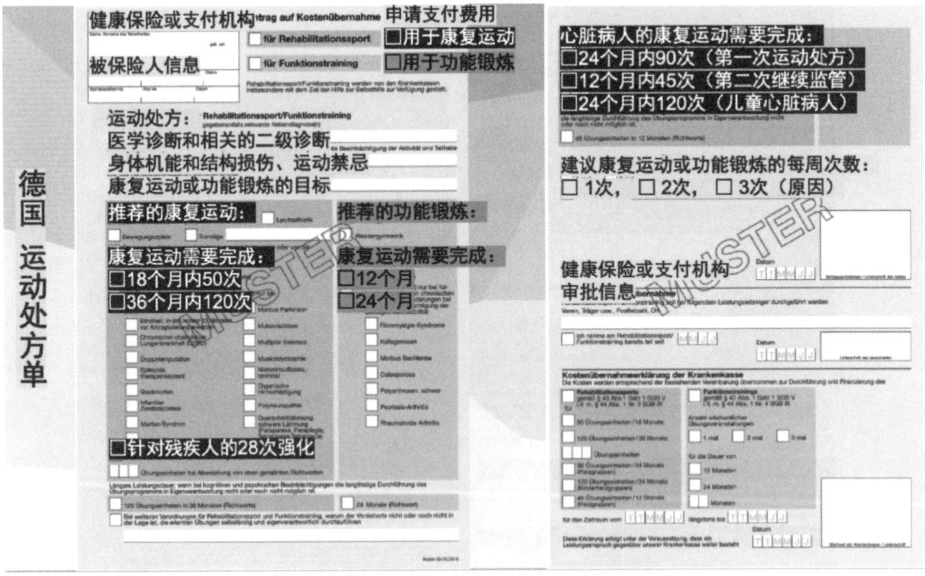

德国 运动处方单

健康保险或支付机构 Antrag auf Kostenübernahme 申请支付费用

被保险人信息

für Rehabilitationssport 用于康复运动

für Funktionstraining 用于功能锻炼

运动处方： Rehabilitationssport/Funktionstraining

医学诊断和相关的二级诊断

身体机能和结构损伤、运动禁忌

康复运动或功能锻炼的目标

推荐的康复运动：

推荐的功能锻炼：

康复运动需要完成：

18个月内50次

36个月内120次

康复运动需要完成：

12个月

24个月

针对残疾人的28次强化

MUSTER

心脏病人的康复运动需要完成：

24个月内90次（第一次运动处方）

12个月内45次（第二次继续监管）

24个月内120次（儿童心脏病人）

建议康复运动或功能锻炼的每周次数：

1次， 2次， 3次（原因）

健康保险或支付机构审批信息

Kostenübernahmeerklärung der Krankenkasse

图 6 德国运动处方单

图 7　欧洲运动医学联盟推荐运动处方及转诊单

不同国家和地区的运动处方模板内容大同小异，均包括了以下几个重要信息，患者基本信息、患者疾病信息、运动处方主体内容（FITT，此处并不包括 VP 部分）、运动注意事项、转诊机构信息及医生信息、医生签名等部分。处方的主要特点在于内容精简，操作简单。在临床医生有限的单位时间内，其通过相关的运动处方培训后，可更高效地、准确地开出运动处方核心要素。同时在处方中应写明该患者的医疗信息和运动注意事项，方便处方执行者更好地把握处方执行的安全。最终，附上医生签名，使处方具备法律效力，同时提升患者依从性。

课题组从访谈专家组处获得了专家团队目前设计并推荐的应用于国内相关场景的运动处方模板，分别来自李国平教授主导的中华运动康复医学培训工程团队、王正珍教授领导的国家科技部重点研发计划成果及复旦大学附属华山医院运动医学科目前正在使用的运动处方模板（图 8 至图 10）。

#医疗机构

医疗运动处方模板

患者姓名		性别	□男 □女	年龄	岁
临床诊断：		功能评估：			
□循环系统疾病：_____		□轻度 □中度 □重度 心肺耐力不足：_____			
□代谢系统疾病：_____		□上肢 □躯干 □下肢 柔韧灵活不足：_____			
□肌骨系统疾病：_____		□上肢 □躯干 □下肢 稳定协调不足：_____			
□神经系统疾病：_____		□上肢 □躯干 □下肢 肌肉力量不足：_____			
□呼吸系统疾病：_____		□站姿 □步态 □跑姿 功能动作异常：_____			
□免疫系统疾病：_____		□上肢 □躯干 □下肢 身体成分异常：_____			
□癌症：_____		康复目标：			
□其它：_____		短期目标： 长期目标：			

运动形式	有氧运动	力量训练	平衡协调
常规运动	□快走、 □慢跑 □自行车、□游泳 □其它：_____	□自重训练：_____ □负重训练：_____ □其它：_____	□坐-站、□单脚站立 □脚尖接脚跟直线走 □其它：_____
运动康复	□请运动康复师据此制定详细的运动康复计划		
运动强度	□低 □中 □高	□低 □中 □高	□低 □中 □高
每次多久	□10-15 分钟 □15-30 分钟 □30 分钟以上	□10-15 分钟 □15-30 分钟 □30 分钟以上	□10-15 分钟 □15-30 分钟 □30 分钟以上
每周几次	□1-2 次/周 □隔天 1 次 □每天 1 次	□1-2 次/周 □隔天 1 次 □每天 1 次	□1-2 次/周 □隔天 1 次 □每天 1 次
配合项目	□柔韧性运动	□中国传统运动	□其它：_____
执行方式	□门诊康复	□远程康复	□居家运动
注意事项			
时间效期	□1 周 □1 个月 □3 个月 □6 个月		复诊时间 年 月 日
医生签字（签章）： 年 月 日		（转介）运动康复师： 年 月 日	

图 8 中华运动康复医学培训工程医疗运动处方模板

运动处方模板

患者姓名_____　　　　　　日期_____

基本信息						年　月　日	
姓名		性别	年龄（岁）	身高（cm）		体重（kg）	

运动前筛查	体力活动水平	每周运动____次；每次____分钟；运动中的感觉_____； 此习惯持续____月 评价1：规律体育活动：□是　　□否 评价2：体力活动水平 □PA 缺乏 a　　□PA 不足 b　　□PA 活跃 c　　□PA 非常活跃 d
	医学筛查	心血管疾病家族史：　　□有　　□无 现病史：□无　　□高血压　　□糖尿病　　□心血管疾病 　　　　□呼吸系统疾病　　□脑血管疾病　　□其他_____
		安静心率(次/分)： □正常　□异常 　　　　　血压(mmHg)： 　　　　　　　　　　　　□正常　□异常
		腰围(cm)： □正常　□异常 　　　　　BMI(kg/m)： 　　　　　　　　　　　　□体重过轻 □正常 □超重 □肥胖
		血液指标
		总胆固醇(mmol/L)： □正常　□异常 　　　　　高密度脂蛋白胆固醇(mmol/L)： 　　　　　　　　　　　　□正常　□异常
		甘油三酯(mmol/L)： □正常　□异常 　　　　　低密度脂蛋白胆固醇(mmol/L)： 　　　　　　　　　　　　□正常　□异常
		空腹血糖(mmol/L)： □正常　□异常 　　　　　糖化血红蛋白(%)： 　　　　　　　　　　　　□正常　□异常
	是否需要进一步医学检查	是否需要进一步医学检查：□是　　□否 参加低、中等强度运动：　□是　　□否 参加较大强度运动：　　　□是　　□否

体适能测试	推算最大摄氧量：_____mL/kg/min(_____METs) □差　□稍差　□中等　□良好　□优秀
	运动负荷试验中有异常反应的是：　□无　□心率　□血压　□心电图
	体脂百分比(%)：_____　□体脂过低　□体脂正常　□体脂偏高　□肥胖
	平衡能力（闭眼单脚站立 s）：_____ □1分(差)　□2分(稍差)　□3分(中等)　□4分(良好)　□5分(优秀)
	反应能力（选择反应时 s）：_____ □1分(差)　□2分(稍差)　□3分(中等)　□4分(良好)　□5分(优秀)
	柔韧性（坐位体前屈 cm）：_____ □1分(差)　□2分(稍差)　□3分(中等)　□4分(良好)　□5分(优秀)
	柔韧性（坐位体前屈 cm）：_____ □1分(差)　□2分(稍差)　□3分(中等)　□4分(良好)　□5分(优秀)

	柔韧性(椅式坐位体前屈 cm)：_____ □差 □一般 □较好		
肌肉力量与耐力	肌肉力量(握力 kg)：_____ □1分(差) □2分(稍差) □3分(中等) □4分(良好) □5分(优秀)		
	肌肉耐力 (上肢:30s 手臂弯举)：_____ □差 □一般 □较好		
	肌肉耐力 (下肢:30s 坐站)：_____ □差 □一般 □较好		
主要问题			
诉求			
运动处方			
目的			
运动类型	有氧运动	抗阻运动	柔韧练习
频率			
强度			
时间			
方式			
周运动量			
运动进阶			
注意事项			
回访时间			
拟采用的效果评价指标			
后续指导建议			
医生签字		年 月 日	

备注：运动处方模板参考自国家科技部重点研发计划课题(课题编号：2016YFC1300202)

图 9 国家科技部重点研发计划课题运动处方模板

复旦大学附属华山医院运动医学科
基础运动功能评测与运动处方

患者姓名		性别		年龄	
目前主要问题					
	身高：		体重：		体脂：
	血糖：		血压：		最大心率：
		测试值		参考值	
有氧能力测评					
□ 2-MWT					
力量测试					
□ 上肢握力测试					
□ 俯卧撑测试					
□ 双腿平蹲测试					
平衡能力测试					
□ 平衡误差评分系统（BESS）					
柔韧性测试					
□ 坐位体前屈测试					

□ 托马斯试验	左：	
	右：	
□ 胸椎灵活性测试	左：	
	右：	
□ 肩关节灵活性测试	左：	
	右：	
功能性测试（适用于 60 岁以上老年人）		
□ 5 次坐站测试		
□ 30 秒坐站测试		
□ TUG 测试		
运动处方建议		
F 运动频率		
I 运动强度	心率：_____ RPE：_____	
T 运动形式		
T 运动时间		
V 运动总量		
P 进阶		
其他注意事项		

注意：在运动过程中如有任何胸痛、胸闷、气短、头晕等表现，请立即停止！选择就近医院就医。

图 10 复旦大学附属华山医院运动医学科基础运动功能评测与运动处方模板

从国内几个权威团队设计的运动处方模板来看,目前国内应用的运动处方从内容的丰富性和完整性上均可与上述国外的运动处方模板及转诊单相媲美,甚至包括了更为丰富的内容。除了运动处方应具备的患者基本信息、疾病诊断/主要临床问题、运动处方核心要素、运动注意事项、医生签名等内容,国内的相关权威运动处方模板中还包括了:康复目标/处方目标、处方时效、复诊时间推荐、体力活动水平、医学筛查结果、体适能测试结果等内容。而针对健康人群或疾病风险人群的运动处方模板,在医疗模板的基础上,适当删减疾病诊断、医学检查等部分内容,即可应用。

但欧美等发达国家为配合相关运动处方转诊单,还推出了相应的运动转介计划(Exercise referral schemes)。这是一种由医疗保健专业人员引荐患者参加特定的体育锻炼活动的健康干预措施。这些计划旨在通过引导患者参与体育锻炼来改善他们的健康状况,包括减轻体重、增加身体活动水平、改善心血管健康、降低慢性疾病风险等。在这些计划中,医疗保健专业人员(如医生、护士、健康教练等)会评估患者的当前身体活动水平、健康状况和风险因素,并根据这些信息制定个性化的运动计划。然后,他们会将患者转介给专门的运动和健康专业人员,如健身教练、物理治疗师等,以指导和监督他们进行适当的体育锻炼。

这些转介计划通常提供一定的期限(如12周),在此期间,专业人员会定期与患者进行联系和跟进,以确保患者遵守运动计划并获得必要的支持和指导。此外,这些计划还可能包括健康教育和行为变化的指导,以帮助患者养成健康的生活方式。运动转介计划通常由政府、医疗保健组织或非营利机构提供,并针对特定人群,如患有慢性疾病、肥胖或缺乏身体活动的人群。这些计划的目标是提供一种结构化的方法,帮助患者克服障碍,增加身体活动水平,改善健康状况,并最终提高生活质量。一些发达国家的开展情况如下:

英国是运动转介计划的先驱国家,该计划在这里得到了广泛推广和采用。英国国家健康服务(NHS)提供了运动转介计划,通过医生、健康顾问或其他医疗专业人员的介绍,将患者引荐给运动专家或健身中心进行运动方案。相关费用通常由国家卫生服务体系、地方政府、第三方慈善机构或个人支付来解决。各地根据实际情况会有所不同。

在加拿大,一些省份也开始推广运动转介计划,如不列颠哥伦比亚省和安大略省等。这些计划通常由省级卫生部门或医疗服务组织提供,并与社区运动机构合作,将参与者转介到适当的运动项目中。

在澳大利亚，一些地区也实施了运动转介计划。如维多利亚州的"活力处方计划"（Active Script Program）就是一种运动转介计划，由医疗保健专业人员向患者提供建议，并将其引导到合适的运动和活动中。

在美国，运动转介计划的开展情况相对较少。虽然一些医疗保健机构和社区组织提供类似的服务，但尚未形成统一的国家性计划。

2. 运动处方的执行实施

（1）执行流程。如图 11 所示，该流程为当前得到广泛应用的标准化运动处方执行流程，详细地呈现了运动处方从制定到实施、再到评价和调整的全过程。流程从"健康信息"的收集开始，涵盖了疾病史、家族史、体力活动水平等方面。接着是"医学检查"，包括心率、血压、心电图、血脂、血糖等基本医学指标。在"运动风险评估"环节，可使用 PAR－Q 问卷和运动危险分层原则来判断运动风险，以确保运动的安全性。在"体质测试及评价"环节，可对患者的心肺耐力、肌肉力量与耐力、柔韧性和平衡能力方面展开测试。当确定了运动风

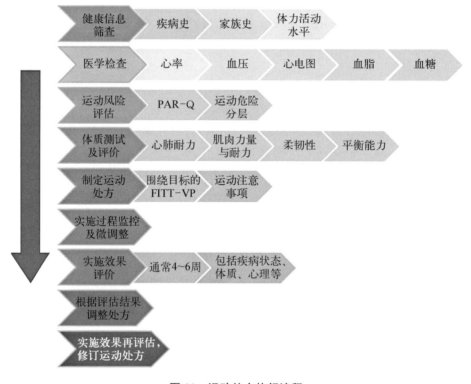

图 11 运动处方执行流程

险、健康相关问题及目前身体能力状态后,则可开始"制定运动处方",处方制定应根据FITT－VP原则展开,并详细把握运动注意事项,使运动处方可适应特定患者的特定身体状态。随后是"实施过程监控及微调整"环节,确保处方的实施过程中的各项指标都在正常范围内,并根据患者的反馈对运动处方的要素进行微调整。流程中后期则进入"实施效果评价"阶段,该步骤通常在第一次处方实施后的4~6周进行,评价内容包括疾病状态评价、身体运动能力评价等。最后,"根据评价结果调整处方",以确保最佳的运动促进健康效果。在运动处方的执行过程中,保证全面和完整的流程实施是重要的,一方面可以确保运动处方实施的安全,另一方面也可通过该流程保证运动处方实施的科学性和个性化,最后实施过程中不同阶段的数据的留存,也可便于相关监管机构对运动处方的执行效果开展监督。

(2)执行人员与分工:明确运动处方在执行过程中应纳入的专业人员及其资质背景是完成执行实施计划的重要环节。经查阅相关资料及结合实地调研与访谈,本课题组认为,运动促进健康人才团队的建设应是多学科团队结合的,并且可因专业人员的各自背景不同,通过相应针对性的培训后,在运动促进健康这条主线上的不同位置开展工作。具体有关教育培训内容方面的问题可参考本课题报告的后半部分。本部分内容主要从角色分工与人员构架上探讨如何实现运动促进健康人才培养的全流程覆盖。

澳大利亚与美国在相关专业人员的角色分工及人员构架方面比较类似,澳大利亚ESSA给出了在其培训框架下各角色专业人员如何覆盖"运动促进健康"这一大产业下的全产业需求(图12)。澳大利亚ESSA将其培训的运动促进健康人才分为三个大类:一是认证临床运动科学家(Accredited Exercise Scientist,AES),其主要针对的是运动的疾病预防及低健康风险人群的运动处方制定与干预;二是认证临床运动生理学家(Accredited Exercise Physiologist,AEP),主要针对的是为具有复杂医学问题和慢性疾病人群提供运动处方的制定和干预;三是认证竞技运动科学家(Accredited Sport Scientist,ASpS)及其高级系列,主要针对的是各类有提升运动表现和运动后恢复需求的业余/高水平运动人群。AES是入门级别的认证,如需要继续提升,可再行通过学习及认证考试,成为AEP或ASpS。并且在美国和澳大利亚,物理治疗师作为医疗康复场景下的重要角色,拥有非药物处方权,其中通过治疗性运动改善患者的功能也是其重要工作内容,因此这类专业人员也在运动处方的应用中承担了重要工作,该类人员并不需要ESSA或ACSM的认证即可使用运动处方开展疾病干预与预防工作,并且由两国各自的物理治疗协会统一监管,在澳大利亚为澳大利亚物理治疗协会(Australian Physiotherapy Association,APA),在美国为美国物理治疗协会(American Physical Therapy Association,APTA)。

在2023年发表的《运动处方中国专家共识》中,专家组将执行人员及分工划分为两类:一类为运动处方的制定者,另一类为运动处方的执行者。运动处方的制定者须为运动处方技术培训合格人员。在健身运动处方中,重点是运动能力评估,对人员的职业资质无特定限制,参加过运动处方技术培训者均可,人员背景可来自医疗行业(如医生、康复师等)、体育行业(如健身教练、体能教练等)。但在医疗运动处方中,因主要涉及疾病人群,因此临床医学评估是主要环节,原则上医疗运动处方应由具有医师资质并经过运动处方培训合格的人员制定,并在处方内容的细节设计和执行上,由具备资质的康复师、运动康复师来完成。在后续相关人员培训的角度,将探讨应如何完成各环节的人才培养。

(3)运动处方执行的信息化初步涌现:

目前,国内外已有运动处方信息系统(Exercise Prescription Information System,EPIS)的涌现。运动处方信息系统是将运动处方对象信息的管理、健康体适能测评、运动测试前的健康筛查、运动试验方案的确定、测试结果的收集、终止试验的标准、测试结果的分析、运动处方的制定、锻炼效果的前后对比、数据库的建立、数据的初步统计与分析和导出等功能整合为一体开发的管理系统。EPIS通过可穿戴设备、智能运动器材等采集处方对象的锻炼数据,数字化跟踪、随访处方执行的过程和效果,并根据数据对处方进行调整,使运动处方更具有个体化特征和可执行性。EPIS还可针对不同性别、年龄、健康状况、锻炼习惯、健身目的人群,采用不同的测试与评价方法,开具个体化的运动处方。

随着信息技术的快速发展及人工智能的高速迭代,运动处方的信息化发展也应成为该领域未来发展的重点。未来的运动处方应用场景可能是通过连接到个人的智能终端、智能健身设备及互联网技术,处方的制定者及执行者可随时通过网络对运动处方的执行开展远程指导和反馈,利用大数据和云平台的运动处方信息系统,实现运动干预全流程的数据采集,并通过数据模型和算法构建,实现运动处方的实时动态调整。

在国外,相关平台则非常多样。比较有代表性的如目前属于苹果公司的

Apple's Mobility Partner Program 的 Physitrack，该远程平台始建于 2012 年，从最初的 180 个动作的动作库，发展为至今已囊括高质量的 6 778 种运动方式的动作库，可涉及的临床干预范围包括截肢康复、水疗、心肺康复、患者教育与日常生活能力适应、精神健康、肌骨损伤康复、神经系统康复、作业治疗、儿童康复、呼吸康复、老年康复、运动康复、女性健康、体能提升等多个不同的领域。专业人员可通过平台向患者发送带有运动指导视频与文字的运动处方。相关的临床应用研究已经起步，囊括髋股关节疼痛、心血管与代谢、脑瘫、远程慢性疾病运动处方对患者锻炼依从性及效果的影响等内容。相类似的产品在国外还有 Medbridge、Hinge Health、KaiaHealth 等远程或数字疗法运动处方及运动康复公司。

国内在慢病干预领域做得较为领先的有奥美之路推出的健康体适能与运动处方系统、微动管家系统。微动管家系统以微信小程序的方式运行，平台提供三种不同个性化程度的运动处方，第一种为"1 分钟开处方"，主要针对的是一些亚健康问题，如肩颈不适、体姿不良、平衡不佳等。第二种为"5 分钟开处方"，在该类处方中，系统可根据录入信息帮助判断患者/客户的运动风险等级，并可推荐训练不同运动能力的处方，临床人员可根据实际情况再进行修改与调整，以满足一定程度的处方个性化需求。但该步骤需要完成线下环节的各类医学数据及体适能测评。第三种为"15 分钟开处方"，该类型运动处方的执行则根据本文阐述的运动处方"执行流程"设计，通过全面的信息收集后，系统将自动评价运动风险等级，并推荐恰当的运动方式，同时拥有监督及后续的处方微调、效果再评价等功能。

华为公司也开发了一系列关于设备和应用为用户提供健康管理服务。其中，华为运动健康 APP 是一个独立的移动应用程序，适配各种华为智能设备，为用户提供实时健康监测，如步数、心率和睡眠等。应用不仅能够为用户提供日常的健康建议，还能根据长期的健康数据为用户制定长期的运动计划。此外，每周或每月，应用都会为用户生成一份详细的健康报告，提供针对性的运动和饮食建议。

平安健康通过其官方网站和移动应用为用户提供健康管理服务。用户可以通过填写简单的健康问卷获取快速的健康评估和运动建议。对于希望得到更为详细建议的用户，平安健康还提供了深度的健康评估服务，包括对身体指标的检测和疾病风险的评估，根据这些数据为用户提供个性化的运动处方和健康建议。

在肌骨损伤与疼痛的数字化运动处方这一领域,国内做得较为领先的有复动肌骨的 Joymotion 悦行数字疗法,该产品目前通过自建 APP 及电脑软件,连接专业人员及用户,通过位姿传感器及后台算法,采集患者远程运动数据并进行动作质量监控,同时配合目前其自建的针对骨科与运动医学常见术后的康复方案,对患者实现分阶段的康复方案投放、远程评估与反馈、实时线上咨询等功能。

综合来说,这些平台目前基本实现了运动处方的制定和下发的在线管理以及一定程度的执行监控,并且配合视频演示、视觉反馈等方式,使处方的内容更易于使用者理解,并在一定程度上控制质量。但国内高质量的运动处方信息化平台与国际相比较仍然较少,且临床研究开展不足,在应用角度的有效性仍需更多验证。

3. 运动处方内容与执行中的关键问题

(1) 获取各类疾病的科学运动处方推荐较难,无权威官方渠道。在进行课题研究的资料收集过程中,课题组发现国际上的权威机构,如美国 ACSM、澳大利亚 ESSA 等,会在各自宣传平台上(多为网页)发布针对各类疾病的官方推荐运动处方模板或运动处方库,无论是针对专业人员,还是特定疾病人群或疾病风险人群或特殊人群,均可在网站上下载权威推荐的运动方案。这对于运动处方理念的科学传播及应用有较大帮助。但反观国内目前情况,在某常用搜索引擎中使用"运动处方""运动处方库""上海地区运动处方库"等关键词,并未获得更多有价值且权威的开源信息。目前可查信息显示,国家体育总局从 2018 年开始建立运动处方库,江苏省也从 2021 年推动开启江苏省运动处方库建设,但上海地区尚未开展相关工作。到目前为止也未能在任何开源平台上找到可供随时使用的运动处方库。相关信息的不透明、不公开,区域合作不高效,一定程度给运动处方认知和应用的提升设置了障碍。

(2) 各层面人员对运动处方的认知仍然不足,导致运动转介计划实施不足。尽管运动处方及运动促进健康的重要性日益受到关注,针对运动促进健康的科普宣传也逐步得到了更多的重视和关注,但不同层面的人员对此仍存在一定的认知缺口。在实际调研中,多名专家谈到目前运动处方在执行落实中的主要问题,具体到运动处方的内容与时间流程并不是问题。但各层面人员对运动处方的认知仍然不足:一是部分管理者尚未深入理解运动促进健康新模式及运动处方应用的深远意义,同时对于实施细节尚无具体设计和把握。这类问题在北京、上海、广东这些发达地区相对较好,但对于一些欠发达地区则较为凸显。二是大部分的临床专科医生对运动促进健康以及运动到底如何应用于疾病的治疗和预防的认知仍然比较空白或粗浅，尚未形成一个医疗工作群体中"人人推荐科学运动"的舆论环境。三是针对潜在的服务人群，如亚健康、慢病高风险人群或慢病人群，对于运动处方的好处和如何融入日常生活也缺乏足够的认识。这些认知缺口突显了提高公众和专业人员对运动健康的教育和宣传的迫切性，也成为深入开展运动处方需要解决的问题。所有以上，都将导致如西方发达国家的运动转介计划实施不足。

（3）国家/地方政府对运动处方合法性认定工作延迟，缺乏监管。自 2016 年中共中央、国务院发布《"健康中国 2030"规划纲要》以来，从政策支持的角度已经奠定了体医融合和非医疗健康干预在促进全民健康、慢病预防和康复等方面的积极作用和重要地位。但一直以来，运动处方实施的合法性认定工作尚未得到国家相关监管部门的重视与推进，这也是导致使用运动处方来治疗疾病、预防疾病从临床口很难突破的原因，并且也很难真正解决运动处方谁来支付的问题。同时，目前对于运动处方应用的监管也未启动，这些监管可能涉及运动处方的执行场所、软硬件条件、开具处方和执行处方者的资质背景等问题。目前基本无监管的状态，可能导致各类不同的资质背景的人员均将"运动处方"作为一项市场宣传热点，进而导致各类潜在风险的发生，也可能影响"运动处方"这项重要的运动促进健康技术的真正发展。

（4）运动处方的支付问题是目前运动处方执行中的较大障碍。虽然有关支付的部分并不在本课题组的主要工作任务内，但在调研及专家访谈过程中，多名专家反映，在运动处方执行上目前的最大困难和障碍主要还是集中于运动处方的支付问题。如在临床应用中无具体收费项目/来源的支持（主要指的是将运动处方的出具作为一个医疗咨询，患者为该咨询付费），则很难将运动处方落到实处，不容易激发临床人员对开展运动处方工作的积极性。但相关收费是否入保、如何入保，也需要联合多家单位进行统一的沟通与协调。上海市目前该方面工作相对滞后。有关参考案例主要有云南省、江苏省两个运动处方推进进展较快的地区。2021 年，云南省卫生健康委员会联合云南省医疗保障局发文（云卫财发〔2021〕81 号），新增"个体化运动方案制定"为医疗收费项目。该项目的内涵指专业医师对患者病情及运动实验数据进行综合分析，制定个体化运动方案；含运动试验设备使用、数据采集。该项目每次收费 280 元，属于患者自费项目。同样在 2021 年，江苏省医疗保障局、省卫生健康委员会、省中医药管理局三部门联合发文（苏医保发〔2021〕11 号），新增了"运动医学指导"为医疗收费项目。该项目的内涵指由运动医学科医师制定个性化运动处方,对从事体育锻炼者或病人,根据医学检查资料,按其健康、体力以及心血管功能状况,用运动处方的形式规定运动种类、运动强度、运动时间、运动频率、运动量和运动进度等。该项目目前每次收费 150 元,属于患者自费项目。与云南省不同,该项目中并不包括各项测试的费用,仅为医生为患者开具运动处方的服务与咨询费用。

（5）应加强运动处方数字化及智能化建设工作,并邀请更多的医学专家参与其中。在调研过程中,本课题组针对运动处方在临床应用过程中如何保证标准化的同时、又可更好地完成个性化方案的制定并能在更高的效率下完成工作这一问题开展了专家访谈,专家提出应加强运动处方的数字化及智能化建设工作。运动处方的制定需要采集个体多维度的健康数据,颇为费时费力,同时在运动处方实施环节,通过人工方式进行监控和随访常常会由于监控手段和技术的限制而不能有效执行。但如通过需求分析、数据收集、数据库设计、算法开发与集成、测试与有效性验证等多个步骤的落实,将目前大多仅落于纸面上的运动处方库建设数字化、智能化,是实现运动处方标准化和个性化并提升临床工作者工作效率的关键步骤。

目前,国内虽然已有一些运动处方信息化产品涌现,但也应注意到,前期较多的运动处方研发工作均由体育领域专家主导,若真正希望运动处方能够在医疗领域内落实,类似工作的开展一定需要一个跨学科团队的工作,并以临床工作人员为主导,团队中应纳入临床医学专科专家、运动康复专家、数据科学家、软件开发团队等成员,以便工作的顺利开展,以及成果实现最终的临床可用性。相关成果也应通过一定时间及一定数量的临床应用实践,才可得到更为可信并可普及的结果。后续相关部门应加大对该领域的投入。

（二）运动处方人才培养

根据本文中对运动处方的定义及其应包括的内容、执行策略的讨论,运动处方应为实现全民健康的一项重要工具与手段,是落实运动促进健康模式的重要抓手。在运动处方人才的培养方面,可从目前在运动处方应用全流程中发挥作用的专业人才的高校专业教育及毕业后认证教育两个层面入手,分析美国澳大利亚等发达国家的人才培养模式,并反观我国情况,以做出相应的对策分析。

1. 运动处方相关学科的高校专业教育

高校的专业教育对于学生未来的职业发展至关重要。首先,它为学生提供了系统和深入的专业知识与技能训练,为他们进入特定行业打下坚实的基础。此外,大学教育不仅仅是知识的传授,更重要的是培养学生的批判性思维、解决问题的能力和与人交往的技巧,这些都是未来职场中的宝贵资产。同时,大学提供的实习和实践机会,使学生能够将所学应用于实际情境,提前融入职业环境。为了应对人口老龄化、慢性疾病高发等社会健康威胁的不断增加,各国均在加大对健康相关职业教育的投入。

(1) 西方发达国家开展的高校专业教育。在美国,与"运动促进健康"或"运动处方"直接或间接相关的专业教育开展情况如表5所示。相关专业主要有临床医学、物理治疗、运动防护、运动人体科学、健康科学、运动科学、公共卫生等几个与运动促进健康可直接相关的专业。其中前三个专业均有对应的执业执照考试,分别对应的就业岗位为临床医生、物理治疗师、运动伤害防护师。这些职业角色均是可在临床执业中通过合理的运动处方或康复方案设计,帮助预防或康复的医疗专业人员,尤其物理治疗师。后面几个专业毕业生则属于可以参与 ACSM EP 考核的专业,可通过考取 EP/CEP 后在特定的医疗/健身机构工作。其次,在美国的临床医生和康复专业人员的从业人数是比较可观的。其中临床医生有 1 077 115 人,平均有 326 人/10 万人;物理治疗师有 575 909 人,平均 175 人/10 万人;运动防护师 56 906 人,平均 17.2 人/10 万人。且更具特点的是,美国临床医生教育的准入等级为医学博士,需在本科 4 年期间修读医学先修专业,如运动人体科学、健康科学等本科专业均属该范围,这使得很多医学生在读期间就具备天然的体医融合理念与技术技能。澳大利亚的高校专业教育情况与美国类似,具体如表6所示。

(2) 我国目前开展的高校专业教育。我国目前主要开展的相关主流高校专业教育情况如表7所示。与美国澳大利亚的相关情况和数据比较后得出的差异如下:一是中外医生的人口数量比差距不大。但是康复治疗相关专业人员的人口数量比差距巨大(包括运动康复、康复治疗等专业学生)。如要真正加强运动处方的实践应用,一方面应大力培养医生群体具备运动促进健康的理念,掌握运动处方技术。另外一方面也要加大针对康复治疗人才的培养力度。具体上海地区相关人才数据情况可见表7。二是美国的临床医生的培养放在临床博士阶段,其临床医生的准入等级是临床医学博士(Doctor of

Medicine，MD）。在进行 MD 阶段的学习以前，需要完成 4 年的本科教育，运动人体科学、健康科学等均是美国 MD 的先修专业。类似的人才培养在一定基础上造就了美国的一部分医生具备体医融合和体卫融合的理念，在临床工作中可比较容易地开展相关的工作。反观我国，医生的准入等级目前是本科教育。且大部分医学院的课程培养计划中没有运动促进健康相关的课程设置，导致大部分临床医学毕业生在临床工作中不具备运动促进健康的基本理念和方法体系。目前国内医学院针对临床医学专业学生的教育，在康复/运动促进健康理念的培养上是较为缺失的。以复旦大学医学院的本科教学情况作为参考，仅有临床 8 年制才学习康复课程，并且为选修课。5 年制临床本科无任何康复/运动促进健康相关课程培养。这将导致医生在学生阶段的培养中就不具备医康结合的多学科团队协作理念，同时也不具备运动促进健康的理念和方法，给其后续进入临床后的体医融合工作带来了障碍。三是在专家访谈中了解到，国内目前并未真正打开运动促进健康相关专业的就业出口，如对应在美国作为 EP 和 CEP 主力军的运动人体科学专业，该专业人才在接受完本科教育后，其中的三分之一转行、三分之一继续提升教育等级、三分之一进入行业中工作，但真正去做运动促进健康相关工作的人员非常少。这导致一方面人才缺乏，但另一方面培养的人才又无法在急需的领域内就业的矛盾。造成这一矛盾的主要原因可能有：高校内人才培养方向的问题，是否紧紧把握了市场对人才的需求？是否以培养国家所需的应用型人才为目标？另外，政府部门在设置相应就业岗位时，应想更多的办法。如在医疗机构、社区健康中心等需要体医融合人才的地方设岗，在医疗团队中应有运动促进健康相关人才的一席之地。

2. 运动处方的毕业后继续教育

毕业后的继续教育和认证对于职业发展具有深远的影响。首先，随着科技和行业发展的快速演变，继续教育可确保专业人员能够与时俱进，掌握最新的知识和技能。这不仅增强了他们在职场上的竞争力，还能够为其带来更多的职业机会。其次，专业认证往往是对一个人专业能力和技术水平的权威证明，有助于建立个人在行业内的信誉和权威性。这可以为他们创造更多的工作或合作机会。为想在某一特定领域进行长期职业生涯的专业人员奠定了坚实的基础。在毕业后继续教育的系统性上，美国和澳大利亚比较有代表性。在运动处方开展的两大行业学会的努力下，相关继续教育项目为相关专业人员毕业后从事运动促进健康工作提供了很好的学习机会。

表 5　美国高校运动处方应用相关人才培养

专业	英文名称	准入教育等级	学制	主要课程	毕业后就业方向	目前全美从业人数及人口平均数（按照美国人3.3亿计算）
临床医学	Doctor of Medicine (MD)	医学博士（MD）或其他医学博士学位	本科通常4年＋医学院通常4年	生物学、化学、生物化学、临床医学、解剖学、药理学、外科学等	医院、诊所、私人实践、专科领域（如外科、妇产科）等	1 077 115 326人/10万人
物理治疗	Doctor of Physical Therapy (DPT)	物理治疗博士（DPT）	本科通常4年＋DPT课程通常3年	生物学、解剖学、生物力学、临床评估、康复技术、医疗伦理等	康复中心、医院、护理设施、私人诊所、康复服务机构等	575 909人 175人/10万人
运动防护	Athletic Trainer	学士学位（本科或专业型硕士学位）	本科通常4＋3的专业型硕士项目，目前也有4＋3的专业型硕士项目	运动生理学、解剖学、急救、康复技术等	学校、大学、体育队伍、专业体育组织等	56 906人 17.2人/10万人
运动人体科学	Kinesiology	学士学位（本科或研究生）	本科通常4年，研究生因个人选择而定，最高可有研究型博士学位	运动生理学、生物力学、运动心理学、运动营养学等	运动科学研究、健康促进、运动管理、教育等	—
健康科学	Health Science	学士学位（本科或研究生）	本科通常4年，研究生因个人选择而定，最高可有研究型博士学位	健康教育、健康行为、流行病学、健康政策、健康沟通等	健康顾问、健康行政分析员、公共卫生工作者等	—

续 表

专业	英文名称	准入教育等级	学制	主要课程	毕业后就业方向	目前全美从业人数及人口平均美国人口按照3.3亿计算)
运动科学	Exercise Science	学士学位(本科或研究生)	本科通常4年,研究生因个人选择而定,最高可有研究型博士学位	健身管理、运动科学、体育管理、市场营销、管理和领导力等	健身经理、运动俱乐部经理、健身顾问、健身企业创业者等	—
公共卫生	Public Health	学士学位(本科或研究生)	本科通常4年,研究生因个人选择而定,最高可有研究型博士学位	流行病学、卫生政策、环境卫生、卫生管理、健康教育等	公共卫生专家、流行病学家、卫生政策分析员、卫生教育家等	—

表6 澳大利亚高校运动处方应用相关人才培养

专业	英文名称	准入教育等级	学制	主要课程	毕业后就业方向	目前的全澳大利亚从业人数及人口平均澳大利亚人口(按澳大利亚人口2 500万人计算)
临床医学	Medicine	本科预科课程+医学学士(Bachelor of Medicine)或医学博士(Doctor of Medicine)	预科1～2年+学士或博士4～6年	基础医学科目、临床医学、医疗伦理、临床实习等	成为执业医生、医院、诊所、医学研究院等地工作	136 742人 547人/10万人

续 表

专业	英文名称	准入教育等级	学制	主要课程	毕业后就业方向	目前的全澳大利亚从业人数及人口平均数（按澳大利亚人口2 500万人计算）
物理治疗师	Physiotherapy	本科学士学位＋物理治疗硕士（Master of Physiotherapy）	本科3~4年＋硕士2年	解剖学、生物力学、临床评估、康复技术、医疗伦理等	成为执业物理治疗师，在医院、私人康复诊所、康复机构等机构工作	40 018人 160人/10万人
体育科学	Sport Science	本科学士学位（如体育科学、运动科学等）	本科3~4年	运动生理学、运动解剖学、训练科学、运动营养学等	体育科学家、健康促进、体育教育等	—
健康科学	Health Science	本科学士学位	本科3~4年	健康促进、流行病学、健康管理、健康政策等	健康教育师、健康顾问、健康政策分析员、公共卫生工作者等	—

表 7 中国高校运动处方应用相关人才培养

专业	准入教育等级	学制	主要课程	毕业后就业方向	目前的全国从业人数及人口平均数（按中国14亿人口计算）
临床医学	本科/研究生	一般为5年制（学士学位）/8年制（硕士/博士学位）	各类基础医学、临床医学、医疗伦理、临床实习等	各类医疗机构从事临床诊疗工作，也可以在医学教育和研究机构从事教学和科研工作	428.7万人 306.21人/10万人
运动康复学	本科学士学位/研究生	本科4年，硕士/博士研究生根据各人情况，一般分别为3年及4年	包括运动解剖学、运动生理学、运动生物力学、运动营养学、运动伤害防护、肌原理运动康复、物理因子治疗、运动康复技术等	上海地区可考取卫生健康委员会认可的医疗资格，进入医疗机构、康复中心等医疗队伍从事工作，也可在运动防护工作；伤害防护工作；也可在健身俱乐部从事私人教练工作；或在高校/科研院所从事科研教育工作	目前无官方统计数据提供全国情况，但国家卫生健康委员会在《关于加快推进康复医疗工作发展的意见》中提出的发展目标是：力争2022年，每10万人口康复医师达到6人，康复治疗师达到10人

- 96 -

续 表

专业	准入教育等级	学制	主要课程	毕业后就业方向	目前的全国从业人数及人口平均人数（按中国14亿人计算）
康复治疗学	本科学士学位/研究生	本科4年，硕士/博士研究生根据各人情况，一般分别为3年及4年	包括康复医学基础，康复评定，物理治疗学，作业治疗学，言语治疗学，儿童康复学，神经康复等	通过国家卫生健康委员会认证的康复治疗师考试后，可在各级医院、康复中心、社区卫生服务中心、养老机构等从事康复治疗工作。也可在康复治疗学习后，在相关教育和研究机构工作	郑洁皎等对上海市康复人力资源发展现状的研究中显示，在调研的全市范围内254家康复医学科后发现，目前上海市每10万人口中康复医师有2.17人，康复护师6.65人，康复护士11.11人，康复护师水平约为国际平均水平的1/5，与美国和澳大利亚等发达国家相比，差距更大
运动人体科学	本科学士学位/研究生	本科4年，硕士/博士研究生根据各人情况，一般分别为3年及4年	包括人体解剖学，人体生理学，运动生物力学，体育保健学，运动营养学，体育心理学等	各类体育科研机构，运动队，健身俱乐部，体育管理部门等机构从事体育科研，运动训练，健身指导等工作。也可以在相关教育和研究机构工作	

(1) 西方发达国家的毕业后继续教育。ACSM 是全球范围内最早开展系统化运动处方人才培训的专业机构。其与美国医学会联合，在 2007 年主导发起了"Exercise is Medicine"（EIM）项目，倡导临床医生为患者提供运动处方，指导公众通过科学运动预防和治疗疾病。其针对运动处方领域相关人才的继续教育培训也是目前全球范围内最权威的专业认证。按照不同的培训等级和培训目标，分为临床运动生理学家（Certified Clinical Exercise Physiologist，CEP）、运动生理学家（Exercise Physiologist Certification，EP）、个人健身教练（Certified Personal Trainer，CPT），针对性可涵盖医疗场景和运动健身场景下的运动处方咨询与指导需求。相关更多信息可见表 8。

表 8 ACSM 运动处方人才继续教育认证

认证中文名称	认证英文名称	认证所需学习内容	认证培训的主要目标	认证后专业人员的主要工作场所
运动生理学家认证	Exercise Physiologist Certification	- 运动生理学知识 - 临床运动测试和评估技能 - 患者管理和康复计划设计等	帮助患者改善健康和功能，设计和监督定制的运动方案	临床和康复环境、医疗保健机构等
临床运动生理学家认证	Certified Clinical Exercise Physiologist	- 更深入的临床运动生理学知识 - 临床评估和诊断技能 - 临床管理和康复计划设计等	在医疗保健机构、康复中心和临床环境中提供康复指导和运动训练服务	医疗保健机构、康复中心、临床环境等
个人健身教练认证	Certified Personal Trainer	- 健身训练知识 - 体力训练技能 - 营养知识 - 个性化训练计划设计等	帮助客户达到健身和体重管理等健康促进目标	健身中心、私人健身教练课程中等

而澳大利亚 ESSA 的运动处方人才的框架设计与 ACSM 基本类似，具体可参考表 9 与图 12。具体培训岗位职责涵盖了运动促进健康至提升运动表现的全流程服务范围。按照不同的培训等级和培训目标，分为认证临床运动生理学家（Accredited Exercise Physiologist，AEP），认证临床运动科学家（Accredited Exercise Scientist，AES）以及三个不同等级的认证竞技运动科学专家系列。

表9 澳大利亚ESSA运动处方人才继续教育认证

中文名称	英文名称	主要学习内容	培训目标	主要工作场所
认证临床运动科学家	AES（Accredited Exercise Scientist）	基础的运动与健康知识、运动处方设计与评估	为健康的人或有轻微健康风险的人设计、提供和评估安全、有效的运动处方	健身房、体育馆、健康促进组织
认证临床运动生理学家	AEP（Accredited Exercise Physiologist）	针对各种慢性疾病和健康状况的运动和行为改变干预	为具有复杂的医学状况和慢性疾病的人提供运动和生活方式干预	医院、康复中心、私人诊所
认证竞技运动科学家	ASpS（Accredited Sport Scientist）	运动生理学、生物力学、心理学、运动营养等，针对专业运动员的运动科学知识	为专业运动员和团队优化运动表现和恢复	运动团队、运动训练中心
高级认证竞技运动科学家	ASpS Level 2（Accredited Sport Scientist Level 2）	高级的运动科学知识和实践经验	在运动科学领域具有更深入的经验和专长	国家和地区的职业运动组织、运动训练中心
认证竞技运动科学实践者	ASpP（Accredited Sport Scientist Practitioner）	运动科学的深入实践和研究	为那些有意在运动科学实践领域继续深化其专业发展的个体提供学习机会	专业运动团队、研究机构

（2）我国目前开展的毕业后继续教育。我国目前开展的相对权威的毕业后运动处方人才认证教育主要有两大体系：一个是由李国平教授领导的中华运动康复医学培训工程和华夏运医医学研究院引进的ACSM认证课程，除了在上述美国的毕业后继续教育部分提到的ACSM系列认证的CPT、EP、CEP的引进外，中国专家团队与美方合作，共同开发了针对临床医师的EPP认证课程，英文全称为Exercise Prescription for Physicians。该培训的主要目的旨在帮助医生：了解运动处方对各类疾病患者的益处和预期效果；依据运动处方的基本原则，掌握运动测试和运动处方的流程、策略与方法；熟悉运动处方在各类疾病中的临床应用，开具医疗运动处方和/或健身运动处方；根据患者

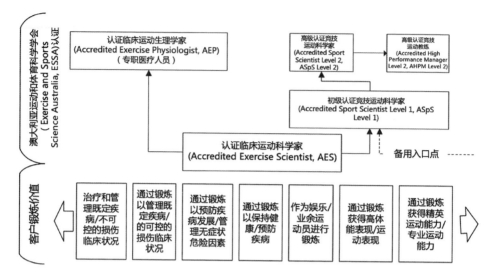

图 12　澳大利亚 ESSA 各角色专业人员培训框架

的能力和需要,判断将患者转介给何种运动指导人员。另外,该团队也引进了美国枫树联盟的癌症病人运动干预体系,计划开始培养肿瘤运动指导师。目前我国每年新发癌症患者 400 万人,如需保证这些新发患者的功能恢复及生活质量,预计相关人才的需求为 1.8 万人(王正珍教授访谈数据)。另一个是中国体育科学学会组织的运动处方师培训班。其培训对象主要为具备临床医学、公共卫生、运动医学、康复治疗学、护理学、健康服务与管理等专业背景的学生、教师、医师(临床医生、家庭医生、全科医生、康复技师)等人员。通过线上＋线下的混合式教学,线上 56 学时。线下 20 学时,共计 76 学时的课程学习及认证考试后可获得认证。该系列课程的教学目标为使学员了解、认识和掌握运动处方的制定原则与过程,掌握运动对人体健康重要作用,熟悉健康行为的测量与评价以及改变行为的策略和方法;掌握运动风险评估的策略和方法;掌握运动能力的测试方法;掌握运动处方理论与应用,重点掌握运动处方制定的原理、依据和方法;掌握运动处方制定的各个要素以及运动处方的实施过程;掌握心肺耐力、力量以及传统体育运动处方的制定;熟悉有氧运动、肌肉力量和传统体育运动的常用练习方法;掌握慢病人群运动处方制定的原则,掌握常见慢病人群运动测试实施和运动处方的制定。该培训班也在 2020 年受香港赛马会资助,依托上海体育大学举办过一期培训。

3. 运动处方人才培养中的关键问题

（1）运动处方相关人才数量严重不足。我国目前大部分医生不具备运动促进健康的理念和开展运动处方技术临床应用的能力。同时，运动处方执行的重要人员——康复相关专业、人体科学专业人才也严重不足，一定程度上专业教育培养也未能完全对标社会需求。由郑洁皎等对上海市康复人力资源发展现状的研究中显示，调研的全市范围内 254 家康复医学科后，目前上海市每 10 万人口中康复医师有 2.17 人、康复治疗师 11.11 人、康复护师 6.65 人，仅为国际平均水平的 1/5，与美国和澳大利亚等发达国家相比，差距更大。

（2）医学院中未能实现体医融合教育的开展。医生的准入等级目前是本科教育，且大部分医学院的课程培养计划中没有运动促进健康相关的课程设置，导致大部分临床医学毕业生在临床工作中不具备运动促进健康的基本理念和方法体系。目前国内医学院针对临床医学专业学生的教育，在康复/运动促进健康理念的培养上是较为缺失的。以复旦大学医学院的本科教学情况作为参考，20 世纪 90 年代曾经有运动医学与康复医学课程，近年仅有临床 8 年制才学习康复课程，并且为选修课。5 年制临床本科无任何康复或运动促进健康相关课程培养。这将导致医生在学生阶段的培养中就不具备医康结合的 MDT 理念，同时也不具备运动促进健康的理念和方法，给其后续进入临床后的医体融合工作带来了障碍。

（3）运动处方的普及式继续教育培训不足。目前仍然存在大量临床医生不了解运动处方基本要素、实施流程、开具方式等基本知识的情况。但目前市场上主流的运动处方培训相对价格较高，以本文中介绍的 ACSM 引进课程为例，CEP 培训与考试价格为 1.2 万元，增加了基层临床人员参与学习的难度。因此，体育局应联合卫生健康委员会开展普及性的运动处方推广教育项目，培训对象可包括二、三级医院的专科医生，也包括社区医院的全科医生。还要向康复治疗师和高年资护士推广这方面的培训，以便其配合医生和帮助患者执行运动处方。

（4）运动处方人才未能输送到需要的岗位，且应明确相关岗位的准入标准。课题组在专家访谈中了解到，在美国作为主力开展运动促进健康工作的运动人体科学专业毕业生，在国内普遍面临无法在行业实践一线从业的情况。最主要原因是没有对应的岗位设置来帮助人才定位。因此，应考虑在医疗机构或相关机构中鼓励增设体医融合临床岗位等，满足具体工作落实的需求。

但同时,也需要部门联合工作,明确相关岗位的准入标准,对不同运动处方的开具者和实施者进行明确划分。

三、对策建议

(一)加大运动促进健康的科学普及工作

依托上海市体育局、市卫生健康委员会等主管单位,动员上海市对运动促进健康认知及落实能力较强的高水平医疗单位,并同时动员上海体育科学研究所、上海体育大学等在体育领域内长期致力于发展运动处方的体育单位,组成体医融合指导团,在全市219家健康驿站逐步开展运动促进健康科普及运动处方咨询服务。同时,在科普工作中,应针对上海市特定人群特点,开展针对性的互动活动,比如针对儿童青少年人群的生长发育促进运动处方、青少年脊柱侧弯预防与治疗的运动处方等;针对职工群体的体重控制运动处方;针对中老年慢病人群的慢病防治运动处方等。

此外,仍可继续通过特定的科普专项,加强对运动促进健康,尤其各年龄段特定疾病运动处方及运动益处相关的宣传,全面提升不同人员对该问题的认知。

(二)支持高水平运动处方示范平台与社区体医融合试点

上海市体育局可与市卫生健康委员会等主管单位合作,对标国际一流"梅奥医院运动医学中心"等国际领先的体医融合先行者,支持在上海建立运动促进健康理论与实践高水平研究平台,实现国内第一家在医疗机构内的"体医融合—运动处方"研究与实践应用基地,重点推动运动处方在医疗领域内的实施,将可形成更大的示范性作用。相关示范点落地可在国家级三甲医院——华山医院,其中设备配置、场地规划、人员匹配均按国际标准建立,打造上海市运动促进健康标杆示范平台,达国际先进,国内引领。此外,为了形成有效的转诊机制,可参考一些先进国家的运动转介计划,针对特定的疾病,开展既定时间长度的运动转介,将患者从医疗结构输送到运动处方专家或运动促进健康中心,开展医疗运动锻炼计划。相关工作可以依托目前各区的健康驿站、社区卫生服务中心等,与开展运动促进健康工作的高级别医疗单位形成有效的联动和转诊。

(三) 解决运动处方的"合法地位",并考虑创新解决支付来源

由于运动处方的合法地位一直以来未能得到法律或政策层面的执行规范引导,导致当前运动处方概念在商业市场上存在诸多的误用与滥用,并且存在一定程度的监管缺失的情况。但正如前述《中国运动处方专家共识(2023)》中所提出的,运动处方在应用中应考虑服务对象,通过将其区分为"医疗运动处方"及"健身运动处方",进一步明确处方开具和执行及监管的主体、处方应解决的问题范围等。后续可将相关信息逐步通过发布行业规范性指导意见等信息,逐步开展监管工作,正式将运动处方纳入医疗＋体育的两大执行体系中。

此外,在费用方面,可参考江苏省和云南省的做法,首先应将运动处方作为一项由接受过运动处方培训的临床医生/康复师可开具和细化的医疗服务进入医疗收费项目。对于支付来源,可按照相关标准,先由患者自付。执行一段时间后,根据积累的相关临床数据和医学经济学数据等,再由卫生健康委员会、医疗保障局等相关单位开展是否将运动处方纳入医保的评估。

目前我国各地区医保费用相对紧张,慢性疾病将作为医保消耗的一项巨大开支而存在。国外相关数据显示,开展运动处方,不仅不会增加过度的医疗费用支出,反而能够通过降低疾病发病率和死亡率,提升经济发展,节约医疗费用支出,具体数据可参考 Marco Hafner 等人发表的《30 年(2020—2050 年)体力活动人群全球经济效益的预估》一文。文中指出,按照世界卫生组织 2020 版体力活动指南推荐的最下限标准,即人们每周进行 150 分钟的中等强度运动,将使全球 GDP 从现在到 2050 年每年增长 0.15％～0.24％,每年增加高达 3 140 亿～4 460 亿美元;30 年内预计将总计增加 6 万亿～8.6 万亿美元的经济增长。这主要得益于增加运动提高了生产力尤其是减少超时出勤,对经济增长的贡献占到 70％;同时还降低了劳动人群的死亡率和发病率,经济增长的贡献占到 30％。此外,研究结果还表明,通过增加体育活动,30 年内可以节省 87 亿～112 亿美元全球医疗费用支出。

(四) 支持运动处方的信息化发展,开展运动处方库建设

随着数字化和信息技术的迅猛发展,上海作为国内的科技和医疗产业高度发达的地区,应抓住运动处方信息化的重要机遇,推动多中心数字化智能化运动处方的临床开发和应用成为当务之急。一是建议可支持相关医疗单位共

同建立可供全市医疗单位共享的专病运动处方库,以便于提升全市运动处方工作的质量及标准化,促进运动处方的信息化发展。同时在上海市的三甲医院中选择代表性科室进行临床试点项目,收集丰富的临床数据和运动处方执行情况,并建立数据共享和分析机制,以科学支持运动处方的个性化制定。标准化与规范化的执行流程和培训计划是项目成功的关键,这有助于确保不同医疗机构之间的一致性和可比性。二是建议开发一个集成式的在线平台,它不仅为医生提供运动处方的制定工具,还为患者提供指导、反馈和跟踪等服务。为适应移动化趋势,一个专门的移动应用是必要的,使用户可以随时随地查看和执行自己的运动处方,并与医生进行实时沟通。数据分析与挖掘功能应纳入平台,根据用户的实际运动数据和健康反馈自动调整和优化运动处方。对于高风险或特殊需求的患者,平台可提供远程监控功能,如通过可穿戴设备采集用户的运动数据和生理参数,并提供实时反馈。考虑到涉及用户的健康数据,安全和隐私保护是关键,数据加密、匿名化和其他相关技术应被采纳以确保用户数据的安全和隐私。通过这些举措,上海市可以领先于全国,为患者提供更高效、个性化和科学的运动处方服务,同时为全国的健康管理提供宝贵的经验和模板,推动运动处方在中国的应用和普及。

(五)加大运动处方人才培养力度,明确运动处方开具者与执行者的上海市准入标准

上海市目前严重缺乏运动处方相关人才来应对人口老龄化、慢病年轻化等一系列社会健康问题,因此加大人才培养力度也应是关键行动。人才培养可分两个阶段:一个是高校教育阶段的人才培养,另一个是毕业后的继续教育。

高校教育阶段相关人才培养的创新,可着眼于在临床医学专业学生教育中的改革。增加医学专业学生在读期间接受运动促进健康知识和康复相关知识的机会,如开展系统的选修课/必修课,确保知识和运动处方初级技能的具备。此外,大多由体育院校或综合性大学体育学院中开设的运动康复、运动人体科学等专业学生教育的设计应紧贴社会需求,且可给予学生更多的机会考取国内/国际相关领域行业专业认证,为其后续的毕业后工作胜任力提供足够保障。目前已知李国平教授与上海交通大学医学院等高校试点合作,开展在校运动生理学家(EP)培训及认证工作。

毕业后的继续教育阶段,应积极开展运动处方专业人才的培训与认证工作。根据不同的工作功能和角色，应设立不同层级的培训课程。这样可以确保医生、康复师、教练等都能得到针对性的培训，从而更好地履行自己的职责。医生为医疗/健身运动处方制定者，他们不仅需要有足够的专业知识，还需要掌握与患者沟通的技巧，确保运动处方能够得到有效执行。康复师/运动康复/运动科学专业人员则为医疗运动处方的执行者，教练/体育专业人员则被设定为健身运动处方的制定者和执行者，做到各专业各司其职。

与此同时，应在上海市开展施行运动处方专业人员准入制度，将运动处方开具者与执行者的准入标准进行规范化设定。具体标准应与特定的专业学习背景、临床工作背景及继续教育情况挂钩，并对从业人员进行定期的考核和再认证，确保他们的认知水平始终保持在行业的前沿。这些人才将成为未来运动处方领域的中坚力量，为公众提供更为专业和科学的服务。

参考文献

[1] 祝莉,王正珍,朱为模.健康中国视域中的运动处方库构建[J].体育科学,2020(1).

[2] 顾悦,李勇勤,吴文婷.运动处方师培训困境与对策探讨——基于柯氏评估模型对运动处方师培训评估分析[J].南京体育学院学报,2022(5).

[3] 李国平,王正珍,等.运动处方中国专家共识（2023）[J].中国运动医学杂志,2023(1).

[4] https://www.exerciseismedicine.org/eim-in-action/health-care/resources/rx-for-health-series/.

[5] https://www.essa.org.au.

[6] 韩磊磊,王艳艳,贺立娥等.英国运动转介计划的发展经验对我国体医融合的启示[J].西安体育学院学报,2020(2).

[7] 王蕾,张戈,陈佩杰等.体力活动纳入生命体征与运动转介制度：国外经验与中国路径[J].上海体育学院学报,2022(7).

[8] 美国运动医学会.ACSM运动测试与运动处方指南[M].王正珍,译.北京体育大学出版社,2019.

[9] 徐峻华,卫云红,叶菊.运动处方的信息化及应用[J].体育科研,2023(1).

[10] 郑洁皎,沈利岩,段林茹等.上海市康复人力资源发展现状[J].中国康复理论与实践,2020,26(12).

[11] https://www.physitrack.com/?gclid=CjwKCAjw1t2pBhAFEiwA_-A-NKEk5yn

b5RbT4Bx5r7nuCO1ZE_-eh8g1Prvwhfh48ERlTj3k6G70mxoC5GMQAvD_BwE.

[12] http://www.ydyy.cn/Subject/XXGK_YLSFJGGS/Article/2a565657-643a-4207-bca6-b00128ee40bc.htm.

[13] https://www.changzhou.gov.cn/gi_news/253161672862464.

[14] https://www.statista.com/statistics/186269/total-active-physicians-in-the-us/#:~:text=As%20of%20May%202023%2C%20the,physicians%2C%20followed%20by%20New%20York.

[15] https://www.ibisworld.com/industry-statistics/employment/physical-therapists-united-states/#:~:text=There%20are%20575%2C909%20people%20employed,the%20US%20as%20of%202023.

[16] https://www.nata.org/blog/beth-sitzler/state-employment-athletic-training#:~:text=According%20to%20the%20Board%20of,currently%202056%2C906**%20certified%20ATs.

[17] https://www.physiotherapyboard.gov.au/News/Annual-report.aspx?TSPD_101_R0=08c403b005ab20001ac89a97ad6b5b3e70f4756f4b01fe6bbc3b6d2c039707b85c6258889263ab78087b67c6201430007a4606069ad19a7ddff1c4b4953e74fb5988a8781c557540041bf7cdd84afbd2e1b8ddc6ea28bd5a14a13eb1290cd036#:~:text=40%2C018,physiotherapists.

[18] https://www.medicalboard.gov.au/News/Statistics.aspx?TSPD_101_R0=08c403b005ab20009ac18c4d013520d53fe96ea2fbe5dcf745cd1d0d93eb75855d50c2d8a065c7c208a516fd8f143000fba84619d017b24216982e785ee5b803890b9f23f7e5e328e4949ccad39bead57a84fc7addb4a81ca1fd43dd46b69cfd.

[19] Hafner, Marco, et al. Estimating the global economic benefits of physically active populations over 30 years (2020-2050)[J]. British journal of sports medicine, 54.24 (2020).

上海运动处方推广应用策略研究

许明飞　罗雅双　李宏云　全明辉　刘欣宇　张晨曦[*]

[摘　要]　作为改革开放排头兵,上海市在运动处方应用方面基础好、起步早,有能力、有义务探索推广应用运动处方经验,并向全国推广。本研究对上海、江苏、深圳、北京等地的具体实践现况进行了调研,并对德、英、美、日等国家在运动处方和体医融合方面的实践进行了全面梳理,对应分析了上海市的问题与挑战,围绕促使运动处方成为上海市推动体医融合、创新医疗服务模式的闪亮标签的目标,探讨了上海市运动处方推广应用的政策建议。研究的主要策略建议包括:完善的顶层设计策略、体医融合的服务平台建设方法、针对运动处方师的人才培养体系以及标准化的服务体系构建等。创新之处是将多国的实践经验与我国的实际情况相结合,提出了具有针对性的推广策略,探索建立多元化筹资机制与支付模式,以实现运动处方服务的可持续发展。

[关键词]　运动处方;推广应用;价格与支付;策略

一、研究背景

(一)运动处方的内涵与意义

1. 运动处方的内涵

运动处方(Exercise Prescription)概念较早出现在20世纪70年代,最初

---

*　本文作者简介:许明飞,上海市卫生和健康发展研究中心副主任,硕士,卫生政策与健康产业;罗雅双,上海市卫生和健康发展研究中心研究实习员,硕士,卫生技术评估;李宏云,复旦大学附属华山医院主任医师,博士,运动医学、康复医学;全明辉,上海体育学院副教授,博士,儿童青少年运动与健康促进;刘欣宇,上海市杨浦区医疗保障局局长,硕士,医保政策;张晨曦,潍坊医学院,博士,公共卫生危机管理。

是在身体活动与心血管健康关系方面被提及,而后逐步转化为针对个体的运动处方。目前运动处方较全面的定义为:由运动处方师依据运动处方需求者的健康信息、医学检查、运动风险筛查、体质测试结果,以规定的运动频率、强度、时间、方式、总运动量以及进阶,形成目的明确、系统性、个体化健康促进及疾病防治的运动指导方案。在处方开具之后,还要进行实施过程监控、实施效果评价、运动处方调整和修订等一系列后续步骤,充分保证处方的科学性和有效性。

2. 运动处方的应用领域

运动处方的应用主要集中在以下领域:一是疾病的预防,包括"腰痛""背痛"等疼痛类疾病、心血管类疾病及肢体力量不足等相关疾病的预防;二是慢性疾病的治疗,包括神经内科疾病,如"认知障碍""帕金森症"等;三是在外科手术后康复中的应用。

3. 推广运动处方具有重要意义

随着健康中国战略的实施,大健康理念深入人心,"运动是良医"的理论逐渐得到科学验证并越来越受到各界的重视,体医融合成为重要的健康促进策略。合理运动是所有年龄段人群维护健康、防控慢性疾病的重要途径,运动处方在国际上应用相对广泛,并取得比较好的健康获益和经济性优势,如何让广大群众有计划、科学地走上运动促进健康之路,运动处方提供了有效、可靠的实现手段。运动处方推广应用也是体医融合的最佳范例,是体育促进全民健康的有效手段,推广运动处方势在必行。

(二)运动处方研究现状

随着社会对科学健身的逐渐重视以及科技手段的飞速进步,运动处方领域的研究和实际应用都正经历深入的发展过程。这其中涉及对人群的细分、量效关系精确刻画、干预手段多元组合以及技术手段智能化革新。

1. 研究人群不断细分

传统运动健身往往采取"一刀切"的策略,为大多数人提供相似的运动建议。但随着研究的深入,科研人员已逐渐意识到不同人群,由于其独特的身体情况和生理特征,应获得不同的运动建议。这种精准化和个性化的运动处方可以更有效地帮助受众获得所需的健身效果,同时降低受伤风险。

2. 量效关系精确化

量效关系是运动处方领域的核心问题之一。如何准确测定个体的运动量与效果之间的关系,对于制定科学、高效的运动处方至关重要。目前,体力活动问卷和可穿戴设备被广泛应用于此领域,其中可穿戴设备尤为受到重视,它可以实时监测个体的生理指标,为运动处方提供精准的依据。

3. 干预手段组合多元化

随着研究的深入,简单的运动方案已不适应当下人们的锻炼需求。学者们正尝试如何巧妙地融合各类运动,以达到最优的锻炼成果。这样的综合运动策略不仅能有针对性地应对各种健身难题,还能增添运动的乐趣,进一步激发大家的锻炼热情。

4. 运动处方的智能化

技术的进步为运动处方领域带来了更大的机会。人工智能和大数据分析技术的引入,使得科研人员可以从运动健康大数据中发掘有价值的信息,为运动处方的制定提供强大的支撑。此外,"互联网+"的理念也正在逐步应用于此领域,远程实时的运动指导已成为可能,这对于提高人们的健身效率和提升体验都具有深远的意义。

(三)运动处方在国内实践现况

《"健康中国2030"规划纲要》《全民健身计划(2016—2020年)》以及《关于加速体育产业发展及促进体育消费的建议》等政策文件,都对运动处方的发展给予了明确指导,将其视为落实健康中国方略和全民健身国策的重要手段。相关省市也在落实国家要求探索应用运动处方,比如合肥市研发了基于云平台的智能化运动干预系统,联合蚌埠医学院在社区开展了为期三年的运动处方试点工作。

(四)上海市运动处方推广应用基础具备但存在瓶颈

一是体医融合理念成为普遍共识。《"健康上海2030"规划纲要》的制定实施推动了"健康入万策""共建共享、全民健康"的社会共识并推动建立了多部门协同推进人民健康的工作机制,"体医融合"已成为相关部门普遍共识,市人大也在开展推动运动处方应用的立法调研。二是政策支持并且试点成效初显。《上海市运动促进健康三年行动计划(2021—2023年)》明确提出推进运动处方制度化建设、加强运动处方师队伍建设等任务;并出台了《上海市运动处方师管理办法》,明确了运动处方师的培训考核、认证管理等内容;运动处方率先在杨浦区试点,社区工作者+社区(运动)健康师+社区医生"1+1+1"合作制。三是推广应用面临瓶颈。主要是运动处方服务包有待进一步丰富,缺乏运动处方开具的政策法规,运动处方定价、医保支付还未落实,审慎监管也在考验行业管理部门。

推广使用运动处方对上海市具有如下重要意义:一是维护人民群众健康,有利于疾病尤其是慢性疾病的预防、治疗和康复;二是促进体医融合纵深发展,落实预防为主的健康总方针,降低社会疾病负担;三是推动上海市运动处方学科发展,促进多学科融合;四是推动全民健身运动和促进体育产业发展。

上海作为创新发展先行者,在运动处方应用方面基础好,有能力、有义务探索推广应用运动处方的经验和模式,并向全国推广。本研究就是在运动处方试点实践基础上,紧紧围绕患者健康获益的主线,对于运动处方的产生、应用(人员和场所)、筹资与支付、产业保障、社会支持环境营造等推广应用的全链条进行分析梳理(表1),探索构建多元参与的体医融合新模式,并从顶层设计、服务载体、人才培养、相关标准、产业配套、筹资支付、科普教育、信息支撑等方面提出上海市推广应用运动处方的策略建议。

表 1 技术路线

运动处方产生	运动处方应用	筹资与支付	产业保障	环境营造
● 研究 ● 扩大人群病种 ● 运动处方库建设 ● 遴选标准	● 人才 ➢ 高校培养 ➢ 继续教育 ➢ 职业发展路径 ● 场所(准入标准) ➢ 医院 ➢ 社区 ➢ 健康促进中心 ➢ 居家 ● 新技术 ➢ 互联网+ ➢ 智能可穿戴设备	● 多层次保障 ➢ 财政专项 ➢ 医保 ➢ 商保 ➢ 个人 ● 经济性评估	● 相关产业 ➢ 培训服务业 ➢ 运动器材与装备 ➢ 智能可穿戴设备	● 部门协同 ● 定标准 ● 评估与监督 ● 宣传与引导 ● 信息平台共建共享

全链条·患者健康获益为主线贯穿始终

二、国内案例及现况分析

(一)运动处方在国内的应用案例

1. 上海市以基层为重点的探索

上海市通过充分利用社区的医疗和健康促进中心资源,把运动健康推进到基层。针对不同健康状况的居民,如健康人、亚健康人和慢性疾病患者,社区开展了多种健康促进活动,如健康宣教、体质检测和运动方案制定。

(1)嘉定区模式。2016年底,嘉定区提出了"1+1+2"的模式,包括1名社区医生、1名体育指导员和2名慢病管理小组长。此方案得到了财政支持并正式写入嘉定区的健身实施计划。其中,社区医生为慢病患者提供医疗建议和运动处方,体育指导员则负责具体的健身指导,而慢病管理小组长则组织和简要管理患者。此模式在嘉定区的糖尿病患者中得到应用,已吸引了大量参与者并收到了积极的效果。

(2)老年人"体医融合"中心。静安区大宁路街道开设了首个为老服务中心内设的老年人"体医融合"中心。该中心与尚体健康科技合作,专门为55岁以上的人群服务,提供了一系列适老化的健康设备和服务,如健康检测、健康档案建立、健康信息跟踪、运动指导和慢病干预等。

(3)杨浦区先行先试点实践。一是体医融合1.0版。2020年6月,杨浦区与上海体育大学(原上海体育学院)共同启动了"社区(运动)健康师"试验项目,由杨浦区医疗保障局牵头,与区卫生健康委员会、区体育局及上海体育大学紧密合作,目的是将高校的运动医学优势扩展到社区。培训能够为社区居民开具运动处方的医生和指导慢病患者进行体育锻炼的专家,这被称为"体医交叉培训"。它的核心理念是提高基层的健康服务能力,并使更多的健康促进资源对社会开放。体医融合1.0侧重于健康教育,强调营养、合适的锻炼、预防措施以及心理调适。但其局限性在于没有为特定的亚健康人群提供精准的筛查和持续干预,因此在针对性和精确性方面存在不足。二是体医融合2.0版。2021年,杨浦区医疗保障局携手区卫生健康委员会、区体育局(多部门协同机制),联合上海体育大学(原上海体育学院),在全市率先推动健康端口前移,起草《基于健康医保理念的社区(运动)健康师试点方案》,探索构建慢病运动干预体系,保障医疗保险基金可持续发展。在杨浦区殷行、长白新村、长海路、新江湾城等四个街道,通过健康档案的大数据筛查,社区医生确定糖尿病早期、脑卒中后遗症、老年腰痛、办公室久坐人群脊柱亚健康、运动损伤等五类试点人群。由社区(运动)健康师制定专业的运动干预方案(运动处方),为150名居民、职业人群开展了1800人次的持续性健康干预。试点半年后,殷行街道40名糖尿病前期患者中的35人血糖值下降至正常范围,月均医药费支出减少70%;长白新村街道30名脑卒中患者中的23人肢体功能显著提升,月均康复费用减少60%。2022年,区医疗保障局和区体育局进一步加强合作,并引入市民健身中心等社会体育健康资源,在原有5个试点项目的基础上增设"青少年脊柱侧弯"人群健康干预、"老年高血压"人群健康干预、"大学生心理减压"健康干预三个新项目,健康干预覆盖面在原本的老年人、职业人群的基础上,延伸到大学生和青少年人群。通过科学运动帮助干预对象改善身心健康水平,预防和改善疾病,使得非医疗性质的运动处方服务的社会受益面更广。特点上,体医融合2.0侧重于疾病(亚健康)人群的筛选和持续性精准干预,相较于体医融合1.0更精准,针对性更强。三是体医融合3.0版运动处方。2023年,杨浦区医疗保障局与区卫生健康委员会、区体育局、上海体育大学继续加强合作,印发了《关于开设糖尿病运动干预门诊的试点方案》,率先在杨浦区市东医院(每周三下午)和殷行社区卫生服务中心(每周四下午)开设糖尿病运动干预门诊,尝试糖尿病诊治与运动干预的深度融合,也是多学科合作模式。殷行社区专业人员配备相对完整:1位副高的康复医生、2位康复医生、1位专业运动康复师以及10多位康复治疗师。体系设计与流程上,患者分级管理。市东医院会为糖尿病住院患者开具运动处方;患者出院后可以在市东医院门诊接受运动处方。患者健康状况好转,也可以下转到殷行社区卫生服务中心,由社区医院的专业人员开具运动处方以及指导;身体稳定、无并发症、重大基础疾病时,可以转到社区健康促进中心。在此基础上,2024年将有所拓展:一是参与的医疗机构更多,依托杨浦区北部医联体,市东医院+5家社区卫生服务中心作为试点;二是相关病种增加,主要新增高血压、高血脂、高血糖、脂肪肝等病种;三是增加适老化程度。

(4) 运营模式。一是公益型服务模式。由政府提供场地并承担部分公共服务和适老设备的费用,而企业则承担运营与管理职责。对于社区的老年居民,服务完全免费。静安区大宁路街道的5家社区老年人"体医融合"中心均采用这一模式。二是半公益型服务模式。这是一个公私合作模型,由政府提供场地,企业则负责运营与管理、室内装修、功能区的布局设计及适老设备的配置。在此模式下,服务采用会员制,每位居民每月需支付 99 元。根据居民实际使用的服务次数,体育局进行结算,每人每月费用上限为 300 元。

2. 江苏省级层面多部门协同推进模式

(1) 组织保障。近年来,江苏省积极整合体育和卫生健康等相关资源,积极探索体医融合发展的实践路径。在体制机制建设上,2020 年底江苏省体育局和省卫生健康部门成立领导小组,建立联席会议制度,每年明确重点工作,统筹推进体医融合发展。各区市、县(市、区)体育部门和卫生健康部门要建立高效的沟通协调机制,将体医融合工作纳入年度重点任务,做好部署安排和落实检查。

(2) 人才队伍建设。江苏省体育局和省卫生健康委员会每年安排专项经费预算,支持南京体育学院打造国家级运动处方师培训基地,联合面向医疗机构的从业医师开展运动处方师培训。省体育局在每年组织的 5 000 多名社会体育指导员技能培训中,增设了健康管理和急救课程。省卫生健康委员会在举办的健康生活方式指导员培训中,强化了体医融合方面的培训内容。省内相关体育院校加强与医院合作,建设学生实践实习基地,联合培养体医融合人才。共培养 1 100 多名运动处方师,一批体医融合服务机构取得良好经济和社会效益。

(3) 运动处方流程。江苏省南京市对于慢病人群的运动健康干预服务已逐渐延伸到基层社区。如南京市岱山社区卫生服务中心服务团队由 1 名医师、4 名运动处方师和 5 名体育指导员构成,将运动干预嵌入家庭医生签约服务,在提供医疗和公共卫生服务时主动锁定目标人群,形成"检测—评估—指导—练习"闭环管理模式,为慢病和亚健康人群提供运动指导服务。15 元购买体医融合首诊签约包,建立运动信息档案,开展体适能测试,开具定制运动处方,并会根据患者病情和体质数据不断调整患者运动处方的运动频率、运动强度、运动方式等。

(4) 医保定价与支付政策。2021 年,江苏省卫生健康委员会、医疗保障局、中医药管理局联合印发文件,将"运动医学指导"纳入医疗服务收费项目,试行期内由医疗机构自主定价。该项目公立医院自主定价平均 95 元左右。2023 年实行项目转归,将结合项目临床开展情况、要素成本情况、项目价格执行情况等,合理制定价格和医保支付政策。运动疗法(编码 340200020)13 元/次、45 分钟/次,已纳入医疗保障基金支付范围,支付类别为乙类。

3. 深圳市体医融合先行试点

(1) 评选试点模式。2022 年,深圳市卫生健康委员会启动体医融合先行试点医疗机构评审,通过现场答辩、运动处方技能培训及考核、试点实施方案提交及评审等环节,经项目组专家团队综合评估,共评选出先行试点单位20家、先行试点培养单位24家、专项先行试点单位26家,涉及心脑血管、糖尿病、神经内科、骨科、肾病科等多个领域。先行试点培养单位在完成试点任务、经综合评审合格后,增设"深圳市体医融合先行试点医疗机构"。

(2)罗湖慢性肾脏病运动处方试点。深圳市实行以点促面的试点模式,各个试点都有其特色。本研究根据资料的可获得性,主要以罗湖区中医院开展的"运动疗法延缓慢性肾脏病进展行动计划"为例,探讨深圳市体医融合的主要做法与经验。在运动处方开具流程上,医生评估肾病患者病情,对满足开具运动处方需要的患者,让其签署知情同意书,随后护士对其进行体适能测试并将测试结果录入系统,进而制定慢性肾脏病运动处方,1~2周电话或门诊追踪患者运动实施情况。另外,罗湖区中医院肾病科延伸社康(社区卫生服务中心)建立双向转诊制度,联合香港专业物理治疗师团队成立桂园街道社康运动康复中心暨物理治疗专家工作室,规范"运动处方"服务标准,打造"三位一体"的运动康复模式。在社区评估患者肾功能,符合转诊条件者,将转诊至罗湖区中医院进一步检查与评估,病情稳定后,根据患者意愿,转至桂园社康随访。随访包括进行运动评估,制定运动处方,定期复诊。

(3)医保定价与支付政策。经过不断探索,根据从易到难、普遍性到针对性对项目进行定价,其中运动康复547元/次,运动处方前期检查检测项目中的心功能康复评定50元/次、肺功能康复评定50元/次、运动心肺功能检查175元/项、6分钟步行测试50元/次。

4. 北京市海淀区"四合作"模式

2019年,北京市海淀医院与海淀区体育科研所携手,成立了国内首家脑血管病与运动健康联合门诊。首创于北京市海淀区的"四合作"模式受到了全国的高度评价。这一模式涉及牵头机构、三甲医院、体育单位和社区医院四方的合作。牵头机构如国家体育总局研究中心、医体整合联盟及政府相关部门,主要负责项目整体规划、资金支撑和人员协调。三甲医院负责病情诊断、运动处方的开具,并推进医疗与体育的多学科结合(简称MDT),以及为公众提供健康促进服务。体育单位如社区运动中心,主导健身指导师的培训和慢病患者的锻炼指导。而社区医院提供锻炼空间,并确保医学监测。MDT模式与全方位的健康观念相结合,是体医融合与健康管理服务的新探索,能够跨越学科界限,推动健康服务向前发展。但由于资金限制,该模式的广泛推广仍面临挑战。

(二)上海市存在的问题与挑战

1. 服务体系建设缺乏系统性、完整性

尽管国家以及上海市层面已经出台促进体医融合的政策,但在实际落实过程中仍存在诸多问题。如政策执行的责任主体不明确,导致政策难以真正落地并发挥作用。目前,虽然上海市已有若干医院开始尝试采用运动处方作为临床治疗的一部分,但这在广泛的运动促进健康领域内仍是初级阶段。目前尚未建立起一个完善的"运动转诊"制度。从服务的整体框架来看,存在的主要问题是医生间的转诊流程并不顺畅,这导致上级医疗机构、社区卫生服务中心和社区健康促进中心三者之间的协同操作存在困难。

2. 缺乏标准体系

标准涉及运动处方的方方面面:一是定点运动健康机构准入标准;二是在运动处方开具前,疾病健康评估+运动风险能力评估标准;三是对运动处方内容进行规范化,针对患者的具体身体状况来定制运动处方,这包括选择适当的运动方式、确定运动的周期以及设定合适的运动强度等;四是由谁开具运动处方,运动处方师、运动处方师助理的资质认证,具备运动处方制定与实施能力。

3. 经费支持有待进一步完善

收费标准尚未明确,预防性运动处方(非康复类)医保不能报销,还没有对应的一种保险用于减轻患者这方面的负担(如慢病健康保险)。目前,商业保险参与较少,需进一步探索商业保险机制购买运动健康师服务。

4. 多数民众对体医融合的理念认知不足

随着我国社会进步和人民生活质量的提高,大众对于健康的关注度日益上升。然而,与德国等体育先进国家相比,普遍的民众仍不太理解如何利用运动来促进健康,从而缺乏积极参与锻炼的动力,对于预防疾病的主动性也相对不足。当面对健康问题时,大多数人更偏向于选择药物治疗等传统医疗手段,而不是考虑如运动处方这样的非药物性干预方法。

5. 运动处方相关人才缺乏,实践质控不足

多数医学院校还没有开设运动康复、运动处方的相关课程。运动处方实践的质控不足,在市民健康促进中心中安全保障程度待加强。未建立运动保

险制度,患者因运动不当而出现意外,负责主体不明确。

6. 健康服务平台建设相对滞后,数据共享机制不完善

由于政府部门间的职责分割、政府与市场的利益差异、市场主体间的竞争等原因,各种数据往往缺乏统一标准,导致数据互通性较差,进而形成所谓的"数据孤岛"现象。例如,体育设施信息、国民体质数据等由体育部门管理,电子健康档案则是医卫部门的职责,而智能可穿戴设备的健康数据大多由市场机构和公民控制。这亟须我们加强数据共享策略,以促进体医融合数据的无缝连接。

三、全球典型国家与地区的运动处方实践

(一)德国运动处方实践注重反馈机制

1. 组织机构保障

德国奥林匹克体育联合会是德国最高的体育组织机构。奥林匹克体育联合会下设健康委员会,提出相应建议措施,协助体育发挥在健康促进和预防方面的作用。另下设直属德国运动医学和预防协会,负责实施提升健康水平的措施,推进运动医学和预防医学研究、教育和培训,与企业、协会和其他组织机构建立协作网络。

2. 运动处方形式与协作机制

德国运动处方由健康委员会、运动医学和预防协会和联邦医师协会共同研制,这种体医融合共同推动的工作模式增强了运动处方的科学性和可操作性。

3. 运动处方分类管理

德国运动处方分为两种:一是预防性运动处方。医生可以在运动处方单上选择体育锻炼侧重的方向,也可以给出具体的运动建议。主要是建议患者参加体育俱乐部中获得资质认证的"有益健康的体育运动课程"。其中,德国奥林匹克体育联合会和德国联邦医师协会于2000年设立了"有益健康的体育运动课程"认证制度,旨在对全德国各个体育俱乐部中那些有益身体健康的课程进行全国统一的资质认证。课程分为促进心血管循环课、肌肉和骨骼健康课、一般性疾病预防课和身心放松课四大类。二是康复运动处方。医生会在处方上写明康复运动的方式和强度,如需要写明运动负荷限制、康复运动的量

和目标以及推荐的运动项目和运动内容。德国体育俱乐部中的运动康复课程可以分别针对糖尿病、心脏病、哮喘、神经疾病、矫形外科疾病、癌症愈后护理等多种疾病或身体状况。开设运动康复课程的目的是提高患者的耐力、力量、协调性、柔韧性和自信心，体操、田径、游泳和运动游戏是主要的康复运动项目，另外也会根据需要将柔道、空手道、放松练习等纳入运动康复课程。

4. 运动处方开具流程

德国运动处方采用的是医生书面处方的形式，增强了就诊者对体育锻炼的重视程度。医生可以在书面运动处方中向体育锻炼指导员说明具体情况。其运动处方主要由家庭医生、矫形外科医生和儿科医生等开具。

在开具运动处方前，医生会询问病人是否适宜进行体育运动，必要时需进行相应的体检。在运动处方执行过程中设有沟通反馈环节，有利于为患者制订个性化方案。运动处方的背面还设有体育锻炼指导员反馈栏，患者复诊时也可以向医生反映体育锻炼的收获与困难，以便调整优化方案，达到更好的健身效果。对于康复运动，每个提供运动康复课程的俱乐部均配有一名俱乐部医生作为联系人。进行心脏康复课程时，则要求每次必须有一名医生在场。

5. 运动处方医疗保障报销政策

在医疗保障报销方面，德国将如下两种处方的支付都分别写入法律，予以报销或部分报销：一是康复运动处方，德国《社会法典》第九篇认为，康复运动处方在德国可以作为康复医疗的补充手段，患者向开设运动康复课程的俱乐部出具了获得医疗保险公司认可的运动处方，将不需要承担任何费用，由医疗保障全部报销。医生开具康复运动处方的对象主要是残疾人，或有残疾风险的人和慢病患者。二是预防性运动处方，德国《预防法》表示，医生书面证明的方式开具的运动处方（给予预防建议，如推荐参加德国奥林匹克体育联合会和德国联邦医师协会认证的体育运动课程以及其他在体育中心和健身房开设的资质可靠、符合的运动课程），医疗保障予以部分报销。

（二）英国运动转介计划

英国运动转介计划（Exercise Referral Schemes，ERSs）是全科医生、执业护士、康复专业人员或自我转介者将慢病患者转介给运动生理学家，让运动生理学家为患者制定运动计划，其目的是一定时期内通过有监督的运动来管理和治疗特定的健康问题。此外，医生会定期跟进患者的健康状况，确保他们遵循建议。

1. 标准制定

英国运动处涉及接受转介者、医疗、体育健身、保障和监管等相关各方，需要多方共同参与推进运动处方实践顺利实施。在国家层面上，2001年，由英国卫生部颁布《运动转介制度——国家质量保证框架》来规范运动转介计划的开展实施，并建立有效的数据管理系统，以进行数据管理和获取、推广宣传、进行评估等事宜。2014年9月，英国国家健康与临床卓越研究所（NICE）颁布了《运动转介促进身体活动条例》，对于运动转介的愿景、服务对象、使用指南、证据更新提供了新的建议标准。地方政府负责提供相应的资助，推动卫生组织和体育组织结合，确保所需的基础设施到位。

2. 组织机构保障

英国运动处方的运行通常由一个多学科小组进行具体的计划设计，这个多学科小组包括基层医疗信托基金、健康委员会或健康委员会的代表、康复服务提供者、全科医生、其他可能的转介人员及运动专业人士。各方参与计划的规划，就计划的目标达成共识，制订实施计划所需的基本操作程序（如协议、质量标准），并决定将使用什么监测和评估程序。

3. 运动处方开具流程

运动转介计划即英国运动处方开具流程上，主要分为四个部分：一是由初级保健或相关健康专业人员进行评估，以确定某人是静态或活动不足，即达不到当前的国家体力活动指南要求；二是由初级保健或联合保健专业人员转诊到体育活动专家或服务机构；三是由体育活动专家或服务机构进行个人评估，并结合从医生运动处方中获得的患者相关的医疗信息，以确定针对患者的具体需要推荐何种体育活动方案；四是由患者参加的体育运动项目。

4. 运动处方内容

目前，英国已纳入运动处方疾病包括：心血管疾病初级预防（如高血压）、心血管疾病二级预防（如急性冠状动脉综合征、心衰、卒中）、肿瘤、跌倒预防、代谢性疾病（如Ⅱ型糖尿病）、学习障碍（如自闭症谱系障碍）、肌肉骨骼疾患（如背痛、骨关节炎）、呼吸疾病（如慢性阻塞性肺部疾病、哮喘）、心理健康问题（如焦虑、抑郁、精神分裂症）、神经变性疾病（如老年痴呆症、帕金森）、活动不足或久坐、减肥或保持体质量及其他。

运动类型包括：健身房运动（如心血管和/或力量）、专门的体育运动项目（如环行）、绿色健身活动（如园艺）、坐姿健身类、竞技（如羽毛球、足球）、慢跑/跑、游泳、步行、通用设备类（如瑜伽、尊巴舞）、户外自行车、健身教育项目等。

锻炼课的类型兼顾统一管理与个体化需要。

5. 运动处方特点

英国运动处方实践具有四大特性：一是针对性，这些方案主要针对那些因健康状况需要更多体育活动的人群，如患有心血管疾病、糖尿病、肥胖症等；二是团队合作，多方参与共同推动，它依赖于医生、健康专家和体育教练之间的紧密合作；三是个性化指导，每个被转介的患者都会接受一对一的评估，以确定其健康状况和运动需要；四是转介程序入口较宽，人群受益范围广泛，其转介源涵盖了三级医疗并纳入自我转介，这样就能够最大限度地使有体育锻炼需要者得以进入计划，得到专业的锻炼指导与评估。

6. 医疗保障报销政策

英国的运动处方项目中，英国国家医疗服务体系（NHS）与各个社区健身中心和其他合作伙伴合作，提供运动和康复服务给那些需要的患者。在英国这个系统中关于费用支付和制定的基本方式，包括对医生、健身中心两个部分。对医生的支付上，英国是政府主导型的全民免费医疗卫生服务体制，英国的 GP（全科医生）主要是按合同收费，而非按服务收费，即并不是会提供更多的运动处方而获得额外的费用。对社区健身中心的支付，是 NHS 与各社区中心进行谈判，基于服务内容、预期效果、地区经济情况等因素制定费用并签订项目合同。为了确保公平和透明，这一过程通常会涉及多方评估和比较，如参考其他地区或类似项目的费用结构。NHS 还委托 NICE 进行成本效益分析，以确定是否值得报销。

（三）美国实践

1. 运动处方的起源与研究

美国是运动处方观念的发源地。早在 1954 年，美国的生理学专家就将运动处方定义为"匹配个体健康状况的专业运动建议"。从 20 世纪 40 年代开始，各领域专家逐步探索运动与健康之间的紧密联系，明确了适度运动对防控慢性疾病的积极作用。1970 年，库珀博士创立的库珀中心进行了大规模的健康与运动追踪研究，为后续研究提供了丰富的数据库支持。

2. 政府对运动与健康的看重

从 1980 年起，美国政府逐渐认识到运动在公共健康领域的重要性。1996 年，美国健康部门发布了详细报告，强调运动对健康的多重益处。之后，包括运动医学行业协会（ACSM）、疾病控制与预防中心（CDC）在内的多个机构开始深入研究运动与健康的关系,并出台了多项指南和建议。此外,"运动是良药"项目的推广以及各大医疗机构对运动疗法的重视,进一步推动了运动医学的研究与应用。

3. 运动处方标准建立

ACSM 在国际上为运动处方研究设定了标准,出版的《ACSM 运动测试与处方指南》被视为该领域的经典之作。与此同时,美国政府发布的《美国人身体活动指南》也为全球提供了关于运动与健康的权威指导。美国不仅是这一领域的研究领先者,更是全球运动处方理念的传播者和实践者。

4. 运动处方编码与计费

在美国,运动治疗归属于物理治疗,其医疗代码是 CPT,如 CPT 97110 - 治疗性练习,以发展患者的活动范围和灵活性,锻炼身体的肌肉力量和耐力。治疗师和医生可以开具 CPT 代码的账单,所有 CPT 代码的报销金额由患者所在州决定,各州之间不同。

针对基于时间编码的运动治疗医疗服务项目,Medicare 制定了 8 分钟规则,它规定每提供 15 分钟的治疗时间增量,必须至少花费 8 分钟用于对患者的直接护理,该规则有助于确保满足治疗服务的最低报销要求。规则中对患者的直接护理时间主要包括动手治疗、患者教育、监督练习和记录进度等时间,不包括设置设备或完成管理任务等非计费时间;8 分钟规则的工作原理是治疗课程每 15 分钟为一个计费单位,其间医护人员至少花费 8 分钟对患者直接护理,那么该单位可计费,否则不能单独计费。

5. SOAP 记录

医生或康复师在为患者提供运动康复时,详细记录患者的康复进程和需求,即为 SOAP 记录。旨在清楚并全面地记录患者为何接受这样的治疗,并深入了解患者需求与焦点。当其他治疗师或医生参与治疗时,SOAP 记录能帮助他们迅速、准确地掌握患者的疾病及治疗状况。SOAP 涵盖四个主要部分:主观部分反映了患者自述的病情;目的部分详细列举了客观的医疗数据与治疗方法;评估部分详述了患者的治疗进展和原因;计划部分则是关于未来的治疗策略。

6. 对运动处方的监督管理

为了减少医疗服务项目计费和报销错误,对部分按服务收费的项目进行审查,规则主要包括医疗必要性、需要的组成部分和签名、提供的服务、是否正确的编码和计费等。

7. 处方开具流程与实践

在美国,整个运动和康复的流程被明确为医院内的治疗阶段、术后的康复过程、在社区的长期康复和在家的远程自我管理四个阶段。在这四个阶段中,运动处方都扮演着关键角色,它主要助力于:缓解患者的不适,提升治疗效果;通过康复程序降低疾病复发概率,预防潜在并发症;协助公众建立健康的运动习惯,以预防慢性疾病、心理障碍、神经性疾病和癌症等问题。

整体的运动处方过程可以细分为三个步骤共九项内容:一是初步的健康评估,包括医疗背景、健康信息梳理和全面医疗检查。二是基于身体能力的评估,包括评估运动潜在风险和全面体质测评,这是关于运动计划的制订和实施,涉及创建运动建议、监控实施过程并进行必要调整。三是效果评估和调整阶段,主要包括评估运动成效,根据评估进行运动建议的调整以及再次评估并优化运动建议。

(四)日本实践

1. 人才培养与保障体系

日本打造了"一贯制"体医融合人才培养与保障体系:一是体育、医疗两大高等教育系统同时发力,共同承担体医融合人才培养的任务。二是完善健康运动指导员进修制度。

自1988年开始,日本文部省在已有社会体育指导员队伍中新增"健康运动指导员",旨在培养既有医学知识又能指导运动健身的基层社区指导员。日本卫生保健教师资格证制度、养护教谕资格证制度和健康运动指导员进修制度,从根本上改变了体医融合的人才供需,为基层体医融合健康指导和体医融合健康产业发展奠定了人才基础。

2. 服务模式

日本的运动处方根据资费、受众和策略分为福利型、商业型和整合型三种:福利型依托社区综合俱乐部(类似于社区卫生服务中心),通常配备2~3名全科医生、10名健康运动指导员(志愿者)以及一定数量的体育设施和康复设备,具有公益性、志愿性和便捷性等特点。流程上,运动处方由全科医生开具,在健康运动指导员的指导下在社区开展针对性的体育锻炼活动,以达到预防疾病和提升健康的效果。在资金方面,大部分基础设施的费用由政府承担,而员工方面或由政府支付工资或由志愿者提供服务,所以当地居民可以免费享受这些服务,无须支付额外费用。商业型针对经济状况良好的人群,在专业商业机构中提供优质的运动处方服务。整合型基于日本三级医疗体系,注重各医疗层次之间的协同合作,提供全方位服务。一级医疗主要承担常见病的诊治、提供基本的运动处方服务;二级医疗由家庭医生、护士、药师、营养师和运动专家等组成,为患者提供集医疗、康复和保健于一体的住院服务;三级医疗主要是特定功能医院,为患者提供更为专业的医疗服务。

四、对策建议

(一)完善顶层设计,建立健全协同发展机制

1. 建立健全体育和卫生健康等部门协同推进的工作机制

上海市体育局、市卫生健康委员会、市医疗保障局、上海体育大学以及相关医学院校应该建立体医融合发展联席会议制度,完善推进机制,并将运动处方推广应用列入重点工作。运动处方推广落实需要创新工作模式,统筹协调,充分调动各方资源,如德国体育系统不但内部上下联动,同时还积极与医疗系统、幼儿园、学校、企业、养老院等有关部门和机构开展横向合作,取得了良好效果。将体医融合抓手——运动处方的实践情况纳入上海全球著名体育城市考核指标,设立运动处方实施效果的评估机制,科学评价,衡量其发展水平。

2. 细化各项配套制度措施,夯实各方责任

为确保政策的有效实施,应加强政策和法规的完善,进一步明确各项配套制度的具体细节,并构建一个科学化的责任共享体系。重点在于明晰并加强各方的责任担当,以确保资源能够有效整合,达到真正的互补和共赢,从而共同推进运动健康的发展。应促进体育和医疗卫生部门之间的深度合作,加强针对不同人群和疾病的运动处方研究。构建体育与卫生部门的长效协同机制,建立完善的体医之间的流转机制。以期降低体医融合中的风险,为慢病患者提供更为精准的运动处方方案。

(二)突出载体建设,搭建体医融合服务平台

1. 体医融合,构建综合性服务平台

在"体+医"策略方面,要求上海市体育局指导和加强上海体育大学、体育科学研究所、尚体乐活等健康促进中心、公共体育场馆等体育机构与医疗机构合作,建设体卫融合服务平台。在"医+体"方面,鼓励综合性医院、专科医院、

康养机构、社区卫生服务中心、社区卫生服务站等积极引入运动健康的相关专家，开展针对性的运动医学培训，培育专业的运动处方师和运动处方师助理，增添运动健康设施，利用好运动康复科室，开设运动医学门诊。

2. 明确运动健康机构准入标准

上海市体育局、市卫生健康委员会、市医疗保障局应联合制定严格的准入标准，考量机构的专业性和安全性。满足标准的医疗、康复和健身机构可提出定点服务申请，经过评估合格后，与政府签订合作协议，正式成为对应区域的运动健康定点服务机构。支付机制探索方面，对于入选的运动健康定点服务机构，应探讨合理的支付机制，确保其长期稳定运营，提供高质量服务。

3. 创新技术应用，拓展服务范围

探索建立互联网＋渗透式体医融合服务模式，结合现代技术，建立线上运动指导及体质评估平台，简化健身指导流程，使之更加便捷、普及。大数据的应用不仅能提升服务效率，还能帮助实现医疗资源的整合与共享，为未来的体医融合打下坚实基础。

（三）加强运动处方师人才培养

人才是推进体医融合的基石，在服务中起关键作用。目前，在推动体育医学健康发展方面存在着大量的人才短缺。综合国内外经验，特别是日本在体医融合人才培养上的成功经验，高校培养和继续教育培训是解决我国体医一体化培养中存在的重要问题的方法。

1. 学科融合与高等教育培养

一是跨学科培养。"体"与"医"的教育必须相辅相成，改变原有单一的教学模式，高校应结合医学与体育学科的优势，打破固有的教学边界，创新培养模式。推进医学与体育的交叉教学，使学生能在专业深入的同时，扩宽知识领域。二是医学生多元培训。在传统医学教育基础上，加大对运动康复、营养学等相关领域的教育力度。使医学生不仅具备治疗疾病的能力，还能为患者提供科学的运动建议。尤其是将运动处方等方面的训练纳入普通医师的训练之中，使他们掌握基础的运动恢复常识并具有一定的操作能力。三是体育学生的医学培训。体育院校要重视体医专业型人才的培养，除体育实践和理论知识外，加强其在运动生理、解剖、康复等医学基础知识方面的培训，培养其深入了解运动与健康关系的能力。

2. 加强体医融合人才的继续教育培训

运动健康师助理(体育指导员)需要全面提升,强化运动健康师助理在健康、医学等领域的知识培训,使其能更好地为公众提供健康运动建议,成为健康的推广者。实行多级人才培养模式:对于医疗卫生人员,应制定明确的分级、分类的培训方案。鼓励医护人员继续深造,掌握运动医学的最新知识。建立标准化的培训体系,上海市体育大学作为本市的权威体育教育机构,具备丰富的教育资源和教学经验。可以协助其与人力资源社会保障部门对接,将其定位为运动健康师的官方职业培训基地,提供标准化、系统化的培训课程,确保人才培养的质量与水平。

3. 深化运动健康师人才培养与职业发展路径

上海市卫生健康委员会和市体育局应携手合作,联合市人力资源和社会保障局,共同推动运动健康师的职业标准制定,将其纳入国家的职业分类与序列中。这一举措能确保运动健康师这一职业得到正式的认可,为相关人才的发展提供稳固的基石。为运动健康师规划清晰的职业晋升路径,例如初级、中级、高级和专家等级别。并与各类医疗、健康机构合作,为运动健康师提供实践和进一步学习的机会,推动其专业技能和职业素养的持续提升。

(四)完善体医融合策略,推进标准化服务体系建设

1. 运动处方流程与实施的严格标准化

医生在开具运动处方前,需结合专业诊断工具和技术,对患者的身体状况进行深入、全面的评估。运动处方的实施不仅仅是一纸处方的交付,而是要求由运动健康师、其助理及患者三方共同参与、协同工作。其中,运动健康师负责根据医生的诊断,制定个性化、针对性强的运动处方,并在实施过程中进行持续监督,确保处方得到精准执行;运动健康师助理负责在实施过程中指导患者正确、规范地进行运动,确保每一个动作都能达到预期效果。同时,也要激发患者的积极性,帮助他们建立起长期坚持的信心和动力。干预对象(患者本人)在整个流程中起到核心作用,要积极配合医生和健康师,严格按照处方要求进行锻炼,同时也要及时反馈自己的身体反应,以便进行后续调整。

2. 运动处方试点项目持续深化发展

一是从运动处方的数量来看,我们应该扩大受益的人群和涉及的病种种类,确保运动处方能覆盖更多需要的人群。同时,对于运动处方涉及的病种选择标准为简便验廉(简洁、易于验证且成本低廉)。二是提高运动处方试点的

能级。我们需要扩大试点的实施范围,鼓励具备运动康复特色的市级三甲医院、专业医院以及市级康复医疗机构参与进来,确保试点项目的多样性和专业性。三是努力构建一个完整的运动健康服务体系。针对每位患者,提供从初诊、诊断、运动处方开具到后续的健康指导和复查的连续、完整的运动健康服务,确保每位患者都能在整个治疗过程中得到专业和贴心的关照。四是积极开发市级运动处方库。借鉴德国与美国经验,上海市体育局、市医疗保障局和市卫生健康委员会作为政府相关主管部门,牵头成立一个由华山医院等医疗机构、上海体育大学以及其他相关健康部门的专家组成的联合工作团队,以保障运动处方库的专业性和权威性。在建立运动处方库时,将现代运动科技与中国传统的健身功法进行有机结合。针对不同的人群特点,同时考虑到不同的环境和身体状况,制定灵活、多样的运动处方。

3. 运动处方实施效果的定期评估与反馈

运动处方再评估的重要性不言而喻。运动健康师需要结合健康体适能的五大要素、各项临床指标的具体变化、患者的心理状态变化、医疗费用等多方面数据,对运动干预效果进行深入、全面的评估。根据评估结果,运动健康师要结合患者的反馈,及时对后续的运动处方进行调整,确保每一次干预都能达到预期的健康效果。

(五)促进配套产业发展

目前运动处方的发展主要依赖于政府的推动,市场尚未完全成熟,涉及的企业有限,提供的服务项目单一。为突破这一瓶颈,应吸纳更多社会力量的参与,如与社区体育团体、康复中心及商业组织协同合作,推出多样化、实用的体医融合服务。与此同时,政府应提供专项资金支持、税务优惠以及通过政府采购服务等方式,提高商业实体参与体医融合的积极性与效益。可以发展的相关产业包括:与运动健康、慢病管理相适应的体育训练中心、健身房、体育器材制造与销售;健康教育与培训产业,包括运动处方(运动健康师)培训、健康教育推广活动;健康科技产业,可穿戴健康监测设备、健康数据管理平台、运动医学研究等。

(六)探索政府、个人、保险多元化筹资机制与支付模式

政府筹资机制上,在项目启动初期,建议政府将运动处方试点项目列为重点实事项目,并为其提供必要的财政补贴,确保项目的顺利进行。争取上海市

体育局的支持,联合发放运动健康消费券,鼓励市民参与运动,提高市民的健康意识和运动习惯。医疗保险支付模式整合,在前面运动健康定点服务机构认定基础上,明晰和调整现行的医疗卫生服务制度,将运动处方相关的运动活动纳入卫生体制的经营框架中,鼓励和支持医疗卫生服务机构的发展。依据实际情况,对运动处方成本与经济性进行合理评估,制定标准化的定价原则,进一步推动医疗和体育的深度融合。探索与商业保险公司合作的模式,使其参与到运动处方服务中来。鼓励保险公司为运动处方服务制定专门的保险产品,为个人购买运动处方服务提供保障,减轻个人经济负担,同时也为医疗机构提供稳定的资金来源。

(七)深入社区宣传,加深医患教育

为了深度普及体医融合理念并推翻"有病治病"的传统观念,必须强化公众对运动健康的"大健康观"意识。为实现这一目标,一是要增强健康教育的普及与宣传力度,利用全民健身活动、新媒体和医院海报等途径,宣传体育锻炼对身心健康的益处,再结合高校体育专业人才的资源,向社区普及科学健身知识,加强公众对运动处方的了解和认同。同时,结合互联网,启动公众号和视频号,让体育和医学领域的专家共同宣传科学健身和体医融合的优势。二是教育领域应着眼于长远,推进基础健康教育的改革,确保中小学生不仅掌握健身技能,更能深入理解健康的重要性。三是公立医疗机构的医务人员应与运动健康师联手,依托"人民城市健康科普讲师团"推出高质量的健康科普课程;特别要针对慢病人群,解释运动在健康管理中的关键作用,并鼓励他们持续参与。四是医疗体系应随之调整,将体育锻炼的多元健康功能纳入医疗预防和治疗的考量,为病人提供个性化的运动建议,使其真正体会到锻炼在疾病预防和康复中的价值。

(八)推动体医融合信息共建共享

建立一个运动健康融合服务信息管理平台,联通国家防控重大慢病创新融合试点平台。该平台将集成居民自身身体数据、社区体育场馆与健身器材信息、慢病数据、上级医疗机构医生与社区运动健康师(助理)信息以及全民健身信息等五大部分,旨在实时掌握居民健康状况,为其量身打造个性化的运动处方。在这个过程中,可以实时调整与更新运动建议。为了提供更加便捷的服务,可以研发一个综合健康数据管理与预约健康服务的社区体医融合服

APP，使居民可以全面查看自己的健康信息并预约相关服务，如体质监测与运动康复。为了确保运动的专业性与安全性，平台上整合运动康复专业人才和社区运动健康师助理，让他们成为注册的专业运动陪护员，供社区居民预约。这不仅能发挥体育锻炼的预防疾病作用，还有助于缓解我国医疗与体育资源的短缺。借鉴美国的成功经验，我们将努力实现体育、医疗、卫生等不同部门之间的深度合作和信息资源、人才的流通，使其成为一个科学、高效的共享体系。最终，我们的目标是将智能化国民体质测定、健康监测及健身服务引入社区，与社区健康服务信息平台等实现信息协同，将所有数据纳入居民电子健康档案中，从而促进居民健康，提升运动健康服务（运动处方）的效率与水平。

参考文献

［1］ Jetté M. An exercise prescription program for use in conjunction with the Canadian home fitness test［J］. Can J Public Health，1975(6).

［2］ 王丽梅，李露，罗倩等. 体医融合模式在慢性病管理中的应用研究进展［J］. 全科护理，2023(12).

［3］ 《运动处方中国专家共识(2023)》专家组. 运动处方中国专家共识(2023)［J］. 中国运动医学杂志，2023(1).

［4］ 潘力. 基于CiteSpace的运动处方研究热点的计量学分析［C］//中国体育科学学会. 第十二届全国体育科学大会论文摘要汇编——墙报交流（运动医学分会）. 2022.

［5］ 黄兴裕，幸仁凡. 我国运动处方研究的热点、前沿与知识演进——基于2011—2020年中文核心论文的分析［C］//江西省体育科学学会，全国学校体育联盟江西省分联盟，江西省体育学学科联盟，华东交通大学体育与健康学院. 第三届"全民健身　科学运动"学术交流大会论文集. 2021.

［6］ 祝莉，王正珍，朱为模. 健康中国视域中的运动处方库构建［J］. 体育科学，2020(1).

［7］ 张豫. 体医融合模式开展研究综述［J］. 浙江体育科学，2021(5).

［8］ 新华社. 江苏启动建设运动处方库［EB/OL］.（2021-3-17）［2023-10-22］. https://www.gov.cn/xinwen/2021-03/17/content_5593594.

［9］ 丁媛媛. "体卫融合"，构建健康新模式——"打造世界体育名城的南京实践"系列报道①［N］. 南京日报，2023-04-19.

［10］ 刘耀荣，段昊，吴香芝. 我国体医融合模式提炼与推广路径［J］. 体育学刊，2023(3).

［11］ 严永军，梅茂荣. 健康中国视角下体医融合发展的路径研究——以江苏的实践为例

[J].南京体育学院学报,2023(2).

[12] 于超.健康中国背景下成都市城市社区"体医融合"发展评价模型构建研究[D].成都体育学院,2022.

[13] 李彦龙,陈德明,常凤等.体医融合模式:国内实践与国外经验双向考察[J].哈尔滨体育学院学报,2022(3).

[14] 闫继虎.社区体医融合服务的现状及对策研究——以北京市为例[D].首都体育学院,2022.

[15] 毛子豪.北京市社区体医融合服务需求与供给现状及发展路径研究[D].首都体育学院,2022.

[16] 倪国新,邓晓琴,徐玥等.体医融合的历史推进与发展路径研究[J].北京体育大学学报,2020(12).

[17] 曹振波,陈佩杰,庄洁等.发达国家体育健康政策发展及对健康中国的启示[J].体育科学,2017(5).

[18] 康涛,王明义.体医融合的历史演进与现实启示[J].中国医学前沿杂志(电子版),2022(6).

[19] 侯海波.德国大众体育发展现状及成功经验探析[J].山东体育科技,2014(3).

[20] Der Deutsche Olympische Sportbund. Gesundheitund Sport im DOSB[EB/OL]. (2023-05-04)[2023-10-22]. https://gesundheit.dosb.de/.

[21] 韩磊磊,王艳艳,贺立娥等.英国运动转介计划的发展经验对我国体医融合的启示[J].西安体育学院学报,2020(2).

[22] Wormald H, Ingle L. GP exercise referral schemes: improving the patient's experience[J]. Health Education Journal, 2004(4).

[23] Stanner S. At least five a week: a summary of the report from the chief medical officer on physical activity[J]. Nutrition Bulletin, 2004(4).

[24] Woods C, McCaffrey N, Furlong B, et al. The national exercise referral framework[R]. Dublin: Health and Wellbeing Division, Health Service Executive, 2016.

[25] Morris J. Exercise in the prevention of coronary heart disease: today's best buy in public health[J]. Medicine and Science in Sports and Exercise, 1994(7).

[26] Macintyre J. Physical fitness and all-cause mortality[J]. Clinical Journal of Sport Medicine, 1995(4).

[27] Myers J, Kaykha A, George S. Fitness versus physical activity patterns in predicting mortality in men[J]. American Journal of Medicine, 2004(12).

[28] Department of Health. Exercise referral systems: a national quality assurance framework[A/OL]. [2019-05-10]. http://europepmc.org/article/HIR/30473.

[29] Nikita R. Exercise Referral Schemes in the UK. ACSM's Health & FitnessJournal,

2019,6.

[30] 李静,杨子宁.中外体医融合发展模式比较研究[J].体育科技文献通报,2022(8).

[31] Lifestyle and Chronic Disease in College Alumni (Harvard Alumni Health Study) [EB/OL].(2000-05-26)[2023-10-20].https://clinicaltrials.gov/ct2/show/NCT00005169.

[32] Zhu Weimo. The Past, Present, and Future of Exercise Prescription[J]. Sports Science Research,2020(1).

[33] Powell K. E., Paffenbarger R. S. Jr. Workshop on Epidemiologic and Public Health Aspects of Physical Activity and Exercise: A Summary[J]. Public Health Rep.,1985(2).

[34] Pate R. R., Pratt M., Blair S. N., et al. American Medical Association. A Recommendation from the Centers for Disease Control and Prevention and the American College of Sports Medicine[J]. Physical Activity and Public Health,1995(5).

[35] Albright A, Franz M, Hornsby G, et al. American College of Sports Medicine. Position Stand: Exercise and Type 2 Diabetes[J]. Med Sci Sports Exerc,2000(7).

[36] Pescatello L. S., Franklin B. A., Fagard R., et al. Exercise and Hypertension[J]. Medicine & Science in Sports & Exercise,2004(3).

[37] Schneider C. M., Dennehy C. A., Carter S. D. Exercise and Cancer Recovery[M]. Champaign, IL: Human Kinetics Pub,2003.

[38] Irwin M. L. ACSM's Guide to Exercise and Cancer Survivorship[M]. Champaign, IL: Human Kinetics,2012.

[39] Each reference follows a standard formatting style with the necessary details such as authors, titles, publication venues, and publication dates.

[40] RhinoMDs Billing Services. Guide To Medicare's 8 Minute Rule For Physical Therapy[EB/OL].[2023-10-12].https://www.rhinomds.com/guide-to-medicares-8-minute-rule-for-physical-therapy/.

[41] Julie Clements. Physical Therapy Services Delivered via Telehealth during the Public HealthEmergency-KeyConsiderations[EB/OL].(2020-06-24)[2023-10-12].https://www.outsourcestrategies.com/blog/physical-therapy-services-delivered-via-telehealth-key-considerations/.

[42] THE NOTE NINJAS. Examples of SOAP Notes[EB/OL].(2022-06-18)[2023-10-12].https://thenoteninjas.com/blog/f/examples-of-soap-notes.

[43] 黄晶,王世强,刘晴.日本体医融合健康促进的经验借鉴与启示[J].中国全科医学,2021(18).

［44］ 王秋妹.运动处方文献综述[J].经济研究导刊,2011(36).
［45］ 刘新华.日本体力监测系统的建立与实施[J].体育科学,2005(10).
［46］ ZHAO Q Y, KITAMURA K, YODA M, et al. A comparative study of the organizational culture of Japanese and Chinese community sports clubs[J]. Journal of Japan Society of Sports Industry,2019(1).
［47］ 陈多,李芬,王常颖等.日本整合型医疗服务体系的构建及对我国的启示[J].卫生软科学,2019(10).

上海市体育公园服务质量评价体系构建和实证研究

林章林　张思帆　郭　娟[*]

[摘　要]　在明晰体育公园建设背景和上海市发展体育公园的意义下,为进一步了解和评估上海市体育公园的发展状况和服务质量,本课题组依托文献综述对体育公园的定义和类型进行了辨析,借助对国外体育公园典型案例的分析,总结了十二条有利发展经验;通过梳理,明确上海市体育公园数量和空间布局,借助科学的方式选择了30个地点进行调研走访,在5个体育公园进行问卷发放,全面获取体育公园的最新发展现状,从而提出上海市体育公园当前的五大发展特点和十大发展问题。在此基础上,提出了上海市体育公园的发展动态模型,分为金、银、铜牌等级;构建了上海市体育公园服务质量评价体系,并提供了六条发展建议。

[关键词]　上海市;体育公园;服务质量;评价体系

一、研究背景

(一)体育公园符合城市建设的发展方针

城市公园源于最早开始工业革命的英国,社会民主和平等思想的发展促使一些皇家公园、私家花园也开始向公众开放,18世纪末19世纪初,英国伦敦等工业城市的发展和扩张,使城市结构遭到破坏,为解决健康和民生问题,国

---

[*]　本文作者简介:林章林,上海体育大学经济管理学院硕士研究生导师,副教授,博士,体育旅游;张思帆,上海体育大学经济管理学院,硕士,体育旅游;郭娟,上海体育大学经济管理学院,硕士,体育旅游。

家开始将皇家别苑转变成城市公园,这些公园被用来改善城市居民的生活质量,缓解城市发展带来的压力和负面影响。

在现代城市中,公园已经成为不可或缺的一部分,将"城"与"园"有机结合,为城市居民提供休闲、娱乐和健身空间。此外,公园还具有调节城市气候、改善空气质量、保护生态环境等作用,同时也是城市文化和历史的重要载体。

2019年11月,习近平总书记在上海考察时提出"人民城市人民建,人民城市为人民"的重要理念,指出城市治理沿着"人民城市"的正确道路前进,需要遵循"人民城市"的建设规律。社会主义是人民城市的根本属性,人本价值是人民城市发展的核心取向,也是检验城市各项工作成效的根本标准。党的十八大以来,我国新型城镇化建设在要素集聚、产业发展、公共服务、土地利用、空间布局等领域取得了一系列重要成就。资源要素随人口的流动向大城市集聚,公共服务水平逐步提高,这与历史上上海英美租界外滩公园"华人与狗不得入内"的不平等规定形成了鲜明对比。新时代在城市宜居环境的打造过程中,公园数量也在逐渐增加。

全民健身计划的实施促使体育成为继吃、喝、玩、乐之外的第五大元素,体育场馆的建设、体育设施的完善与体育技能的提高,都要求作为载体的体育公园向高质量发展进程迈进。体育明星的榜样力量和体育赛事的吸引力激发市民参与体育活动的热情,体育公园也成为大众健身休闲的热门地方。在尚处于征求意见期间的国家标准《体育公园配置要求》中提及要实现体育基本公共服务均等化,充分利用现有公园条件等公共场所配建以体育、大众健身为主题的体育公园,以此方便百姓参与体育活动、健身休闲提供必要场地条件。

（二）城市功能的演化和拓展推动体育公园发展

随着城镇化进程的加速,城市的发展和功能发生了重大变化。在21世纪最初十年中国举办过两场世界级的盛事,分别是2008年北京奥运会和2010年上海世博会。上海世博会是我国第一个以"城市"为主题的世博会,提出了"城市,让生活更美好"的主题理念,将"城市"与"幸福生活"结合在一起。在现代社会,城市不再仅仅是工业生产和经济发展的中心,而是逐渐转变为大众生活和消费的主要场所。城市功能属性的变化也促使公园的设计和功能更加丰富。公园不再仅仅是一个简单的绿化带,而是融合了景观、文化、艺术、科技等多种元素的综合性空间。如一些公园在设计中引入了自然景观和生态理念,为市民提供了亲近自然和生物多样性的机会;一些公园则设置了健身器材、儿童游乐设施等,满足不同年龄段市民的需求。

在"十四五规划"和2035年远景目标中均提出,要以高质量发展为主题、构建国内大循环为主体、国内国际双循环相互促进的新发展格局。在高质量发展的背景下,城市规划和建设更加注重满足大众的生活需求和消费需求,对公共场所、休闲场所的布局和可达性提出了新的要求。"黄浦江45千米滨水岸线公共空间"贯通、"15分钟社区生活圈"建设、步行或骑行可达空间、"家门口的好去处"、各类公共休闲场馆(公园)以及郊野公园等项目的实施,是近些年上海市为满足城市居民的需求和改善城市环境以及面向为市民及旅游者提供观光休闲、健身等服务的一系列政策。除此之外,上海市将重点发展嘉定、松江、青浦、奉贤、南汇五个新城,到2035年,基本建成长三角地区的一个综合性节点城市,对周边地区有一定的辐射带动效应。同时,随着大众对体育和健康健身的需求不断增加,城市规划和建设也开始关注"康养""休闲"等方面的需求。在城市规划和建设中,需要考虑到未来人口老龄化的趋势和需求,建设更多的健身场所、公园等设施来满足老年人的需求。

(三)人们对体育公园的认知在不断深化和提升

从文体旅融合的角度来看,城市中的体育公园不仅仅是一个供市民进行体育活动的场所,也是一个集休闲、娱乐、旅游等于一体的城市公共空间。因此,需要从多个角度来衡量和理解体育公园的建设。

第一,从空间布局的角度来看,体育公园的设计需要与城市的功能变化相契合。随着城市的发展,市民对于公共空间的需求也在不断变化,社区作为市民最主要生活的区域,公共空间布局要与社区的分布相连接。注重儿童游乐设施和运动场地的多样性,以满足不同年龄段市民的需求。第二,从功能的角度来看,体育公园需要满足市民的多元化需求。随着城市生活节奏的加快,市民对于健身、遛娃、夜跑、夜骑等的需求也逐渐增加,公园的健身需求也呈现出频次高、数量多、类型多元的特征。因此,体育公园需要提供不同类型的运动场地和设施来满足不同市民的需求。第三,从管理维护的角度来看,体育公园需要找到一个平衡点,既能够满足市民的需求,又能够维持公园的正常运转。如果完全依赖政府财政来承担运营成本,会导致公园的管理和维护不够及时和到位。因此,可以借鉴共享和互联网思维,通过引入智能化设备和人性化设施来提高公园的品质和体验,通过监测公园的客流量和各项设施的使用情况,以便及时进行管理和维护。第四,从体育综合化的角度出发,体育公园作为公共体育设施的一部分,要考虑是否具备满足大众需求的设施。除基础体育设施外,还应考虑其他必要设施,如餐饮、休息区、更衣室等。一个好的体育公园不仅需要设施齐全,还需要关注环境的舒适度和美感。环境的美化不仅可以提升公园的观赏性,也能让人们在运动的同时享受到美的感受。同时,综合考虑环境气味、植物分布以营造宜人的运动环境。第五,从人性化、科学服务的角度出发,在考虑体育公园的设计时,需要关注人性化服务和精细化设计来增加相应的设施和服务,如遮阳棚和座椅的设置能让人们在运动间隙得到充分的休息。同时,公园内的指示牌和地图要指向清晰,提供科学健身的展板和相关资料,以便游客自主获取健康运动知识。此外,公园还可以设置专门的娱乐区域和社交场所,如儿童游乐区、瑜伽区、团体活动区等,以满足不同人群的需求。

为保证体育公园的长期运营,应具备完善的管理和维护机制,包括对公园内的设备、植物等进行定期的检查和维护,确保游客的安全和使用体验。同时,在建设和管理体育公园时,应积极引入环保理念,如节能、减排、垃圾分类等,以实现公园的可持续发展。只有这样,才能真正实现体育公园的多重功能和价值,为人们提供一个舒适、安全、健康、快乐的运动环境。

二、国内外研究综述

(一)体育公园的界定

体育公园的概念在国外最具代表的是《世界公园》一书中的表达。书中认为体育公园应位于风景秀丽的自然园林中,有较多运动场地和体育设施可用来进行体育活动和举办大型体育赛事,通过营造良好的体育氛围吸引城市居民来此处进行运动休闲活动。而国内对于体育公园的概念存在一定的发展变化。最早出现在1982年出版的《城市园林绿地规划》一书中,我国建设部城建司定义体育公园是专门用来举行各种体育运动比赛和为运动员、大众提供休闲娱乐场所的一种特殊城市公园。1999年,国家建设部城建司针对当时全国城市公园状况,将体育公园界定为是一个以游泳、划船、球类、体操等为主要内容运动项目的公园。2002年出台的《城市绿地分类标准》,正式将体育公园划分为供市民体育锻炼的专类公园,确定了体育公园的性质。各学者在此基础上积极展开对体育公园概念的探讨,对体育公园的定义主要由位置、主题、内容和功能目的组成。体育公园的位置主要在城市居民生活区域范围内;其主题则区别于传统意义上以景观观赏为主题的公园,是以体育和运动为主题,体育公园所包含的内容有良好的自然环境、足量的体育设施及场地,并强调体育设施和自然生态环境的融合发展;而体育公园的功能目的除了可供大众开展体育健身活动、观看体育比赛外,还能提供良好的游憩空间。

在国内学者的"百家争鸣"下,2022年10月国家发展改革委员会、体育总局等七部门联合发布的《关于推进体育公园建设的指导意见》中,提出了最新的体育公园定义:以体育健身为重要元素,与自然生态融为一体,具备改善生态、美化环境、体育健身、运动休闲、娱乐休憩、防灾避险等多种功能的绿色公共空间,是绿地系统的有机组成部分。该定义既是对我国体育公园功能的补充,也符合当下国情和未来体育公园建设的需求,具有一定的前瞻性。

(二)体育公园的类型

有关体育公园的分类,学者依据不同的角度划分出不同的类型,划分角度主要包含投资经营方式、体育运动主题、服务范围、公园性质和公园功能等(表1)。从中可以看出,学界对于体育公园的分类并没有形成统一标准,且存在一定程度上的重合,如综合型和其他类型体育公园之间有一定的功能重叠。因此目前常用和国家颁布的《体育公园配置要求(征求意见稿)》,均以体育公园面积作为类型的划分依据。

表1 体育公园的类型划分

体育公园分类角度	体育公园类型	来源依据
投资经营方式	政府兴办型	甘昕(2020)
	企业自营型	
	政企合营型	
体育运动主题	田径类、水上娱乐类、球类	杨昊(2021)
	竞技类、游乐类、健身保健类、挑战类	刘竹青(2017)
年龄段	儿童、青年、老年人	张英杰(2008)
服务范围	社区级、区县级、市级、省市级	陈冬平、张军(2010)

续 表

体育公园分类角度	体育公园类型	来源依据
公园性质	专为体育竞赛建设	李欣然(2018)
	依托大型体育场馆改建而成	
	专为大众开展体育运动和休闲	
公园功能	综合型、训练型、比赛型、表演型、医疗保健型、休闲健身型	付延西(2021)
公园面积	大、中、小	李香君(2008)
	微型、小型、中型、大型	《体育公园配置要求(征求意见稿)》(2022)

随着国家城镇化发展到高级阶段,都市开始出现。上海市作为国际经济、金融、贸易、航运、科技创新中心,是大都市圈建设的核心城市。作为现代都市,上海市理应在经济、文化和体育领域起带头、影响、辐射作用。因此都市体育公园概念应在原有的基础上,加上服务配套更加完善先进、类型更加丰富多样、具有代表性和可复制推广等特点。且上海市应积极发挥引领作用,探索更为有效的分类方式。

三、国外体育公园案例分析

根据网上资料收集,课题组共找到13个国外的体育公园典型案例(表2)。并从中总结得出以下12条有利发展经验。

表2 国外体育公园典型案例

体育公园名称	所属国家
伊斯特本体育公园	英国
Gosling 体育公园	英国
Mclaren Park	美国

续　表

体育公园名称	所属国家
Rutland 体育公园	英国
哈格斯顿公园	英国
里士满公园	英国
日本富田林市立综合运动公园	日本
休斯敦体育公园	美国
贝尔银行公园	美国
密西西比州运动力量公园	美国
慕尼黑奥林匹克公园	德国
卢森堡 Peitruss 滑板公园	卢森堡
GEODIS 公园	美国

（一）配套设施完善且能保持持续更新

英国国土面积较小，大约为24.4万平方千米，交通网络发达，城市公共设施相对集中。伊斯特本体育公园方圆500米内有公交车站和火车站，促使大众方便达到，且公园附近超市、医院等配套设施齐全，提高了体育公园的实际使用率。该公园在新冠肺炎疫情防控期间也没有放松对园内设施的更新，引进了先进的健身和团体训练设备，并由行业领先的泰诺健提供教学支持。在英国结束长达数月的疫情封锁之后，回归体育运动的需求上升，伊斯特本体育公园此举为当地群众提供了种类更加丰富的运动设施及相关课程，很好地抓住了后疫情时代的体育公园发展的时机。

Rutland 体育公园内的设施对残疾人等弱势群体友好，为残疾人配备专用洗手间、更衣室、停车位、观众区等区域。公园内的各项运动课程也均向残疾人开放。

（二）赛事及其他活动为体育公园注入活力

伊斯特本体育公园常用于举办多项赛事。Soccer Sixes 足球联赛，是隶属于英格兰足球总会的五人制和六人制足球最大的联赛网络,有3 000余支参赛球队。Firmballs足球联赛是专为商务人士打造的五人制联赛,旨在为各类公司提供社交、团队建设和市场推广的平台。2002年,伊斯特本镇在体育公园内举办伊斯特本特奥会,是英国特殊奥林匹克运动会的一部分,为全英智障儿童和成年人搭建体育竞技平台。每年伊斯特本的地区田径比赛吸引来自英国各地大约180名运动员。公园内设置了多个观众区及社交区域,如田径场附带含250个座位的看台。社交区域及看台的设置有助于鼓励更多的观众前来享受公园内的体育赛事,以提高当地群众对体育赛事及活动的关注,更有助于为体育公园吸引新客户。

休斯敦体育公园每年都有多家机构在此举办与运动相关的慈善公益活动,如迪纳摩企业杯以及休斯敦紫色步道等。此类活动在鼓励市民参与体育运动的同时进行募捐,或是将通过举办赛事或活动所得的盈利部分捐赠给慈善机构,旨在帮助癌症病人或社会上其他需要帮助的群体。此举将体育运动与慈善公益相结合,体现了体育公园及当地体育或慈善机构的社会责任感。

(三)运动项目种类齐全,可满足各类人群需要

Gosling体育公园在设施构建上独树一帜,室内外丰富多样的运动设施和项目是英国同类项目中的翘楚,是全英覆盖运动种类最广的体育公园之一。丰富多样的运动设施和项目可以满足不同年龄段人群形形色色的运动需求,并配套一系列课程供消费者选择。此外,公园的相关服务为残疾人及青少年等弱势群体提供便利,优惠的价格降低了弱势群体的使用门槛,以满足运动健身的需求。因此无论是个人或是团体,均可以在Gosling体育公园找到适合的单项或团体运动。

(四)具有独特项目优势或标志性建筑

由于Mclaren Park先天独到的地理优势(公园陡坡居多),Mclaren Park被视为极其合适的山地自行车场地,是旧金山地区唯一认证的山地自行车场地。因此有关山地自行车组织将其视为旧金山地区传播山地自行车文化的重要地点,Mclaren Park也将山地自行车作为名牌向大众传播。

另外,Mclaren Park致力于成为多功能性的公园。其不只将体育与自然环境挂钩,也将La Grande水塔这样的地标性建筑变为园内参观项目之一。La Grande水塔立于该区域内最高的小坡上,四处都能看见水塔的存在。且该水塔是周边居民的功能性建筑,对该地区的供水有着不可或缺的作用。

Mclaren Park 通过把标志性建筑融入公园从而融入社区。

（五）借助与其他社会机构的合作开拓公园业务

Rutland 体育公园内有 10 余所体育俱乐部，这些俱乐部均在体育公园内设有培训点，其中部分俱乐部与体育公园有着长久的合作历史，如 Amber Valley 竞技俱乐部自 2006 年起一直在体育公园内进行训练。各俱乐部针对不同运动水平及年龄段的人群开设了各色各样的运动培训课程。运动项目种类丰富，包含网球、武术、跆拳道、田径、无挡板篮球、足球等。公园不仅可以通过收取俱乐部的场地租借费用以维持运作，而且还能为体育公园提升知名度。

除此之外，Rutland 体育公园还与当地多家运动休闲中心合作开发联合会员制，补充了体育公园在运动项目上的短缺，如游泳等。这不仅为市民提供更加全面的运动项目选择，也有助于多家运动休闲场所的共同盈利。

（六）根据使用者实际需求改善相关设施

哈格斯顿公园在设计新的游乐区时，充分听取了使用者，包括儿童、家长及公园儿童中心工作人员的想法与建议，并根据得到的反馈对公园原本的设计方案进行改善，以确保公园新建的设施最大限度地满足儿童的实际需求。

（七）根据季节的不同开设不同的项目

许多体育运动均起源于大自然，里士满公园利用其自然环境，在大面积的草坪上提供种类丰富的户外运动项目，引导着运动回归自然。由于公园内所有体育项目均在户外进行，公园根据季节的变化在一年内提供不同的体育运动。如自行车的租借服务仅在夏季和周末开放，而橄榄球场于冬季开放。

（八）随社会需求动态变化进行体育公园规划设计

日本体育公园的发展，应社会需要始终带有浓厚的时代特色，从以体育场馆为主的体育公园，到面向高龄者和不经常运动者的健身活动场地，到将体育健身场地与自然公园有机融合的体育公园，都是同一事物在不同的社会环境中的不同表达方式。

而日本的富田林市立综合运动公园，是一座致力于维护和改善国民身心健康的"康体公园"，其特色是针对高龄人群及低频运动者，在确保安全性的前提下，将经营内容及便利的设施纳入考量。这一创意无时无刻不在表现出对社会上的弱势群体的关怀，对老龄化现象严重的国家有着较为深远的参考借鉴意义。而在 21 世纪以来，体育公园的设计更加注重体育运动场与自然的结合，日本富田林市立综合运动公园就将日式的园林艺术广泛体现在体育场地设施中，完美地将体育元素、文娱活动与自然环境进行天衣无缝的结合。

（九）运营管理得当对于体育公园的发展至关重要

美国贝尔银行公园具有较为清晰的规划，为大众提供了种类丰富的运动设施及项目。在运营初期就举办了多项赛事及活动，得益于公园对未来活动及赛事有详细的规划和明确的发展思路。作为覆盖项目广泛的体育休闲场所，贝尔银行公园运营的关键在于如何协调公园各场地设施运营、活动宣传推广、售票事宜等方面的管理。贝尔银行公园选择与多家体育行业内相关运营经验丰富的公司进行合作，分担了美国 Legacy Sports 在这些事宜上的运营管理压力，如与票务公司 Tixr 以及赛事公司 Event Connect 达成合作。这些公司可以帮助公园为消费者提供更加专业且便捷的服务，以提升用户体验感。

密西西比州运动力量公园机构对于旗下每个体育公园地理位置的设计和建造都遵循着机构统一的运营管理主旨，即运动、家庭、乐趣。机构旗下的体育公园的锦标赛及休闲娱乐设施的设置均符合这一主题。此外，运动力量公园的官网对其管理的各个公园有详细的内容介绍，包括球场设施的相关信息、锦标赛赛程安排及报名窗口等。密西西比州运动力量公园在多个社交媒体平台运营其官方账号，在 Facebook 和 Instagram 平台上都稳定输出内容，累积了一定的粉丝量，达成对公园和公园举办相关活动的宣传效果。

运动力量公园的运营管理体系成熟。在公园营利方面，除众多体育公园典型的场地租借、赛事参赛费等基于体育运动及场地设施的收费项目之外，还在公园内设置餐饮区域、纪念品商店等项目，为公园开拓了其他的营收渠道，如公园的纪念品商店中售卖的各式各样的运动力量公园定制服装等。

里士满公园内有一家高尔夫商店，于 2004 年开始营业。商店里配有所有主流品牌的最新服装与装备。除高尔夫训练服务外，商店还提供服装定制服务，以满足各种高尔夫球手的需求。

（十）"绿色"是奥林匹克公园可持续发展的核心

德国慕尼黑奥林匹克公园的设计者在设计初期就提出了"绿色奥运"这一概念，并着重于可持续发展，这是一种以专业和准确的预测来计划未来的奥运会遗产。比如，它使用了生命力强的植物和低成本的预制构件，从而减少了公共设施维护的成本，而在比赛结束后，公园的运营压力也比较小。前瞻性的设计理念为其后续的发展奠定了坚实的基础。

1972 年，慕尼黑举办的第 20 届夏季奥运会促成了城市发展的第一次飞跃，时隔 50 多年后的今天，慕尼黑奥林匹克公园在城市景观建设、绿色奥运等方面都体现了先进的设计理念，并在此基础上实现了人与自然的和谐发展。保护资源，文化延续与繁荣，城市风貌控制等，从根本上提升市民生活质量的理念已得到日益的尊重和延续，为世界其他国家城市的发展提供了一种可供借鉴的模式与范本。

（十一）景观与场地的充分融合

根据多重功能复合的属性与生态可持续的自然观，现代极限公园需要将风景作为必要元素，以城市公园和绿地系统的形式承载运动竞技的功能。把基地的石头墙和长椅的外观融合在一起，形成了一种与 Vauban 的城墙相融合的公园。街心广场三个交叉点的连接也与城堡围墙的色彩相呼应，台阶与斜坡还连接了不同的层级，一改过去单调朴实的设计风格，创造趣味生动的空间，贴合极限运动的气息。

把周围的环境景观融入滑板公园的设计中，既可以强化滑板公园的空间层级，丰富其风景资源，使滑板公园在观赏与使用两方面都有提升，又能与周围生态景观相协调，让整个城市的景观体系得到最高程度的优化。

（十二）独特的标识设计创造独特体验

GEODIS 公园可谓是一个具有独特的"纳什维尔"感性的全面娱乐场所。与一些体育场馆不同，GEODIS 公园不会用球队的颜色和赞助品牌让球迷们眼花缭乱。现代设计辅以温暖的材料以及受工业建筑启发的寻路方式，为场馆内的公共空间和私人空间带来舒适的"居住"感。定制的视觉系统，包括展示在后方球迷区大厅天花板上的纳什维尔 SC 队歌歌词，以及球场隧道墙壁上的球队口号，都将纳什维尔 SC 的标识进一步融入球场中。

四、上海市体育公园的发展现状

早在 2004 年 1 月上海市就建成并对外开放闵行体育公园，多年来一直积极布局。如今,体育公园已成为全民健身的重要场所,《关于推进体育公园建设的指导意见》中也对上海市体育公园的建设数量提出了要求,在"十四五时期"上海市还需再建设 15 个体育公园。按常住人口 50 万人以上的行政区域划分,上海市需建设不低于 10 万平方米的体育公园。其中,健身设施用地占比不低于 15%,绿化用地占比不低于 65%,健身步道不少于 2 千米,无相对固定服务半径,至少具有 10 块以上运动场地,可同时开展的体育项目不少于 5 项。这一规定为新时期上海市体育公园建设指明了发展方向,奠定了发展基础。上海市积极响应,发布《上海市体育发展"十四五"规划》《上海市推进体育公园建设实施方案》,推动体育公园建设。

(一)现有体育公园的空间分布

上海市围绕建设"赛事之都"总体目标,充分发挥体育资源优势,打造了一批内容丰富、功能多元的各类型体育公园。依据体育公园的定义,通过上海市绿化和市容管理局、市林业局等官方网站资料以及线上相关资料的搜集整理,截至 2023 年 10 月,上海市共有体育公园 56 个,其中各区分布情况如表 3 和图 1 所示。

表 3 上海市 56 个体育公园各区分布情况

体育公园所在区	体育公园名称
宝山区(6 个)	新顾城体育公园
	格力特全民体育公园
	FUNTOGETHER 体育公园
	宁宝体育公园
	泰力宝体育公园
	沈杨码头体育公园
奉贤区(2 个)	正阳体育公园
	奉鹰体育公园
黄浦区(1 个)	世博黄浦体育园

续 表

体育公园所在区	体育公园名称
嘉定区(5个)	上海市民体育公园
	紫气东来体育公园
	北水湾体育公园
	鹏新体育公园
	安亭新镇奥林匹克体育公园
静安区(1个)	静安青年体育公园
闵行区(7个)	闵行体育公园
	体汇+名都体育公园
	古美体育公园
	五星体育公园
	运康体育公园
	REAL PARK KINGSPORTS体育公园
	马桥森林体育公园
浦东新区(21个)	前滩体育公园
	锦尊体育公园
	书院社区体育公园
	杨园体育公园
	金桥市民体育休闲公园
	森兰体育公园
	世博体育公园
	浦东体育公园

续　表

体育公园所在区	体育公园名称
浦东新区(21个)	碧云体育公园
	极境悬浮体育公园
	世继未来体育公园
	活力102体育休闲公园
	唐镇银樽路体育休闲健康公园
	博那屋体育公园
	开新文体公园
	高东体育主题公园
	链轮体育公园
	临港体育公园
	南码头滨江文化体育休闲园
	易捷体育公园
	昂立慧动体育公园
普陀区(1个)	普陀体育公园
青浦区(3个)	赵巷体育公园
	重固体育公园
	Max体育公园
松江区(2个)	方松体育公园
	雨坤亲子体育公园
徐汇区(4个)	徐家汇体育公园
	聚动力贝岭体育公园

续 表

体育公园所在区	体育公园名称
徐汇区(4个)	乐动力西岸风之谷体育公园
	康健社区体育公园
杨浦区(2个)	黄兴全民体育公园
	上海世炬体育公园
长宁区(1个)	虹桥体育公园

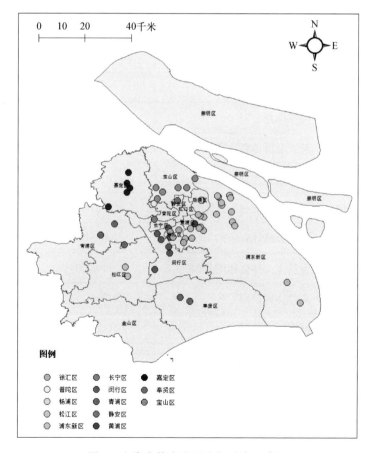

图1 上海市体育公园空间分布示意图

从整体来看,上海现有的体育公园主要集中在中心城区。中心城区土地狭小,人口密集,可见体育公园的分布与人口的集聚有一定关系。此外,从区域来看,浦东新区的体育公园数量最多,且集中在浦东新区的北部;其次是闵行区、宝山区、嘉定区、徐汇区;而金山区、崇明区、虹口区目前还未有体育公园。

根据《体育公园配置要求(征求意见稿)》,按照占地面积可以将体育公园分为微型、小型、中型、大型四个类别。在搜索56个体育公园的占地面积后,共计有32个体育公园的占地面积可以查到(表4)。

表4 根据占地面积划分的上海市32个体育公园

体育公园类型	体育公园名称	体育公园面积(m²)	所属区域
大型体育公园	上海市民体育公园	2 800 000	嘉定区
	闵行体育公园	840 000	闵行区
	徐家汇体育公园	306 000	徐汇区
	前滩体育公园	230 000	浦东新区
	黄兴全民体育公园	176 000	杨浦区
	紫气东来体育公园	166 600	嘉定区
	安亭新镇奥林匹克体育公园	120 000	嘉定区
	马桥森林体育公园	1 200 000	闵行区
	金桥市民体育休闲公园	110 000	浦东新区
	森兰体育公园	4 200 000	浦东新区
	浦东体育公园	160 000	浦东新区
	高东体育主题公园	约 333 333	浦东新区
	虹桥体育公园	135 000	长宁区
中型体育公园	锦尊体育公园	87 400	浦东新区
	正阳体育公园	79 130	奉贤区

续　表

体育公园类型	体育公园名称	体育公园面积(m^2)	所属区域
中型体育公园	赵巷体育公园	64 222.2	青浦区
	书院社区体育公园	60 700	浦东新区
	普陀体育公园	60 000	普陀区
小型体育公园	方松体育公园	52 991	松江区
	北水湾体育公园	50 000	嘉定区
微型体育公园	世博黄浦体育园	30 000	黄浦区
	体汇＋名都体育公园	约 10 000	闵行区
	重固体育公园	18 000	青浦区
	新顾城体育公园	约 20 000	宝山区
	静安青年体育公园	约 10 000	静安区
	碧云体育公园	17 000	浦东新区
	世博体育公园	10 000	浦东新区
	活力 102 体育休闲公园	3 200	浦东新区
	开新文体公园	25 000	浦东新区
	乐动力西岸风之谷体育公园	约 20 000	徐汇区
	康健社区体育公园	13 000	徐汇区
	古美体育公园	5 000	闵行区

（二）实地调研情况分析

1. 调研目的

为进一步深入了解上海市体育公园发展的实际情况，本课题组特此对上海市的相关公园进行了实地调研。主要目的如下：

（1）了解体育公园的规划和设计。实地考察可以更直观地了解体育公园的整体规划和设计理念，包括公园的布局、场馆设置、绿化景观等方面。

（2）检查运营管理情况。实地考察可以对体育公园的运营管理情况进行了解和评估，包括场馆的维护状况、设施服务水平、安全管理等。通过观察和交流，可以了解公园的管理模式、人员配置、运营策略等方面的情况。

（3）发现创新点和亮点。实地考察还可以发现各体育公园的创新点和亮点，了解其在运营管理、服务体验、户外活动等方面的特色和成功经验。

（4）寻找存在问题。通过实地考察，可以与体育公园的管理者、专家学者、从业人员等进行面对面的交流与合作，共同探讨和解决体育公园建设和管理过程中的问题和挑战，这有助于推动体育公园的发展与进步。

2. 调研地点

调研地点主要以体育公园为主，但在实际调研过程中还发现有以运动为主题的公园/体育旅游休闲基地、含体育要素的公园、有体育设施融入的滨江沿岸以及体育化的商场。共计调研了 30 个相关地点（表5）。

表5 调研地点情况

类　　型	细分	名　　称	所属区
体育公园	大型	闵行体育公园	闵行区
		虹桥体育公园	长宁区
		前滩体育公园	浦东新区
		上海市民体育公园	嘉定区
		徐家汇体育公园	徐汇区
	中型	普陀体育公园	普陀区
		赵巷体育公园	青浦区
	小型	方松体育公园	松江区
	微型	世博黄浦体育园	黄浦区

续 表

类 型	细分	名 称	所属区
以运动为主题的公园/体育旅游休闲基地	公园	新江湾城SMP滑板公园	杨浦区
	基地	太阳岛旅游度假区	青浦区
		碧海金沙景区	奉贤区
		上海海湾国家森林公园	奉贤区
		浦江郊野公园	闵行区
		佘山国家旅游度假区	松江区
		天马赛车场	松江区
		西沙明珠湖景区	崇明区
		长兴岛郊野公园	崇明区
		东平国家森林公园	崇明区
		上海翔立方体育文化综合体	嘉定区
		顾村公园	宝山区
含体育要素的公园	—	百禧公园	普陀区
		大宁灵石公园	静安区
		蝴蝶湾花园	静安区
		中兴公园	静安区
有体育设施融入的滨江沿岸	—	黄浦滨江	黄浦区
		徐汇滨江	徐汇区
		苏州河岸	静安区
体育化的商场	—	前滩太古里	浦东新区
		万达影城	杨浦区

3. 调研总结

总体而言，上海市目前积极建设体育公园，并将体育充分融入城市生活，旨在为市民提供具有多样化、多功能的体育、休闲和文化活动场所，以满足大众对体育运动的需求和促进生产、生活、生态空间和谐统一的需要；而且也能良好地展现上海市的都市人文，增强城市吸引力。这不仅是提升市民幸福感的手段，更是提升城市软实力的重要抓手。

（三）周边居民感知情况分析

社会发展不仅要以经济发展水平作为衡量指标，更应以居民生活质量的提升来全面综合地衡量社会发展。国家发展改革委员会和体育总局等七部门联合颁布的《关于推进体育公园建设的指导意见》，将体育公园看作全民健身的全新载体，改善人民生活品质的有效途径。可见，体育公园的主要服务对象是市民大众。

因此，本课题组设计了《周边居民对上海市体育公园服务质量的感知问卷》（共包含地理环境、体育设施、配套设施、体育文化氛围、公园管理、公园安全六个维度），进一步了解体育公园的使用者——居民对体育公园的感受，从而更好地发现体育公园的现存问题。考虑到调研的全面性和经费的有限性，依据高德地图评分，结合覆盖多区的原则，选择闵行体育公园（闵行区，大型）、前滩体育公园（浦东新区，大型）、普陀体育公园（普陀区，中型）、方松体育公园（松江区，小型）、世博黄浦体育园（黄浦区，微型）共五个体育公园为问卷发放对象，具体如表6所示。

表6　问卷发放的五个体育公园

体育公园类型	体育公园名称	区	高 德 评 分
大型体育公园	闵行体育公园	闵行区	4.8（出行热度：同城排行前5%；体验品质：同城排行前5%）
	前滩体育公园	浦东新区	4.8（出行热度：同城排行前5%；体验品质：同城排行前5%）
中型体育公园	普陀体育公园	普陀区	4.6（出行热度：超过85%同类；体验品质：高于84%同类）

续　表

体育公园类型	体育公园名称	区	高　德　评　分
小型体育公园	方松体育公园	松江区	4.5(出行热度：超过75%同类；体验品质：高于80%同类)
微型体育公园	世博黄浦体育园	黄浦区	4.8(出行热度：超过94%同类；体验品质：同城排行前5%)

此外，在调查对象的选择上，由于体育公园的服务范围有限，本课题以上海市体育公园的周边居民为调查对象。学界通常依靠居民居住区与具体研究地点的物理距离来判断是否属于"周边居民"范畴，而这个物理距离随着具体研究情景的不同，会有不一样的判断标准。近年来，上海市大力推进"15分钟社区体育生活圈"，让市民从居住地步行15分钟范围内，就能享受到运动健身的场地设施。但这项工作的进行需要一个长期时间的发展，并不是在短暂时间内可以完成的。因此，本研究参考国家体育总局公布的《体育公园配置要求（征求意见稿）》中体育公园的服务范围，将周边居民的物理距离控制在5千米范围内，并以此作为筛选调查对象的依据。

向五个公园各发放100份问卷，共计发放并回收问卷500份，剔除无效问卷后，共计回收有效问卷473份，回收有效率为94.6%，具有统计学意义。

1. 信效度检验

课题组获得有效问卷后，首先利用SPSS软件（25.0版本）进行信效度检验，其Cronbach's Alpha系数为0.922，大于0.9，表明研究数据的信度质量很高。且根据KMO和Bartlett球形度检验，KMO值为0.923，KMO值大于0.8，$p<0.05$，表明研究数据非常适合提取信息，效度良好（表7）。

表7　KMO和Bartlett球形度检验

KMO值		0.923
Bartlett球形度检验	近似卡方	7 801.104
	df	378
	p值	0.000

2. 因子分析

本次针对6个因子和28个分析项进行验证性因子分析,样本量为473份,超出分析项数量的10倍,样本量适中,可进行验证因子分析(CFA)。借助SPSS 25.0进行分析发现,因子载荷系数除"我认为公园有较多体育比赛或其他体育活动"项外均大于0.5,表明相关测量项与6个因子具有一定的相关关系。且根据平均方差萃取(AVE)和组合信度(CR)的值来看,CR值均大于0.7,且AVE有4个因子大于0.5,2个因子接近0.5,表明收敛效度较好(表8)。

表8 模型AVE和CR指标结果

因子	平均方差萃取(AVE)值	组合信度(CR)值
地理环境	0.499	0.872
体育设施	0.575	0.890
配套设施	0.588	0.850
体育文化氛围	0.438	0.734
公园管理	0.565	0.837
公园安全	0.569	0.797

3. 市民基本情况分析

从表9中可知,此次调研的市民男女比例差距较大,以男性居多,这可能与男生多爱运动有关。调研对象以19~50岁市民为主,这部分群体包含了青中年。青少年多有学校体质要求、兴趣爱好以及素质拓展的需要,而中年人多为缓解工作压力、提高身体素质等选择在体育公园进行运动。

表9 市民基本信息

名称	选项	频数	百分比(%)
性别	男	307	64.90
	女	166	35.10

续 表

名 称	选 项	频 数	百分比(%)
年龄	18岁及以下	44	9.30
	19~30岁	167	35.31
	31~40岁	110	23.26
	41~50岁	82	17.34
	51~60岁	32	6.77
	61岁及以上	38	8.02
职业	政府机关/事业单位职工	45	9.51
	企业职工	141	29.81
	个体工商户	32	6.77
	自由职业者	63	13.32
	学生	115	24.31
	工人	9	1.90
	离退休人员	58	12.26
	其他	10	2.12

在去体育公园的频次上，一个月4~6次的占比最高，其次为一个月1~3次，两者之和超过了60%。由于本次调研设计了筛选项"您是否住在这个体育公园附近？（距离5 km以内/开车15 min以内/骑车30 min以内）"，因此市民去体育公园的频次相对而言受距离影响较小，主要可能受到工作学习时间的影响。且公园相对不是出入频次很高的地方，再加之上海市大力发展"家门口的好去处"等，市民能保持每周去1~2次体育公园已然是比正常公园多了一些竞争力（图2）。

针对在体育公园所参与的体育运动而言，

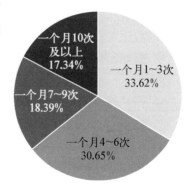

图2 市民去体育公园频次统计

跑(散)步、篮球、足球、羽毛球等大众项目是市民在体育公园运动的首选。因为这里不仅能提供专业的场地,更能提供舒适绿色的空间,满足人们对身心良好发展的需要。此外,体育公园也能满足一些相对小众的项目,如高尔夫、垒球、橄榄球等,相对提供的运动空间丰富完善(图3)。

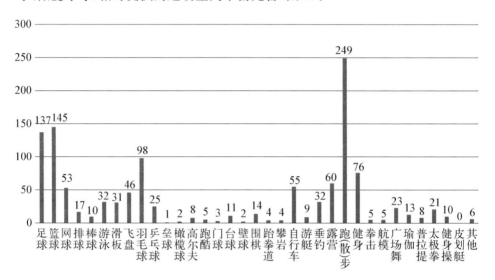

图3　市民在体育公园参与体育运动的情况统计

4. 市民对体育公园服务质量的感知情况分析

（1）整体感知情况分析。从市民对体系的各指标评价情况来看,除"7－3 我认为公园有充足的商业场所,如便利店、餐饮店等"外,各项指标的均值均高于5分,综合下来都能让市民有不错的体验和感受,大众对上海市体育公园的整体认同感较高(表10)。体育公园的环境不仅提供了良好的景观,有着丰富的植被环境,让人们能够逃离城市喧嚣,享受一份宁静;而且也是大众休闲娱乐、户外运动、锻炼和社交的良好场所。体育公园逐渐在人们心中扮演着重要的角色。

表10　市民对整体体育公园服务质量的感知情况统计

维　　度	感知得分
7－1 我觉得到达公园十分便利	5.61
7－1 我觉得公园内道路走起来很通畅	5.82

续 表

维　　度	感知得分
7-1 我觉得公园的绿化充足	5.85
7-1 我觉得公园的空气质量很好	5.82
7-1 我觉得公园的水质很好	5.13
7-1 我觉得公园的整洁度很好	5.72
7-1 我觉得公园的噪声很小	5.39
7-2 我认为公园的体育设施数量充足	5.37
7-2 我认为公园的体育设施类型丰富	5.37
7-2 我认为公园的活动场所能满足日常运动需要	5.68
7-2 我认为公园的体育设施空间布局是合理的	5.56
7-2 我认为公园的体育设施与自然环境相协调	5.66
7-2 我认为公园的体育设施被维护得很好	5.54
7-3 我认为公园的基础设施完善，如照明、垃圾箱、厕所、座椅、停车等	5.26
7-3 我认为公园的人性化设施完备，如无障碍设施、医疗站点、报警装置等	5.19
7-3 我认为公园智慧化设施有效，如智能贩售机、智能导览等	5.00
7-3 我认为公园有充足的商业场所，如便利店、餐饮店等	4.62
7-4 我认为公园有较多体育比赛或其他体育活动	5.47
7-4 我认为公园里有很多人参与体育运动	5.67
7-4 我认为公园的体育文化宣传做得很好	5.33
7-4 我认为公园的体育象征符号具有代表性	5.28
7-5 我认为公园的开放时间合适	5.69
7-5 我认为公园的收费标准合理	5.52

续表

维　　度	感知得分
7-5 我认为公园的工作人员很专业	5.32
7-5 我认为公园的体育组织能很好融入公园	5.56
7-6 我认为公园内是安全的	5.89
7-6 我认为公园的设施是定期维护的	5.75
7-6 我认为公园能提供一定的安全咨询服务	5.58

(2) 各个体育公园服务质量的感知情况分析。从横向对比来看,市民对闵行体育公园的感知度最高,其次是方松体育公园和世博黄浦体育公园(图4)。闵行体育公园在各个方面表现都较为优越,是一个集休闲、健身、娱乐、运动于一体的现代化综合性公园,设有专业网球场、篮球场、羽毛球馆、健身房等多个运动场所,再加上健身步道等,提供了全方位的运动休闲设施。此外,闵行体育公园经常承办各类运动比赛和社区活动。比如,上海市民运动会和足球职业联赛经常在这里举行,一些企业组织的团体拓展活动、家庭日等户外活动也常在闵行体育公园举办。这些活动不仅在不断地增强着公园的社区属性和文化内涵,同时也极大地增强了公园提供体育服务的属性。而前滩体育公园的感知度最低,很有可能是由于前滩体育公园的交通不是特别便利所致。

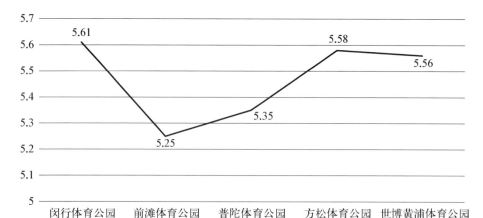

图4　各个体育公园的综合市民感知情况统计

从纵向对比来看,市民基本都是对各个体育公园的地理环境、公园安全的相关指标感知度较高,可见体育公园作为上海市绿地系统的组成部分之一,整体的绿化和植被覆盖情况均较好。但在各个体育公园中,配套设施都相对欠缺,这可能是设施多样性不足、设施规模不够、公园未提供清晰的设施信息/标示不明确等原因造成的。

在地理环境和体育设施方面,前滩体育公园的得分均最低,主要是由于交通不便以及场地和设施规模可能不足以满足不断增长的市民需求,尤其是在繁忙时段,可能出现拥挤问题。在配套设施方面,五个体育公园得分均较低,其中普陀体育公园最低。在体育文化氛围和公园管理方面,前滩体育公园的得分最低,公园可能缺乏多样的体育和休闲活动选择,使得前来的市民难以提起更多兴趣,需求得不到满足,且缺乏高效的管理和运营手段,可能导致资源浪费和服务不足问题。在公园安全方面,普陀体育公园的得分最低,可能由于维护和管理的不足导致园内设施老化、卫生问题和秩序混乱,影响市民的使用体验(图5)。

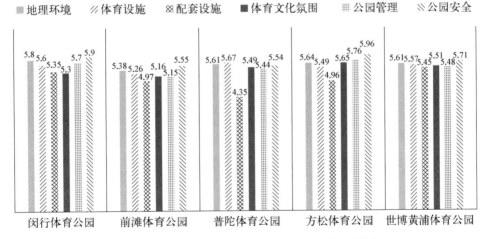

图5 各个体育公园服务质量的市民感知情况统计

(四)发展特点

根据调研和文献资料分析,上海市体育公园呈现出以下五个特点。

1. 数量多,覆盖范围广

体育公园在上海市的发展势头较为强劲,目前全市共有56个体育公园,遍布13个区(金山区、崇明区、虹口区目前还未有)。

2. 大众体育项目为主,小众为辅,满足各类人群运动需求

目前上海市体育公园供给的主要是满足普及化的大众体育项目,包括足球场、篮球场、网球场、游泳池、健身步道以及相关健身器材、草坪空地、儿童游乐设施等。但一些大中型体育公园也会叠加壁球、滑板、高尔夫等小众运动项目,在为市民提供一个舒适绿色的运动空间的同时,也满足不同年龄和兴趣的人们的运动需求。

3. 一般采用"政府建、企业管"的运营机制

在运营方面,上海市体育公园一般采用"政府建、企业管"的运营机制。政府负责建设体育公园的基础设施,而企业则负责运营和维护体育公园的日常事务。通过这种运营机制,政府能够发挥监管和指导作用,而企业通过市场机制来提供优质的服务。

4. 注重可持续性绿色发展

随着环保意识的增强,一些体育公园会采用可持续的设计和管理方法,包括太阳能发电、垃圾回收和水资源管理等,以降低环境影响。

5. 有积极探索体育公园新规划设计的发展趋势

虹桥体育公园突破以往体育公园的设计理念,将公园分为地上地下两个部分,赋能地下空间新功能,以星球的概念命名场馆,连同航天科普走廊,打造"星际体育大都会"体育IP,是潮流体育文化新地标,是上海市对体育公园的新理解和新诠释。

(五)发展问题

上海市体育公园发展的过程中必然也伴随着一些问题,具体如下:

1. 对于体育公园界定命名比较凌乱

目前上海市有很多具备体育功能的公园和绿地,但未被命名为"体育公园",其中一些的功能设施甚至比已经命名的更加完善。那么这些公园是否算作体育公园,缺少命名的统一规范。

2. 管理权责不明晰

体育公园的管理涉及多个部门及主体,如上海市园林绿化局、市体育局等政府部门、社会企业、俱乐部甚至是社区街道等,不同的主体有着不同的责任和权利。管理权责的不清晰容易引发体育公园在运营中的管理缺位问题。

3. 体育项目种类和布局无序

一些体育公园中的体育项目比较杂乱,虽然这些体育项目的存在有一定的市场导向,但体育公园的管理方显然缺少前期有效的规划设计,所以整体呈现出体育项目种类和布局杂乱无章的现象。

4. 体育设施与公园生态环境未能充分有效融合

国家发展和改革委员会等部门在《关于推进体育公园建设的指导意见》中明确提出体育公园绿色空间应与健身设施有机融合,需避免体育公园场馆化,要充分利用自然环境打造运动场景。但在调研过程中发现,部分体育公园只是在其生态环境内建设了一个体育场馆,明显未能做到与公园的生态环境充分有效地融合。

5. 存在同质化现象

大多数体育公园呈现出同质化的状况,缺乏独特主题的提炼和打造,致使体育公园建设和发展的创新受限,不符合当今高质量发展的发展理念。

6. 标识系统不完善

部分体育公园如普陀体育公园缺少入园大图,使第一次来的人缺乏对公园情况和布局的清晰认知。而公园的标识系统是十分重要的,完善的标识系统能够引导公众正确、安全和文明地使用体育公园内的各种设施。

7. 营销宣传不到位

体育公园进行营销宣传能在一定程度上吸引游客、提高认知度、增加收入,建立良好的品牌形象等。现有绝大多数的体育公园仅有官方公众号,而且缺少实际的运营,有的甚至没有公众号。缺乏如跨界营销、短视频推广等更为有效的宣传手段。

8. 公园的空间尚未被充分利用

在调研过程中,发现很多体育公园的空间尚未被充分利用,如赵巷体育公园,具有水域资源,但是并没有充分开发;一些公园如世博黄浦体育园,有较多场地空闲,也未被充分利用。

9. 配套设施不足且缺乏定期更新维护

在配套设施方面,主要缺乏医疗救护设施、安全保障设施、智慧化设施。且相关公共卫生设施如公共厕所、垃圾桶和管理设施、园区环境缺乏定期的更新维护。

10. 智慧化建设仍需进一步加强

当前体育公园的智慧化建设仍较为薄弱。现有部分体育公园的智慧化建设主要体现在智慧化设施上,如实时监测园区人数、天气、温度的设备,节能的路灯,无人自助化场馆等。但仍缺乏各类信息化应用系统,如智慧巡检、安全应急、环境管理等。需要通过加强智慧化建设,提升体育公园综合管理服务水平。

五、体育公园的发展评价动态模型构建

体育公园的核心要素是"生态环境"和"体育设施"。根据核心要素,以生态环境为基础(X 轴),以体育设施为叠加(Y 轴),以对角线为分界线,构建体育公园的发展动态模型,并划分出金牌、银牌、铜牌三个级别(图 6)。

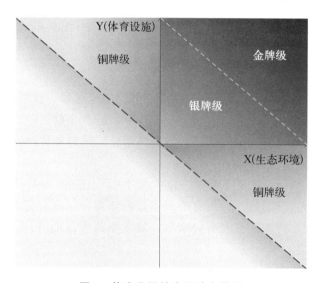

图 6　体育公园的发展动态模型

根据图 6 显示,在短虚线以上的为金牌级,金牌级即生态环境充足、体育设施丰富多样或有核心体育要素(如场馆、体育建筑等)的体育公园;在短虚线以下、基准线以上的为银牌级,指的是有一定的体育设施和生态环境,但相比于金牌级,在体育设施或生态环境上总有一方面相对较弱的场所;在长虚线以上、Y 轴左侧和 X 轴下方的为铜牌级,指的是在体育设施或生态环境上"偏科"的场所。

可以发现,体育公园的建设和培育不是一蹴而就的,是存在着从铜牌级向银牌级、再向金牌级的动态发展过程。根据以上体育公园的发展动态模型,突

破既有的"体育公园"命名范畴,尝试将 30 个调研地点进行划分,可以规划出一个更大范畴的体育公园范畴,且形成动态发展格局(表 11)。

表 11 按体育公园的发展动态模型重新划分的调研地点

级　别	名　称
金牌级	闵行体育公园
	虹桥体育公园
	前滩体育公园
	上海市民体育公园
	徐家汇体育公园
	普陀体育公园
	赵巷体育公园
	方松体育公园
	世博黄浦体育园
银牌级	太阳岛旅游度假区
	上海海湾国家森林公园
	浦江郊野公园
	佘山国家旅游度假区
	西沙明珠湖景区
	碧海金沙景区
	长兴岛郊野公园
	东平国家森林公园
	顾村公园
	百禧公园

续表

级　别	名　称
银牌级	大宁灵石公园
	蝴蝶湾花园
	新江湾城 SMP 滑板公司
	天马赛车场
	中兴公园
铜牌级	上海翔立方体育文化综合体
	黄浦滨江
	徐汇滨江
	苏州河岸
	前滩太古里
	万达影城

六、上海市体育公园服务质量评价体系构建

以发展导向和问题导向构建上海市体育公园服务质量评价体系。

（一）范围

本评价体系规定了上海市体育公园的评价原则、用地比例、选址区域生态环境、公共设施、主题特色、体育设施、服务、管理要求以及等级划分等方面的内容。

本评价体系适用于上海市参与评定的公园（包括但不限于各类生态环境元素充足且体育内容丰富多样的体育公园、生态环境元素高但体育内容元素低或不以体育为主的体育公园、生态环境相对较弱但体育内容丰富多样的体育公园、生态环境相对较弱且体育内容也相对较少的体育公园等）。

（二）术语和定义

体育公园是以体育活动为主题规划设计的，封闭或半封闭的、集体育运动场地和设施与自然绿化景观融合一体、具备体育运动、休闲游憩和儿童游乐多功能复合型的活动场所。（依据国家标准《体育公园配置要求（征求意见稿）》）

（三）评价原则

结合都市特点，立足上海市，提出以下四点评价原则。

1. 注重体育功能性的体现

体育公园应具备多样化的体育设施和活动，以满足不同年龄段和技能水平的市民的体育需求。评价应关注公园内设施的种类、数量和质量以及公园为不同人群提供的活动项目的多样性。

2. 注重舒适环境的营造

应提供一个舒适、安全和愉悦的锻炼环境。关注公园的绿化、照明、公共设施、指示标识、卫生状况以及安全措施等方面。

3. 注重可持续性的发展

体育公园的设计和建设应符合可持续发展的原则，注重环保和节能。关注公园的能源利用、水资源利用、生态保护以及垃圾处理等方面。

4. 注重体育文化的体现

应融入城市海派文化特色，具有社会教育意义。公园内是否有文化展示、社区活动组织以及体育文化推广等方面的措施。

（四）用地比例、生态环境、公共设施等要求

1. 用地比例要求

（1）体育公园用地比例应具体参考国家标准《体育公园配置要求（征求意见稿）》。

（2）综合考虑城市规划布局、居住人口规模等因素，因地制宜，科学合理选址、规划。

（3）公园所占面积和人均占有量等都要符合 GB 51192《公园设计规范》的规定。

（4）要根据园区的资源特点及主题，将园区内的健身活动区、生态保护区、行政服务区等功能区进行分区。

（5）体育公园应合理规划空间，确保各项体育活动的开展，同时要保证游客的舒适体验。

2. 选址区域生态环境要求

（1）城市公园绿地应符合 GB/T 50569《城市园林绿化评价标准》相关要求。

（2）空气质量应达到 GB 3095《环境空气质量标准》的要求。

（3）景观环境用水水质应符合 GB 5749《生活饮用水卫生标准》的要求。

（4）污水排放应遵循 GB 8978《污水综合排放标准》的要求。

（5）公园主水域内应无污染源。

（6）公园的规划和设计注重与自然环境的和谐共生。

（7）基础设施建设选用材料应遵循绿色、低碳、环保、清洁的理念，选用生态材料。

3. 公共设施要求

（1）标识标牌：一是公园内的指示标识应清晰明了，包括体育设施的使用说明、安全提示等。二是应当设立"禁烟"的警告和标识，对吸烟者进行提醒。三是导向标识应符合 GB/T 10001.2—2006《公共信息图形符号 第 2 部分：旅游休闲符号》、GB/T 10001.9—2021《标志用公共信息图形符号 第 9 部分：无障碍设施符号》、GB/T 15566.7—2007《公共信息导向系统 设置原则与要求 第 7 部分：运动场所》的相关要求。四是宜在场馆或项目或季节性的活动中设置独特的标识设计。

（2）环卫设施：一是具有明确的垃圾分类处理措施。二是公共厕所、垃圾箱房等应按标准规范设置。三是适宜采用可再生的清洁能源，如太阳能光伏发电和地源热泵。四是采用绿色建材，并按 GB 50325—2020《民用建筑工程室内环境污染控制标准》对室内空气中的污染物含量进行控制。五是注重环保，采取合理的环保措施，如垃圾分类、节能减排。

（3）停泊设施：一是有区域或位置用于停车。二是应实现移动终端交通导航。三是周边宜具备公共交通线路站点。

（4）照明设施：一是应根据公园面积和功能区统筹分布道路照明系统。二是宜在花、草、水、石、木等装置造型上配置夜景照明设施。

（5）安全设施：一是具备安全防护设施和警示标识。二是主要出入口应设置监控探头，监控记录应保存 30 天以上。三是有安保人员进行班次巡逻、巡视检查，有一定应急措施。四是应安装紧急报警系统。

（6）便民设施：一是具备餐饮、购物等设施。二是公园内餐饮、购物设施应符合 GB 16153—1996《饭馆（餐厅）卫生标准》、GB/T 17110—2008《商店购物环境与营销设施的要求》。三是在餐饮、购物等设施中有对应的服务，如共享充电桩。

（7）医疗救护设施。一是应有医疗设备、医疗急救措施和制度。二是宜有医疗团队和医疗室。

（8）通信系统和公共广播系统。一是有布置几大通信商的信号点。二是在固定点设置喇叭或公共广播站。三是有对人流量和空气指数进行监测的智能系统。

（五）主题特色

1. 具有鲜明、独特的主题

体育公园应具有鲜明、独特的主题，宜以某项体育运动或节日为主题，以健康、环保等为主题，以红色文化为主题，能吸引游客并提升公园的知名度。主题应在公园的设施、活动和宣传中得到体现。

2. 与整体定位一致

主题特色能够全面融入公园的各个方面，有围绕主题特色的长期活动或节日。

（六）体育设施要求

1. 体育器材或设施要求

（1）具备大众体育设施：包含上肢、下肢、躯干、心肺功能、平衡功能锻炼器材设备以及综合训练器材设备等。

（2）除常见的体育项目所需器材和设施，针对不同年龄段和技能水平的市民宜设有不同类型和难度的器材或设施。

（3）宜有儿童益智类体育设施和老年体育设施。

（4）具备无障碍运动体育设施和步道。

（5）应对设施运行进行监控和检测、维修养护、器具备件管理。

（6）将周边生态环境景观纳入体育设施或场馆建设中。

2. 体育场馆要求

（1）场馆的设施应与公园的主题和体育项目相匹配。体育公园应具有高质量、特色鲜明的体育场馆，包括室内和室外场馆。

（2）场馆内设施应完备、空间充足，能满足各种体育活动的需求。

（3）场馆内的标识、指示牌清晰明了，方便市民找到所需信息。

（4）场馆维护良好，清洁卫生。

（5）体育馆应有至少一处灭火器配置，且每一配置不低于2个灭火器，并定期巡检，保持消防设施、器材完好；就近设有天然消防水源取水口，水量充足。

（6）宜配置男女分设的淋浴间、更衣室和更衣柜。

3. 体育项目要求

（1）体育公园应提供多样化的、具有特色的体育项目，满足不同年龄和能力的游客的需求。

（2）应具有自行车、羽毛球、篮球、乒乓球等健身休闲类项目。

（3）宜有武术、舞龙、龙舟等民俗技艺类项目。

（4）高危险性体育项目目录中的体育项目则按照《经营高危险性体育项目许可管理办法》要求。

（七）服务特色

1. 基本要求

（1）体育公园应提供全面、高质量的服务，如售卖食品、饮料、体育装备等。

（2）有专业的教练和工作人员提供咨询和指导服务，帮助访客更好地使用公园和设施。

（3）提供便捷的停车、洗浴等配套服务。

（4）为特殊群体提供专门的设施和服务。如配有专用洗手间、更衣室、停车位、观众区等区域。

（5）有雨伞出借、贵重物品寄存等服务。

2. 特色要求

（1）举办有益于社区发展的活动。

（2）国家规定节假日或节庆有对应关怀服务或社区送服务。

（3）宜设置体育公园门户网站，有对应手机APP或在所在区APP上有对应活动和资讯推送。

（4）有电子商务平台供购物或餐饮使用。

（5）在设计新的功能区时，充分听取了使用者及工作人员的想法与建议，以确保公园新建设施最大程度地满足实际需求。

（6）宜配备信息化应用系统，如智慧巡检、安全应急、环境管理等。

（八）管理要求与活动特色

1. 管理要求

（1）公园的管理层应具备专业的体育和旅游知识，能够有效组织和管理园内各项活动。

（2）在体育公园管理中有人员、卫生、安保等管理制度以及设立专门的管理机构。

（3）工作人员着装整洁规范，佩戴对应标识，举止得体，热情回答。

（4）要求工作人员应具备相关体育项目知识技能和游客服务技能。

2. 活动特色

（1）应定期组织各类体育活动和相关活动，以满足不同游客的需求。活动的策划和执行应具有创意和创新性。

（2）有定期举办的主题活动、节日活动、赛事活动。

（3）有打造系列 IP 活动。

（4）在活动设计上鼓励游客参与，具有高度的互动性。

（5）活动设计和设施均符合相关的安全标准，能有效地保证游客的安全和满意度。

（6）与体育俱乐部共同合作开设各式各样运动培训课程。

（九）等级划分

1. 划分条件

体育公园等级划分的条件包括基本要求、特色要求和品质要求：基本要求规定了体育公园在基本条件方面的必备要求，特色要求规定了体育公园形式特性的不同要求，品质要求对体育公园的产品与服务方面进行详细要求。

2. 得分规定

根据用地比例、选址区域生态环境、基础设施设备作为评定体育公园的基本要求，以体育资源特色和主题定位等方面对体育公园特殊要求以及品质要求进行评定打分，总分为 280 分，金牌级、银牌级、铜牌级对应得分分别不少于 260 分、220 分、180 分。通过累计每项积分的方式对评价指标进行计算，对应所划分的类型。

3. 评定方法

采取专家评分法和大众点评结合的方法，对本部分要求进行评定。

七、上海市体育公园的发展建议

（一）以标准化推进，符合城市功能发展

在推进城市建设的过程中，标准化是一个前置条件。在严格遵守相关的国家政策和法规以及行业规范和标准的基础上，体育公园的管理运营还应当遵循行业内的各项标准和规范，涉及公园内各类设施的建设标准、服务质量和安全问题等。在标准化的基础上，体育公园可以借鉴国内外优秀案例，引入现代化管理和运营理念，提升公园整体品质和效益。积极引入创新管理模式。通过信息化手段提高管理效率，利用数据分析优化公园的运营策略，等等。

在城市整体规划的框架下，体育公园的发展应围绕城市整体中心工作展开。配合城市的文化、教育、卫生等公共服务体系，共同推动城市的全面发展。有助于建设一个更加宜居、宜业、宜游的城市环境。

（二）在国家标准的基础上，制定适合都市型体育公园的评价标准

目前我国出台了《城市社区体育设施建设用地指标》《城市公共体育场馆用地控制指标》《城市公共服务设施规划标准》等，对公共体育设施服务内容、服务半径、服务人口规模、人均体育场地面积等做出了规定，为体育公园等公共体育设施布局提供了直接依据。其中在国家发展改革委员会、体育总局等七部门印发的《关于推进体育公园建设的指导意见》中，提出要按照常住人口城市规模等级（50万人以上、30万～50万人、30万人以下）确立新建或改扩建体育公园的建设参考标准，明确健身设施占地比例、绿化用地率、健身步道长度、运动场地块数和体育项目数等，对各地体育公园建设和发展起到了更为精准的指导和规范作用。

除遵循尚处于征求意见阶段的《体育公园配置要求》国家标准外，也需要制定符合都市体育公园特点的评价标准，更好地引领体育公园发展。评价标准应该包含公园的设施、服务、管理、环保等方面，以确保公园能够为都市居民提供优质的体育健身和休闲娱乐体验。同时，评价标准也应根据都市的特点

和居民的需求进行调整和完善,以更好地满足市场需求。

(三)明晰管理权责,建立管理机制

体育公园的规划应与城市整体规划相协调、与城市其他方面的发展相协调,以确保公园的长期发展与城市发展目标相一致。充分考虑公园的功能定位、用地布局、设施配置等方面,确保公园能够满足城市居民的多元化需求。应建立专业的运营管理团队,制定完善的管理制度和管理流程,明确各个部门和岗位的职责和任务,以确保公园的各项设施和服务能够有序、高效地运转。在建设和管理中需要多方合作共建,包括政府、企业、社会团体、居民等。各方可以在共同利益的基础上,加强合作,共同推动体育公园的建设和发展。

体育公园作为公共场所,可以开放部分设施用于公益活动、免费开放部分时段等,提高公园的社会效益。同时也应注重信息化建设,通过引入先进的信息化技术和设备,提高公园的智能化水平和服务质量。如建立智能化管理系统、引入电子门禁系统等,提高公园的安全性和管理效率。

(四)构建良好治理格局,促进可持续发展

体育公园作为城市公共体系的重要组成部分,其治理格局应遵循统一化、整体化的原则,确保公园的统一规划、建设和运营管理。体育公园的治理格局不仅包括其日常运营和管理,更涉及如何将体育公园作为城市公共体系的一部分进行规划和发展。这意味着需要从更广阔的角度去看待体育公园,将其视作一个集运动、休闲、娱乐、文化、社区活动等多种功能于一体的城市公共空间。

体育公园的可持续发展需要建立一套有效的机制,政府出台相关政策支持体育公园的发展,同时鼓励社会各界参与体育公园的建设和管理,培养专业的管理人才和技术人才,为体育公园的可持续发展提供有力保障。在资源利用上应合理化,包括土地、能源、水资源等方面。通过采用节能环保技术、提高资源利用效率等措施,降低公园的运营成本和对环境的影响。除此之外,还应多加强公园内的环保宣传、规范游客行为、推广绿色出行等方式,为市民提供更加优质的健身和休闲体验。

(五)明确体育主题与定位,强化体育公园特色和吸引力

根据所在地区的体育文化和市场需求,确定一个或多个主题,如户外运

动、冰雪运动、水上运动等,使公园内的各项设施和服务都围绕主题展开,提供更具有吸引力和特色的体验。在主题的指导下,完善公园内的各类体育设施,如健身器材、足球场、篮球场、滑冰场等,以满足不同人群的需求。

根据主题和节假日等时机,策划各类体育活动,吸引更多的参与者和游客,如体育嘉年华、运动明星见面会等。这些活动可以吸引更多的参与者和游客,提高公园的知名度和影响力。除此之外,还可以通过社交媒体、广告等方式加强宣传和营销来推广体育公园的主题和活动,吸引更多的游客前来体验。

(六)提升体育公园的知名度和影响力

在当今社会,体育公园已经成为城市生活中不可或缺的一部分。然而,如何让这些公园不仅仅是体育活动的场所,还要成为展示城市多元文化和吸引游客的窗口,是我们需要思考的问题。

体育公园与当地旅游资源的整合,能够让游客在体验体育活动的同时,深入了解城市的文化和特色。在公园的设计中可以融入这些元素,让游客在运动之余,领略到城市的美丽和独特之处。此外,设置特色体育项目,如城市定向赛、户外拓展等,让游客在参与体育活动的同时,深入了解城市文化。

体育公园与历史文化资源的整合,可以让公园在文化层面更有深度。可结合当地的历史文化,打造具有地域特色的运动体验。设置传统运动项目体验区、历史文化展示区、安装历史题材的健身设施等方式,让游客在运动中领略到城市的历史韵味。

体育公园与科技资源的整合,可以为公园提供更好的服务和管理。引入智慧公园系统,可以提供智能化的健身设备、运动场地预订等服务,提高游客的体验。同时,通过数字化展示,公园可以向游客呈现更为丰富和立体的城市文化形象。

体育公园与教育资源的整合,可以为公园增加更多的教育功能。设置户外拓展课程,让学生在运动中增长知识。与博物馆、科技馆等机构合作,设置临时展览或活动,可以让学生们在享受运动的同时,学习到更多的知识。

多元化的体育体验和学习机会将为城市居民以及游客带来更加丰富的休闲娱乐和教育学习体验。因此,体育公园的多元性和吸引力得以提高,也意味着城市的多元性和吸引力得到了提升。

参考文献

[1] 佛·阿·曳罗霍夫,勒·步·伦茨.世界公园[M].北京:中国科学技术出版社,1992.

[2] 中华人民共和国建设部城建司.城市公园规划设计规范[M].北京,巾国建筑工业出版社,1982.

[3] CJJ/T85－2002《城市绿地分类标准》[EB/OL].[2022－9－21]. http://new.capg.org.cn/news/show.php?itemid=255.

[4] 董海军,倪伟,俞峰.上海市体育公园发展现状及建议[J].体育科研,2011(13).

[5] 张艺贤.全运会背景下沈阳市体育公园的发展现状[J].当代体育科技,2015(25).

[6] 朱祥明,王东吴.现代大都市与体育休闲公园[J].上海建设科技,2004(2).

[7] 孟刚,李岚,李瑞冬,魏枢.城市公园设计(第二版)[M].上海:同济大学出版社,2005.

[8] 彭嘉贝.惠安县城南生态体育公园规划设计[D].福州:福建农林大学,2016.

[9] 王孟欣.浅析体育公园特色化设计——以洛阳邙山健身运动公园为例[J].林产工业,2015(8).

[10] 白雪.城市公园环境在居民体育健身休闲活动中的可供性研究——基于山西省9个城市公园的经验调查[D].太原:山西师范大学,2021.

[11] 赵颖雯.浅谈"海绵式"体育公园的城市设计——以大连庄河市体育公园为例[J].房地产导刊,2018(5).

[12] 中国勘察设计协会园林设计分会.风景园林设计资料集——风景规划[M].北京:中国建筑工业出版社,2006.

[13] 张晓玲,景慎好.基于绿色健身新模式的城市体育公园空间景观营造研究——以晋中体育公园空间景观设计为例[J].山西林业科技,2014(1).

[14] 关于推进体育公园建设的指导意见[EB/OL].[2022－09－20]. http://www.gov.cn/zhengce/zhengceku/2021-10/30/content_5647758.htm.

[15] 甘昕.我国体育公园管理评价指标体系研究[D].长沙:湖南师范大学,2020.

[16] 李香君.体育主题公园的分类及特点[J].体育成人教育学刊,2008(1).

[17] 杨昊,Soobong Kim.浅析体育公园道路系统功能设计[J].现代园艺,2021(17).

[18] 刘竹青.基于民众健身需求的体育主题公园设计——以忻州市忻动体育公园为例[D].西安:西安建筑科技大学,2017.

[19] 张英杰.我国体育公园规划初探[D].武汉:华中农业大学,2008.

[20] 陈冬平,张军.体育公园的分类及可持续发展方向研究[J].西安交通大学学报(社会科学版),2010(4).

[21] 李欣然.城市体育公园景观设计研究——以安徽省界首市体育公园景观设计方案为例[D].合肥:安徽大学,2018.

［22］杨海鑫.基于环境心理学的北京奥林匹克公园用后评价［D］.北京：北京建筑工程学院，2011.

［23］付延西.成都市中心城区体育公园公共体育设施资源配置研究［D］.成都：西南财经大学，2021.

上海建设全球著名体育城市的政策回顾与战略展望研究

陈林华　陈　静[*]

[摘　要]　全球著名体育城市是上海卓越全球城市建设的重要组成部分。本研究主要采用文献资料法、访谈法等综合研究方法,纵向回顾了上海建设全球著名体育城市的政策历程、目标体系及核心内容,构建了政策效果评价指标体系并进行了专家测评,结果发现:总体政策效果得分为4.340 97,达到良好水平,其中目标绩效完成欠佳但整体项目完成度较好;效益绩效整体良好但少数指标表现不理想;公平性绩效中政策覆盖广而公众参与偏低;可持续性绩效政策潜力大但内控机制较弱。认为体育消费、低碳体育、体育文化等是后续政策的重点发力方向。结合全球化变局的现实背景,提出上海全球著名体育城市建设的战略展望,即战略定位从"响应全球化"转向"塑造全球化"、发展模式从"模仿主线"转向"超越主线"、治理方式应坚持人民性基础推动发展与治理的良性发展。
[关键词]　体育城市;政策效果;指标体系;战略展望

一、研究背景

全球著名体育城市建设是新时代上海体育事业发展和迈向卓越的全球城市的必然要求。从2015年明确提出全球著名体育城市建设目标以来,上海市委、市政府及体育行政管理部门先后出台了一系列促进政策,较高程度上保障

---

[*] 本文作者简介:陈林华,华东理工大学副教授、硕士研究生导师、博士,体育城市评价、体育产业经营与管理;陈静,上海体育大学讲师,大型赛事与城市发展。

和促进了全球著名体育城市建设进程。今日的上海,正在迈步成为一座人才辈出、魅力四射的体育之城,一座注重文化引领、勇于开拓创新的体育之城,一座重视中外交融、敢为人先的体育之城,一座厚植民生需求、崇尚全民健身的体育之城。目前,《上海市体育发展条例》已被列入市人大立法计划,该条例的出台将为全球著名体育城市建设提供更加有利的法治保障。

目前,关于上海全球著名体育城市建设的研究较为丰富,然而从政策层面破解全球著名体育城市建设的研究则非常鲜见。事实上,上海全球著名体育城市建设已经进入高质量发展阶段,面临一系列新的情况和新的挑战。如何从全球视野进行战略调整,如何从政策引导转为法制保障,是持续推进上海全球著名体育城市建设高质量发展的重要保障和支撑。为此,本研究将在系统梳理上海全球著名体育城市建设政策文件的基础上,分析政策历程、主要内容和实施效果,查找问题和找到新的发展方向,并结合全球化变局的现实背景提出战略建议。

二、政策回顾

(一)政策的酝酿与准备

上海是最早提出体育城市建设的国内城市之一,体育城市建设目标先后出现在多份政策文件中:早在 2001 年发布的《上海市体育"十五"计划》中就提出"以'四五三一'工程为重点,力争建设亚洲一流体育中心城市"的奋斗目标;2006 年发布的《上海市体育发展"十一五"规划》中再次强调"继续建设亚洲体育中心城市,并为建设国际体育知名城市而努力"。2014 年《国务院关于加快发展体育产业促进体育消费的若干意见》(国发〔2014〕46 号)将体育产业的发展上升到国家层面,乘此东风,上海市政府于 2015 年发布《关于加快发展体育产业促进体育消费的实施意见》(沪府发〔2015〕26 号,以下简称 26 号文),正式提出"全球著名体育城市"的建设目标。

(二)政策的明确与发展

2015 年上海市关于体育产业发展的 26 号文是根据国发〔2014〕46 号文并结合上海市实际所制定和发布的地方性政策文件。26 号文明确提出上海要打造"三横一竖"的体育城市格局,"三横"即为"国际体育赛事之都、体育资源配置中心和体育科技创新平台","一竖"则为"全球著名体育城市",前者是要素和基础,后者则是总体目标。为此,26号文还确立了全球著名体育城市建设的关键指标,即"2020年产业总规模突破1 500亿元,从业人员超过30万人,带动就业超过50万人"。2017年,上海市政府办公厅印发《上海市体育产业发展实施方案(2016—2020年)》,提出"到2020年,基本形成赛事引领、特色鲜明、布局合理、融合发展、充满活力的体育产业体系,群众参与体育活动的热情进一步激发,人均体育消费支出明显提高,体育产业总体发展水平走在全国前列"。2020年,上海市政府办公厅再次印发《上海全球著名体育城市建设纲要》,分三个阶段提出全球著名体育城市建设的阶段性目标,即2020—2025年基本建成全球著名体育城市、2026—2035年迈向更高水平全球著名体育城市、2036—2050年全面建成全球著名体育城市。该纲要还从活力之城、国际体育赛事之都、体育资源配置中心、体育科技创新中心、体育消费中心、体育文化中心等六个方面提出具体目标和政策措施。

在接下来的几年时间里,上海市体育行政主管部门主导并发布了多项政策文件,主要从国际体育赛事之都、体育产业、长三角体育一体化和全民健身等方面推出政策措施(表1)。

表1 2015年以来上海全球著名体育城市建设相关政策及核心内容

发布相关信息	政策标题	核 心 内 容	关 键 指 标
2015年上海市人民政府26号文	关于加快发展体育产业促进体育消费的实施意见	到2025年,基本实现全球著名体育城市的建设目标,努力打造世界一流的国际体育赛事之都,国内外重要的体育资源配置中心,充满活力的体育科技创新平台	到2025年,体育产业总规模超过3 000亿元,体育产业增加值的年均增长速度明显高于同期经济增长速度,其中服务业占比超过60%
2017年上海市人民政府办公厅10号文	上海市体育产业发展实施方案(2016—2020年)	到2020年,基本形成赛事引领、特色鲜明、布局合理、融合发展、充满活力的体育产业体系,群众参与体育活动的热情进一步激发,人均体育消费支出明显提高,体育产业总体发展水平走在全国前列	体育产业总规模突破1 500亿元,实现增加值400亿元左右。打造5~10个大型城市体育服务综合体

续 表

发布相关信息	政策标题	核心内容	关键指标
2018 年上海市体育局	建设国际体育赛事之都三年行动计划(2018—2020 年)	到 2020 年,上海体育赛事的品质和效益明显提升,建设国际体育赛事之都取得阶段性显著成效;品牌特色更加凸显,综合溢出效益持续释放,社会美誉度和国际竞争力显著提升	编制体育赛事中长期发展规划;完善体育赛事品质标准;全面修订《上海市体育竞赛管理办法》
2020 年上海市、江苏省、浙江省、安徽省体育局	长三角地区体育一体化高质量发展的若干意见	到 2025 年,推动三省一市在群众体育、竞技体育、体育产业、体育赛事等领域形成一批具有重大影响和示范作用的高水平合作成果,力争成为全国体育高质量发展样板区和区域体育一体化发展示范区	成立长三角体育一体化发展联席会议;形成一批长三角体育一体化发展成果;成立长三角体育一体化发展研究中心
2020 年上海市人民政府办公厅 12 号文	上海全球著名体育城市建设纲要	到 2025 年,基本建成全球著名体育城市;到 2035 年,迈向更高水平全球著名体育城市;到 2050 年,全面建成全球著名体育城市	建设活力之城、国际体育赛事之都、体育资源配置中心、体育科技创新中心、体育消费中心、体育文化中心
2021 年上海市体育局	上海市体育赛事体系建设方案(2021—2025 年)	以国际重大赛事、顶级商业赛事和职业联赛为引领的赛事格局更加合理;以全年赛事、假日和夜间赛事为主体的时间安排更加科学;体育赛事供给更加丰富,赛事品牌和质量不断提升,赛事综合效应持续凸显	国际性赛事数量逐年递增,申办 1 至 2 项与全球著名体育城市相匹配的顶级赛事,创办 3 至 5 项与城市特质相符的自主品牌赛事,重大体育赛事经济影响超过 1 000 亿元
2021 年上海市体育局 175 号文	上海市体育产业发展"十四五"规划	坚持以体育产业供需两端发力为主线,以推进体育产业项目落地为着力点,以促进体育产业要素流动为支撑,以培育壮大市场主体为突破口,推动体育产业健康持续快速发展。优化产业发展环境;提升产业	到 2025 年,全市体育产业总规模比 2020 年翻一番,体育产业增加值占全市 GDP 的比重达到 2% 左右;培育 3~5 个符合市场规律,具有市场竞争力的

续 表

发布相关信息	政策标题	核 心 内 容	关 键 指 标
		发展能级;完善产业空间布局;推动产业要素流动;培育多元市场主体;扩大市民体育消费	市级体育产业示范集聚区;人均体育消费占居民可支配收入的比重保持4%以上;年度重大体育赛事经济贡献达到200亿元左右
2023年上海市全民健身(足球改革发展)工作联席会议办公室1号文	上海市关于构建更高水平全民健身公共服务体系的实施意见	到2025年,基本建成与全球著名体育城市和健康上海相适应的全民健身公共服务体系。到2035年,基本建成与具有世界影响力的社会主义现代化国际大都市相适应的更高水平全民健身公共服务体系。实现全民健身治理体系和治理能力现代化,成为中国式现代化全民健身模范城市	到2035年,全市人均体育场地面积达到3.0平方米左右,经常参加体育锻炼人数比例达到57%左右,每万人拥有体育健身组织35个,市民体质达标率达到98%左右、优良率稳步提高
2023年上海市十六届人大常委会第八次会议表决通过	上海市体育发展条例		

在国际体育赛事之都建设方面,2018年,上海市体育局印发《建设国际体育赛事之都三年行动计划(2018—2020年)》,提出到2020年建设国际体育赛事之都取得阶段性显著成效,体育赛事的品质和效益明显提升,品牌特色更加凸显,社会美誉度和国际竞争力显著提升,并明确要求编制体育赛事中长期发展规划、完善体育赛事品质标准和全面修订《上海市体育竞赛管理办法》;2021年,上海市体育局进一步印发《上海市体育赛事体系建设方案(2021—2025年)》,提出国际体育赛事举办要逐年递增,至2025年申办1~2项顶级赛事,创办3~5项自主品牌赛事,体育赛事经济影响超过1000亿元。

在体育产业政策方面,2021年,上海市体育局印发《上海市体育产业发展"十四五"规划》,规划目标为到2025年全市体育产业总规模比2020年翻一番,培育3~5个市级体育产业示范集聚区,人均体育消费占居民可支配收入的比重保持4%以上,年度重大体育赛事经济贡献达到200亿元左右等。

在长三角体育一体化政策方面,2020年,长三角三省一市体育局联合印发《长三角地区体育一体化高质量发展的若干意见》,要求"到2025年,推动三省一市在群众体育、竞技体育、体育产业、体育赛事等领域形成一批具有重大影响和示范作用的高水平合作成果,力争成为全国体育高质量发展样板区和区域体育一体化发展示范区"。

在群众体育全民健身领域,2023年,上海市全民健身(足球改革发展)工作联席会议办公室印发《上海市关于构建更高水平全民健身公共服务体系的实施意见》,指出"到2025年,基本建成与全球著名体育城市和健康上海相适应的全民健身公共服务体系""到2035年,基本建成与具有世界影响力的社会主义现代化国际大都市相适应的更高水平全民健身公共服务体系""实现全民健身治理体系和治理能力现代化,成为中国式现代化全民健身模范城市"。

三、政策效果评价

(一)指标体系构建

从现有文献来看,大多数学者主要通过政策内容梳理来分析政策效果,如程华、钱芬芬(2013)和黄萃等(2014)均采用"需求—环境—供给"三维度的划分法来分析我国产业政策的效果。此外,也有一部分学者如彭纪生等(2008)和李凡等(2015)在政策内容分析的基础上还结合政策实施环境系统进行效果评价,尤其注重政策出台部门以及政策执行过程。尽管学界并未形成一套公认的标准化政策效果分析的方法论框架,但普遍认为政策目标、政策实施、政策内容是政策效果评估的三要素,三者之间应该匹配。

基于此,本研究根据上海全球著名体育城市政策出台的特点和实施结果,从目标绩效、效益绩效、公平性绩效和环境绩效四个维度构建政策效果评价体系,利用层次分析法计算各级指标权重,并以2022年统计数据和135份居民调查数据为基础进行评价,以期为上海全球著名体育城市战略方向提供参考。

1. 目标绩效

目标绩效主要是评估上海全球著名体育城市政策的核心预期目标达成的情况,本研究综合考量目标达成的主观和客观评价,选取整体目标完成情况和全球体育城市排名情况两个具体指标。整体目标完成情况主要评估各项政策的实施进度,各主要目标是否如期完成,主要采用主观评测的方式进行评估,完成情况得分为 1～5 分。全球体育城市排名情况则是从客观角度评价上海全球著名体育城市的政策效果，主要采用 SportBusiness"全球顶级体育城市评价"、Sportcal"全球体育城市排行榜"和国际体育经济学会"全球体育城市指数"三大榜单中位次的平均值来衡量，排位 1～10 名赋值 5 分，每降 10 名减 1 分。

2. 效益绩效

效益绩效主要综合考量全球著名体育城市政策实施给上海经济社会发展、居民生活，以及城市环境带来的影响，主要选取经济效益、社会效益和环境效益三个一级指标进行测评。经济效益主要包括体育产业总规模、人均体育消费支出和体育服务业占体育产业比重三个具体指标，其中体育产业总规模主要评估政策实施后体育产业产值的增加值，人均体育消费支出也是评估政策出台以来居民体育消费支出的增长，体育服务业占体育产业比重也是政策实施后占比提升情况（表2）。

表 2 体育城市政策效果评价初步指标

目标层	准则层	一级指标	二级指标	指标来源
全球著名体育城市政策 A	目标绩效 B1	目标完成效果 C1	整体目标完成情况 D1	鲍明晓（2010）；陈林华等（2019）；丁一等（2019）；宋忠良（2012）
			全球体育城市排名情况 D2	
	效益绩效 B2	经济效益 C2	体育产业总规模 D3	
			人均体育消费支出 D4	
			体育服务业占比 D5	
		社会效益 C3	人均体育场地面积 D6	
			体育从业者增加率 D7	
			体育产业法人单位增加率 D8	
		环境效益 C4	运动休闲便利设施建设 D9	
			低碳体育发展 D10	
			体育人文特色传承 D11	

续　表

目标层	准则层	一级指标	二级指标	指标来源
全球著名体育城市政策A	公平性绩效B3	机会公平C5	公众参与度D12	黄萃等（2014）；彭纪生等（2008）；李凡等（2015）
			政策覆盖率D13	
		执行公平C6	信息公开透明度D14	
			分配公平性D15	
	可持续性绩效B4	内部可持续性C7	政策灵活性D16	
			内控机制D17	
		外部可持续性C8	发展趋势D18	
			政策潜力D19	

3. 公平性绩效

公平性绩效主要考察全球著名体育城市政策的机会公平和执行公平，前者主要评估政策制定过程中是否考虑了广大居民的利益与诉求，居民及各类利益相关者是否能够公平公正地受到政策带来的益处，涉及政策参与方式；后者主要考察政策执行过程中的信息透明度和公平分配等，涉及政策执行的信息公开、公众知情和公平执行等。政策公平性绩效主要通过居民问卷调查的方式收集数据并赋值。

4. 可持续性绩效

可持续性绩效指的是政策可以长久维持的过程或状态，主要包括内部可持续性和外部可持续性。政策内部可持续性主要测度系列政策的灵活性和控制力，涉及上海全球著名体育城市政策的连续性、延展空间、应变自如的可能性以及政策的内控机制，这也是政策能动性、政治性、指导性的具体体现；政策外部可持续性则指上海全球著名体育城市政策发展的走向和未来前景，主要测度外部环境、发展条件、发展趋势和发展潜力等。

（二）评估函数及权重确定

本研究将采用1～5的等级水平进行评估，对于单一的二级指标得分采用如下评估函数公式进行统计：$Y(W_i) = 1 \times r_1 + 2 \times r_2 + 3 \times r_3 + 4 \times r_4 + 5 \times$

r_5。其中,r_i 为给出该项分数的被调查者占总被调查人数的比例,W_i 即为第 i 个指标的具体得分。

那么综合评估即为所有指标得分乘以各自权重之和。根据评估分数最终确定如下评分等级标准(表3)。

表3 评分及等级标准

分 值	$Y(W_i) < 2$	$2 \leqslant Y(W_i) < 3$	$3 \leqslant Y(W_i) < 4$	$4 \leqslant Y(W_i) < 4.5$	$4.5 \leqslant Y(W_i) < 5$
评估等级	很差	较差	一般	好	很好

之后邀请体育研究领域的大学教授和实务专家共11人,将前述指标体系建立层次结构,邀请专家根据各自经验和个人认知进行逐一打分,形成两两成对比较的判断矩阵,最后形成如表4所示的指标体系权重关系。

表4 体育城市政策效果评估指标体系及权重分布

目标层	准则层	一级指标	二级指标	权 重
全球著名体育城市政策A	目标绩效 B1 (0.084 7)	目标完成效果 C1 (0.084 7)	整体目标完成情况 D1(0.500 000)	0.042 4
			全球体育城市排名情况 D2 (0.500 000)	0.042 4
	效益绩效 B2 (0.542 3)	经济效益 C2 (0.297 3)	体育产业总规模 D3(0.297 343)	0.047 9
			人均体育消费支出 D4(0.163 808)	0.026 4
			体育服务业占比 D5(0.538 850)	0.086 9
		社会效益 C3 (0.539 0)	人均体育场地面积 D6(0.250 093)	0.073 1
			体育从业者增加率 D7(0.500 000)	0.146 1
			体育产业法人单位增加率 D8 (0.250 093)	0.073 1
		环境效益 C4 (0.163 8)	运动休闲便利设施建设 D9 (0.647 741)	0.057 5
			低碳体育发展 D10(0.122 100)	0.010 8
			体育人文特色传承 D11(0.230 159)	0.020 4

续表

目标层	准则层	一级指标	二级指标	权重
全球著名体育城市政策 A	公平性绩效 B3（0.233 3）	机会公平 C5（0.666 7）	公众参与度 D12(0.666 717)	0.103 7
			政策覆盖率 D13(0.333 283)	0.051 8
		执行公平 C6（0.333 3）	信息公开透明度 D14(0.666 667)	0.051 8
			分配公平性 D15(0.333 333)	0.025 9
	可持续绩效 B4（0.139 7）	内部可持续性 C7(0.500 0)	政策灵活性 D16(0.750 000)	0.052 5
			内控机制 D17(0.250 000)	0.017 5
		外部可持续性 C8(0.500 0)	发展趋势 D18(0.500 000)	0.034 9
			政策潜力 D19(0.500 000)	0.034 9

（三）评估结果与分析

1. 评估过程

在具体指标的评估过程中，其中 D2、D3、D4、D5、D6、D7、D8 等 7 个指标为客观指标，可以从相关统计报告析出数据，其余指标则采用问卷调查的形式获得专家的评价数据。在调查过程中，主要通过访谈的形式收集了 53 位体育领域的专家学者或从业者的意见。

（1）在客观指标方面：体育产业第一阶段成绩——2020 年全市体育产业总规模 621.62 亿元，五年年均增长率达 11.6%，成为全市经济发展的新动能；体育服务业占为 79.7%，居民人均体育消费达到 2 995.9 元，呈现良好发展态势；体育产业主营单位数量增至 28 426 家，五年增长 3.2 倍；全市共有国家级体育产业示范基地 3 家、示范单位 8 家、示范项目 7 个，市级体育产业示范基地 4 家、示范单位 22 家、示范项目 21 个；入选国家体育消费试点城市 2 个、首批全国运动休闲特色小镇试点项目 4 个、全国体育服务综合体典型案例 3 个，评定首批市级体育产业集聚区 3 个。体育赛事第一阶段成绩——2016—2020 年共举办国际国内重大体育赛事 696 项，连续四届举办亚太地区最大的国家级体育用品展会——中国国际体育用品博览会；上海联合产权交易所建立体育资源交易平台；群众性体育赛事举办模式不断创新，社会力量积极参与极大地激发体育市场的活力。因此,客观量化指标得分如表 5 所示。

表 5　体育城市政策效果评估客观指标得分

二 级 指 标	权　重	$Y(W_i)$
全球体育城市排名情况 D2	0.042 4	3.575 0
体育产业总规模 D3	0.047 9	4.525 0
人均体育消费支出 D4	0.026 4	3.190 5
体育服务业占比 D5	0.086 9	4.141 7
人均体育场地面积 D6	0.073 1	5.000 0
体育从业者增加率 D7	0.146 1	4.500 0
体育产业法人单位增加率 D8	0.073 1	4.070 0

(2) 将专家访谈获得的主观评价数据代入各指标的评估函数进行计算,得到主观评价指标的得分(表 6)。

表 6　体育城市政策效果评估主观指标得分

二 级 指 标	权　重	$Y(W_i)$
整体目标完成情况 D1	0.042 4	4.333 3
运动休闲便利设施建设 D9	0.057 5	4.150 0
低碳体育发展 D10	0.010 8	3.875 0
体育人文特色传承 D11	0.020 4	4.050 0
公众参与度 D12	0.103 7	4.241 7
政策覆盖率 D13	0.051 8	4.583 3
信息公开透明度 D14	0.051 8	4.441 7
分配公平性 D15	0.025 9	4.425 0

续　表

二级指标	权　重	$Y(W_i)$
政策灵活性 D16	0.052 4	4.566 7
内控机制 D17	0.017 5	4.250 0
发展趋势 D18	0.034 9	4.741 7
政策潜力 D19	0.034 9	4.560 0

根据指标所占权重,可以计算出整体政策效果得分和4项具体准则层的得分。具体为:目标绩效得分 3.954 15 分,效益绩效得分为 4.324 78 分,公平性绩效得分为 4.382 41 分,可持续性绩效得分为 4.569 19 分,总体政策效果得分为 4.340 97 分。

2. 结果分析

(1) 目标绩效完成欠佳但整体目标完成度较好。目标绩效整体尚未达到 80 分的良好水平,两个指标中的"全球体育城市排名情况"仅为 3.575 0 分,按百分制计算刚过 70 分的合格水平,但政策提出的整体目标完成度较好,得分为 4.333 3 分,达到良好水平。整体反映上海全球著名体育城市建设尚未得到国际社会的认可,在三大国际体育城市排行榜中大致处于 30~50 名的水平,尚未达到国际一流水准。

(2) 效益绩效整体良好但少数指标表现不理想。整体效益绩效得分达到 86 分的良好水平,并且体育产业总规模、人均体育场地面积、体育从业者增加率三个具体指标达到 90 分以上,表现优秀。同时研究也发现,人均体育消费支出得分 3.190 5 分,按百分制计算为 63 分,仅仅达到及格水平;低碳体育发展得分为 3.875 0 分,按百分制计算为 77 分,仅为合格水平。因此,进一步提高人均体育消费支出,进一步促进低碳体育发展成为上海全球著名体育城市建设的重点方向。

(3) 公平性绩效中政策覆盖广而公众参与度偏低。公平性绩效得分为 4.382 41,按百分制计算达到 87 分的准优秀水平,政策覆盖率、信息公开透明度、分配公平性等三个指标也接近优秀水平。相对而言,公众参与度得分较低,为 84 分,尚有较大的提升空间。

(4) 可持续性绩效政策潜力大但内控机制较弱。可持续性绩效得分较高,整体超过 90 分的优秀水平。其中,政策灵活性、发展趋势和政策潜力均超过 90 分,相对而言政策内控机制的得分偏低,为 85 分的良好水平,表明上海全球著名体育城市政策的内控机制还有待进一步完善。总体而言,上海全球著名体育城市建设的政策效果也达到了 86 分的良好水平,说明自 2014 年以来出台的一系列政策,很好地促进了上海全球著名体育城市建设进程,在政策目标、效益、公平性和可持续发展方面都取得了较好的成效。相对而言,在全球体育城市排名、人均体育消费、低碳体育发展以及体育产业法人单位增加率、运动休闲便利设施建设和体育人文特色传承等方面还需继续发力。

三、上海全球著名体育城市建设的现实背景与战略展望

(一)全球化变局下的现实背景

1. 世界面临百年未有之大变局

当今世界面临百年未有之大变局,全球化面临的外部环境错综复杂、充满不确定性,对我国城市全球化发展既是挑战、又是机遇。2008 年,由美国次贷危机引发的经济危机,通过贸易、金融、货币等途径传导蔓延至世界各地,使得欧洲许多国家接连陷入主权债务危机、新兴经济体债务违约风险以及美国国债上限僵局,世界经济扑朔迷离、增长乏力,全球化动力显著减退,世界正处于持续的不确定和担忧状态。在这样的大背景下,城市之间的竞争也进入了存量博弈的时代,原有的城市国际化理论已经不再适用,过于精简化的全球城市模型与城市复杂现实不适应情况日益凸显,全球城市理论的指导意义明显衰减。在体育领域,模仿纽约、伦敦、东京、巴黎等国际著名体育城市产业结构、体育景观、文化氛围和体育消费方式的发展模式,依靠国际体育赛事举办来增强城市国际影响力和控制力的发展路径逐渐遭遇瓶颈。因此,在新的时代背景下,试图通过重大体育赛事举办来促进城市全球化发展,必须超越原有的理论模型和政策路径。

2. 城市全球化进程已经进入新的发展阶段

城市全球化进程已经进入新的发展阶段,发展的基础、动力机制和核心要素也发生了巨大的变化。战后到 20 世纪 70 年代末,属于全球生产分工与贸易合作网络推动的全球化阶段,慕尼黑、多伦多、东京、新加坡等城市主要依靠区位优势和政府主导产业政策建立起细分领域的全球影响力,进而跻身全球

城市行列;20世纪80年末至21世纪初,主要是靠信息技术推动的全球化时代,纽约、伦敦、东京、香港等一小部分城市通过自由化改革引领面向全球的金融服务创新,班加罗尔、巴塞罗那、悉尼、特拉维夫等城市则通过基础设施、建筑设计、生活质量等战略路径打造全球形象,旨在重新吸引人、商业和资本进而提升城市全球竞争力;2010年代至今,全球化进入新的阶段,布里斯班、圣地亚哥、深圳、斯德哥尔摩等一批独具特色的、专业化并具有全球抱负的新型城市,凭借基础设施、生活质量、治安与生态以及创新活力等优势积极吸引新的一代移民和企业家,致力于寻找新的投资机会和工具,成为全球城市的佼佼者;与此同时,伦敦等老牌全球城市也积极组建城市宣传组织(如 London & Partners),致力于营造创新、开放、宜居、宜业的城市形象。如今的城市全球化的最大优势已经不在于区位优势、资源禀赋等比较优势,更多地体现在科技创新、理论创新、制度创新和文化创新,并且通过创新使城市变成承担全球专业化职能的网络节点,新的全球化城市必须具有大规模流量、空间密度高和充满创新创业活力三大特征。

(二)上海推进全球著名体育城市建设的政策建议

1. 战略定位:从"响应全球化"转向"塑造全球化"

如前文所述,当前支持全球化的社会基础已经发生变化,美国主导的全球化模式已经难以为继,国际体育和城市全球化的路径和规则必须适时调整。首先,在我国越来越接近世界舞台中央的大势中,我们在体育赛事举办和全球城市建设领域也应该进行战略调整,要从顺应国际规则积极向参与国际规则制定转变,用中国方案和中国智慧从"响应全球化"转向"塑造全球化"。一方面,上海是国际经济、金融、贸易、航运和科创中心城市,理应成为推动中国式体育现代化、国际化的领头羊,创新体育发展模式,进一步提升全民健身活力和体育产业实力;另一方面,发挥上海国际体育城市的地位,在乒乓球、羽毛球、排球等我国优势项目领域积极参加甚至是引领赛事规则和体系的创新,增加上海在世界体育领域的话语权,提升城市的全球影响力。其次,上海在重大体育赛事举办和城市全球化定位方面也应该适时调整,从利用自身比较优势充分吸引国际资源发展自己并成为国际大循环节点城市,转型为"国内大循环为主、国际国内双循环"的节点城市,并致力于成为塑造全球化的标杆城市。上海不仅要建设成为与纽约、伦敦、巴黎、东京等相媲美的国际体育中心城市,更应该成为在体育实力方面领先其他国内城市的全国标杆;上海全球城市建设也应该在提升国际竞争力的同时,致力于成为国内大循环的中心节点和国际国内双循环的战略链接。在此发展过程中,重大体育赛事的举办经验和效应将有力地促进上海全球著名体育城市建设。

2. 发展模式:从"模仿主线"转向"超越主线"

在新的发展阶段,全球城市的核心竞争力发生了明显的变化。一方面,发展中国家的城市所拥有的简单成本比较优势逐渐消逝,城市全球竞争力更多地体现在营商环境等综合服务支撑和市场规模优势等方面;另一方面,大数据、云计算、物联网、区块链、人工智能等新技术驱动全球价值链碎片化、全球产业链高度融合,数据在资源配置中的权重不断上升,数据资源成为"流动空间"的核心要素,数据资源的收集、分析、应用和存储变得关键。因此,我们必须从更广阔的视角来理解"全球资源配置能力"。以重大体育赛事举办为契机对接全球"流动空间"的城市全球化发展路径已不适应上海愿景的需求,必须转移到以创新驱动高质量发展上来,转换到全球价值链和产业集群上来,尤其是重视城市—区域的融合发展。因此,在具体操作层面,首先要积极创办自主品牌赛事,其次要更好地发挥上海国际友好城市和上海体育发展基金会的桥梁纽带作用,促进上海与国际奥林匹克城市联盟、世博城市联盟,以及友好城市的交流与合作,积极倡导建立"国际体育城市联盟",以此提升上海的国际地位和影响力。此外,积极探索、总结与推广重大体育赛事推动城市创新的模式与经验,以赛事为契机打造城市创新策源地,并以创新引领全面提升上海全球城市核心竞争力。

3. 治理方式:始终坚持人民性基础推动发展与治理的良性发展

为了克服体育赛事驱动城市全球化进程中出现的治理碎片化趋势,应该在决策和运作等所有环节坚持党对体育工作和城市建设的绝对领导,坚持马克思主义的世界观和方法论,始终坚定人民立场、坚持人民至上、坚持人民性基础推动发展与治理的良性发展。首先,要牢固树立"体育是民生"和"人民城市"理念,将"体育是民生、体育是精神、体育是文化"及"文化为根、民生为本"的体育发展理念与"人民城市人民建、人民城市为人民"的城市发展理念结合起来,坚持人民主体地位,一切从人民利益出发,一切为了人民、一切依靠人民,把人民对美好生活的向往作为体育工作的奋斗目标,并紧紧依靠人民创造体育伟业。其次,重大体育赛事举办和城市全球化发展必须走共同富裕的道路,既要持续保持良好的发展态势并给社会带来持续性的财富与福利的增加,也要不断提高全民共享发展成果的水平。走向共同富裕是解决我国现阶段

"发展不平衡"主要矛盾的基本路径,我们的重大体育赛事不能只有"高端大气上档次",也应该"亲民体贴入生活",我们的城市不能只有高楼大厦和纸醉金迷,更应该让普通人得到心灵抚慰和生命滋养。因此,上海在重大体育赛事举办和城市全球化推进方面,应该正视诸如职业结构和收入差距、城乡公共体育服务差异、城市—区域差异和环境及气候影响问题,积极推动体育和城市发展的共建共享,推动体育与城市的健康可持续发展。在具体的赛事发展方面,应该以重大体育赛事为引领,积极建立涵盖竞技体育、学校体育和群众体育的丰富多样的赛事体系,积极打造涵盖更多项目以及不同人群、规模、级别、时间和地点的赛事组合,并充分发挥赛事体系和赛事组合的效应,更好地推动体育和城市的持续健康发展。

四、结语

上海建设全球著名体育城市的政策效果总体上达到良好水平,较好地保障和推进了上海全球著名体育城市建设进程。但是在具体的维度方面各有千秋,如目标绩效完成欠佳但整体目标完成度较好,效益绩效整体良好但少数指标表现不理想,公平性绩效中政策覆盖广而公众参与度偏低,可持续性绩效政策潜力大但内控机制较弱,因此,体育消费、低碳体育、体育文化等是后续政策的重点发力方向。在当前百年未有之大变局和城市全球化进程新阶段,上海全球著名体育城市建设应该调整思路,即战略定位从"响应全球化"转向"塑造全球化",发展模式从"模仿主线"转向"超越主线",治理方式应坚持人民性基础推动发展与治理的良性发展。

参考文献

[1] 上海市人民政府办公厅.上海全球著名体育城市建设纲要[Z].2020-10-20.

[2] 陈林华,王跃,李荣日等.国际体育城市评价指标体系的构建研究[J].体育科学,2014(6).

[3] 程华,钱芬芬.政策力度、政策稳定性、政策工具与创新绩效——基于2000—2009年产业面板数据的实证分析[J].科研管理,2013(10).

[4] 黄萃,徐磊,钟笑天等.基于政策工具的政策—技术路线图(P-TRM)框架构建与实

证分析——以中国风机制造业和光伏产业为例[J].中国软科学,2014(5).

[5] 彭纪生,孙文祥,仲为国.中国技术创新政策演变与绩效实证研究(1978—2006)[J].科研管理,2008(4).

[6] 李凡,林汉川,刘沛罡等.中俄技术创新政策演进比较研究[J].科学学研究,2015(9).

[7] Peters BG. Policy instruments and public management: Bridging the gaps[J]. Journal of Public Administration Research and Theory,2000(1).

[8] 鲍明晓.北京建设国际体育中心城市的相关理论问题研究[J].上海体育学院学报,2010(2).

[9] 陈林华,刘东锋.国际体育赛事举办与我国城市国际化:历程、经验与展望[J].体育科学,2019(11).

[10] 丁一,戴健.伦敦建设全球著名体育城市的指标维度分析与启示[J].上海体育学院学报,2019(1).

[11] 宋忠良.国际体育中心城市评价指标体系理论与实证研究[D].福州:福建师范大学,2012.

[12] 周结友,裴立新.国外体育运动与社会资本研究:缘起、成果与启示[J].体育科学,2014(7).

[13] Jarvie, G. Internationalism and sport in the making of nations[J]. Identities-global Studies in Culture and Power,2003(4).

[14] 周振华.第二届全球城市发展研讨会暨2020全球城市发展报告和案例研究发布会[J].全球城市研究(中英文),2021(1).

[15] 汤伟.模仿和超越:对发展中国家"全球城市"形成路径的反思[J].南京社会科学,2021(2).

[16] 贾军.2022年北京冬奥会背景下我国举办大型体育赛事思考[J].体育文化导刊,2018(9).

上海都市体育发展体系建设研究

——都市体育公共服务体系

卢天凤　汪　悦　冯琳琳
王恩锋　吴馨予　吴丹婷*

[摘　要]　在公共服务参与社区治理新政策、全民健身体育公共服务体系建设新路径和上海市体育公共服务参与社区治理新需求的社会背景下,本研究以社区治理为切入点,通过对上海市全民健身发展现状、体育公共服务供给现状、社区体育公共服务供给的居民认知满意度现状进行分析,发现上海市体育信息平台构建较为完善、社区体育组织政策支持力度较大、群众体育赛事活动举办积极性较高,充分印证上海市社区体育公共服务具有一定的先进性。但体育公共服务体系仍然存在社区体育场地设施总量不足、社区体育组织综合管理水平不高、社区体育活动缺乏吸引力、社会体育指导服务专业人员数量不足、社区体育信息共享与利用水平较低等需要克服和突破的问题。基于此,课题组针对上海市体育公共服务体系提出如下对策:一是以需求为导向配置体育场地设施资源,加强多元供给主体协同配合;二是加强社区体育组织建设,完善居民体育活动秩序管理;三是丰富社区体育活动类型,提升居民健身意愿;四是发展社会体育指导员队伍,提高居民科学健身水平;五是定期开展居民体质监测,提升体医融合服务水平;六是完善多渠道信息宣传路径,实现全人群覆盖。

---

* 本文作者简介:卢天凤,同济大学副教授,博士,体育与城市的互动发展,体育教育与训练;汪悦,同济大学,硕士研究生在读,体育人文社会学;冯琳琳,同济大学副教授,体育管理学;王恩锋,复旦大学副教授,体育人文社会学,体育教育训练学;吴馨予,同济大学,硕士研究生在读,体育人文社会学;吴丹婷,同济大学,硕士研究生在读,体育人文社会学。

[关键词]　都市体育公共服务；社区治理；服务供给；发展对策

一、研究背景

随着我国社会主要矛盾的转变，政府更加注重民生保障、公共服务与安全稳定等方面的发展。2021年4月，中共中央、国务院发布《关于加强基层治理体系和治理能力现代化建设的意见》，强调持续推进共建共治共享的基层治理共同体的重要性，从而促进国家治理体系和治理能力的现代化。党的二十大报告进一步强调完善共建共治共享的社会治理机制，推动市域社会治理的现代化进程，坚守、发扬新时代的"枫桥经验"，打造基层社会治理的新模式。

社区是社会治理的基本单元，与市民的日常生活息息相关，社区治理与党和国家重要方针政策的贯彻落实紧密相连，也关系到居民的切身利益和城乡基层的和谐稳定。2021年12月，国务院办公厅发布《"十四五"城乡社区服务体系建设规划的通知》，旨在加强社区服务体系建设，提升社区居民的生活品质和公共服务水平，满足社区居民的生活需求。规划提出进一步完善社区公共服务，鼓励驻区单位积极参与社区体育服务，推动服务网络的建设和管理，健全社区治理体系、加强社区居民自治是立足新发展阶段，不断夯实国家治理体系和治理能力基础的重大举措。因此，公共服务成为社区治理的重要路径。

随着健康中国、体育强国战略的深化落实，我国体育公共服务体系建设水平需要进一步提升。2022年3月，中共中央办公厅、国务院办公厅发布《关于构建更高水平的全民健身公共服务体系的意见》，从8个方面提出了29项政策措施，并鼓励上海等条件允许的城市制定统一的全民健身规划，促进区域内的健身步道、沿河步道、城市绿道的互联互通，促进健身设施的共建共享，从而提高全民健身公共服务的质量和效率，更好地发挥群众体育在体育强国建设过程中的基础性作用。2023年8月，上海市委、市政府审议通过了《上海市关于构建更高水平全民健身公共服务体系的实施意见》，提出将全民健身纳入社区服务体系，补齐城乡社区全民健身公共服务短板，提出在2025年上海基本建成与全球著名体育城市和健康上海相适应的全民健身公共服务体系的重要目标，实现全民健身治理体系和治理能力现代化，成为中国式现代化全民健身模范城市,把"处处可健身、天天想健身、人人会健身"的规划蓝图落地落实。

体育作为主动健康的重要手段,不仅能够提升居民身体素质,还能促进社区和谐人际关系,增强集体凝聚力,为社区治理提供了新的发展路径。上海市作为我国经济规模最大的都市,其体育公共服务不仅服务于本市市民,且可以带动和引领我国其他城市的体育公共服务建设。截至2023年9月,上海市在建设社区基本公共体育服务方面出台了《上海全球著名体育城市建设纲要》《上海市社区全民健身公共服务标准》《上海市基本公共服务体系"十四五"规划》等政策文件。2022年8月,上海市体育局发布了《上海市社区体育发展实施方案》,提出建立多方参与、共建共享、服务精准、保障有力的社区体育治理新格局,让社区体育成为上海建设全球著名体育城市、健康城市和基层社会治理创新的重要支撑,力争走在全国前列。上海市社区体育公共服务体系在现有实践和经验的基础上进入了参与基层治理的发展阶段。

上海市正处于推动社会治理重心向基层下移和构建更高水平的体育公共服务体系的关键历史阶段,尽管城市社区治理已经取得了一些进展,但与"整体性治理"的目标相比仍有一定的距离。因此,需要进一步明确上海市社区体育公共服务的价值与理想样态,提高社区治理水平。上海在建设全球著名体育城市过程中,构建符合都市特点的体育公共服务体系,不仅能服务上海2025年建成全球著名的体育城市以及2035年迈向卓越的全球城市规划,也能带动和指导其他城市群众体育事业的建设工作。

二、上海都市体育公共服务供给现状

(一)社区体育公共服务发展的政策依据

1997年7月,我国颁布的《关于加强城市社区体育工作的建议》成为我国首部提出社区体育公共服务发展的文件,指出城市社区体育是体育社会化的产物,是社会发展的必然趋势,是城市精神文明建设的重要内容。随着全民健身国家战略的深入实施,体育公共服务水平受到公众的关注。为了明确社区体育公共服务体系的未来发展方向,课题组在中国政府网、国家体育总局、上海市体育局等官网上对社区体育公共服务的相关政策文件进行检索、收集和整理,按照时间顺序对有关内容进行梳理,为对策研究提供政策依据。

1. 社区体育服务供给普惠化

社区体育服务供给普惠化是提高居民体育活动参与度的重要前提,也是增强体育活动可及性的根本前提。目前,我国还未做到社区体育公共服务与居民生活的有机融合,社区体育公共设施覆盖率有待提高。对此,相关政策文件中不断提出"打造社区 15 min 健身圈全覆盖""拓展居住区健身设施供给"等目标,从而提高社区体育公共服务的可达性。此外,各类意见中多次提及"支持和鼓励社会资本力量参与到体育发展中""正确处理好公共体育设施公益性和经营性的关系",可见我国社区体育公共服务在未来的建设中,需要进一步提高资金投入主体的多元化水平,形成多元协同供给体系,以提高社区体育公共设施覆盖率,丰富社区居民的体育服务供给形式。

2. 社区体育赛事活动多元化

社区作为民众的共同生活空间,是体育活动开展的基本单元,需要围绕人民群众多样的体育服务需求,提供更加多元化的社区体育活动和群众体育赛事。2020 年 10 月,国务院办公厅印发《关于加强全民健身场地设施建设发展群众体育的意见》,明确提出要丰富社区体育赛事活动,在 2021 年国务院发布的《全民健身计划(2021—2025 年)》中再次强调要广泛开展全民健身赛事活动。在相关政策的引导下,可以预见未来各个社区将会根据自身的生态和人文特征,积极打造特色体育赛事活动,挖掘适合社区情况的体育项目,以营造良好积极的体育活动氛围。

3. 社区体育服务队伍专业化

通过梳理我国社区体育公共服务相关的政策文件(表 1),发现关于"加强基层体育组织建设""壮大全民健身人才队伍""提高指导服务水平"的内容出现频率较高,说明为了构建更高水平的社区体育公共服务体系,人才队伍和社区组织的专业化必不可少。现阶段,我国存在着诸如社区体育指导员数量不足、体育人才参与社区服务工作积极性低等问题。为解决这些难点,各类政策进一步强调要明确社区体育服务人才队伍的组织关系、评价监督和工作职责等内容的划分,关注社区体育服务人才队伍在思想建设、专业技能和管理能力等方面的发展,培养更多的年轻化、专业化的社区体育服务工作人员。

表 1 相关政策文件内容梳理

年份	发文机构	政策文件	相关内容
1997 年	国家体委、国家教委、民政部、建设部、文化部	《关于加强城市社区体育工作的意见》	要重视社区体育的开展,采用多种方式,发动、引导、组织社区成员开展经常性的体育健身活动,提供门类众多的体育服务,满足社区成员的体育需求
2002 年	中共中央、国务院	《关于进一步加强和改进新时期体育工作的意见》	构建群众性体育服务体系,城市体育以社区为重点,公共体育设施要正确处理好公益性和经营性的关系
2011 年	国家体育总局	《体育事业发展"十二五"规划》	支持群众经常就近参加体育健身活动,不断创新群众体育活动的形式和内容
2012 年	国务院	《国家基本公共服务体系"十二五"规划》	健全基层全民健身组织服务体系,扶持社区体育俱乐部建设。
2016 年	国家体育总局	《体育发展"十三五"规划建议》	不断完善基本公共体育服务,制定结构合理、内容明确、符合实际的公共体育服务标准体系,创新全民健身组织方式、活动开展方式、服务模式,开展实施效果评估和满意度调查
2018 年	国家体育总局	《智慧社区健身中心建设试点工作方案》	合理规划配置可服务于社区各类人群的智能化、个性化、互联互通的体育器材和设施设备
2019 年	国务院办公厅	《体育强国建设纲要》	提升智慧化全民健身公共服务能力,实现资源整合、数据共享、互联互通,促进体育服务业提质增效
2020 年	国务院办公厅	《关于加强全民健身场地设施建设发展群众体育的意见》	强化项目推动和综合保障,激发社区组织协办赛事活动的积极性,引导社会力量承接社区体育赛事活动和培训项目
2021 年	国务院	《全民健身计划(2021—2025 年)》	规划建设贴近社区、方便可达的场地设施

续 表

年份	发文机构	政策文件	相关内容
2022年	中共中央办公厅、国务院办公厅	《关于构建更高水平的全民健身公共服务体系的意见》	培育一批融入社区的基层体育俱乐部和运动协会,在社区设立健身活动站点,引导体育社会组织下沉社区组织健身赛事活动
2022年	上海市体育局	《上海市社区全民健身公共服务标准》	重视社区体育的基础性作用,协调区级部门、街镇完善社区体育公共服务,建立一支职责明确、业务熟练、专兼结合的社区体育工作队伍
2022年	上海市体育局	《上海市社区体育发展实施方案》	整合社区体育设施信息化服务功能,升级社会体育指导员信息管理平台,打造社区赛事活动智慧服务平台
2023年	国家体育总局	《2023年群众体育工作要点》	推动各地积极推进省、市两级全民健身信息服务平台建设,推动公共体育场馆进行数字化升级改造,支持具备条件的地区开展"运动银行"和个人运动码试点

4. 社区体育公共服务智慧化

在国家大力推进治理能力和治理体系现代化的号召下,省市层面逐步进行社区体育公共服务发展与"智慧+"的深度融合,通过互联网、大数据和云计算等前沿科技实现资源有效配置,从而进一步推动体育科技的创新,加快建设体育强国。《上海市全民健身实施计划(2021—2025)》指出,未来上海市的社区公共体育服务需要朝着数字化方向推进,并细化为构建智慧信息化平台、建设体育配送服务、打造智慧健康驿站等多项措施。由此可见,社区体育公共服务智慧化是必然趋势。

(二)上海市全民健身发展现状

上海作为世界一线城市,以建设全球著名体育城市为目标,聚焦"彰显城市综合软实力、打造城市金名片"的定位,在全民健身、青少年体育、竞技体育、体育产业等领域发展迅速,总体呈现出持续向好的发展态势。上海市2022年经常参与体育锻炼人数占总人口一半以上,比例达50.1%,较2021年有所增长。

为进一步总结归纳全民健身发展的状况和问题,2021年上海市体育局制定了《上海市全民健身发展指数评估办法(2021—2025年)》,将原来的"300指数"更新为"600指数",从健身设施、健身组织、健身活动、健身指导、体质健康、市民参与六个方面对市民参与全民健身的情况进行评估。上海市2022年全民健身"600指数"总分为457.2,较2021年指数有略微上升的趋势,其中"体质健康"指数最高,"健身设施"指数最低。图1为2022年与2021年上海市全民健身"600指数"细项指标比较。

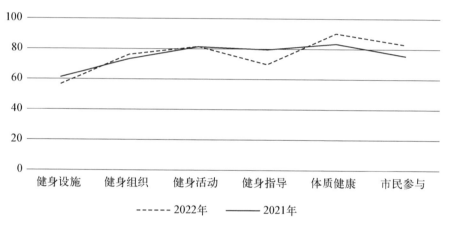

图1 2022年与2021年上海市全民健身"600指数"细项指标变化图

(三)上海市体育公共服务供给情况

上海市始终践行人民城市重要理念,在建设全球著名体育城市和健康上海的目标指引下,致力于构建更高水平的全民健身公共服务体系,积极推动全民健身公共服务标准化、均等化、融合化、数字化,营造"处处可健身、天天想健身、人人会健身"的城市环境。

1. 城市体育公共设施服务供给情况

根据《2022年上海市全民健身发展报告》显示:截至2022年底,上海市人均体育场地面积达到2.51平方米,较2021年人均2.44平方米增加了0.07平方米,目前建有社区市民健身中心112个、健身步道1963条、球场2874片。上海市委、市政府将全民健身设施纳入新一轮民心工程和为民办实事项目,

2023年预计建设健身设施项目超过1 300个,以满足儿童、青少年、职工、老年人等人群的健身需求。从上述数据可以看出,上海持续推进利用"金角银边"建设体育场地设施的工作,因地制宜打造多样化、个性化的健身休闲空间,进一步完善高品质的"15分钟社区体育生活圈",从而提升社区健身环境和市民的运动体验。

2. 城市居民体育组织建设情况

城市居民积极参与体育锻炼,离不开多元的体育组织。体育组织是居民开展全民健身活动的重要载体,也是社区公共体育服务供给的重要主体之一。上海对于社区体育组织的培养十分重视,通过政策支持等方式助力体育组织在社区中稳定发展。截至2022年底,上海市共有在民政部门注册的体育社会组织1 324个;体育健身团队72 922个,其中社区健身团队54 825个、社区体育俱乐部160个,街镇覆盖率高达74.4%。整体来看,上海市社区体育组织初步形成了规模,组织的规范化、专业化、品牌化有待进一步加强。

3. 城市体育活动开展情况

体育活动是体育公共服务体系中不可或缺的一部分,开展形式多样、丰富多彩的群众性体育运动已成为我国群众体育工作的主要任务。2022年,上海市各级体育部门举办赛事活动15 013场,覆盖900余万人次。上海市"全民健身日"主题活动和体育宣传周活动、上海社区健康运动会等赛事活动有序开展。2023年,上海市第七届社区体育"一街(镇)一品"展示比赛有来自全市14个区的15支队伍参赛,比赛包含传统体育非遗项目、群众团队创编项目以及地方特色体育项目,在体现"一街(镇)一品位,一街(镇)一特色,一街(镇)一文化"的同时,弘扬传统文化,吸引更多市民参与到体育运动中来。总体来看,上海市当前积极举办各项体育赛事活动,让市民充分感受体育比赛的魅力,积极参与全民健身活动。

4. 城市体育指导服务供给情况

随着人们生活条件的逐步改善,居民开始通过体育活动改善身体健康,但科学、有效的体育锻炼需要专业的体育指导。因此,在提高社区体育公共服务供给质量的过程中,专业体育人才发挥至关重要的作用。根据《2022年上海市全民健身发展报告》数据显示:截至2022年底,上海市共有在册社会体育指导员62 086名,占常住人口的2.5‰。2022年,完成市级社区体育配送课程需求共7 162场次,区级社区体育配送场次为10 074场。此外,上海组织国家级社会体育指导员和运动健康师培训,开展"体医交叉培训"。上海市16个区全部开展了"运动干预"项目,就老年人功能性体适能、高血压、糖尿病、体质改善等进行运动干预,有效干预人数达4 209人。总而言之,上海市体育指导员人才队伍有待壮大,已有的体育指导服务一定程度上帮助市民提升了科学健身的能力和水平。

5. 城市居民体质监测服务供给情况

随着社会的发展和科技的进步,人们的生活水平不断提高,因自动化和智能化的发展,为人们生产和生活带来了便利,同时改变着人们的生活方式,静坐少动的不良习惯、高热量的膳食结构、不科学的锻炼方法给人们的体质健康带来很多的负面影响。全民健身事业逐步推进的同时,体质监测逐渐转变为面向大众开展,其目的是:为广大群众提供体质测定和科学健身指导服务,达到"以测促练,以练促健"的效果。根据《2022年上海市全民健身发展报告》数据显示,全市共建有区级体质监测指导中心16个,实现了区级体质监测指导中心全覆盖,建有社区体质监测站等共165个,社区体质监测街镇覆盖率达到四分之三。2022年,上海市155 128名成年人、老年人参与了体质监测服务,体质达标率98.2%,优良率高达78.1%,居民体质健康处于全国较高水平。

6. 城市居民体育信息宣传情况

根据《2022年上海市全民健身发展报告》显示,上海市已经将基本符合条件的公共体育场馆信息接入"一网通办",在手机上即可看到周围体育场地设施的基本情况,为市民提供场馆预订、信息查询等便捷的信息服务。2023年8月,长宁区体育局正式启用"乐动长宁"全民健身公共体育信息平台,居民可以通过此平台参与全民健身赛事和公益课的线下配送,预订长宁区的公共体育场馆,搜索周围的公共体育设施和站点。可见,上海市居民体育信息线上宣传机制相对完善。

三、上海市社区体育公共服务居民满意度调查及问题分析

(一)社区体育公共服务调查对象的基本情况

本研究采用问卷调查法,根据研究需要设计《上海市社区体育公共服务居民满意度问卷》,面向上海市16个区发放,从居民角度了解上海市社区公共体育服务的供给情况和存在问题。调查问卷共分为三个部分,即居民人口统计学信息、社区体育公共服务供给的居民认知情况及社区体育公共服务居民满

意度评价。

本研究通过线上线下相结合的方式共发放问卷856份,其中有效问卷760份,回收率为88.79%。调查对象中男性居民367人,女性居民393人,男女性别比为1∶1.07,较为均衡;调查对象年龄段分布较为均匀,18岁以下(22.24%)、19~35岁(25.65%)、36~59岁(23.03%)、60岁以上(29.08%);每周参加体育锻炼的人群占比93.42%,大多数调查对象经常参加体育锻炼,调查结果具有一定的代表性和可参考性(表2)。

表2 问卷调查对象基本情况统计

名　　称	选　　项	频数	百分比(%)
性　别	男	367	48.29
	女	393	51.71
年　龄	18岁以下	169	22.24
	19~35岁	195	25.65
	36~59岁	175	23.03
	60岁以上	221	29.08
居住社区的地理位置	市中心	268	35.26
	中城(市中心与郊区之间)	241	31.71
	城市郊区	251	33.03
每周参加锻炼的次数	每周一次	48	6.31
	每周两次	118	15.53
	每周三次	152	20.00
	每周四次以上	182	23.95
	不固定次数	210	27.63
	不参加体育锻炼	50	6.58

续 表

名　称	选　项	频　数	百分比(%)
每次参加体育锻炼持续的时间	10 分钟以下	52	6.84
	11～20 分钟	110	14.47
	21～30 分钟	96	12.63
	31～59 分钟	192	25.26
	60 分钟以上	140	18.42

(二)上海市社区体育公共服务供给的居民认知情况

1. 社区体育场地设施服务的认知情况

从上海市居民 15 分钟路程内体育场地设施情况的调查结果可知(图 2),68.42%的上海市居民从社区出发,步行 15 分钟内能到达健身步道,55.26%的居民可以到达健身器材处,不到四成居民可以到达足、篮、排球等专项体育场地和体育公园,占比分别是 38.42%和 36.32%,15 分钟内能到达社区文体活动中心的占比 28.95%,还有 5.26%的居民不清楚社区周围公共体育场地设施情况,5%的居民认为从社区 15 分钟步行路程内,无法到达任何公共体育场地设施。整体而言,上海市街道内健身步道和健身器材的建设较好,能满足

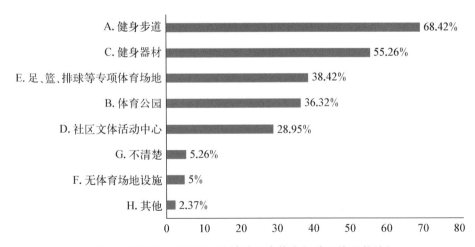

图 2　上海市社区居民 15 分钟路程内体育场地设施现状认知

半数以上市民的社区15分钟健身圈需求,但专项体育场地、体育公园和社区文体中心建设有待提高,尤其是作为社区居民最为便捷的健身设施选择——社区文体中心建设较为薄弱。

从社区体育公共设施维护情况的调查结果可知(图3),42.63%的居民并不清楚社区内公共体育场地设施是否有维护人员,39.21%的居民认为社区内的公共体育场地设施由专人维护,11.58%的居民认为由居民自觉维护,5.79%的居民认为无人管理。整体而言,上海市社区居民对于社区内公共体育场地设施的维护情况了解呈现两极分化的情况。约四成居民并不了解社区公共体育服务的维护主体,约四成的居民认为本社区的公共体育设施有专人维护。

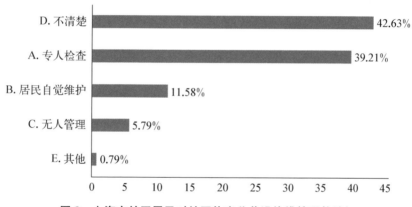

图3 上海市社区居民对社区体育公共设施维护现状认知

2. 社区体育组织服务的认知情况

从上海市社区居民参与社区体育组织情况的调查结果可知(图4),高达58.68%的居民没有参加过任何体育组织,参与过社会公益体育组织、居民自发成立的体育组织、营利性组织和其他组织的居民分别占19.21%、16.58%、11.32%和6.05%。这表明,近六成居民未参加过任何体育组织,上海市社区体育组织的服务人群覆盖方面还有较大的提升空间。

3. 社区体育活动服务的认知情况

从上海市社区居民参与体育活动情况的调查结果可知(图5),49.21%的居民没有参加过任何体育活动,仅有24.47%的居民参加过社区居委会举办的体育活动,参加过区级、上海市市级和其他体育活动的居民分别占比16.05%、15.26%和10.79%,参加过国家级和国际级体育活动的居民仅占比7.37%和

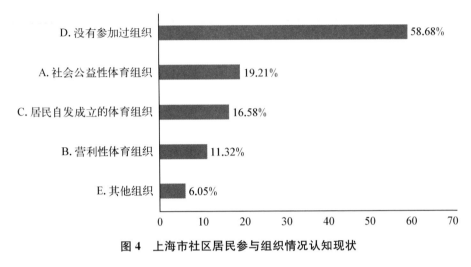

图 4　上海市社区居民参与组织情况认知现状

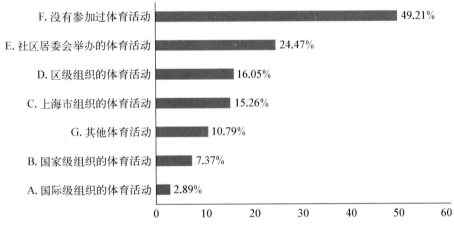

图 5　上海市社区居民参加社区体育活动类型

2.89%。由此可见,几乎半数的上海市社区居民未参加过社区体育活动,上海市社区举办的体育活动的影响力有待提升。

从上海市社区举办体育活动类型的调查结果可知(图6),36.58%的居民对于社区开展的体育活动并不清楚,35.53%的居民认为社区举办过趣味运动会,27.37%的居民认为社区举办过有氧运动项目活动,如跑步、跳绳、自行车等项目,15.26%的居民认为社区从未举办过体育活动,认为社区举办过中国传统体育活动(气功、太极拳等)、力量训练项目活动(俯卧撑、仰卧起坐等)和其他类型的体育活动的居民分别占 11.84%、9.21%和 3.68%。由此可见,上海市社区体育活动的开展种类较为丰富,但仍有相当一部分的居民对社区体育活动不了解,社区体育活动的宣传和开展频率仍有提升空间。

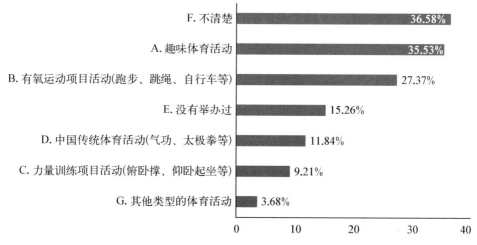

图 6　上海市社区举办体育活动类型情况

从上海市社区居民参与社区体育活动消费情况的调查结果可知(图 7),高达 51.34% 的居民会为活动购买运动服饰,32.09% 的居民会购进体育器材,但 35.83% 的居民不会为此消费,找教练进行专业训练、购买体育指导书籍和其他消费的居民分别占比 17.11%、7.49% 和 4.81%。这表明,上海市社区居民在参与社区体育活动的积极性较高,愿意为此进行体育消费。

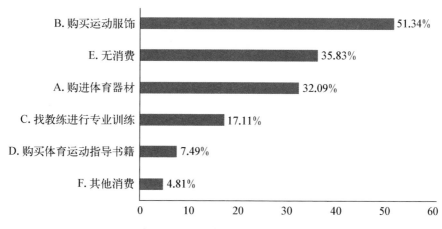

图 7　上海市社区居民参加社区体育活动消费情况

4. 社区体育指导服务的认知情况

从上海市社区居民对体育指导服务需求类型的调查结果可知(图8),居民希望得到运动技能指导、体质监测指导和体育基础知识讲座等专业指导,占比分别为60.26%、45.26%和31.05%,这表明,上海市社区居民对体育指导服务有较高的需求。

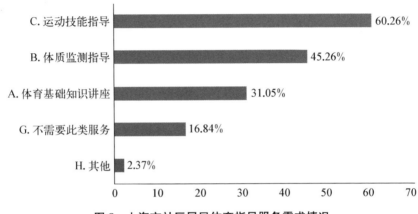

图8　上海市社区居民体育指导服务需求情况

从上海市社区体育指导服务人员类型的调查结果可知(图9),高达51.84%的居民并不了解社区提供体育服务的人员构成,29.74%和27.89%的居民认为社区内体育指导人员是社区志愿者和社区负责文教工作的相关人

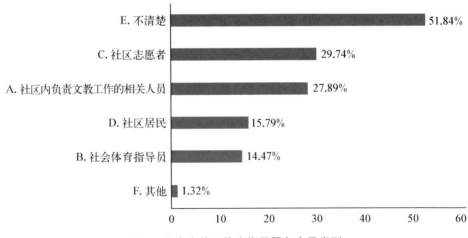

图9　上海市社区体育指导服务人员类型

员,15.79%和14.47%的居民认为是社区居民和社会体育指导员。这表明,上海市社区居民对体育指导服务人员的了解不足,当下社区内志愿者和社区专门负责文教工作的相关人员是社区体育指导工作的主要承担者,专业社会体育指导员数量较少。

从上海市社区体育指导员出现频率的调查结果可知(图10),高达66.05%的居民并不清楚社区体育指导员的工作频率,18.16%的居民认为社区内从未出现过社区体育指导员,仅有6.58%、4.47%、2.89%和1.84%的居民认为社区内社区体育指导员每周出现过2次、1次、3次和4次。这表明上海市社区居民对社区体育指导员的感知度较低,大多数居民不清楚指导员的工作频率甚至认为其从未出现过,侧面反映出社区体育指导员的总数不足。

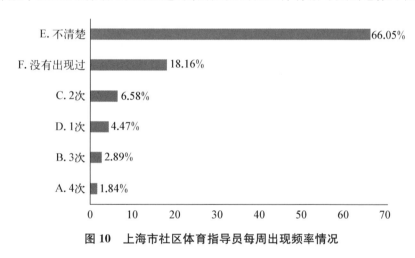

图10　上海市社区体育指导员每周出现频率情况

5. 社区体育信息服务的认知情况

从上海市社区居民获取体育信息宣传内容渠道的调查结果可知(图11),66.32%的居民都是通过微信公众号平台或网站获取体育信息,占比最高,45.26%的居民是通过电视、广播媒体获取体育信息,分别有25.26%和21.58%的居民通过社区公共宣传栏、街道橱窗专栏和社区居委会专人宣传获取体育信息,18.42%的居民没有关注过社区体育信息宣传的渠道,通过体育健身方面的书报杂志等和街道办事处下发通知渠道获取体育信息的居民各占13.95%和13.42%。这表明,当下上海市社区居民获取体育信息的渠道丰富,微信公众号、抖音等自媒体平台已经成为当下大多数居民获取体育信息的重要途径,电视、广播等仍然是居民获取体育信息的重要方式,社区的宣传栏和

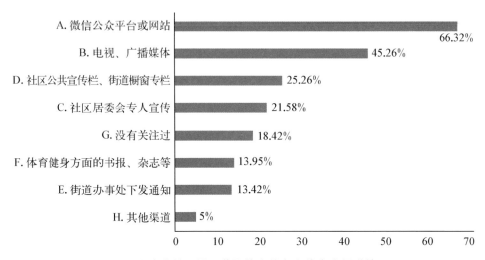

图 11 上海市社区居民获取体育信息宣传内容渠道情况

专人通知等方式也能起到一定的体育信息传播效果。

从上海市社区居民获取体育信息宣传内容种类的调查结果可知(图 12)，60%的居民主要关注体育赛事类体育信息，42.37%的居民主要关注新闻知识类体育信息，各有 31.84%的居民关注体育技能类和体育明星类体育信息，关注体育场地资源类、体育器材类和其他内容体育信息的居民各占 25.79%、17.63%和 3.68%。这表明上海市社区居民对体育赛事和新闻知识类信息的关注较多。

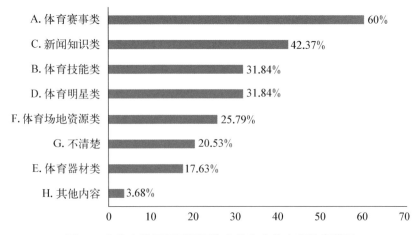

图 12 上海市社区居民获取体育信息宣传内容种类情况

从上海市社区居民对线下宣传体育信息的人员类型认知情况的调查结果可知(图 13),49.21%的居民不清楚线下社区体育信息的宣传工作由谁承担,30%的居民认为是社区志愿者在进行社区体育信息宣传,22.37%和 21.05%的居民认为社会体育指导员和社区内负责文教工作的相关人员在进行社区体育信息宣传。这表明,上海市社区居民对于线下社区体育信息宣传人员的了解不多,社区内线下体育信息宣传工作有待提升。

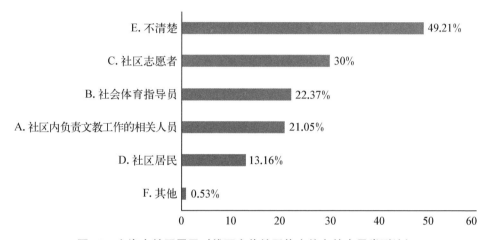

图 13 上海市社区居民对线下宣传社区体育信息的人员类型认知

6. 社区居民体质监测组织认知现状

从上海市社区居民对本社区居民体质监测开展的组织情况的调查结果可知(图 14),55.26%的居民认为本社区未组织过体质监测,32.37%的居民认为社区不定期组织体质监测,仅 12.37%的居民认为社区定期组织体质监测。这表明,上海市社区体质监测组织的频率和覆盖人群需要进一步提升。

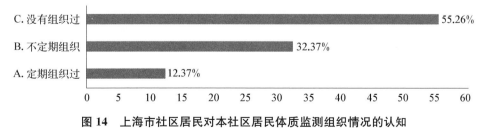

图 14 上海市社区居民对本社区居民体质监测组织情况的认知

从上海市社区居民对社区体质监测服务改善需求的调查结果可知(图 15),接近半数的居民认为社区体质监测服务需要提供体质监测结果及建议、提升体质监测服务质量、增加体质监测次数和扩充体质监测项目数量。这表明,社区体质监测服务需要进一步从体质监测的频率、项目数量和服务质量等方面全面优化,切实提高社区体质监测对居民健康改善的效果。

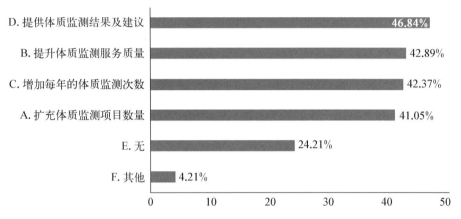

图15　上海市社区居民对社区体质监测服务改善需求情况

(三)上海市社区居民对体育公共服务的满意度分析

调查结果显示,上海市社区居民对体育公共服务核心要素满意度较低的是社区体育指导服务、居民体质监测服务和社区体育活动服务三部分,满意度均值分别为2.97、3.13和3.17,其中社区体育指导服务评分最低(表3)。由此可知,社区居民对于社区体育指导服务的需求最高。综上所述,对上海市社区体育公共服务核心要素的总体满意度调查得出,居民满意度总体均值为3.18,距离满意还有一定的距离。这说明,上海市在社区体育指导服务、居民体质监测服务和社区体育活动服务等方面的体育公共服务均需进一步提升。

表3　上海市社区居民对社区体育公共服务体系核心
要素总体满意度调查统计表(N=760)

服务类型	社区体育公共服务内容	各部分满意度均值	总体满意度均值
社区体育设施服务	体育设施的类型丰富,用途多样	3.35	3.38
	体育设施便于使用,可操作性较强	3.46	

续　表

服务类型	社区体育公共服务内容	各部分满意度均值	总体满意度均值
社区体育设施服务	体育设施可以满足我的锻炼需求	3.35	3.38
	体育设施使用时的安全性	3.49	
	体育设施定期更换与日常维护效果	3.31	
	社区周边学校体育场地设施的开放程度	3.31	
社区体育组织服务	社区体育组织的类型多样	3.23	3.24
	对社区体育组织管理者的满意程度	3.25	
	社区内有较多的体育活动站点	3.35	
	社区内体育组织的宣传号召力	3.15	
社区体育活动服务	社区内开展的体育活动项目多样	3.14	3.17
	社区内开展的体育活动的次数	3.15	
	社区内开展体育活动的形式	3.20	
	社区内开展体育活动的成效	3.18	
社区体育指导服务	社区内具备专业证书的体育指导员数量	2.92	2.97
	社会体育指导员进行指导时的专业性	3.00	
	社会体育指导员在锻炼时出现的频率	2.92	
	社会体育指导员的服务态度	3.06	
社区体育信息服务	体育信息宣传的广度	3.22	3.21
	社区内提供体育信息咨询服务的途径	3.13	
	社区内体育信息的公开性、透明性	3.29	
居民体质监测服务	社区内进行体质监测的次数、内容	3.05	3.13
	体质监测时,监测人员的态度	3.22	
	体质监测后,监测人员提出的建议	3.12	

(四) 上海市体育公共服务存在的问题

1. 社区体育场地设施总量不足、分布不均且利用率有待提高

体育场地设施是社区体育发展的基础，居民参与体育活动的可行性与舒适度都与社区体育场地设施的规模息息相关。《"十四五"时期全民健身设施补短板工程实施方案》中明确提出：到2025年，全国人均体育场地面积达到2.6平方米以上，每万人拥有足球场地数量达到0.9块，全国社会足球场地设施建设专项行动重点推进城市等有条件的地区每万人达到1块以上。根据中国体育场馆协会的公开数据可知（表4），上海市人均体育场地面积2.51平方米，位于我国四个直辖市的第三名，仅高于重庆市。上海市人均符合国家统计标准的体育场地面积2.32平方米，人均上海可利用体育场地面积0.19平方米，每万人拥有足球场地0.8526块。由此可见，上海市人均体育场地面积和每万人拥有足球场数量还未达到"十四五"规划目标，体育场地总量不足；且人均可利用体育场地面积仅占人均体育场地面积的7.57%，场地利用率较低。

表4 2022年我国直辖市人均体育场地面积表

直 辖 市	总体育场地面积（万 m²）	人均体育场地面积（m²）
北京市	6344.04	2.90
天津市	3877.69	2.84
上海市	6220.25	2.51
重庆市	7291.37	2.27

（数据来源：中国体育场馆协会）

此外，根据最新公布的2022年浦东新区体育场地普查数据显示，浦东新区人均体育场地面积2.56平方米，超过上海市的平均水平。而2022年杨浦区体育场地统计调查数据指出，杨浦区人均体育场地面积仅1.28平方米，其中，人均符合国家统计标准的体育场地面积1.24平方米，人均上海可利用体育场地面积仅0.04平方米，远低于浦东新区人均水平以及全市平均水平。总体而言，上海市社区体育场地设施存在总量不足、内部分布不均和利用率不高的问题。

2. 社区体育组织综合管理水平不高,居民参与和作用效果有待增强

体育组织作为助力全民健身事业的重要社会力量,对于体育信息的宣传、体育活动的举办和体育设施的维护等公共体育服务的开展具有重要作用。其中,基层的社区体育组织的壮大将直接推动调动社区居民参与体育活动的积极性,推动社区体育活动的宣传与开展,完善社区体育公共服务的建设机制。问卷调查发现,有六成社区居民从未参加过任何体育组织,居民对于体育组织的了解和参与程度均不足,对社区体育组织的宣传号召和活动开展的多样性水平的满意度较低。当下,上海市已在政府扶持和社会力量动员等多方努力下,培育发展了一定数量的体育组织,但仍未实现社区全面覆盖以及资源全面下沉,政府对体育组织的扶持培育和监督管理水平有待提高。

3. 社区体育活动缺乏吸引力,居民参与程度有待提升

社区是居民工作生活和社会治理的基本单元,是居民公共体育活动服务的"最后1千米",社区体育活动的开展效果将直接影响社区居民的公共体育活动参与程度。上海以建成全球著名体育城市为目标,始终积极承办高质量、多元化的各类体育赛事。从问卷调查结果可知,近半数的上海市社区居民从未参加过任何社区体育活动,四成左右的居民对于社区内部举办的体育活动并不了解。居民对社区体育活动开展的项目种类、次数、形式和成效满意度不高。总体而言,社区体育活动开展的次数和项目种类较少,宣传力度不足,未形成具有社区特色和知名度的个性化体育活动 IP,居民对于所在社区体育活动的了解程度和参与积极性有待进一步提升。

4. 社会体育指导服务专业人员数量不足,服务质量有待改善

社会体育指导员是社区内部维护体育场地设施、宣传全民健身知识、组织社区体育活动并引导居民科学体育锻炼的重要力量,社会体育指导员队伍的专业化、年轻化和组织化将大大提高居民全民健身普及和全面健康提升的效果。但从问卷数据可知,大部分居民对于社会体育指导员的感知较低,场地设施维护、线下体育信息宣传和社区体育活动组织等具体社区体育工作的开展都依赖于社会体育指导员,但社会体育指导员的总数不足,全市在册的社会体育指导员仅占常住人口的 2.5‰,无法满足居民的公共体育服务需求。同时,全市在册的社会体育指导员总体平均年龄为 42 岁,部分为退役运动员、高校体育教师等体育行业从业者,队伍整体专项化、专业化和年轻化水平有待提高。总体而言,社会体育指导服务质量未达到居民期待,需要进一步提高。

5. 社区体育信息共享与利用水平较低,线下体育宣传途径有待完善

"十三五"时期上海体育信息化建设发展迅速,在公共服务、综合管理和协同办公等方面初见成效。社区作为体育公共服务开展的重要载体,其信息共享和利用水平将直接影响社区体育公共服务资源的有效配置。根据问卷调查结果可知,微信等自媒体平台成为当下居民获取体育信息最主要的途径,社区宣传栏和专人通知等线下宣传方式力度不足。上海市老龄化程度较高,年纪较大的居民从网络上获取体育信息较为困难,影响了体育信息宣传的人群覆盖范围,不利于居民体育参与。

6. 社区体质监测组织次数不足,体医融合程度有待提升

社区体质监测服务是实现体医融合、探索运动促进健康新模式的窗口,对于不同年龄段的居民,尤其是中老年居民的慢性疾病预防、运动伤病防治和运动健康促进具有一定的必要性。上海市社区居民体质监测服务组织现状的调查结果显示,半数以上的居民认为所在社区从未组织过社区体质监测服务,不到15%的居民认为所在社区定期组织体质监测服务,可见社区体质监测服务存在组织次数不足、宣传不到位等问题,社区体质监测服务常态化、标准化、信息化水平有待加强。在问卷调查中居民对体质监测服务的满意度较低,接近半数的居民都对社区体质监测服务的次数、项目数量、服务质量和结果建议等方面提出改善需求,可见体质监测后所提出的建议专业性和针对性不够,未达到提供运动处方或健康干预的要求,无法满足居民的高质量体质监测服务的需求。

四、上海都市体育公共服务体系发展的建议与策略

(一)以需求为导向配置体育场地设施资源,加强多元供给主体协同配合

从调查结果看,上海市体育场地设施覆盖率仍需进一步提升,可以从以下三个方面开展:一是根据居民的健身需求建立中小型体育场地设施,无论是新老小区,都要积极安排健身器材、体育场地,以社区为单位编制有关体育场地设施建设的实施方案,明确建设内容、实施过程、建设时间等,充分利用社区周边的闲置区域,建设更加多样化的体育器材,实现全民健身和全民健康的有机融合。二是进一步完善高校对外开放制度,目前上海中小学已经开始将体

育场地设施对外开放,高校拥有丰富的体育场地资源,应在保障教学和学生运动安全的前提下,制定合理的对外开放制度,以缓解目前体育场地设施不足的问题。三是加强体育场地设施的维护,社区管理者应该深入了解居民对于已有体育场地设施的意见,及时更换老旧设施,聘请专门的维护人员定期检查设施使用的安全性,减少设施使用的安全隐患。

由于目前体育场地设施需求量较大,政府需要充分认识多元主体合作的重要意义,鼓励社会组织、企业等多方力量共同参与场地设施供给,更加深入了解公众的真实想法,增强服务供给的创新动力,优化设施资源配置,提高体育服务的质量、效率和水平。

(二)加强社区体育组织建设,完善居民体育活动秩序管理

社区体育组织是体育公共服务供给的重要主体之一,需要进一步加大对社区体育组织的扶持力度。研究认为可以从以下四个方面开展:一是营造有助于社区体育组织发展的社会氛围,社区管理者收集已有体育组织的相关信息,通过电视、微信公众号、抖音等平台进行宣传,让更多的居民了解组织职能及其作用,积极参与体育组织并进行规律性的运动锻炼。二是为社区体育组织提供充足的资金和人员支持,建立社区体育资金筹措机制,邀请资深专家、其他社区优秀体育组织管理者提供咨询服务、分享经验,以解决社区体育组织当前面临的资源、管理、技术等方面的难题,提升社区体育公共服务水平。三是建立社区体育组织激励机制,表现优秀的社区体育组织可以参与社会组织等级评定,获得较高评估等级的组织可以优先获得政府购买服务和政府奖励。四是促进相对成熟的社区体育组织转变为体育协会,增强体育组织的自我发展能力,充分调动体育组织的积极性。

(三)丰富社区体育活动类型,提升居民健身意愿

2022年3月,中共中央办公厅、国务院办公厅印发了《关于构建更高水平的全民健身公共服务体系的意见》,提出支持社会力量举办赛事,鼓励人民群众自发性组织举办各类体育活动。目前上海市在积极举办各类大型体育赛事,社区作为发展群众体育的重要载体,也可以为中小型群众体育赛事活动的开展提供支持和保障。一方面,政府可以进一步加大全民健身赛事活动的经费投入,搭建覆盖面广、便于居民参与的社区体育赛事平台,线上线下结合,传统与新兴并举,深入开展居民喜闻乐见、形式多样的社区体育活动。另一方

面,社区管理者可以鼓励社区体育组织协办、政府购买服务等方式引导社会力量承办社区体育赛事活动,利用社区的特色体育场地设施举办特色体育项目活动,也可以结合社区居民的特征和喜好,举办民众喜闻乐见的特色活动,积极打造社区体育活动品牌,逐渐形成"一街(镇)一品"的群众性体育活动新格局。通过社区体育活动的举办,激发社区居民的拼搏精神,促进邻里交往,提高社区认同感,增强社区凝聚力,充分发挥体育公共服务在社区治理方面的积极作用。

(四)发展社会体育指导员队伍,提高居民科学健身水平

科学的体育指导对于居民健身尤为重要,不仅与健身效果息息相关,还与安全紧密相连。专业的体育人才团队是提升社区体育公共服务水平的基础,人才数量和质量与全民健身密切相关。研究认为可以从以下四个方面扩大社区体育指导员队伍:一是建立多渠道招募机制。社区管理者可以从多种途径招募体育指导员,如从高校招募体育指导志愿者、培养爱好体育的居民开展体育指导服务,不断扩大体育指导员队伍,提升服务水平。二是建立社会体育指导员高校联合培养机制,可以通过与高校合作,制定运动康复、运动营养、体育教育、社会体育组织管理等专业化的课程,培养具有多学科知识储备的专业复合型人才。同时,优秀的社会体育指导员可以前往高校为学生介绍当前社会体育指导服务的发展情况、分享相关工作经验,让学生对本专业有更加深入的了解和认识,毕业后选择合适的工作岗位,让社会体育指导员队伍更加专业化、年轻化。三是完善社会体育指导员激励机制,对于表现优异的体育指导员或组织予以一定的物质鼓励和精神鼓励,设立优秀社会体育指导员相关奖项,定期组织评奖,并将其优秀事迹以图文或者短视频的形式投放在社区、全民健身的公众宣传平台上,进一步提高表彰宣传力度,调动社会体育指导员工作的主观能动性,带动其他个人或组织为居民提供更高质量、多样化的体育指导。四是打造线上线下融合的服务模式,可根据居民需求在线下设置特定社会体育服务指导员站点,线上提供站点地址以及联系方式,居民可按需及时咨询服务人员,进一步提高社区体育公共服务水平。

(五)定期开展居民体质监测,提升体医融合服务水平

调查问卷结果显示,仅有12.37%的居民认为所在社区定期开展居民体质监测,超半数的居民对社区的体质监测服务不了解。说明很多社区存在居民

体质监测服务开展力度不大、宣传不到位的问题。研究认为可以从以下三个方面加以提升：一是建立体育、卫生医疗部门协同工作机制，将体育部门的体质监测服务整合进社区卫生服务中心，两个部门共同制定工作计划，明确分工，进一步推进体医融合，共同为居民提供体质监测，在提升居民每年体质监测次数的同时提升其服务质量。二是加强体质监测信息的线下宣传，安排工作人员在周边公园、小区内宣传相关信息，呼吁民众前往指定地点进行体质监测。三是完善体质监测后服务，社区体育部门应联合医疗机构在开展体质监测后，为居民提供电子版或纸质版体质监测报告，开具运动处方，提供针对性的健身建议，让体育锻炼在疾病防治、健康促进等方面的作用得到充分发挥，实现以测促评，以评促健。

（六）完善多渠道信息宣传路径，实现全人群覆盖

上海市统计局的公开数据显示，2022 年上海市常住人口为 2 475.89 万人，其中 60 岁及以上人口占比为四分之一，较 2021 年增长 1%，可见上海市老年人口规模较大，开始步入中等老龄化社会，且老龄化程度还在持续加深。目前上海市已经建设全民健身公共体育信息服务平台，初步实现了体育公共服务智慧化、信息化，年轻居民可以通过微信、微博、网站等平台了解信息，但老年居民主要还是通过社区报纸、宣传栏和电话等传统媒介了解体育信息，因此需要社区管理者进一步完善线下体育信息宣传渠道，加快社区宣传栏内容的信息更新速度，通过线下口头访谈、座谈会的形式了解各年龄段居民的真实需求，以提高居民参与体育公共服务活动的积极性和主动性，加大全民健身知识普及和技能宣传力度，帮助居民树立终身体育的意识。

参考文献

[1] 徐增阳,张磊.筑牢国家治理体系的社区基础：新时代我国社区治理探索的成就与经验[J].社会主义研究,2022(6).

[2] 郑晓华,余成龙.从服务到自治：社会性基础设施何以增能基层自治？——基于上海社区治理创新的经验观察[J].甘肃行政学院学报,2021(6).

[3] 王紫薇.山东省城市社区体育公共服务供给结构模型及网络化治理研究[D].济南：山东大学,2021.

[4] 刘天文.政社共谋:基层治理创新中的政府行为研究[J].四川行政学院学报,2023(10).

[5] 郑家鲲."十四五"时期构建更高水平全民健身公共服务体系:机遇、挑战、任务与对策[J].体育科学,2021(7).

[6] 付帅.多元主体视角下北京市城市社区公共体育服务精细化治理路径研究[D].哈尔滨:哈尔滨师范大学,2023.

[7] 钟丽萍.城市社区老年人体育服务治理创新研究[D].长沙:湖南师范大学,2022.

[8] 周铭扬,缪律,严鑫,等.城市社区体育整体性治理探赜[J].体育文化导刊,2023(4).

[9] 赵赟.社区体育公共服务供给主体对供给满意度的影响:内容与效应的链式多重中介[J].沈阳体育学院学报,2021(1).

[10] 郑君怡,陈志霞,郭金元.城市社区公共体育服务公众感知质量对公众信任的影响:基于公众满意度的中介作用[J].成都体育学院学报,2021(1).

[11] 栾丽霞,张晓洁.基于网络治理理论的社区体育公共服务供给模式研究[J].成都体育学院学报,2012(9).

[12] 王占坤.发达国家公共体育服务体系建设经验及对我国的启示[J].体育科学,2017(5).

[13] 李慧林.我国城市社区体育的分化性发展与张力整合[J].体育与科学,2020(3).

[14] 陆海萍,高跃,伍鹏翾.社会企业参与公共体育服务的实践优势及路径选择[J].体育文化导刊,2022(3).

[15] 黄健,曹军,黄义军."健康中国"背景下健康城市社区公共体育服务保障体系构建研究[J].西安体育学院学报,2019(3).

[16] 易锋,陈康.我国苏南地区社区居民体育参与困境及对策[J].体育文化导刊,2018(8).

[17] 张伟.社会体育服务组织公共治理能力评价与提升研究[D].上海:上海体育学院,2020.

[18] 王宁.协同治理视角下城市社区公共体育服务体系建设研究[D].济南:山东大学,2021.

[19] 王先亮,马超,石振国.更高水平全民健身公共服务体系建设的政策供给研究[J].沈阳体育学院学报,2023(3).

[20] 王禹,张凤彪.我国全民健身公共服务均等化:价值意蕴、现实基础及路径选择[J].体育文化导刊,2023(4).

[21] 肖坤鹏,刘长江.构建更高水平全民健身公共服务体系:内涵、基础与路径[J].体育文化导刊,2022(12).

[22] 岳建军,龚俊丽,徐锦星.全民健身共建共治共享格局何以形成——基于网络化治理视角的实证分析[J].中国体育科技,2022(9).

[23] 张佃波.社会力量参与全民健身公共服务供给:现实审视与实践路径[J].体育文化导刊,2022(2).

[24] 卢文云,王志华.多重需求叠加下我国全民健身发展战略思考[J].上海体育学院学报,2022(1).

[25] 郑家鲲."十四五"时期构建更高水平全民健身公共服务体系:机遇、挑战、任务与对策[J].体育科学,2021(7).

[26] 戴健,史小强,程华."十四五"时期我国全民健身发展的环境变化与战略转型[J].体育学研究,2022(5).

[27] AUDIT COMMISSION. Public Sports and Recreation Facilities: Making them fit for the future[R]. London: Audit Commission, 2006.

[28] Patti Millar, Alison Doherty. Readiness to build capacity in community sport organizations[J]. Managing Sport and Leisure, 2020.

[29] Julie Ayre, Kirsten J McCaffery. Research Note: Thematic analysis in qualitative research[J]. Journal of Physiotherapy, 2021(11).

[30] Gareth J Jones, Michael B Edwards, Jason N Bocarro, Kyle S Bunds, Jordan W Smith. Leveraging community sport organizations to promote community capacity: Strategic outcomes, challenges, andtheoretical considerations[J]. Sport Management Review, 2018.

[31] Lin Tzu Yu, Sakuno Seiichi. Service Quality for Sports and Active Aging in Japanese Community Sports Clubs[J]. International journal of environmental research and public health, 2020.

上海都市体育发展体系建设研究

——都市体育公共服务体系

丁 响 丁 浩 高丽华
刘 涛 林大勇 陈炜东*

[摘 要] 本研究聚焦上海市体育公共服务体系的现状和存在的问题，并提出了相应的对策和建议。在研究过程中，通过对上海市体育场馆及设施、社会体育指导员队伍、体育活动服务系统、体育信息服务、国民体质监测服务系统、社会体育组织和供给方式等方面的调查和分析，发现上海市体育公共服务存在着体育场地和设施无法满足居民需求、供给不均衡、体育立法不够完善、供给主体单一、管理不规范等问题。为解决这些问题，本研究提出了优化土地资源利用、多方合作和资金支持、加强体育文化宣传和教育、人才培养和管理、多样化服务和需求匹配、创新模式和科技应用等对策。本研究还提出了完善体育设施建设与布局、提升体育公共服务水平、多元化的体育活动和项目、加强体育文化建设、加强体育人才培养和管理、引入新技术和创新模式、加强跨部门合作等建议，旨在为上海市体育公共服务体系的发展提供参考。

[关键词] 上海都市；都市体育；体育公共服务体系

一、研究背景

上海市作为中国的经济、金融中心和国际大都市，人口密集，经济发达，具备较好的体育发展基础和潜力。随着城市化进程的加快、人们生活节奏的加

---

* 本文作者简介：丁响，上海海事大学体育部副教授，体育人文；丁浩，上海建桥学院讲师，体育教育及运动训练；高丽华，上海海事大学副教授，体育人文；刘涛，上海海事大学副教授，体育人文；林大勇，上海海事大学讲师，运动训练；陈炜东，上海海事大学讲师，运动训练。

快和生活压力的增大,都市体育公共服务体系建设变得愈发重要。

(一)体育对于城市居民的身体健康和心理健康具有重要意义

随着生活方式的改变,城市居民的运动量普遍减少,身体健康问题逐渐凸显。而体育公共服务体系的建设可以提供多样化的运动场所、设施和活动,促进居民参与体育锻炼,改善身体健康。

(二)体育公共服务体系对于社会和谐稳定具有推动作用

体育可以培养人们的团队合作精神、竞争意识和互助精神,有利于构建和谐社会。通过提供丰富多样的体育活动和赛事,可以增强社区凝聚力和社会认同感,促进社会稳定。

(三)体育公共服务体系的建设对于经济发展和城市形象提升也具有重要意义

体育产业是一个日益兴盛的产业,可以为城市带来经济效益和就业机会。而丰富多样的体育活动和设施也可以提升城市形象,吸引人才和投资。

总之,上海市体育公共服务体系建设是一个紧迫的课题。通过深入研究和分析,可以为上海市体育公共服务体系建设提供科学的理论指导和实践经验,推动上海市体育的可持续发展。

二、问题和现状分析

(一)上海市体育公共服务现状

1. 体育场馆及设施

截至2022年底,上海市拥有各类体育场地58 164个,其中经营性场所达到7 300多家,从业人员超过26 000人;上海市人均体育场地面积达到2.51平方米,较2021年人均2.44平方米增加了0.07平方米。上海市社区公共体育设施主要包括:社区市民健身中心112个,街镇覆盖率为52.1%;市民健身步道(绿道)1 963条,居村委覆盖率为30.6%;市民球场2 874片,居村委覆盖率为44.9%;市民益智健身苑点18 498个,平均每个居村委2.9个;社区体育设施完好率为96.7%。市民身边的体育健身设施进一步完善。

2. 社会体育指导员队伍

截至2022年底,上海市共有在册社会体育指导员62 086名,占常住人口的2.5‰。这一数字显示了社会体育指导员队伍的规模庞大,为全市群众体育事业的发展提供了坚实的人力资源基础。同时,全市在信息化管理平台注册的社会体育指导员总数为 27 544 人,平均年龄为 42 岁。这些数据反映了社会体育指导员队伍的结构和特点,也体现了他们的专业素养和经验水平。2022年,上海市完成了市级社区体育配送课程需求共 7 162 场次,其中线下课程为 5 372 场,服务市民近 12 万人次;线上课程为 1 790 场,受益市民达 1 900 万人次。此外,区级社区体育课程配送场次为 10 074 场,线下服务人数达 820 059人次、线上受益人数达 1 372 018 人次。这些数据表明了社会体育指导员队伍在社区体育服务配送方面的重要作用,通过线下和线上课程的开展,满足不同层次、不同需求的市民的体育锻炼需求,推动全民健身事业的发展等。

3. 体育活动服务系统

2022 年,上海市共举办 15 013 场各类赛事活动,有 901 万人次参与。同时,上海市推动城市业余联赛的发展,共举办 6 320 场赛事活动,有 830 万人次参与。为进一步促进全民健身,上海市开展了全民健身活动,包括全民健身日和体育宣传周活动等。政府投入了 36.4 元的人均日常工作经费支持全民健身活动。上海市民对全民健身公共服务感到满意,满意度评分达 82.5 分。2022 年,上海市民经常参与体育锻炼的比例达到 50.1%,比 2021 年增加 1.1个百分点。市民进行体育锻炼的主要目的是改善体质、增加体力活动以及调节情绪、减轻压力。健步走、跑步和骑自行车是市民们最经常采用的锻炼项目。总之,上海市在体育赛事和全民健身方面取得了显著成绩,吸引了大量市民参与体育活动,促进了市民的健康和身体素质的提高。

4. 体育信息服务

上海市提供多渠道的体育信息服务,包括数字化全民健身管理方式、信息化管理平台、线上社会体育指导员服务、智慧健康驿站和全民健身公共服务数字化等。通过互联网+体育信息平台、全媒体传播和政府途径,推进全民健身运动发展,改善生活方式。

5. 国民体质监测服务系统

体质监测能够降低运动损伤风险,推进科学健身。上海市 16 个区级体质监测中心实现全区覆盖,提供专业服务。社区体质监测站等 165 个机构,覆盖大部分社区、76.7%的街镇。对 155 128 人进行体质测定,其中 98.2%达标、78.1%优良率。建立国民体质监测服务系统,追踪研究居民健康需求。引导人们关注体质健康,推动疾病防控意识提升。传递科学健身理念,强调健康生活方式的重要性。满足人民追求幸福生活,建设健康上海。持续强化体质监测和健身指导,提升居民健康素养,促进社会健康发展。

6. 体育社会组织

体育社会组织是政府公共服务的重要承担者,是连接政府与社会的桥梁。上海市积极推动健身组织建设,通过审计述职和内外结合策略,规范运作并激励积极性。截至2022年底,上海市共有1324个体育社会组织,72922个体育健身团队。社区健身团队和学生体育社团占大多数。上海市还注重社区体育俱乐部建设,目前有160个俱乐部,覆盖率达74.4%。为提升专业能力和整体实力,上海市将重点发展全民健身组织,加强管理和监督,并提升教练团队的水平和服务质量。同时,建立健身组织网络体系,加强合作与协调,为市民提供更多机会。上海市在体育社会组织的建设方面取得了成绩,未来将继续发展,提供高质量的体育健身服务。

7. 供给方式

上海市体育公共服务供给多元化,市场组织、社会组织和志愿组织参与其中。市场组织提供商业化体育服务,社会组织丰富多样,志愿组织提供爱心服务。政府购买服务是重要方式,调动社会资源,促进社会组织参与,提高服务水平。市场组织供给满足多样化需求,但需要解决公共性问题。

(二)上海市体育公共服务存在的问题

1. 体育场地和设施依然无法满足居民需求

上海市体育场地设施建设存在滞后现象,主要表现为设施质量和管理效率需要提高,现有社会体育设施规模无法满足需求,人均体育设施面积较低。与德国社区运动场建设面积已达到人均4平方米相比,上海仍有提升空间。人均体育设施面积是衡量体育公共服务能力的重要指标。上海需要加大社区体育场地设施建设力度,提高质量和管理效率。同时,加强学校体育场馆向社会开放,提高资源利用率,满足人们对体育活动的需求,促进健康社会建设。

2. 体育公共服务供给不均衡

上海市体育公共服务供给不均衡主要表现在以下几个方面:区与区之间差异、社区内部差异、有形与无形产品供给不均衡、大众与竞技体育发展不均衡原因是资金筹集渠道单一,使用效率不高。解决方法是多元化资金筹集,加强监管,提高供给效率。

3. 体育立法还不够完善

近年来,上海市发布了《上海市全民健身实施计划(2021—2025年)》等一系列的政策文件,但与快速发展的社会体育事业相比,仍存在问题。政策性文件多、法律性文件少,导致政策不连贯、行政管理随意。现有的体育政策和法规内容不完善,缺乏明确规定,造成灰色地带。法律支持的缺乏不利于多元供给机制的形成,也不利于对市场组织参与体育公共服务的监管。社会体育法律的贯彻实施也缺乏有效监管,可能导致腐败寻租等行为。

4. 体育公共服务供给主体仍较单一,服务效率有待提高

上海市体育公共服务供给由政府主导,市场和社会组织参与不足。体育协会挂靠政府,独立性不够,未起到社会参与的作用。体育公共服务供给缺乏多主体参与、竞争和监督。学校体育场馆未完全向社会开放,场地无照明设施限制利用率。弱势群体和偏远地区体育公共服务供给不足。地区发展不均衡导致体育公共服务差距。需要加强市场和社会组织参与,鼓励个人和企业供给。提高体育协会独立性和社会参与度,加强监督。加大投入改善设施和服务基础设施,特别是学校体育场馆和照明设施。强化弱势群体和偏远地区的体育公共服务供给。加强地区间协调和平衡,减少差距。实现公平、高效、可持续的体育公共服务供给。

5. 体育企业的管理需进一步规范

随着市场经济体制的建立和发展,体育产业在其中扮演着越来越重要的角色,并成为新的国民经济增长点。随着体育健身市场的快速发展,也出现了一些令人担忧的问题。其中,一些不良经营者的存在给消费者的合法权益带来了损害。这些不良经营者可能存在虚假宣传、服务质量差、收费不明确等问题,给消费者带来经济损失和不良体验。此外,由于合同规定不明确、管理不规范等原因,体育服务纠纷等也时有发生。

6. 学校体育场馆向社会开放存在安全隐患和成本问题

学校体育场馆开放初衷是为了满足社会大众的体育需求,但维护费用和安全成为问题。不适合让学校独自承担费用,需要探讨合理的分担机制,如与社会组织或政府合作。同时,加强安全管理措施,如核实身份、增加巡逻和监控设备,并与公安机关和社会组织合作,确保学生的安全,使学校能更好地履行教育使命,提供良好的学习环境。

(三) 比较分析

1. 国际都市体育发展模式比较

美国、德国、澳大利亚等国在都市体育发展方面取得了一定的成就,可以

探讨其公共服务体系的特点、组织机构和运作模式。如美国在都市体育公共服务方面注重社区参与和基层组织,通过建立社区体育中心、推动学校体育和社区体育联盟等方式,提供多样化的体育活动和项目。与之相比,中国在都市体育发展中可以借鉴美国的社区体育组织模式,加强社区体育设施建设和社区体育活动的开展。

2. 都市体育公共服务政策比较

比较不同国家或地区的都市体育公共服务政策,包括政府对都市体育公共服务的支持力度、政策目标和措施等,可以分析各国或各地区政府在都市体育公共服务方面的政策倾向和重点,以及政策实施的成效。如德国的都市体育公共服务政策,德国政府通过制定相关法律和政策,鼓励和支持体育俱乐部、社团和公共机构提供广泛的体育服务,包括体育场馆、教练员培训和体育赛事组织等。与之相比,上海可以借鉴德国的政策经验,加强政府与社团组织的合作,提供更多的体育设施和培训资源。

3. 都市体育设施建设和管理比较

比较不同国家或地区的都市体育设施建设和管理情况,包括设施类型、数量、分布和利用率等,可以分析各国或各地区在都市体育设施建设和管理方面的经验和做法,探讨其对都市体育公共服务体系的影响和作用。如澳大利亚的都市体育设施建设和管理情况。澳大利亚政府通过合作伙伴关系,将公共资源和私人资源整合起来,建设和管理多功能的体育设施,如综合体育中心和运动公园。与之相比,上海可以借鉴澳大利亚的合作模式,加强政府与企业、社会组织的合作,推动都市体育设施的建设和管理。

4. 都市体育活动和项目比较

比较不同国家或地区的都市体育活动和项目情况,包括种类、规模、参与人数和影响力等。可以分析各国或各地区在都市体育活动和项目方面的特点和亮点,探讨其对都市体育公共服务体系的贡献和价值。如日本的都市体育活动和项目情况。日本注重以体育为媒介,促进社区的交流,组织各类体育节日、健身活动和社区赛事,激发市民的体育热情和参与度。与之相比,上海可以借鉴日本的体育社区活动模式,鼓励市民积极参与体育活动,提高都市体育公共服务的覆盖面和质量。

5. 都市体育公共服务评估比较

比较不同国家或地区对都市体育公共服务体系的评估方法和指标体系,可以分析各国或各地区在都市体育公共服务评估方面的经验和做法,探讨其对提高都市体育公共服务质量和效果的启示和借鉴。如澳大利亚的都市体育公共服务评估指标体系，该指标体系包括体育活动的参与度、体育活动的多样性、体育设施的数量、体育设施的质量、体育服务的可及性和满意度等。通过与澳大利亚的评估指标体系进行比较，可以了解上海在不同方面的改进空间，提高都市体育公共服务的质量和效果。

通过以上比较分析，可以全面了解国际上不同国家或地区在都市体育公共服务体系建设方面的经验和做法，为上海都市体育发展体系建设提供参考和借鉴。

（四）有利条件

上海都市体育公共服务体系构建的有利条件主要有以下几个方面：

1. 政策环境

上海市政府高度重视体育发展，通过一系列政策文件和规划方案，明确提出了加强都市体育公共服务的目标和任务，这为构建都市体育公共服务体系提供了政策支持和指导。

2. 资源优势

作为中国经济最发达的城市之一，上海拥有丰富的财力和物质资源，这为体育设施建设、人才培养和体育活动的开展提供了有力支持。

3. 人口基础

上海市人口众多，拥有广泛的体育消费群体和潜在的体育参与者，这为提供多样化的体育公共服务创造了良好的市场基础。

4. 城市规划

上海市长期以来注重城市规划和建设，充分考虑到体育设施的布局和体育活动的需求，通过合理规划和布局，可以实现体育设施的均衡分布和便捷可及性。

5. 组织力量

上海市具有丰富的体育组织和管理经验，拥有一支专业化的体育管理队伍，这为体育公共服务的组织和运营提供了有力保障。

6. 场馆设施

上海市拥有一批现代化的综合性体育场馆和专业性体育场馆，这些场馆能够满足不同人群、不同活动类型的需求，这为提供高质量的体育公共服务提供了硬件支持。

综上所述,上海都市体育发展体系建设研究——都市体育公共服务体系构建具备良好的政策环境、资源优势、人口基础、城市规划、组织力量和场馆设施等有利条件。利用这些有利条件,上海市可以进一步完善和提升都市体育公共服务的质量和效果,推动都市体育的全面发展。

(五)不利因素

上海都市体育发展体系建设研究——都市体育公共服务体系构建的不利因素可能包括以下几个方面:

1. 土地资源限制

上海作为一个大城市,土地资源有限,特别是市中心地区的土地供应紧张,这可能导致体育设施建设面临土地难题,增加了体育公共服务体系构建的困难。

2. 人口密集和用地压力

上海市人口众多,城市化进程加快,土地用途为更多的需求所占用,包括商业、住宅和交通等,这使得体育设施的用地需求面临竞争和限制,影响了体育公共服务的供给。

3. 资金投入不足

虽然上海市财力相对较强,但体育设施建设和运营成本较高,同时体育公共服务需要长期稳定的资金支持才能保持良好的运营和发展,资金投入不足可能制约体育公共服务体系的建设和运营。

4. 社会认知和体育文化

在城市化进程中,人们对体育的认知和重视程度不一,体育文化的培养和普及仍面临一定困难,这可能导致体育公共服务的需求不足,对体育发展形成一定的制约。

5. 人才培养和管理

体育公共服务体系的建设和运营需要专业化的人才队伍进行管理和运作,但是目前可能面临人才培养不足、人员配备不足等问题,这可能对体育公共服务体系的建设和运营产生一定的压力。

6. 市场需求和多样化

上海市的体育市场需求多样化,人们对于体育活动的需求也各不相同,因此体育公共服务体系的构建需要兼顾不同群体的需求,但这也增加了体系构建的复杂性和挑战性。

三、对策建议

（一）对策

1. 土地资源优化利用

通过合理规划和管理土地资源，可以在上海体育设施的布局和利用效率方面实现优化。首先，与其他城市建设规划的衔接十分关键。在制定上海体育设施的布局和建设规划时，应与城市整体发展规划相协调，确保体育设施的建设不仅满足市民的体育需求，同时也符合城市的整体发展方向。其次，合理选择土地用途也是提高土地利用效率的关键措施之一。在土地资源有限的情况下，应充分考虑各类设施的需求和用地要求，合理分配土地资源，确保体育设施的建设能够最大限度地利用现有土地，避免浪费和不必要的占用。此外，还需要注重土地利用的灵活性和多功能性，确保体育设施能够在不同时间段和不同群体间进行合理的利用和共享，提高土地的使用效益。总之，通过与其他城市建设规划的衔接、合理选择土地用途，可以提高上海体育设施的布局和利用效率，确保上海体育公共服务设施的建设和发展能够更好地满足市民的体育需求，同时也为城市的整体发展做出积极贡献。

2. 多方合作和资金支持

政府、企业和社会各界可以共同合作，加强资金的筹集，以增加对体育公共服务体系的投入。这需要各方共同努力，通过引入社会资本、与企业合作以及开展公益活动等方式，增加资金来源，从而保障体育公共服务的稳定运营。首先，政府可以积极引入社会资本，吸引投资者参与体育公共服务体系的建设和发展。政府可以提供一定的优惠政策和支持，吸引更多的投资者参与体育设施的建设和管理，通过与社会资本合作，增加资金来源。其次，政府和企业可以加强合作，共同推动体育公共服务的发展。政府可以与企业达成合作协议，共同投资建设体育设施，共享运营权益。同时，政府可以为企业提供相应的支持和激励措施，鼓励企业参与体育公共服务的投资和经营，形成政府、企业和社会各界共同推动体育事业发展的良好局面。此外，开展公益活动也是增加资金来源的有效途径之一。政府、企业和社会各界可以联合开展公益体育活动，通过募捐、赞助等方式筹集资金，并将这些资金用于体育公共服务的建设和运营。这不仅可以增加资金来源，还可以提高社会各界对体育公共服务的关注度和参与度。因此,政府、企业和社会各界可以加强合作,共同筹集资金,以增加对体育公共服务体系的投入。通过引入社会资本、与企业合作、开展公益活动等方式,可以增加资金来源,从而保障体育公共服务的稳定运营。这种合作模式不仅可以提高体育设施的建设和管理水平,还可以推动体育事业的健康发展,为公众提供更好的体育服务。

3. 加强体育文化宣传和教育

通过加强体育文化宣传和教育,可以有效提高公众对体育的认知和重视程度。为此,可以采取一系列措施,包括开展体育推广活动、举办体育赛事和开展体育教育培训等方式,以增加公众对体育的参与度和对体育公共服务的需求。首先,通过开展体育推广活动,可以将体育文化和价值观传播给更多的人群。如可以举办体育展览、体育节日和座谈会等活动,向公众展示体育的魅力和重要性。通过这些活动,公众可以更全面地了解体育的各个方面,从而提高对体育的认知和理解。其次,举办体育赛事也是提高公众对体育重视程度的有效途径。通过举办各类体育比赛,如足球比赛、篮球比赛和田径比赛等,可以吸引更多的参赛者和观众参与其中。这不仅可以增加公众对体育赛事的关注度,还能够激发公众对体育的兴趣,进而提高对体育公共服务的需求。此外,开展体育教育培训也是提高公众对体育重视程度的重要手段。通过向学校、社区和企事业单位等开展体育教育培训,可以提高公众对体育知识和技能的掌握程度。这不仅可以培养更多的体育人才,还能够增加公众对体育公共服务的需求,推动体育事业的发展。由此,通过加强体育文化宣传和教育,可以提高公众对体育的认知和重视程度。通过开展体育推广活动、举办体育赛事和开展体育教育培训等方式,可以增加公众对体育的参与度和对体育公共服务的需求。这种全方位的宣传和教育措施不仅可以提高体育的社会地位,还能促进体育事业的繁荣发展,为公众提供更加丰富和优质的体育公共服务。

4. 人才培养和管理

加强人才培养和管理,是建立专业化体育公共服务队伍的重要举措。为了提高体育公共服务体系的管理水平和服务质量,可以通过加强体育人才培训、引进专业人才以及改善人员待遇等方式。首先,加强体育人才培训是培养专业化体育公共服务队伍的基础。通过设立专业的体育学院和培训机构,为体育从业人员提供系统的培训和教育。这样可以提高体育人员的专业素养和能力,使他们能够更好地为公众提供体育公共服务。还可以开展体育人才储备计划,通过选拔和培养优秀的青年人才,为体育公共服务队伍的长期发展提供人才支持。其次,引进专业人才也是提高体育公共服务队伍质量的重要途径。可以通过引进国内外优秀的体育管理和教练人员,为体育公共服务队伍注入新的血液和专业知识。可以借鉴国际先进的管理经验和技术,提升整个体育公共服务体系的管理水平和服务质量。另外,改善人员待遇也是吸引和留住优秀人才的关键。通过提高体育从业人员的薪酬待遇,优化工作环境和福利待遇,可以激励他们更加积极地投入体育公共服务工作中。这样不仅能够增强体育公共服务队伍的凝聚力和稳定性,也能够吸引更多有才华和潜力的人才加入体育事业中。因而,加强人才培养和管理是建立专业化的体育公共服务队伍的必要措施。通过加强体育人才培训、引进专业人才和改善人员待遇等方式,可以提高体育公共服务体系的管理水平和服务质量。这样不仅能够为公众提供更加专业和优质的体育公共服务,也能够推动体育事业的持续发展和繁荣。

5. 多样化服务和需求匹配

根据市场需求和多样化的体育活动需求,提供多样化的体育公共服务是非常必要的。为了满足不同人群的体育需求,可以通过开设不同类型的体育设施、组织多样化的体育活动以及提供个性化的体育服务等方式。首先,开设不同类型的体育设施是多样化体育公共服务的基础。根据不同的体育活动需求,可以建立多种类型的体育场馆、健身房、游泳池等设施,通过提供多样化的体育设施,人们可以根据自己的兴趣和需求进行选择,享受到更加个性化的体育服务。其次,组织多样化的体育活动也是满足多样化体育需求的重要手段。可以开展各种类型的体育赛事以及举办体育培训班、讲座和座谈会等活动,这样不仅可以为不同年龄段、不同兴趣爱好的人群提供丰富多样的体育服务选择,让他们能够参与到自己喜欢的体育活动中,享受到运动带来的快乐和健康。此外,提供个性化的体育服务也是满足多样化体育需求的重要途径。可以根据个人的身体状况、兴趣爱好和需求,为他们量身定制专属的健身计划和训练方案。比如,为老年人设计适合他们的健身活动,为儿童提供专业的体育培训等。通过个性化的体育服务,可以更好地满足不同人群的需求,促进他们参与体育活动的积极性和主动性。因此,根据市场需求和多样化的体育活动需求,提供多样化的体育公共服务是必要的。通过开设不同类型的体育设施、组织多样化的体育活动以及提供个性化的体育服务等方式,可以满足不同人群的体育需求,促进体育事业的发展和推动社会全民健身的进程。这样不仅能够提供更加丰富多样的体育选择,也能够让更多的人享受到体育带来的健康和快乐。

6. 创新模式和科技应用

通过推动创新模式和科技应用,可以进一步提升体育公共服务体系的效率和便利性。其中,数字化管理是一个重要的手段。通过建立数字化管理系统,可以实现对体育设施的预约、排队、使用情况等进行精确的监控和管理,不仅可以提高体育设施的利用率,还可以减少人员和资源的浪费,提升服务效率。此外,数字化管理还可以方便用户进行在线预约和支付,简化流程,提高用户体验。智能化设施也是提升体育公共服务的重要手段之一,通过引入智能化设备和技术,可以实现对体育设施的自动化控制和管理。如可以使用智能感应设备来实现对灯光、空调等设备的智能控制,根据实际使用情况进行精确调节,提高能源利用效率。智能化设施还可以提供更加便利的服务,如自助借还器材、智能指南设备等,让用户能够更加方便地享受体育活动。另外,虚拟现实技术的应用也可以提高体育公共服务的体验水平。通过虚拟现实技术,可以创造出更加真实的体育场景和体验,让用户在虚拟环境中进行运动和训练。这不仅可以提供更加安全和便捷的体育体验,还可以扩大体育活动的参与范围,让更多的人能够享受到体育的乐趣。虚拟现实技术还可以用于提供体育培训和指导,通过模拟和演示,帮助用户更好地掌握运动技巧和规则。总而言之,通过推动创新模式和科技应用,可以提升体育公共服务体系的效率和便利性。数字化管理、智能化设施和虚拟现实技术等方式的应用,可以提高体育公共服务的管理和体验水平,让用户能够更加便利地享受体育活动。这样不仅能够提升服务质量和用户满意度,也能够推动体育事业的发展和促进社会全民健身的进程。

综上所述,上海都市体育发展体系建设研究——都市体育公共服务体系构建可以采取土地资源优化利用、多方合作和资金支持、加强体育文化宣传和教育、人才培养和管理、多样化服务和需求匹配、创新模式和科技应用等对策来推动体育公共服务体系的建设和发展。这需要政府、社会各界和体育相关部门共同努力,形成合力,为上海都市体育公共服务体系的健康发展提供支持和保障。

(二)建议

基于对上海都市体育发展体系建设研究的深入分析,提出如下建议:

1. 完善体育设施建设与布局

在提升体育公共服务体系的效率和便利性方面,加大对体育设施的建设投入是关键之一。特别是在上海市中心和人口密集区域,随着城市化进程的不断推进,市民对体育设施的需求越来越高。因此,加大对体育设施的建设投入非常必要。这不仅能够满足市民的体育需求,还能够促进全民健身的发展、提高城市居民的身体素质和生活质量。然而,仅仅加大投入是不够的,还需要根据不同区域和人群的需求,合理规划体育设施的布局。不同区域的人口密集程度、年龄结构、经济状况等因素都会影响对体育设施的需求。因此,合理规划体育设施的布局非常重要。如在市中心地区可以建设多功能体育中心,提供各种体育设施和运动项目,以满足不同年龄段市民的需求。而在人口密集的住宅区,可以建设社区健身房、公园运动场等便捷的体育设施,方便居民进行日常运动。通过合理规划体育设施的布局,可以确保公平合理的资源分配,使更多的人能够享受到体育带来的益处。因而,加大对体育设施的建设投入是提升体育公共服务体系效率和便利性的重要举措,同时,合理规划体育设施的布局也是确保公平合理的资源分配的关键。通过这些努力,可以满足市民的体育需求,促进全民健身事业的发展,提高居民的身体素质和生活质量。

2. 提升体育公共服务水平

为了提升上海市体育公共服务的管理和运营水平,需要采取一系列措施来确保体育设施的良好维护和运营。首先,建立科学的管理体系是关键。这包括制定清晰的管理流程和标准,明确各个管理岗位的职责和权限,并加强对管理人员的培训和考核。通过科学的管理体系,可以有效地提高体育设施的维护和管理效率,确保设施的正常运行和良好状态。其次,提供便利的服务设施也是必不可少的。这包括为市民提供方便快捷的预约和使用体育设施的途径,如通过手机 APP 或网站进行预约,提供在线支付等服务。同时,还应该充分利用现代科技手段,如人脸识别技术、智能设备等,提高使用体验和便利性。通过提供便利的服务设施,可以更好地满足市民参与体育活动的需求,提高市民的参与度和满意度。最后,完善服务流程也是非常重要的一环。这包括体育设施的开放时间、场地预约和使用规则的明确以及完善的售后服务和投诉处理机制等。通过明确的服务流程,市民可以更加方便地参与体育活动,同时也能够及时解决问题和反馈意见,提高整体服务质量。总之,加强上海市体育公共服务的管理和运营水平是提升体育公共服务质量的关键。通过建立科学的管理体系、提供便利的服务设施和完善的服务流程，可以提高市民参与体育活动的便利性和满意度。这将有助于推动全民健身事业的发展，提高市民的身体素质和生活质量。

3. 多元化的体育活动和项目

为了满足上海市民不同层次和兴趣的体育需求，提供多样化的体育活动和项目是非常重要的。除了传统的球类运动，还应该加大对健身、户外运动、极限运动等新兴项目的推广和发展，从而使体育活动更加多元化，吸引更多市民参与。首先，对健身项目的推广和发展至关重要。健身运动已成为现代人保持身体健康的重要方式之一。因此，应该提供多种多样的健身项目，如有氧运动、瑜伽、普拉提等，以满足市民不同的健身需求。还可以引入一些新颖的健身概念，如舞蹈健身、泡沫跑等，以吸引更多市民加入健身运动中。其次，户外运动也是需要重点推广和发展的领域。上海市拥有丰富的自然资源和优美的环境，适合开展各类户外运动。我们可以组织徒步、登山、骑自行车等户外活动，让市民亲近大自然，享受户外运动的乐趣；水上运动如划船、帆板等也是非常受欢迎的项目，可以在合适的场地进行推广和开展。最后，极限运动是近年来兴起的一种体育活动形式，也需要得到更多的关注和发展。极限运动涵盖了滑板、攀岩、跳伞等一系列刺激和挑战极限的项目。通过加大对极限运动的推广和培训，可以吸引更多年轻人和激情运动爱好者参与其中，同时也能够培养出更多的专业运动员和教练员。总之，提供多样化的体育活动和项目是为了满足上海市民不同层次和兴趣的需求。除了传统的球类运动，还应加大对健身、户外运动、极限运动等新兴项目的推广和发展，使体育活动更加多元化，吸引更多市民参与。通过这些努力，可以促进全民健身事业的发展，提高市民的身体素质和生活质量。

4. 加强体育文化建设

为了增强上海市民对体育的认知和培养体育精神，应该注重体育文化的宣传和教育工作。通过开展体育文化节、举办体育艺术表演、推广体育精神等方式，可以提升体育在社会中的地位和影响力。首先，可以组织体育文化节，为市民提供一个了解体育文化的平台。这些文化节可以包括体育主题的展览、讲座和演讲等活动，让市民了解体育的历史、发展和意义。此外，还可以举办各种体育比赛和表演，让市民亲身体验体育的魅力，激发他们对体育的兴趣和热爱。其次，体育艺术表演也是宣传体育文化的重要方式之一。通过舞蹈、音乐、戏剧等艺术形式，可以将体育精神融入艺术作品中，向市民展示体育的美感和力量。如可以创作一些以体育为主题的音乐剧或舞蹈表演,通过艺术的表现形式,传递体育所代表的团结、拼搏和奋斗的精神。此外,推广体育精神也是非常重要的。体育精神包括团结合作、坚持不懈、追求卓越等价值观念,这些价值观念对于个人的成长和社会的进步都具有重要意义。我们可以通过举办体育讲座、开展体育精神教育课程等方式,向市民传递这些价值观念,引导他们在日常生活中树立正确的体育观念和行为准则。总之,注重体育文化的宣传和教育,可以增强上海市民对体育的认知和培养其体育精神。通过开展体育文化节、举办体育艺术表演、推广体育精神等方式,可以提升体育在社会中的地位和影响力。这样的努力不仅可以提高市民对体育的兴趣和参与度,还可以促进社会的和谐发展,培养更多有体育精神的市民。

5. 加强体育人才培养和管理

为了提高上海市体育行业的专业素养和服务水平,应该加强对体育从业人员的培训和管理,并建立完善的体育人才培养体系。同时也需要加强对上海市青少年体育人才的培养和选拔,为未来的体育发展储备人才。首先,对于体育从业人员来说,应该进行系统的培训和管理。培训课程可以包括专业知识的学习、技术的提高以及服务意识的培养等方面。通过培训,可以提高他们的专业素养和综合能力,使他们能够更好地为市民提供体育服务。还应该建立健全的管理制度,加强对体育从业人员的监督和评估,确保他们的工作符合规范和要求。其次,为了培养上海市的体育人才,需要建立一个完善的体育人才培养体系。这个体系应该包括从基层到高层的各个层次,涵盖不同年龄段和不同能力水平的人群。可以在学校和社区等场所设置专门的体育训练机构,为青少年提供系统的体育培训和选拔机会。通过选拔和培养,可以发掘更多有潜力的体育人才,为上海市的体育事业注入新的活力和动力。青少年是未来的希望,他们的体育潜力和发展空间巨大。可以通过学校体育课程、社区体育活动和青少年体育俱乐部等途径,为他们提供多样化的体育培训和竞技机会。还要建立健全的选拔制度,通过比赛和评比等方式,选拔出优秀的青少年体育人才,并给予他们专业的指导和培养机会。总之,加强对体育从业人员的培训和管理,建立完善的体育人才培养体系,以及加强对上海市青少年体育人才的培养和选拔,都是推动上海市体育发展的重要举措。通过这些努力,可以提高体育行业的专业素养和服务水平,培养更多有潜力的体育人才,为上海市的体育事业注入新的活力和动力。同时,也为未来的体育发展储备人才,为上海市的体育事业长远发展打下坚实基础。

6. 引入新技术和创新模式

为了提升上海市体育公共服务的效率和体验,可以采取一系列积极的措施引入新技术和创新模式。其中利用大数据分析可以帮助优化体育设施的使用和管理。通过收集和分析大量的数据,可以更好地了解体育设施的使用情况,从而合理规划设施的开放时间和安排,提高设施的利用率和效益。另外,还可以引入虚拟现实和增强现实技术来改善体育教学和训练效果。通过虚拟现实技术,学生和运动员可以身临其境地体验各种运动项目,提高他们的参与度和学习效果。而增强现实技术则可以帮助教练员更好地指导运动员的训练,通过实时的反馈和辅助信息,提高训练的效果和效率。此外,还应该积极推动体育与互联网、人工智能等新兴技术的深度融合。通过将体育与互联网相结合,可以打造更加智能化和个性化的体育服务平台,为广大市民提供更方便、多样化的体育活动选择。同时借助人工智能技术,可以开发出更加智能化的健身和训练系统,根据个人的身体状况和需求,定制个性化的健身方案和训练计划。总之,通过积极引入新技术和创新模式,可以在上海市体育公共服务领域取得更大的进步。大数据分析、虚拟现实和增强现实技术以及体育与互联网、人工智能等新兴技术的深度融合将为体育公共服务提供更高效、便捷和个性化的解决方案,进一步促进市民的体育参与和健康生活方式的养成。

7. 加强跨部门合作

为了共同推动上海市体育公共服务体系的建设,需要建立一个跨部门合作的机制,将政府、企业和社会组织等多方力量紧密结合起来。政府可以通过政策引导和规划,为体育公共服务提供指导和支持。企业可以提供资金支持和技术创新,帮助改善体育设施和推动新技术的应用。社会组织可以发挥志愿者和社区力量,提供更广泛的体育服务和活动。通过建立这种合作机制,可以实现资源共享和优势互补。政府可以提供土地和场地等基础设施资源,企业可以提供资金和专业技术支持,社会组织可以发挥社区力量和志愿者资源。这样,不仅可以降低各方的成本和风险,还可以提高体育公共服务的整体水平。政府的政策引导可以促使企业和社会组织更加积极地参与到体育公共服务体系的建设中来。政府可以制定奖励政策,鼓励企业投入体育公共服务领域,并提供相应的税收减免和优惠政策。同时,政府也可以加强对体育公共服务的监督和管理,确保服务的质量和可持续发展。企业的资金支持是推动体育公共服务体系建设的重要保障。企业可以通过投资体育设施的建设和改造,提高设施的质量和数量。同时,企业还可以投入资金用于推动体育教育和培训,支持体育人才的培养和发展。企业的技术创新也可以帮助提升体育公共服务的效率和体验,如通过智能设备和系统来提供更便捷和个性化的服务。社会组织的参与是体育公共服务体系建设的重要力量。社会组织可以发挥志愿者的作用,提供更广泛的体育服务和活动,帮助推动体育文化的普及和社区体育的发展。社会组织还可以组织各类体育赛事和活动,丰富市民的体育生活,提高市民体育参与率和体育意识。

总之,通过建立跨部门合作机制,形成政府、企业、社会组织等多方合力,可以共同推动上海市体育公共服务体系的建设。政府的政策引导、企业的资金支持和技术创新,以及社会组织的参与,将实现资源共享和优势互补,提高体育公共服务的整体水平。这样一来,将进一步促进市民的体育参与和健康生活方式的养成。

这些建议旨在提升上海都市体育发展体系的建设水平,优化体育公共服务的提供,从而推动全民健身和体育文化的普及,提高市民的幸福感和生活质量。

参考文献

[1] 埃莉诺·奥斯特罗姆.公共事物的治理之道——集体行动制度的演进[M].余逊达,陈旭东,译.上海:上海三联书店,2000.

[2] 珍尼特.V.登哈特,罗伯特·B.登哈特.新公共服务:服务,而不是掌舵[M].丁煌,译.北京:中国人民大学出版社,2010.

[3] Rashmi Chatterjee, Rathny Suy. An Overview of Citizen Satisfaction with Public Service: Based on the Model of Expectancy Disconfirmation[J]. Open Journal of Social Sciences, 2019(4).

[4] Lamb K E, Fergueson N S, Wang Y, et, al. Distribution of physical activity facilitiesin Scotland by small area measures of deprivation and city[J]. International Journal of Behavioral Nutrition and Physical Activity, 2010(7).

[5] Gary Howat, Guy Assaker. Outcome quality in participant sport and recreation service Quality Empirical results from public aquatic centres in Australia[J]. Sport Management Review, 2016(5).

[6] Michael John Mc Name, Scott Fleming. Ethics Audits and Corporate Governance: The Case of Public Sector Sports Organizations[J]. Journal of Business Ethics, 2007

(73).

[7] Darren Stevens, Peter Green. Explaining continuit and change in the transition from Compulsory Competitive Tendering ti Best Value for sport and recreation management[J]. Managing Leisure, 2002(2).

[8] Pamela Wicker, Christoph Breuer. Scarcity of resources in German non-profit sport clubs[J]. Sport Management Review, 2010(9).

[9] Pamela Wicker, Christoph Breuer. Exploring the organizational capacity and organizational problems of disability sport clubs in Germany using matched pairs analysis[J]. Sport Management Review, 2014(1).

[10] T. Christopher Greenwell, Janet S. Fink, Donna L. Pastore. Assessing the Influence of the Physical Sports Facility on Customer Satisfaction within the Context of the Service Experience[J]. Sport Management Review, 2002(2).

[11] Melvyn Hillsdon. Equitable Access to Exercise Facilities[J]. American journal of preventive medicine, 2007(6).

[12] 王才兴.上海市体育公共服务的实践与探索[J].体育科研,2008(2).

[13] 刘庆山.我国体育公共服务体系研究述评[J].上海体育学院学报,2008(3).

[14] 陈雨兮.上海市老旧社区体育公共服务供给问题研究——以普陀区C街道为例[D].上海:华东师范大学,2022.

[15] 罗琼.上海市闵行区"十二五"社区体育公共服务体系现状及对策研究[D].上海:华东师范大学,2011.

[16] 顾怡勤,顾竞春,施永兴.上海市社区国家基本公共卫生服务中医预防保健项目现状的调查与分析[J].中医药管理杂志,2012(12).

[17] 徐文婷.上海市社区体育公共服务现状分析研究[J].现代经济信息,2015(20).

[18] 郑家鲲,沈建华,张晓龙.上海市体育公共服务现状调查与分析[J].体育学刊,2009(8).

[19] 张琼,倪明.构建和谐社区中的公共体育服务——上海社区体育服务现状调查分析[J].上海党史与党建,2008(12).

[20] 金园春.完善上海市社区体育公共服务供给机制的研究[D].上海:东华大学,2014.

[21] 上海市统计局官微. https://tjj.sh.gov.cn/sjfb/index.html.

[22] 上海市公共体育设施数字化管理服务平台.上海市体育设施管理办法上海市人民政府令第1号公布. http://www.shggty.com.cn/richTxtDetail.html?name=info&title=%E4%BF%A1%E6%81%AF%E5%85%AC%E5%BC%80&id=31e14d31170611eaba237cd30abc9b46.

[23] 吴雨伦.《2022年上海市全民健身发展报告》出炉,经常参与体育锻炼市民人数已过半. https://baijiahao.baidu.com/s?id=1770019065896352524&wfr=spider&

for=pc.

［24］ 上海发布《2022年上海市全民健身发展报告》. https://baijiahao.baidu.com/s?id=17700858161106912424&wfr=spider&for=pc.

［25］ 上海市社会体育管理中心［OL］. http://tyj.shgov.cn/ShSports Web/HTML/shsports/subbranch/2009-07-04/Detail32640.htm2022-12-12.

上海都市体育发展体系建设研究
——都市体育产业体系

卓武扬　陈虹屹　林慧丹　罗　吉
刘　宇　俞佳立　张　洋[*]

[摘　要]　本研究从上海都市体育产业体系发展现状与比较、消费市场创新、业态和商业模式创新、"奥运体育"创新、建设提升路径等五个方面研究上海都市体育产业体系建设，提出推动体育产业的高标准发展，并提高全球优质资源的汇聚能力。尝试探索体育设施与体育地产的共同开发；体育文化消费传播寻求新模式；都市体育文化建设应当彰显上海中西文化交融文化特质；提高都市体育产业体系可持续发展性，形成聚集辐射功能；深入推进"体育＋"与"＋体育"的发展，加强产业发展基础；牢牢抓住赛事、场馆和市场，增强上海都市体育产业引领性；聚焦数字化、融合化、资本化，扩大都市体育产业业务范围；注重都市体育产业发展的长期经济效应；根据区域特色实现体育项目区域差异化发展等创新性上海都市体育产业体系发展提升路径。

[关键词]　上海都市；体育产业体系；消费市场创新；业态和商业模式创新；"奥运体育"创新；建设提升路径

---

*　本文作者简介：卓武扬，上海第二工业大学经济与管理学院院长、教授、博士，体育经济学；陈虹屹，重庆人文科技学院高级工程师，硕士，体育建筑设计及项目管理；林慧丹，上海第二工业大学副教授，博士，体育管理；罗吉，上海第二工业大学讲师，博士，区域经济发展；刘宇，上海第二工业大学讲师，博士，体育场景消费；俞佳立，上海第二工业大学讲师，博士，体育产业特征；张洋，上海第二工业大学助理工程师，硕士，竞技体育消费。

2023年上海市体育决策咨询研究成果报告

一、上海都市体育产业体系发展现状与比较

(一)上海都市体育产业体系发展现状与特点

如今,打造都市体育产业体系已成为上海经济的新增长点。上海都市体育产业发展势如破竹,与此同时,"四个中心"和"四个率先"的目标为上海都市体育产业体系的发展注入新的动能,"全社会协力发展都市体育产业"的大体育产业观在市场中生根发芽,具体表现在以下几方面:

1. 思想进步观念提升

时代在发展,观念亦在进步。人们不再局限于单一发展体育产业工作,而是"跳出体育看体育",在体育产业创新性发展的同时,助力其转化为发展地方经济的强力动能,以此推动地方经济的腾飞。

2. 产业格局初现雏形

上海市当前已构建出以体育产业为核心的四大主体领域,包括健身服务、竞技表演、体育彩票和体育用品。其中,健身服务和竞技表演的成熟度与活跃度与日俱增,呈现出欣欣向荣的良好态势。

3. 行业规模持续扩大

上海市现有商业体育健身场所5 236家,并形成如红双喜、乔山和东亚等这样具备一定产业规模的体育企业。

4. 体育产业相关工作稳步推进

在体育部门各相关单位的通力合作下,体育服务认证、体育服务标准化、体育产业统计和产业基地建设等系列新任务都取得了阶段性的胜利果实。

5. 体育产业团队建设优化壮大

随着上海都市体育产业体系的发展,体育、法律、商业等专业人士逐渐打破行业壁垒,一同进入体育产业经营中,这不仅可以帮助体育类和管理类复合型精英崭露头角,还促使体育产业团队走向专业化,极大程度上提升了团队竞争力。

6. 体育产业对推动行业事业发展、提升体育工作质量扮演关键角色

体育产业的扩展,为行业的繁荣带来了生机勃勃的元气,也创新了前进的路径。

7. 体育产业体系尚存短板

目前而言,尽管上海都市体育产业体系发展日增月盛,但其发展过程中仍存在产业结构发展不均衡等一系列问题,如规模较小、水准较低、综合竞争力

不够强大、自我发展不完善等,这些都是未来需不断优化的前进方向。体育产业体系的完善应力求与上海市的经济快速发展相协调和相适应。

(二)上海都市体育产业体系与美国都市比较

1. 社会化基础上的有限政府规制

美国都市体育产业的发展依托于社会化管理的政策环境,在很大程度上与政府的有限干预相关。在美国管理体制中,政府对体育产业的运营发展持自由发展态度并实施无干预策略,靠市场这双"无形的手"进行调控管理。在这样自由的体育产业生态圈中,美国都市体育产业迅速壮大。

2. 多元化、生活化的体育价值定位

美国都市体育产业拥有广泛的社会支持,主要归功于国家政府对体育事业发展的多元化定位。美国将体育运动普及化,使其潜移默化地融入百姓的日常生活中,将体育作为一种日常生活方式。美国的体育消费已经变得普及,并日益成为一种时尚和多样化的选择。由此,庞大的体育爱好者群体成为美国都市体育产业欣欣向荣的重要因素。

3. 健康、休闲、娱乐、经济、生活等领域多元融合

美国通过倡导健康体育与休闲娱乐,鼓励公众积极投入体育消费,将体育与生活方式进行连接,使体育融入日常生活。此外,美国政府出台了"健康公民"的系列政策,旨在推行大规模的运动活动和提高公民的健康水平。体育渐渐地成为健康生活方式中科学的一部分,这不仅扩大了体育消费人群的规模,也奠定了体育产业在社会的地位。

4. 生活相融便利的场地设施布局

美国在规划体育设施和场地安排时,尤其关注所选地址的便民性与生活性。其中,一些场馆供民众免费使用,另外的则会针对不同需求层次的消费者视情况收费;学校内的运动场所也长期开放,以促使学生强身健体。这样的设置一方面可以鼓励公众加入体育消费,另一方面也推动了体育产业的良性发展。

5. 体育项目的职业化进程成熟

美国体育产业有着成熟的职业体育产业链,职业体育的发展使与其相关的产品及产业重焕新生。如职业体育的发展推动了众多品牌赛事的诞生,并在此过程中萌生了巨量经济利益,也为社会的良性经济循环注入了新的活力。同样,运动项目职业化也刺激了体育产业链的发展,电视播映、商业赞助、门票

销售和广告产业等都获得了不容小觑的商业利润。

6. 持续创新的商业化模式

商业化运作是体育产业发展生生不息的薪火，美国将体育产业和市场经济相连接，形成了如下的业态结构：以健身休闲为基础，把体育比赛视为核心，将体育机械制造业当作支撑，一系列具有创新思维的商业运营方法都成为行业发展的动力源，不断推动产业的发展与优化。同时，在体育产业与市场经济结合运作的过程中，市场竞争倒逼各层级进一步拓宽市场空间、激发市场需求，各主体协同参与的商业运作方式推动实现政府、体育联盟和俱乐部三者间的利益共赢。此外，持续更新的商业化运营模式为体育事业的发展注入新的活力，拥有独立管理权的职业联盟也保障了体育比赛经营的蓬勃发展。

（三）上海都市体育产业体系与西班牙都市比较

1. 西班牙都市体育产业各领域齐头并进

在体育相关产业方面，西班牙已经探寻出很多有价值的领域，体育服装品牌、体育用品的生产和销售以及体育彩票业务等已在全国范围内得到普及。值得一提的是，西班牙的足球产业具有强大的经济吸引力，特别是皇家马德里和巴塞罗那两大"豪门"带来的财富效应以及梅西等球星形成的明星效应，促进了体育相关周边产品的销售。

2. 西班牙都市体育全民参与度更高

体育产业不只代表一种文化，更是全国经济发展的重要基石，如今竞技体育已不再局限于少数群体，而是已融入每个人的日常生活当中。西班牙培养出如此多出色球星，离不开体育项目的全民参与、西班牙对学校的大力支持和透明的俱乐部选拔机制。相比之下，上海市的学生从幼儿园开始家长就会为其安排参加各种补习班，且校园内的体育场所利用率也远远不及西班牙。

3. 西班牙都市体育与文化协调发展

西班牙人倡导将运动作为每天的日常活动，体育活动被视作生活里的天然组成部分。一方面，运动意识的存在使得西班牙人体育消费激增，体育场馆能够大量盈利；另一方面，在西班牙不存在文化课和体育活动之间抢夺时间的矛盾，学校对体育活动大力支持，引领学生强身健体，培养其竞技精神，使孩子们发自内心地热爱运动。

（四）上海都市体育产业体系与北京比较

1. 京沪体育产业发展理念存在差异

北京都市体育产业的突出特点之一是体育服务业发达，北京的体育场所场地面积大、座席数量多，观众们对体育比赛的观赏需求更强。而同为一线大城市的上海，尽管相比于北京而言其体育场地的数量和相关场地资源更加丰裕，但上海的场地设置呈现出场地面积小、席位少的特点，折射出上海的体育场所更加偏重于活动参与性和实践性的体育理念。京沪两地在体育场地数量、面积、座席量的差异恰恰反映了两地在体育产业发展上截然不同的理念。若将北京较多的席位变为体育活动空间，或许可以为更多市民提供体育锻炼的场所，实现真正的体育精神和运动精神。

2. 京沪体育设施的功能差异与地域文化有关

京沪两地在体育场地数量、面积、座席量及一些功能上的差异与两地的区域文化特征存在高度相关性，借助这种差异性可以"对症下药"，北方居民进行体育活动更注重其观赏性，竞赛表演业得以欣欣向荣；南方居民对于体育活动更偏向于身体力行，从而使休闲锻炼行业的发展蒸蒸日上。

3. 京沪居民消费结构存在差异

虽然北京和上海的居民人均消费支出呈持续增长的态势，但在教育和文化娱乐等方面的开支却并未明显增加。居民的住宿消费开支大幅度上升，而其他各种消费的占比都有所降低。上海的消费结构与北京略有差异，如上海在食品、住宅等方面的消费占比较高，而衣物、交通、通信和家用电器等消费的占比则相对较低，可以看出，收入情况也会对居民的体育消费造成显著影响。

二、上海都市体育产业体系消费市场创新

（一）上海都市体育产业体系消费主体创新

1. 上海体育消费主体的多样化体育需求日益增长

上海的体育消费者消费需求不断升级，逐渐从公共服务向个性化服务发展，消费模式也从实物型消费转向参与体验式消费。经济水平的发展促使人们的生活习惯有所改变，体育锻炼日常化成为一种新的生活方式。数据表明，相比于2021年和2020年，2022年上海市居民体育消费有明显增长，平均支出

数额达到 2 460 元,占 2022 年消费总支出平均额的 6.2%。

2. 上海都市体育产业体系消费主体创新全民健身氛围浓厚

在上海,城市体育营造了浓厚的全民运动、全民健身的氛围,这为增加体育消费和发展体育产业打下了深厚的根基。数据显示,从 2022 年开始,上海市参与体育锻炼人数的比例从 40.8% 增长到 42.2%;在全国国民体质监测中,上海市民的体质合格率已经连续三次居于榜首,说明上海浓厚的体育氛围对运动参与人数的增加具有重要的推动作用。

(二) 上海都市体育产业体系消费基础设施创新

1. 消费基础设施建设完善

为了进一步完善体育消费基础设施,健身步道、运动球场、益智健身苑等体育场所的建设和升级成为上海市政府每年的主要任务。截至 2022 年底,上海已有 17 257 个(处)体育设备,包含社区健身苑 14 876 个、市民球场 603 处、健身步道 996 条以及 35 个游泳池、181 个健身房和 1 099 个农民体育健身项目。

2. 消费基础设施建设与体育休闲娱乐相融合

上海在体育休闲娱乐领域的整合催生了消费基础设备的升级建设,已有 15 块区域完成了体育公园建造或将郊外公园向体育场所转型的改造。上海白玉兰广场、洛克公园 SSR 体育综合体等原本各自独立的场所现在都被赋予了城市运动中心的内涵,已经成为市民日常进行体育活动的新去处。为了打造上海新型体育场所,城市运动中心正向国内新式体育服务综合体的目标迈进,通过充分利用工业园区、工厂建筑、仓储、公园绿地等城市空间和设施资源,建设若干功能突出、产业联动、具有综合经济效应的城市运动中心。

(三) 上海都市体育产业体系消费场景环境创新

1. 消费场景本土体育产业结构完善

上海市目前已建立了三个全国性的体育产业示范基地、七个商业示范机构、七个示范项目。在全国首批运动休闲特色小镇试点中,奉贤海湾、青浦金泽、崇明绿华和崇明陈家镇等四个小镇也成功入选。

2. 国际赛事集聚,提升体育消费市场能级

国际体育赛事发展的重要性非同寻常,在过去的几年中,平均每年在上海举办的国际和国家层次的体育赛事活动大约有 170 场,到 2022 年更是增长到突破 180 场,其中有 40% 属于国际级赛事。随着诸如此类的高品质赛事不断

举办和创新,其规模、质量和影响力也正逐年增长。

3. 营商环境优化,提高体育企业落户的综合吸引力

近年来,随着我国综合经济实力的不断提高和法律政策的逐渐完善,我国营商环境的全球排名在 2022 年度中从第 78 位上升至第 46 位。而许多知名体育领军企业集聚上海形成的产业集聚效应,进一步提升了上海城市的营商环境优越性。

(四)上海都市体育产业体系消费新趋势

1. 健身消费仍具增长潜力

从广义的角度来看,健身消费被定义为对体育运动装备及器材的购买行为;而从狭义的角度看,购买健身房的会员储值卡通常被视为健身消费最普遍的消费方式。通常来说,一座城市消费的主力军是年轻人。而上海的年轻人去健身房已经常态化,健身消费市场有望继续扩大。

2. 中高端体育消费逐渐加速发力

作为我国的经济中心,上海高端体育消费项目的消费者人群正逐渐增加,这些运动项目的费用也相对较高。从专业骑行、攀岩、马术、冰雪运动至门槛相对较低的马拉松运动,需要投入的资金相较普通运动更多。由于这个原因,选择参与这些高档运动的多为中等收入以上群体和青年群体。数据统计,近年来在体育产品销售额中,自行车和垂钓设备的消费增速最快。每年在上海举办的马拉松比赛,超过 60% 的参赛者都是从其他地区前来的,除去参赛费用,他们还需要负担旅游、食宿等额外开销。

3. 集体娱乐和体育运动推动了消费的集结力量

在数字化时代,大型体育赛事吸引了众多的参赛者,消费需求潜能巨大,不可估量。可以利用商业手段将这类产业的商业价值发挥至最大化,并将其扩展至其他消费市场获得更大效益。例如,用户基数庞大的健步走和跑步类应用程序派生出一系列促进体育消费增长的行为,如在 APP 中向客户推送商品链接、提供线下私教等。

三、上海都市体育产业体系业态和商业模式创新

(一)上海都市体育产业业态创新

1. 数字经济引爆竞技体育新消费

随着高科技和互联网的融合,体育行业展示了创新业态,新的经济动力持

续显现,体育消费领域内新的消费模式不断突显,释放出强大的消费活力。如今,信息经济正朝着更高水平的数字经济迈进,现阶段呈现的技术创新的关键特性是全面的智能化以及人与机器的深度交互。电子竞技是一种在网络虚拟世界中制作并构建的运动,其特点是对抗性和竞赛性。虽然电子竞技只是在虚拟网络上进行,但是也要依循体育精神和体育规则,以保证这项运动的公平公正性。据了解,上海已经汇集了中国超过80%的电子竞技资源,其中包括名人资源、俱乐部、公司等。2022年底,根据上海市政府发布的"文创50条",明确提出要将上海建设为全球电子竞技的中心,这也为上海电子竞技的发展指明了未来的道路。

2. Z世代催生娱乐体育新消费

Z世代是指在20世纪90年代末至21世纪初出生的年轻人,他们在互联网的影响下形成了开朗、大方和富有创意的特性。他们具有独特的体育消费观念,对健身和休闲方式的追求标新立异,他们关注的内容从专业性逐步转向娱乐和社交的互动性。更青睐数字化消费方式的体育活动以及流量和体育相融合的营销活动,这为品牌提供了全新的营销策略,Blackpink与阿迪达斯的合作就是一个例证。

3. 线上线下一体化促进运动新消费

由于体育活动具有社交性和体验性,因此,各类运动场都成为进行各种体育活动的首选场所。近年来,体育与互联网的碰撞使得体育线上线下交互融合,催生出一种让消费者更具有体验感和参与感的运动消费方式。一些运动APP也计划搭建实体运动场所,使在线用户能享受到真实的体验,进一步强化用户们的运动体验感,更好地满足个性化需求。

4. 高端细分品牌兴起体育用品新消费

作为全球化程度较高的上海,购买体育商品的用户更加重视产品的品牌风格和深层价值,优质、独特、个性的体育商品更能吸引消费者。根据中国的体育商品购买情况,耐克和阿迪达斯已然成为运动鞋和服装全系列的翘楚品牌。不过,上海的新兴运动爱好者们并不只是满足于购买运动鞋和服装,高端消费者对产品的性能有更高的追求。

5. "体育+医疗"健康运动与康复消费成为新抓手

上海都市"体育+医疗"运动康复消费需求快速增长。健康生活方式正成为一种时尚,"治未病"理念深入人心,人们对健康食品和用品、体育健身、健康管理的需求快速增长。根据《阿里零售平台健康消费报告》,2021年上海体检服务、健康产品和服务网络购买人均投入872元,居全国首位。其中体检服务、健康监测智能硬件同比增长分别为612%、448%,向高端延伸趋势明显,对牙科、整形美容、特需服务及高价特效药物等的需求快速增长。健康运动与康复消费正构成上海经济的新亮点、新热点,蕴含新潜力、新动能,特别值得重点关注。

(二)上海都市体育产业体系商业模式创新

1. 赛事入商场,惠民又惠利

市场对于上海都市体育产业发展的重要性不言而喻。在全民健康日,上海各区的体育部门举办电子游戏、企业网球和健身步行等体育活动,在长宁区KING88商场、虹口区白玉兰广场和普陀区大悦城等地举办主题比赛,这使体育和消费碰撞出美丽的火花。通过在商场里设置体育设备,吸引市民积极参与运动,以此来服务周边产业,提升消费者的消费水平,这种具有人民城市特色的上海城市运动中心新模式正在展现其潜力。

2. 体育＋商业模式布局体育业态城市运动中心

消费者的购物习惯日新月异,从单纯的物质需求消费延伸到丰富多彩的精神需求消费,呈现出休闲放松、运动健身以及娱乐游玩等多样化消费需求。如Morinomiya Q's Mall的屋顶跑道、芬兰Koutalaki的屋顶滑雪场等,都是体育＋商业模式的经典实例。另外,近几年上海市民对体育活动的需求显著增长,这一趋势在新冠疫情之后更加明显。鲜明的健身意识以及庞大市场需求的推动,使得体育＋商业的发展势如破竹,上海的城市运动中心发展也如星星之火,蓄势待发。

3. 体育赛事由办体育向管体育转变

除了将市民篮球场等部分公共运动空间交给有专业经验的体育企业运作,在体育赛事的举办上,同样能看到由办体育向管体育的转变。上海中标的"城市业余联赛"的企业大部分都是民商公司,打破了以往由行业协会独占体育资源的旧模式,推动了社会承办比赛的落地生根。这使得上海在全国范围内再次位于潮流之先。

4. 体育小镇主打生态旅游与体育运动相结合

在最近几年中,体育小镇在上海如雨后春笋般不断出现,上海的每个小镇都有出色的生态环境,依靠本地有影响力的体育赛事推动体育产业发展。作为中国内陆地区最成功的国际体育比赛之一,上海网球大师赛不仅在每年举办时都能刺激旅游消费,还塑造出了办赛地闵行区马桥镇的独特网球文化。

如今,马桥镇已经成为上海的"网球之乡",赛事与当地的服务体系相辅相成,比赛更是推动了举办地的经济发展,使马桥镇经济得到全面提升。目前,以举办体育比赛为主的体育＋旅游模式,已经成为传统体育向更广泛形式转变的重要步骤。

(三)上海都市体育产业体系大型体育综合体创新

1. 建设城市体育中心,实现全民健身和体育产业融合发展

这几年来,上海积极利用公共体育设施、工业园区、各种商业中心、工厂和仓库等城市空间及其设备资源,对城市环境的优化利用起到积极实质性的作用,促进了文体和商业的共同发展,从而加速城市的高质量发展,提升了市民的生活质量,增加了上海市民在体育领域中的实际收益,提高了满意程度。

2. 在均衡公益性和经济性的基础上进行场景化改造升级

上海都市体育综合体需要与时俱进,开拓创新,主动迎合新生代年轻消费群体多样化的需求,以新时尚、新潮流、新技术吸引年轻群体的注意力,给予其独特的运动体验,带动周边商圈与都市圈的共同发展,考虑经济收益的同时,也要重视其公益价值,实现体育与文化产业的双赢。

3. 打造多层次、多样化、个性化的体育消费体验新场景

近期上海正在推动健身设施的完善和提升,以构建更优质的全民健身公共服务体系。此外,上海也在尝试打造一种结构多元、风格多样和特色鲜明的全新体育消费体验。

四、上海都市"奥运体育"产业体系创新研究

作为中国活力最旺盛的几个城市之一,上海市拥有极大的体育产业发展空间,无论是传统的足球、篮球、排球,还是网球、高尔夫、赛车、马拉松、游泳、赛艇等体育项目,上海的城市体育市场都展现出其多元化的特点。随着城市体育行业的蓬勃发展,上海体育场地的数量与面积、体育从业人员和其他体育设备也在持续扩大、完善与优化,使得体育的整体影响力逐渐提升。当前,上海对于申办奥运会的呼声越来越大,奥运会能够带来的价值更是任何赛事无法比拟的。一方面,奥运会的举办对于体育推广、体育营销、体育文化渗透、体育基础设施完善等多方面有重要作用;另一方面,实现奥运城市目标,也是上海增强国际影响力和城市竞争力的重要内容。

（一）上海都市奥运体育产业体系宣传推广

1. 全民健身运动广泛开展

奥运会在鼓励所有居民积极进行健身运动上取得了显著的效果。作为全世界最受关注的运动和娱乐活动，奥运会使得公众在奥运会举行期间很自然地加入健身运动中。以 2022 年北京冬奥会为例，赛程进行时我国各大城市的运动场都出现了人流涌动的场景，各地都掀起了前所未有的全民健身热潮。同时，全国各地也在举行各种不同的体育活动，如员工运动会、健身节等，对推广大众体育起到了激励作用。

2. 新兴奥运项目获得民众青睐

北京冬奥会申办成功伊始，全国各地举办冰雪赛事的热情越发高涨，尤其对于南方城市上海来说，冰雪二字似乎并不常见，但是上海开展多元化体育的步伐从未停止。在上海成功举行的 2018 年第五届全国大众冰雪季的启动仪式，让更多市民有了深入了解并参与冰雪运动的机会，更能体验其独有的魅力。北京冬奥会的顺利举行使得上海参加各类冰雪运动的人数明显增加。据悉，2017 年，上海参加各类冰雪活动的人数仅为 60 多万人次，然而到了 2022 年，这一数字已经攀升至 300 万人次，刚好是五年前的 5 倍。借助北京冬奥会的成功举办以及国家持续推进的"北冰南展西扩东进"策略，上海这样的南方城市，其冰雪运动设备行业得以迅速发展，冰雪运动也得到了大众的喜爱。

3. 校园体育积极开展

奥林匹克竞赛对于激发在校学生对于体育活动的参与性有积极作用，这其实正是大学倡导体育活动的目的——唤起学生们参与体育运动的热情，以此强化自身体质，塑造全民健身的价值观。一方面在进行体育竞赛的过程中，宣传力度往往会非常大，同时比赛也会充满各种激烈对抗，这些热血澎湃的场景使人难以忘记，不仅能够陶冶学生的体育情操，还能激励他们积极参与体育活动，实现促进学生身体健康、增强学生体质以及培养学生践行终身体育观念的最终愿景，最终可以推动学生身心健康的全面发展。另一方面，大学组织校内体育竞赛时从筹办到宣传再到比赛的每个环节，都会使得整个校园充满浓厚的体育竞赛气氛，教师和学生通常会选择在空闲时间训练，以便在比赛中取得优异的成绩。这样的经历不仅会鼓励更多的师生主动参与到体育运动中去，同时也会改变师生对体育的价值认识和运动习惯。

(二)上海都市奥运体育产业体系品牌营销

1. 奥运品牌的受众群体更为广泛

奥运会不仅是体育盛会,也是文化盛会,没有哪个国际比赛能够与之相提并论。如2012年的伦敦奥运会,参赛运动员1万人,观看比赛的人数近50亿人,电视转播奥运比赛的时长达6万小时。

2. 奥运品牌有助提升品牌形象

企业需要符合奥委会设定的准入规则才能参与到奥运会的营销活动中,不仅要拥有充足的资金以及可靠的产品、技术、服务,同时还需要满足有较高的市场占有率、具有良好的社会形象和企业信誉等条件。凡是能够入选奥运品牌计划的,企业的产品质量,抑或市场影响力等方面都是相对过硬的。

3. 奥运品牌有利于企业制定长远战略规划

奥运营销活动顺应奥运会举办周期,较长的营销周期让企业能够有充足时间分解营销目标、细化活动计划、进行风险控制,确保营销活动规划方案的科学性、合理性和可实现性,以保证营销的效果,实现营销目标。

4. 奥运品牌有利于维护企业权益

奥运会的各项规章制度一直都很注重对知识产权的保护。这可以促进公平竞争,防止不正当竞争行为的出现。奥运品牌企业若适当应用这些规则,便可以抓住机会,凸显自己的竞争优势,迅速主宰市场。

(三)上海都市奥运体育产业体系配套支持

1. 上海都市配套基础设施发展具备优势

经济发展,道路先行。成功举办奥运会需要完善的交通基础设施作保障。具体来看,北京公路里程由2006年的2.05万千米增长至2021年的2.23万千米,年均增长0.56%,尤其是冬奥运前一年北京的公路里程达到极大值2.23万千米,这为保障北京冬奥运顺利举行奠定了良好的道路基础。上海公路总里程也呈现出平稳上升的趋势,公路通车里程由2006年的1.04万千米增至2021年的1.31万千米,年均增长1.55%。我们也可以通过分析上海公路网的密度,来剔除地理面积对城市道路通车里程的影响。具体来看,上海公路网密度由2006年的1.639千米/平方千米增长至2021年的2.077千米/平方千米,年均增长1.59%;北京的公路网密度则相对较低,由2006年的1.249千米/平方千米增至2021年的1.361千米/平方千米,年均增长0.57%。上述特征反映出各年份上海公路网的密度均要高于奥运会城市北京,这意味着上海路网建设更为稠密和完善。因此,从公路建设的情况来看,上海具备一定优势。此外,上海仍要不断完善桥梁、交通枢纽等设施,为申办奥运会提供相关保障。

2. 上海都市配套产业旅游业竞争力强

旅游业是与体育产业关联度较高的产业之一,奥运会的举办能极大带动旅游业的发展。上海 A 级景区数量由 2013 年的 83 个增至 2021 年 134 个,年均增长 6.17%;同时期北京 A 级景区数量由 2013 年的 203 个增至 2021 年的 250 个,年均增长 2.64%。上述结果显示出在旅游业基础设施领域,上海与奥运城市北京还有一定差距,但是相对于中国的其他城市,上海仍具备较强竞争力。总体来看,上海都市体育关联产业——旅游业发展态势良好,可为上海申奥、办奥期间旅游经济快速发展奠定重要基础。

3. 上海都市配套产业住宿和餐饮业处于领先

住宿和餐饮业同样是与体育产业关联度较高的产业之一。2022 年北京冬奥会举办期间,酒店民宿一度成为冰雪旅游爱好者关注的重要话题,冬奥会极大拉动了酒店、民宿等相关产业的发展。上海作为中国特大城市,申办奥运会需要住宿和餐饮业等行业劳动力的保障,若能举办奥运会也必将带动住宿和餐饮业的蓬勃发展。具体来看,住宿和餐饮业就业人数由 2013 年的 21.05 万人增至 2021 年的 28.24 万人,该行业就业人数年均提升 3.74%。相较于中国其他城市,上海的住宿和餐饮业就业人数处于领先地位。

(四)上海都市"奥运体育"长期经济刺激效应

1. 长期促进城市建设和经济成长

奥运会的举办会有大规模的经济注入,并且带动城市建设,这就使得以主办城市为核心地带的经济飞速发展。汉城在筹备 1988 年奥运会期间,对国际机场和公路进行了整修和扩建。汉城政府也意识到改良城市环境刻不容缓,积极展开汉江的治理工作、排水系统和水质的管理以及防污工作。巴塞罗那奥运会组织委员会的核心措施是改造城市环境和设施,并打造了五千米长的海滩,翻新了港口,大力建设了新的公路,提升了城市排水系统的运作效率,建立了更加完备的电话服务和网络。悉尼市政府为了圆满举办 2000 年奥运会,规划并成功建设城市周边的奥林匹克生态公园,并为其让出了军事仓库,以及对城市的垃圾填埋场进行了翻新,与此同时建设了一座占地 440 公顷的千年公园,这使得人与自然更加和谐共生。为了圆满举办 2008 年夏季奥运会和

2022年冬季奥运会,北京市政府建立并翻新了众多体育设施,形成了四通八达的交通网络,进行了宏大的环境治理和信息化工程建设,城市建设管理水平和生态环境评级迅速提高,使得北京进一步迈向国际化大都市的行列。

2. 全球性长期商业利益共享

奥运会带来的利益不仅仅被主办国获取,也可以被全球共享,激发全球商业的竞争力。有专家表示,奥运会赞助所获得的盈利是普通广告的3倍。许多跨国公司把赞助奥运会视为可以大大提升自身品牌价值的机会。在亚特兰大奥运会期间,耐克和阿迪达斯公司分别实现了92亿美元和70亿美元的收益。作为全球赞助商的可口可乐公司在那一年的第三季度收入上升了21%,达到9.67亿美元。而作为北京夏季奥运会官方服装品牌的李宁,其在2008年的产值达到了21亿元。像VISA、通用电气公司、麦当劳以及联想等这些家喻户晓的企业,为了成为国际奥委会"TOP赞助商",扩大自身的品牌影响力,不遗余力地投入大笔的资金,几乎所有参与奥运会的商家都可以从中获益。

3. 激发当地长期就业机会

在奥运会的准备过程中,必须建设众多的体育、交通、通信、服务、环境保护等基础设施,这需要大批的劳动力。因此,筹办奥运会在很大程度上减少了就业难的压力,并创造了更多的工作机会。例如,洛杉矶奥运会就创造了25 000个就业机会,而在申办到成功举办的七年间,汉城奥运会总共创造了760 000个就业机会。上海都市奥运体育也将会激发本土就业机会。

4. 促进本土体育产业国际化发展

奥运会的商务模式为全球体育产业创造了更大的发展空间,这是无可争议的。世界著名的运动设备制造公司、体育咨询管理机构、体育俱乐部以及其他的权威企业纷纷聚集在东道主城市,激发了全球性的体育产业竞争。奥运会对上海的体育产业化过程可以起到推动作用,大量潜在的商业机遇将促进我国体育赛事的运作迈入国际水平,使体育产业更具投资价值,这为上海的本土体育产业的全球化转型提供了机遇和挑战。

五、上海都市体育产业体系建设的提升路径

(一)推动体育产业的高标准发展,并提高全球优质资源的汇聚能力

作为新兴产业以及新的经济增长动力,都市体育产业需要积极整合上海

各区的体育资源,牢牢把握政策导向,敏锐关注时代风口,与创新型企业在人工智能、神经网络、大数据处理、体育文创等方向展开深入研究,打造驰名中外的体育企业,借政策之利、时代之风、资源之优,助其蒸蒸日上。与此同时,要进一步落实城市机场的扩建和运营效率的提升,实现上海各区体育产业的高水平发展,增强城市国际高端要素集聚力。

(二)尝试探索体育设施与体育地产的共同开发

人民大众进行体育消费的主要需求是强身健体、休闲娱乐,但现实情况是这一需求仍被运动场地和服务所制约。可通过学习体育地产的概念提升运动场馆的服务,来满足人民大众的体育需求。如意大利的尤文图斯选择在安联球场附近建设商场和旅馆,吸引了大量游客来运动、购物和消遣,激发了庞大消费力,这一成功案例值得借鉴。

(三)体育文化消费传播寻求新模式

传统体育行业常常通过文化传承来提升品牌影响力。如安踏的"七夕情侣运动鞋"系列活动,不仅能够增强人们对传统文化的认同感,还能够唤起支持国货的初心、扩大品牌影响力。随着时代的发展,新兴的体育文化传播已经不仅仅局限于宣传品牌,而是将体育与文化完美结合,形成一种全新的体育业态。通过将体育、影视、旅游、互联网技术有机结合,形成一种全新的消费模式,从而实现经济与文化发展的双赢。随着上海成为全球知名的体育城市,居民更加关注自身的健康状况,毫不吝啬对体育产品及服务投入时间和金钱,居民不仅想要舒适惬意的体育环境,更愿有丰富的体育商品可以选购。因此,上海的体育产业发展蒸蒸日上,体育消费市场也充满了巨大的潜力。

(四)都市体育文化建设应当彰显上海中西文化交融文化特质

在推动上海都市体育事业的发展过程中,除了关注硬件设施的建立与完善,还应该有深远的历史使命感,让体育展示出城市的独特文化魅力和强大的包容性。上海是中国最早接触西方现代体育的城市之一,西方体育文化与本土传统体育文化碰撞和交融,呈现出独特的"海派"特征。构建一座充满上海特色的国际著名体育之城,并赋予其独特的体育文化内涵,是推动上海全球著名体育城市建设深化的核心内容。在当前西方体育文化强烈冲击的背景下,上海都市体育产业建设必须坚持"以我为主"的原则，坚定维护本土传统体育文化，在此基础上继续改革和创新，在城市文化建设中深度融入体育元素，以塑造城市的特色文化气息。

（五）提高都市体育产业体系可持续发展性，形成聚集辐射功能

在竞技运动能力较高的国家，大城市之间的运动员流动频率相当之高。这不但吸引并聚集了一批优秀的体育健儿，也在世界各地产生了巨大的影响力。由于商业性运动组织继续在世界各地扩展其经营范围，并吸引来自不同国家的运动员，因此在世界各地的城市间，竞技运动人才的流动将会加速。上海应积极组织更多的运动员参与奥运会，让越来越多的运动明星走向国际的运动舞台，为民族争光，为上海添彩。重视竞技体育人才的合理流动，是建设世界级体育中心、上海城市体育产业集群的重要举措，也是增强自身影响力的重要途径。

（六）深入推进"体育＋"与"＋体育"的发展，加强产业发展基础

依托重大项目抓产业地位，打下坚实产业基础，搭建长三角合作平台，推进比赛合办、体育设施建设以及人才培育等多元化的协同合作。充分利用当地的税收优惠政策，吸引优质体育企业在此设立。利用进博会的溢出带动效应，提升体育场馆的商业价值，进行会展、文化、娱乐等一系列产业配置。突出"集中力量办大事"的系统优势，全力打造体育产业园，完善体育训练基地和体育公园等设施。加快上海城市运动中心的建设，打造产业集群，进一步增强业态多样性，吸引更多相关资源。以重大改革为基础，打造行业生态，持续完善市场准入条件，不断加强体育企业总部和上市公司的引进力度，在重点区域和重点领域设立一批体育重点工程。

（七）牢牢抓住赛事、场馆和市场，增强上海都市体育产业引领性

发挥体育赛事对经济发展的推动作用，构建体育赛事资源平台。坚持办好具有全球影响力的顶级赛事，并积极承办更多全球顶级综合赛事。发展自主品牌赛事，借本土原创品牌赛事增强上海体育在国内的影响力。要充分发挥我国体育市场主体的活力，提高我国体育产业的资源配置效率。建立全面的体育市场资源平台，依托大型综合体育场馆或大学科技园等配套设施，进一步促成与国际顶级俱乐部、体育强企的对接、学习和引进。推动体育多元主体的发展，为"独角兽"型公司、龙头公司、中小微公司等多种类型的体育公司赋能发展。

（八）聚焦数字化、融合化、资本化，扩大都市体育产业业务范围

以数字技术为突破口，激发行业发展潜能。推动运动商品的数字营销，线上线下销售同时进行。提高赛事的数字运作水平，使大数据在媒体宣传、赛事宣传中的作用得到最大限度的发挥。坚定以市场为导向，体育装备设计和研发精准解决用户痛点，真正满足消费者需求。以体育行业为中心，结合各类市场主体，达到多种行业的共同发展。促进体育产业与文化、旅游、商务等产业的深度结合，相互补充，提高体育产业的外溢效果。围绕"体育＋科技"，对运动与高科技相融合进行研究，促进运动智能生产与经营模式创新。

（九）注重都市体育产业发展的长期经济效应

打造一个全面覆盖体育重点领域的全产业链数据库，让体育产业在政务、服务、消费等领域有可视化的数据支持。体育产业目前也面临供给侧改革，无效及低端的供给需尽可能降低，有效及中高端供给需提高灵活性，使得供给能精准匹配需求，以此推动体育产业结构的升级。注重体育赛事、体育用品制造、体育旅游等相关产业的发展，吸引大量投资和消费，带动相关产业链的蓬勃发展，促进就业增加和经济活力提升，达到可持续发展。

（十）根据区域特色实现体育项目区域差异化发展

2028年洛杉矶奥运会新增棒球/垒球、板球、棍网球、壁球和腰旗橄榄球五个大项，新的体育项目的加入将使洛杉矶奥运会与众不同，向世界展示具有差异性的体育文化。上海五大新城应结合自身区域特点，差异化发展新项目，进一步凸显各自优势功能。比如，嘉定新城可在"车"字上做文章，放大"国际汽车智慧城"品牌效应；青浦新城可在"水"字上做文章，依托水乡水岸水景，积极打造"高颜值、最江南"的骑行盛况；松江新城可在"创"字上做文章，在新基建、科创投资等环节上同步发力，加强科技创新的"动力源"作用。奉贤新城新一轮围绕"美"，引入了百年健康大区总部和多宁公司的全球总部，持续延伸"东方美谷"的产业链；临港新城可突出"融"字，依托"临港海湖韵"的滨海城区独特意象，引进高品质的教育和运动资源，如水上运动中心，半程马拉松等。

上海都市体育发展体系建设研究
——都市体育文化独特性研究

秦迎林*

[摘　要]　本研究基于上海建设社会主义现代化国际大都市的目标定位，以明确都市体育文化内涵为研究起点，以新时代上海都市体育文化建设现状的实证调研和问题剖析为研究基础，以典型国际大都市都市体育文化建设经验为借鉴，为上海都市体育文化的形象塑造、传播路径的优化和体育精神的传承与发展提出可行性的政策建议，以期更好地构建上海体育文化与经济、社会的深度链接，助力上海全球著名体育城市建设。

[关键词]　上海；都市体育文化；独特性

党的二十大报告中明确指出，要广泛开展全民健身活动，促进群众体育和竞技体育全面发展，加快建设体育强国。体育和文化是互为补充的关系，现代体育的发展与文化密不可分，加强体育文化建设成为推动中国体育现代化的必要途径。体育事业对于城市的发展至关重要，而体育文化与民族文化的融合是未来城市建设的新趋势。上海作为一座国际大都市，体育文化在其品牌建设中占据重要地位。体育文化是"上海文化"品牌建设的重要内容。上海都市体育文化的建设与传承，是在新时代上海改革开放总体布局中深度谋划上海体育发展，旨在彰显上海特色体育元素，对于上海建设社会主义现代化国际大都市和全球著名体育城市具有重要意义。为深入贯彻党中央、国务院关于

---

* 本文作者简介：秦迎林，上海工程技术大学副教授、硕士生导师，博士，文化产业。

体育强国建设的决策部署,上海相继出台了一系列体育发展政策,积极推进都市体育文化建设,为市民创造浓厚的体育氛围,大力推动上海体育文化事业的发展。

一、上海都市体育文化建设的内涵及独特性分析

(一) 都市体育文化

都市体育文化是指在都市范围内,城市人口为满足生存需求,丰富业余生活,以身体为媒介,把满足市民需求的身体活动进行加工、组织和秩序化,并获得社会承认的、具有独立意义和价值的都市文化。自开埠以来,上海成为西方体育文化和生活方式传播的主要地区。在这一过程中,西方体育的概念和形式也迅速涌入上海,与上海本地体育文化资源相结合,逐渐形成独具特色的都市体育文化。其具体内容较为广泛,主要可划分为体育精神文化、体育物质文化、体育行为文化、体育制度文化这四个方面(图1)。精神层是体育文化的核心,体现在其价值观上。制度层是为了深化和完善体育文化精神层而设立的,通过体育制度、政策法规等来规范行为(图2)。物质层是基础,为制度层和精神层的发展提供支持,是体育文化建设的必要条件。

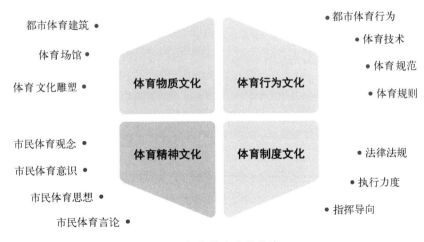

图1 都市体育文化分类

资料来源:课题组依据相关资料整理绘制。

时间/发布单位	政策文件及内容
2018年8月 上海市人民政府办公厅	《关于加快本市体育产业创新发展的若干意见》 从竞赛表演业和健身休闲业为引领的产业体系更加合理，以国际竞争力和带动性强的体育企业为主体的市场体系更加发达，以重大体育场馆设施和产业集聚区为主体的空间体系更加优化。
2018年12月 上海市体育局	《建设国际体育赛事之都三年行动计划（2018—2020年）》 围绕建设卓越的全球城市、全球著名体育城市的总目标，加快推进世界一流的国际体育赛事之都建设进程。
2019年6月 上海市人民政府办公厅	《上海市人民政府办公厅关于构建本市竞技体育发展新体系的实施意见》 围绕2025年上海基本建成全球著名体育城市的目标，形成具有领先性、时代性、开放性、国际性的都市型竞技体育发展格局。
2020年10月 上海市人民政府办公厅	《上海全球著名体育城市建设纲要》 建设更具全球影响的体育文化中心。坚持以人为本、改革创新、依法治体、融合发展，大力推动全民健身与全民健康深度融合。
2021年6月 上海市人民政府办公厅	建设黄浦江"世界会客厅"。依托河道、跑道、公路等，举办马拉松、主题徒步等体育品牌赛事活动？
2021年1月 上海市第十五届人民代表大会第五次会议	《上海市国民经济和社会发展第十四个五年规划和二〇三五年远景目标纲要》 深入推进文化体育惠民，优化公共文化体育设施布局，积极建设全球标杆性文化体育类活动品牌，提升文化旅游体育产业能级。
2021年2月 上海市人民政府办公厅	《关于本市推进全民健身工程加强体育场地设施建设的意见》 实施全民健身工程，补齐市民身边的健身设施短板，优化完善15分钟社区生活圈。
2021年7月 上海市人民政府办公厅	《全力打响"上海文化"品牌深化建设社会主义国际文化大都市三年行动计划（2021-2023年）》 推进全球著名体育城市建设，打造更具全球影响的体育文化中心。传承为国争光、开拓创新、中外交融、独具魅力的海派体育文化。
2021年8月 上海市人民政府办公厅	《上海市体育发展"十四五"规划》 充分挖掘上海体育特色元素，打造本土特色体育品牌。
2021年9月 上海市人民政府	《上海市全民健身实施计划（2021—2025年）》 积极营造"处处可健身、天天想健身、人人会健身"的全民健身城市环境。
2021年11月 上海市体育局	《上海市体育赛事体系建设方案（2021—2025年）》 丰富体育赛事供给，优化体育赛事空间，统筹体育赛事时间，健全体育赛事组织，强化体育赛事服务。
2022年8月 上海市体育局	《上海市社区体育发展实施方案》 挖掘上海体育文化内涵、提炼社区特色的体育文化符号。
2023年1月 上海市发展和改革委员会、上海市体育局、上海市绿化和市容管理局、上海市规划和自然资源局	《上海市推进体育公园建设实施方案》 依托城市生态空间和公园绿地布局，逐步形成分布较为均衡、服务覆盖面广、体绿深度融合，兼具普惠性和特色化、运行可持续的体育公园体系。
2023年2月 上海市体育局、上海市市场监督管理局	《关于加快推进体育标准化 助力上海全球著名体育城市建设的意见》 深化体育跨界融合，培育一批体育与文化、旅游、养老、健康、教育、商业、互联网、金融等产业融合发展产品和服务标准。
2023年4月 上海市体育局	《关于创新体育供给进一步促进和扩大消费的实施方案》 培育体育消费新场景，推动打造都市体育旅游新模式。

图2 2018—2023年上海推动都市体育文化建设政策分析图

资料来源：课题组依据相关政策文件整理绘制。

（二）上海都市体育文化建设的独特性分析

上海作为中国的经济、金融和文化中心，都市体育文化建设具备一定的独特性。上海的都市体育文化与城市建设深度融合，拥有丰富多样的体育资源，在技术推动下不断创新体育领域，并且将体育与文化相融合，积极展开国际间的体育交流合作。上海独特的都市体育文化为市民提供了丰富多样的体育活动和文化体验，有利于促进上海体育的蓬勃发展，提升上海国际大都市形象。

1. 丰富多样的体育资源

上海拥有众多全国排名前列的大型体育场馆、运动场地、健身俱乐部和丰富的年度体育赛事等体育资源。其中，上海体育馆、上海大舞台、上海奥体中心等大型场馆，以其现代化、多功能的特点，不仅能够满足市民日常的体育运动需求，也成为举办大型国内、国际体育赛事和文化活动的理想场所。虹口足球场、宝宸体育馆以及数不胜数的球场和健身场所，散布于城市的各个角落，方便市民随时开展体育锻炼。一些国际知名的健身俱乐部如健身环球、金逸健身等，也在上海设有世界一流的设施和专业的教练团队，为市民提供高品质的健身服务。此外，在上海举办的重大体育赛事中，每年4月举办的F1（世界一级方程式锦标赛）、5月举办的国际田联钻石联赛、9月举办的上海斯诺克大师赛、10月举办的ATP1000网球大师赛，都极大地丰富了上海市民的体育娱乐生活。

2. 深度融合的城市建设

上海在城市建设过程中坚持体育文化自信，将体育文化融入城市品格和城市血脉，打造为国争光、开拓创新、中外交融、独具魅力的海派体育文化，彰显了上海体育的独特气质。同时，上海注重城市体育的创新发展，提倡健康、环保、共享的城市体育理念。一方面，上海倡导居民采取步行、骑行等低碳出行方式，同时提供丰富的城市自行车道、健身步道等设施，方便市民进行运动。另一方面，上海鼓励社区体育项目的发展。如城市公园健身、街头篮球等，让市民更加便捷地参与体育活动，享受健康生活；通过积极引入新兴体育项目和运动科技，推动了城市体育创新；通过开展无人机竞速和人工智能体育项目的推广和比赛，激发了市民对体育的兴趣和参与度。

3. 技术驱动的体育创新

上海在体育创新方面积极引进先进技术，促进体育产业的升级发展。在科技与体育的融合上，实施了一系列举措：一是引入智能化健身设备和运动监测技术，为市民提供了个性化的运动训练和健康管理服务，推广了运动监测技术，如智能手环、智能手表等，市民可以佩戴这些设备以追踪自己的运动数据，并通过各种应用程序进行分析和管理。二是在体育赛事中应用新技术，提升观赛体验成为上海的一项创新举措，如上海大舞台等场馆通过无人机摄影技术，多角度地记录比赛场面，为观众呈现更具视觉冲击力的画面。三是开展虚拟现实（VR）直播，在直播中，观众能够通过 VR 设备身临其境地参与赛事，感受更真实、沉浸式的观赛体验。四是积极探索人工智能（AI）在体育领域的应用，通过 AI 技术，可以对大量体育数据进行分析和挖掘，提供更精准的预测和战术建议。

4. 相互融合的体育与文化

上海注重将体育与文化相融合，打造独特的体育文化品牌。在文化精神方面，上海体育文化充分挖掘历史遗存、精神特质和人文价值，巧妙融合奥林匹克精神、中华体育精神和上海城市精神，形成独具特色的都市体育文化。中华体育精神注重身心健康、团结协作和追求卓越，上海城市精神强调创新、开放、包容和国际化，这些精神元素都贯穿于上海的体育文化中。在位于徐汇区的上海体育场馆的设计中，融入中式园林设计、文化创意装置等传统文化元素，使体育场馆不仅成为体育活动的场所，同时也提供了文化体验的机会。在文化行动方面，通过举办主题体育文化活动，将体育与艺术、音乐等文化形式相结合，在每年 11 月举办的上海国际马拉松赛期间，同时举办音乐演出、街头艺术表演等活动，为市民和参赛选手带来全方位的文化体验。

5. 国际化的体育交流合作

作为全球重要的经济中心城市，上海积极推动国际体育交流与合作，举办各类国际性体育赛事和论坛。通过与国际友城的合作，积极推进与港澳台地区体育的密切交流和合作，举办国际会议与论坛、加强合作交流，推动了上海体育精神的传承，使上海成为全球举办体育活动的关键城市。如每年 10 月中旬举办上海 ATP 网球大师赛、11 月下旬举办的上海国际马拉松赛等都是备受关注的国际级赛事。在国际体育交流与合作方面，上海积极吸引国际体育品牌与企业进入市场，进行合作与交流。国际知名体育品牌也纷纷进驻上海，如耐克、阿迪达斯等还在上海设立了旗舰店，为市民提供最新款的运动装备，引领新的体育时尚潮流。上海同时大力支持本地体育企业走向国际市场，通过举办体育论坛和展览，促进国内、国际体育产业的交流与合作。

二、上海都市体育文化发展现状及存在问题分析

上海市人民政府办公厅 2021 年 8 月发布《上海市体育发展"十四五"规划》，提出到 2025 年上海的体育事业发展水平将在全国处于领先地位，体育事业的发展环境不断优化，大众对体育事业的满意度、幸福感不断提高。上海的整体体育实力显著增强，国际影响显著增强，初步建设成为世界著名的、有影响力的体育城市。详尽分析上海都市体育文化发展的现状及存在问题，对上海建设全球著名体育城市具有一定的实践意义。

（一）上海都市体育文化发展现状

在上海全球著名体育城市建设的进程中，体育文化在城市发展中已渐趋生活化与社会化，体育文化对提高居民生活质量和推动社会和谐稳定都具有积极作用，上海都市体育文化的蓬勃发展已成为推动体育成为弘扬社会主义核心价值观和上海城市精神的重要抓手。目前，上海都市体育文化呈现出如下蓬勃发展的趋势：

1. 地标性体育文化设施不断涌现

上海文化底蕴深厚，历史古迹众多，也是中国近现代体育的发源地之一。伴随着近代历史的变迁，上海在体育物质遗产方面留下了大量的足迹，也见证了近代体育发展的进程。为深入挖掘体育设施的历史文化内涵，上海采取了功能再开发、景观修复、文化元素融入等措施，开发了江湾体育场、国际乒联上海博物馆（中国乒乓球博物馆）、旗忠网球中心、上海国际赛车场等多个地标性体育文化设施，充分挖掘上海体育设施历史文化的内涵。

2. 体育文化精品项目频繁呈现

上海体育文化前沿项目频繁呈现，体育赛事、体育健身、体育旅游、体育文化等领域 IP 品牌频出，大力提升了"体荟魔都"的品牌影响力。2019 年，上海市推出上海体育文化品牌——体荟魔都，加快上海体育产业的建设和发展。上海体育产业以上海体育文化志愿宣讲团为重要的载体，发挥社会体育组织、运动团队、体育明星等的主导作用，加大对体育文化的宣传力度；通过构建以体育休闲、体育旅游、体育传媒、体育赛事、体育用品、体育彩票、体育服务、体育品牌为核心的产业链体系，打造海派文化特色的知名品牌体育赛事和知名职业体育俱乐部。上海海派文化特色的赛事和俱乐部在吸引越来越多国内外

的投资机构和企业的同时也进一步提高了上海的城市形象和国际知名度,提升了上海在全球范围内的吸引力,进一步在推动上海城市建设、拉动城市消费等方面发挥出积极的作用。

3. 体育精神传承方式多元综合

上海的体育历史和百年文化遗产,既体现了这座城市的时代精神,也沉淀着这座城市的体育精神,其所蕴含的丰富内涵成为上海不可或缺的文化烙印。上海体育文化是中国近代体育的发源地,以海纳百川、追求卓越、开明睿智、大气谦和的海派文化与之相辅相成,共同构成了上海这座城市独一无二的文化内涵。上海体育文化发展史上积淀了大量非物质海派体育文化遗产——精武体育、练功十八法、绵拳、耍石担石锁、罗店龙船、摇快船等,这些体育项目先后被列入国家级非物质文化遗产名录。上海以全国全民健康日和国际大型赛事活动为主要节点,以举办主题赛事、运动体验、文化展览、学术论坛和粉丝互动等活动为依托,为中国运动文化的传播和体育精神的弘扬创造契机。

(二)上海都市体育文化问题剖析

上海都市体育文化是上海城市软实力重要组成部分,是上海建设社会主义国际文化大都市的重要抓手。虽然上海在都市体育文化体系建设方面拥有优异的表现并取得了卓越的成绩,但距离打造全球著名体育城市的目标还有一定的差距,具体表现在如下几个方面:

1. 都市体育文化标识度不突出,体育形象塑造有待强化

世界体育城市大多拥有享誉全球的体育文化景观,相比之下上海与国际著名体育城市仍存一定差距。上海的国际赛事尚需进一步突出本土品牌特色,把握体育赛事中展现城市文化风貌的最佳机遇,将中国元素与上海本土文化元素深入植入,进一步构建上海都市体育文化的特色。同时建设城市体育文化也是赋予城市个性、魅力和创造力的关键。如何进一步挖掘上海地方文化特色,塑造鲜明的上海都市体育文化形象,也是上海创建全球著名体育城市的重要抓手。

2. 竞技体育发展水平不够突出,国际水平竞技队伍匮乏

拥有国际影响力和知名度的竞技队伍是国际体育城市的重要衡量标准之一。尽管上海拥有上海绿地申花、上海哔哩哔哩篮球俱乐部、上海上港等多支俱乐部队伍,但是这些队伍在国际上的影响力有待提升,无论是竞技水平还是国际知名度与其他著名体育城市仍存在差距。上海的职业体育相较于其他体

育城市仍存在进步空间,相较于国际上普遍认可的世界著名体育城市,上海在职业体育俱乐部的数量、水平、影响力等方面,与国际上公认的世界著名体育城市相比还存在一定差距,这也直接导致了上海在球迷文化培育方面需要进一步加强。

3. 本土优秀体育文化作品欠缺,体育文化品牌尚存空白

上海著名的体育赛事大多为引进的外国品牌,本土体育文化品牌尚存空白。尽管上海举办品牌赛事的水平较高,但是举办成本较为高昂,不利于后续持续经营。2022年国际体育经济协会发布全球体育城市评选,就城市体育发展水平与经济发展水平对全球城市进行了评估,其中东京、伦敦、洛杉矶分别获得冠军、亚军、季军。这三座城市拥有至少两次举办奥运会以及各类项目世锦赛的经历,在职业体育影响力以及媒体传播力方面各具特色。上海与这些城市之间仍然存在显著差距,由于举办国际顶级赛事的数量不足,在国际体育报道中缺乏足够影响力。

4. 相关都市体育文化人才缺乏,人才梯队建设亟待加强

上海尚未建立体育文化创意人才的培养体系,专业人才培养方式有待改革,现有技术人员的系统培训亟待加强。体育文化人才的数量在一定程度上反映了都市体育发展规划与进行体育发展战略研究的进程,同时也是国际体育大都市的重要评价指标之一。上海急需快速培养适应新时代体育发展新常态、体育产业新业态、城市体育文化新形态的新型体育文化人才。职业体育经纪人是体育产业市场化发展的标志之一,也是体育市场供需双方沟通的桥梁,在体育文化产业发展中有着不可或缺的作用,目前上海职业体育经纪从业人员数量的不足也阻碍了上海体育产业的发展。

5. 城市品牌体育赛事数量不足,体育场馆设施有待提高

上海已经承办了包括F1上海大奖赛、上海网球大师赛、射箭世界杯赛、环球马术赛等多项国际级赛事,但是赛事的城市品牌特色、本土化程度与纽约、墨尔本等国际著名体育城市尚有差距。体育场馆的建设与体育赛事活动的有序开展息息相关,体育场馆的数量与质量更是衡量体育城市的重要标准之一,大型体育场馆设施为承办国际赛事、吸引高质量职业俱乐部提供了物质载体。上海虽然拥有多种类型的体育场馆,但仍有较多场馆存在功能单一、体量较小等问题。对体育场馆的升级改造是建设体育城市的基础,上海体育场馆的改造与城市规划的联动效应仍需提升,场馆周边的生活配套服务亟待改进。

三、都市体育文化建设国际经验借鉴

城市的建设是一个复杂且多元化的过程。伴随着体育文化的兴起和蓬勃发展,越来越多的城市看到体育文化带来的价值,转而投入到都市体育文化的建设中。国外许多城市在体育行业发展历史较为悠久,在国际体育经济学会发布的"2022全球体育城市指数"及全球通信机构 BCW 发布的"2022 年全球体育城市排行榜"中,伦敦、洛杉矶、墨尔本都位居前列。批判性借鉴发达国家国际大都市的体育文化发展经验,有利于上海建设全球著名体育城市和社会主义国际文化大都市宏伟目标的实现。

(一)伦敦城市特色的"大型体育场馆"文化

伦敦是享誉全球的世界级城市,也是全球最具竞争力的金融、经济和文化中心之一。伦敦"发展体育文化"和"建设体育城市"方面的成绩有目共睹,因此被誉为是"世界级的体育文化大都市"。伦敦是唯一举行过三届奥林匹克运动会的典型体育城市,除此之外,伦敦还举办过足球世界杯、世界田径锦标赛等大型国际体育赛事,这些竞赛的举办,不仅促进了伦敦的城市文化建设和经济发展,同时也推动了伦敦的体育城市建设。

从伦敦的历史发展历程来看,伦敦高度重视体育文化在城市建设中的特殊作用与地位。早在 20 世纪 80 年代,体育文化就被伦敦市政府作为城市更新的利器,城市更新围绕大型体育场馆展开,通过对大型体育场馆的建造、体育赛事的举办以及对职业体育俱乐部的支持提升体育文化的凝聚力。伦敦的体育文化充满了城市特色,在 21 世纪初,伦敦以筹办奥运会为载体利用体育文化对区域进行了文化提升,对城市公共空间与特色体育文化的结合进行了大量的探索。2010 年进入全球化时代以来,体育文化成为伦敦提升竞争力和发展经济的重要力量。伦敦通过举办各类高水平赛事,新建、改造体育空间等方式,促进城市更新,达到优化城市功能、提高生活质量从而提高城市效益的目的。其中,影响力最大的是 2012 年夏季奥运会,伦敦举办该次奥运会的主要动因之一就是更新城市东区,著名的"伦敦碗"就是在该次奥运会建造。

(二)纽约的多元融合的"体育综合体"文化

20 世纪以来,纽约逐步发展为世界经济、金融、文化和融媒体中心城市。

体育文化随着这座城市的发展渐渐融入进来,成为其社会文化的重要组成部分。2016年,纽约获得了《体育商业》杂志颁发的"世界最佳体育城市奖"。

纽约的体育产业非常成熟且发达,不仅是美国四大职业体育联盟的总部所在地,还拥有世界一流的体育设施条件。纽约的体育综合体是这座城市独特的体育文化象征,它不仅仅是一个普通的建筑综合体,更是城市综合体在各个领域之间建立起相互依存、相互促进的有机关系的延伸。体育综合体以其多样化的业态和丰富的功能,成为一个具有活力和吸引力的城市空间,吸引着人们在其中参与体育运动、享受娱乐活动、品味美食和购物消费。这种能动关系的建立,不仅为城市注入了活力,也为体育文化在纽约的传承和发展提供了良好的平台和机会。作为世界现代城市的鼻祖之一的纽约,在体育领域建设中是丰富的、多元的、颠覆性的。其中享誉全球的体育综合体 American Dream 位于纽约大都会核心地带,项目占地约27.87万平方米,集体育、零售、餐饮、娱乐于一体,拥有北美最大的全室内梦工厂水上公园、12层高的室内滑雪滑冰乐园、国家冰球联盟场馆大小的冰球场等。体育综合体将体育、服务、健康生态结合在一起,打造健康生活生态圈,形成聚合效应,这样不仅可以满足家庭式的消费需求,同时也可以带动体育产业的发展。

(三)墨尔本的便民休闲的"体育空间"文化

墨尔本作为被誉为"世界体育之都"的城市,以独特而出色的体育场馆区域跻身全球知名城市。城市的体育片区距离墨尔本市中心CBD仅需步行15分钟,聚集了近十座各类体育场馆,成为这座城市的骄傲。这些赛事体育空间与墨尔本的其他建筑和景观相互交织,共同塑造了城市的视觉形象,成为墨尔本的"城市名片",也是城市吸引外部资源的重要组成部分。

墨尔本的体育场馆维护得非常出色,每座场馆都非常注重细节和设施的完善。这使得这些场馆的利用率极高,举办的各种国际体育赛事和文化活动,为墨尔本注入了无限活力,活跃了墨尔本城市体育氛围。这些场馆不仅是精彩比赛的舞台,更成为城市居民进行体育活动和娱乐的理想场所。与其他城市相比,墨尔本的体育场馆的独特之处在于它们大多位于市区和交通便利的近郊地区。这一设计理念不仅使体育场馆更加容易到达,也为墨尔本的社区体育发展提供了巨大的空间。这些场馆周边还建设了大量公园,提供了广阔的草坪空间,为运动爱好者们提供了极大的便利和舒适环境。墨尔本的居民和游客可以在这些公园中尽情享受户外活动的乐趣,无论是跑步、骑行还是进行各种团队运动,每个人都能找到自己喜欢的方式去参与。墨尔本对体育的热爱也在孩子们身上得到了体现。每个周末,这里的孩子们充满活力地参加户外运动。无论是在公园里踢足球,还是在社区的体育俱乐部参加各类训练,孩子们都能享受到积极健康的童年时光。在墨尔本的体育休闲文化的影响下,从城市的体育设施建设再到体育管理的运行方式,都将便捷市民的体育生活作为服务的中心,正是这种积极而又热情的体育环境,不断激发着人们对体育运动的兴趣和热爱。

四、加强上海都市体育文化建设的主要举措

上海都市体育文化是上海城市形象建设的重要内容,《上海市城市总体规划(2017—2035)》明确提出引领上海成为卓越的全球城市,建设令人向往的创新之城、人文之城和生态之城。充分挖掘城市体育文化的历史遗存、精神特质、人文价值,有机融合奥林匹克精神、中华体育精神和上海城市精神,培育独具魅力和特色的全球著名体育城市体育文化,对上海建设社会主义现代化国际大都市具有重要意义。

(一)上海都市体育形象的塑造

1. 上海体育产品形象塑造

建议进一步发挥上海在长三角地区的核心优势地位,充分利用上海周边江浙皖地区的原材料资源、劳动力资源供应优势,形成产业集聚高地,进一步提升上海体育产业产品竞争力。重视企业的品牌形象建设,加强对高技术含量和高质量产品的保护和扶持,以提高上海体育产品的形象和市场地位。坚持问题导向、需求导向,在体育产品设计工作中以优先满足人们健康需求、促进人的全面发展作为标准和原则。建立一套科学合理的质量标准体系,由点至面逐步推广,在确保产品质量的同时发挥主观能动性,开创新的产品及新的营销方式,在质量上求同,在发展上存异,生产市民满意的体育产品。

2. 上海体育服务形象塑造

以人民为中心,不断满足人民日益增长的美好生活需要,是党和国家发展建设一直强调的中心思想。上海建设全球著名体育城市迎合了当下全民健身的热潮,建议进一步从社会发展角度,基于以人为本的思想,深化广大民众锻炼身体的健康意识,努力完善上海市公共体育服务体系。加大对上海市基本

公共体育服务的投入,拓宽与完善合理的体育服务供给渠道;持续推进上海市养老系统与养老服务产业的深度融合发展,注重对老年群体公共体育服务的发展规划;积极开展上海市青少年体育教育,强化建设"体教结合"培养模式,组织开展多校参与的校园体育比赛,为上海市体育发展积聚后备力量;统筹政府、社会组织和企业三大服务供给主体,提高城市体育服务发展积极性;强化体育城市政务建设,构建体育政务信息平台,将体育政务信息平台融入新媒体应用,实现信息化与科技化深度融合,以信息化手段推动城市体育服务智能化。

3. 上海体育消费形象塑造

建议打造以"体育+链网"为联结的体育产业经济生态圈,进一步促进城市消费增长,扩大城市经济规模,为上海的城市发展提供更加良好的体育市场基础。近代以来,随着西方体育赛事在上海的流行,不同种类的体育赛事也被赋予了不同的象征意义,城市大众也开始将观看体育赛事作为一种娱乐休闲活动,并逐渐融合形成具有中西特色的海派体育文化。建议基于"体育+"模式,打造多元化的体育消费类型,如将体育市场主体进行分级,逐步提升其市场经营水平,打造大型体育产业,孵化新奇小众的多元体育类型消费企业;开展城市体育文化节、体育旅游节、体育购物节等活动,激发城市居民的体育消费热情;升级体育公园、体育场馆、体育中心等消费域的结构与服务,建设多元化多功能复合型消费空间;优化场地器械、服装用品、运动装备等产品实物性消费供给,进一步推广体育科技、体育旅游、体育养生等新兴消费业态。

4. 上海体育文化形象塑造

作为东西方文化交流的重要节点,上海早在近代以前就开始了体育文化的交流和融合,形成独特的体育文化基础。建议进一步立足上海体育文化的历史、精神、人文价值,有机融合上海城市精神、海派文化、中华体育精神,结合"海纳百川、兼收并蓄"的上海都市体育文化独特诠释,助力设计独具城市魅力和本土特色的体育文化形象符号。通过在全市范围内做好一系列体育宣传工作,形成良好的体育氛围:定期推行体育文化宣讲,分享城市体育爱好者的励志故事;收集、展示体育影像、史料、人物和故事等文化资源,树立体育文化标杆;加强与国内外的体育文化交流与合作,将上海打造为中外体育交流的桥头堡。通过这些措施,在多元立体的环境中不断塑造上海体育城市的形象。

5. 上海体育专业形象塑造

拥有一支或几支具备国际影响力的运动队伍是一座城市国际体育地位的

重要标志。高水平职业体育俱乐部不仅可以通过比赛活动促进城市体育文化、体育产业和体育基础设施建设，以及更大范围的经济和社会领域的发展，而且还能够为城市带来高曝光率和关注度，展示城市的整体形象和精神内涵，提升体育城市的国际知名度。建议在建设职业体育俱乐部方面，重视本地职业体育俱乐部的作用，加大对本土职业体育俱乐部的扶持力度。通过支持上海上港、上海绿地申花、上海久事男篮等职业俱乐部的发展，激发职业体育俱乐部在城市经济、文化、社会等方面的多元价值，使其建设成为展示城市形象和城市精神气质的重要载体。

（二）上海都市体育文化的传播路径设计

1. 多元化媒体传播

建议加速数字技术和都市体育文化的传播融合应用，通过系统设计都市体育文化数字化场景，为都市体育文化传播体系注入发展动力。运用人工智能、区块链、视觉传感器、5G＋等先进信息技术，充分发挥VR和人工智能的融合优势，通过虚拟现实呈现多元、丰富的都市体育文化。将先进的数字技术与赛事转播深度融合，凭借上海丰富的赛事资源，打造上海体育传播综合性媒体平台。推广"体育赛事"移动应用端，围绕"互联网＋赛事＋服务"模式，提供媒体报道、赛事转播、赛事分析、交流互动和赛事参与咨询等全方位的服务，实时收集和发布各种体育赛事的信息，以满足消费者对体育赛事信息服务的需求。

2. 立体式环境传播

建议办好都市体育文化普及活动周，推进都市体育文化进学校、进楼宇、进地铁。从街道、区级和市级三层立体式推进都市体育文化传播。以街道为主体，以休闲体育为中心，倡导全民健身，强化民众对于体育健身的重要性意识，更新换代城市老旧体育场地设施，塑造良好的体育文化氛围。各区域以打造"一区一品"赛事为重点，按照不同的赛事特色打造多样化体育文化活动，利用自身资源禀赋，因地制宜地举办各类户外运动赛事，为市民搭建起体育活动交流平台。建议上海发挥长三角城市群的中心城市辐射带动作用，培育长三角体育赛事品牌，组建长三角体育产业联盟，积极申办、承办重大国际性体育赛事，推动长三角区域体育赛事协调发展，共同打造长三角地区的体育文化中心，为广大市民提供更多、更好的体育文化产品和赛事服务。

3. 国际化平台传播

高水平的体育竞赛活动是城市向外界展示城市体育文化的重要窗口，也是一座城市体育文化的重要标志。因此,建议合理规划和布局城市体育资源,积极创办、培育和引进符合上海城市定位的顶级赛事,将体育赛事与城市品牌形象更紧密地结合在一起,将上海打造为国际体育赛事之都。同时也要借助国际赛事这一国际化平台,开展专项体育文化交流,实现各国体育文化交融互嵌发展。与国际传播主体合作,学习和利用其先进的理念与技术,增强对其本土受众情况的了解,吸引更多受众。积极进行海外新媒体运营、外文版网站搭建等工作,借助国际窗口,积极进行上海都市体育文化传播。

4. 明星形象化传播

体育明星是城市体育形象的具象化,体育明星人格魅力的展现也是其背后的城市文化魅力的彰显,一座城市拥有越多的体育明星,就越能向外界勾勒出更生动的城市体育形象。如以姚明、刘翔等为代表的优秀运动员,不仅在中国和亚洲享有很高的声誉,在全球范围内也是体育界的代表人物,他们在赛场上的出色表现向世界展现出中国和上海的体育实力和魅力。建议在出色运动员的培养模式上可以采取国际合作的方式,在篮球、足球、网球、田径、游泳等重点项目上实施巨星培育工程。建立国际性的体育赛事和培训机构,邀请国际知名的教练员和运动员来到上海进行交流和培训,促进上海与国际体育界的交流和合作,打造国际合作框架下的竞技体育人才集聚地,为上海培养出具有国际影响力的体育明星提供更广阔的平台和机会。

(三)上海都市体育文化精神的传承与发展

1. 立足上海城市体育文脉,开展体育文化精神内涵传承

上海体育文化根植于具有鲜明地域特色的海派文化。海派文化是一种谦和大气、开放包容、时尚创新的新型文化形态,它坚守自身的文化传统和特性的同时,又融合和吸纳了其他文化的精髓。上海体育文化继承了海派文化"海纳百川,兼收并蓄,开拓创新"的城市精神。形成了以多元的文化风格、开放的文化环境、从容的文化自信、大度的文化心态为特征的体育文化。上海都市体育文化发展需以海派体育文化特征为依据,实现传统与现代、西方与本土、技术与人文的多元有机融合。在体育文化层面,充分发挥海派文化的影响力和渗透力,促进海派体育文化精神的传承,促进城市居民之间的交流和团结,增强城市居民的归属感和自豪感。

2. 秉承上海城市体育记忆,创新体育文化精神品牌传承

上海体育文化记忆根植于上海体育事业发展过程中的人与事。城市记忆

是由城市的政治、经济、文化和生活记忆所引发并串联起来的社会记忆,体育文化记忆也是城市记忆的一部分,它承载和记录着城市体育发展历史中的人、事与物。上海的体育文化记忆具有连续性和一致性,与整个城市文化一脉相承,相互交融,形成了一个有机的整体。姚明与刘翔所展现出的大气谦和、拼搏向上的体育精神,特奥会、女足世界杯、世乒赛的举办对上海城市体育氛围的塑造都属于上海体育文化记忆。建议借助这份记忆,充分开发文化资源打造海派体育文化阵地,创作优秀的体育文化作品,为市民打造优秀的体育文旅项目,将记忆凝结成一个个优秀的文化项目,深化人们心中的上海体育文化内涵。

3. 依托上海城市体育资源,优化体育文化精神形象传承

从城市体育文化的文化内涵角度分析,精神价值是传承城市体育文化时需要重点挖掘的内容之一。体育文化精神是以体育为载体塑造城市居民对人类和生命的关怀和热爱的人文观念。城市体育的发展应该与当地居民的生活习惯、风土人情、地域特征和经济状况等因素相结合,有助于形成独具特色且深入人心的城市体育文化,而这种文化代表了当地城市居民的精神价值。上海体育文化是上海海派文化的象征,体育文化与海派文化的结合,形成了以"十二大品牌赛事"为核心的体育资源,同时也包括"一区一品"赛事和各类特色商业性、群众性精品体育赛事资源,黄浦区的外滩体育文化和嘉定区的赛车文化都是上海体育文化的典型代表。建议将各区域体育资源与上海体育文化相结合,充分挖掘各区域的体育文化资源,打造出适合本区域的特色城市体育文化 IP,将城市精神价值融入文化 IP 中,以形成独属于上海的城市体育文化符号。

4. 立足上海城市民俗体育,塑造体育文化精神灵魂传承

上海是一个充满民俗体育文化的城市,其中的石库门弄堂运动会、苏州河龙舟赛、国际友人风筝会、海派秧歌赛、民俗运动会等赛事都是海派体育文化的经典代表。这些具有地方性和海派文化特色的民俗体育赛事不仅展示了上海体育历史的文化底蕴,也为城市注入了独特的魅力和活力,并且也逐渐成为上海都市体育文化的特色和亮点。建议充分利用已有的优质文化资源,挖掘民俗体育的文化故事,为民俗体育品牌培育塑造灵魂。通过讲述一个富有情感、充满文化温度和赛事激情的品牌故事,可以让人们深入了解赛事的背景和历史渊源,同时也能够了解举办地的风土人情,从而使得赛事所传达的文化更具吸引力和接受度,更能引起受众的文化情感共鸣,成为市民们共同的回忆。

5. 汇聚上海城市时尚文化，培育青年体育文化精神成长

上海城市体育文化精神既要从过去中得到传承，也要把握未来实现新的发展。青少年代表着城市发展的未来，吸引越来越多青少年加入才能为体育城市的可持续发展提供不竭动力。上海是汇聚和引领国内先进思潮的前沿阵地，被誉为中国的"时尚之都"，建议在体育运动中融入时尚元素，吸引更多的年轻人参与到体育活动中。以发展青少年体育为目标，以时尚体育为核心，加大投资力度发展航模、划水和帆船项目，同时注重发展马拉松、自行车、高尔夫和赛马等项目，支持攀岩、跑酷、跳伞等极限运动发展，突出运动项目的时尚性和年轻化，为年轻人提供更多的选择和机会，为推动城市体育发展注入新的活力。

"十四五"时期，上海体育持续坚持中国特色社会主义文化发展道路，助力推动社会主义现代化体育强国建设。在上海建设全球著名体育城市的战略关键期，围绕体育在上海推动高质量发展中新的增长点和在创造高品质生活中重要风向标的定位，上海都市体育文化建设正持续发力。探索上海都市体育文化的独特性、塑造上海都市体育形象、拓宽体育文化传播路径、创新传承中华体育精神和上海体育精神，有助于促进体育文化融入城市血脉，提升上海都市体育文化全球传播力和影响力，对于贯彻落实党的二十大精神，加快上海建设全球著名体育城市和具有世界影响力的社会主义现代化国际大都市具有重要意义。

参考文献

[1] 戴健,焦长庚.全球著名体育城市构建的内在逻辑与优化路径——基于上海体育名城建设的分析[J].体育学研究,2019(3).

[2] 单凤霞,郭修金,陈德旭."五大发展理念"语境下城市休闲体育发展：机遇、困境与路径[J].上海体育学院学报,2017(6).

[3] 丁一,戴健.伦敦建设全球著名体育城市的指标维度分析与启示[J].上海体育学院学报,2019(1).

[4] 费加明."海派"文化与上海城市体育的转型发展[J].体育科研,2014(4).

[5] 李鲜丽.生态视角下城市体育民族文化发展研究[J].环境工程,2022(10).

[6] 李延超,蒋家彦.都市民俗体育赛事品牌建设的战略思考——以上海为例[J].体育

科研,2023(2).

[7] 李鉴,李刚,黄海燕.全球体育城市视域下上海体育赛事体系构建战略[J].上海体育学院学报,2020(3).

[8] 凌平.运动休闲范例城市的比较与启迪[J].体育学研究,2018(2).

[9] 刘东锋.全球著名体育城市的演进、特征与路径——兼论上海的目标定位与发展策略[J].体育科研,2021(1).

[10] 刘明真.中国式体育现代化视野下的城市体育文化建设研究[J].当代体育科技,2023(15).

[11] 刘洋.新时代加强中国特色社会主义体育文化建设的路径探析[J].体育科技文献通报,2021(12).

[12] 倪京帅,肖焕禹.上海全球著名体育城市背景下体育文化中心的建设[J].体育科研,2021(1).

[13] 钱立宏,曹学锋.上海体育文化发展的理性思考[J].内江科技,2017(12).

[14] 邱婷,柳鸣毅,姜韩.大型体育赛事与城市文化传承的关系研究[J].广州体育学院学报,2016(3).

[15] 上海市人民政府办公厅.全力打响"上海文化"品牌深化建设社会主义国际文化大都市三年行动计划(2021—2023年)[R],2021-7-30.

[16] 上海市人民政府办公厅.上海全球著名体育城市建设纲要[R],2020-10-17.

[17] 上海市体育局.关于创新体育供给进一步促进和扩大消费的实施方案[R],2023-4-6.

[18] 上海市体育局.上海市社区体育发展实施方案[R],2022-8-24.

[19] 上海市体育局.关于加快推进体育标准化助力上海全球著名体育城市建设的意见[R],2023-2-15.

[20] 上海市政府办公厅.上海市体育发展"十四五"规划[R],2021-8-13.

[21] 王宏江,倪京帅.都市文化视域下的海派体育文化研究[J].上海体育学院学报,2016(2).

[22] 王玥.上海市城市体育符号的打造路径研究[J].体育视野,2022(15).

[23] 吴胜能,鲁林波."十四五"体育发展规划下地理环境对我国体育文化活动的影响分析[J].体育科技,2023(2).

[24] 习近平.高举中国特色社会主义伟大旗帜,为全面建设社会主义现代化国家而团结奋斗:在中国共产党第二十次全国代表大会上的报告[N].人民日报2022-10-26(1).

[25] 阎智力,李小英.上海体育文化大都市建设研究[J].体育文化导刊,2009(4).

[26] 杨光.对体育环境生态文化传播理论的探索与重构——评《都市生态体育文化的构建与运行:以上海为例》[J].环境工程,2020(11).

［27］ 杨苓,孙晋海,罗亮等.我国城市社区体育韧性治理机制与路径研究[J].体育与科学,2023(3).

［28］ 尹永佩,唐文兵,姜传银.创建国际体育城市的评价指标研究——以上海为例[J].武汉体育学院学报,2018(4).

［29］ 张海斌,王介忠,杨刚.新阶段、新理念、新格局:我国体育城市建设战略前瞻[J].山东体育学院学报,2023(1).

［30］ 郑国华.体育助力上海城市文化品牌建设[J].科学发展,2020(1).

上海市科学健身信息服务研究

——以场馆数字化发展为例

张程锋[*]

[摘　要]　促进科学健身信息服务发展，是助力全民健身高质量的有力抓手，也是推进体育数字化发展的重要方向。本研究为了解上海市科学健身信息服务发展的现状和问题，以场馆数字化为调查研究切入口，深入分析上海市体育场馆数字化发展的实践情况与发展挑战，以国内场馆数字化建设的标杆——浙江省黄龙体育中心为典型案例，研究先进案例的建设经验和优势。综合上海市体育场馆数字化发展的不足和先进案例的成功做法，提出如下管理启示：建立上海市体育场馆设施数字化的基本标准；复制浙江黄龙体育中心智慧化管理输出模式；对大型体育场馆与全民健身场馆数字建设进行分类数字化建设；发展语音交互技术，消除老年人和儿童的数字鸿沟问题；基于服务蓝图技术增强体育场馆数字化功能的体验感；优化发展亟须领域的智慧化建设；学习和借鉴"他山之石"。

[关键词]　体育数字化；智慧场馆；场馆数字化；全民健身；公共体育服务；运动场景。

一、研究背景

促进科学健身信息服务发展，是助力全民健身高质量的有力抓手，也是推进体育数字化发展的重要方向。科学健身信息服务涉及诸多方面，从全民健

---

[*]　本文作者简介：张程锋，上海工程技术大学体育教学部讲师，博士，体育管理。

身基本公共服务的内容看,应包括:一是体育场馆设施的数字化服务;二是体育赛事信息的数字化服务;三是健身指导的数字化服务;四是健身组织信息的数字化服务;五是体质监测评估信息的数字化服务。科学健身信息服务内涵较为丰富,是一个较为宏观的研究课题。本研究选择以上海市体育场馆设施的数字化发展为具体研究方向,主要分析上海市体育场馆设施的数字化发展情况,以此反映上海市科学健身信息服务的发展现状。选择上海市体育场馆数字化发展作为主要研究内容的考虑主要是:首先,课题研究时间较短,在有限的研究期限里难以全面、深度分析上海市科学健身信息服务的方方面面。其次,为了突出研究报告的决策咨询价值,本研究选择单一的研究方向进行深入分析,以期能够为上海市科学健身信息服务发展提供具有切实可靠的研究信息。此外,体育场馆设施发展建设是推进全民健身发展最为基础性的工作,与公共体育服务的其他要素相比较,从市民健身的需求层面来看,研究上海市体育场馆数字化服务更为迫切。

二、上海市大型体育场馆数字化发展实践

通过对上海市体育场馆设施管理中心相关体育行政部门负责人的深度访谈,全面了解上海市市属大型体育场馆数字化发展的具体情况,基于场景理论,具体分析上海市大型体育场馆数字化的应用场景,具体描述市民参与健身与大型体育场馆接触的真实场景。需要指出来的是,以下对场馆数字化场景的分析,仅仅介绍的是场馆数字化管理的前端应用,即直接服务市民用户的数字化应用场景,关于场馆后台管理的数字化应用,如场馆能耗智慧管理不在讨论之内。

(一)场馆信息查询数字化

为推进上海市全民健身公共服务数字化发展,由上海市体育局主导打造的"来沪动|健身地图"综合服务平台,向市民提供了全市众多体育场馆设施的具体地理位置信息,通过该平台,运动爱好者可以查询到自己居住地周边有哪些类型的场馆,以及特定场馆的具体距离和位置。该平台归集了大型公共体育场馆、都市运动中心、市民健身驿站、羽毛球场、长者运动健康之家、游泳场所、社区体育设施、共享球场、学校场地等热门场地信息。用户也可以在搜索栏里,按照"类型"(是否支持消费券使用的场馆)、"区域"(按照行政区化进行

搜索)、"项目"(具体运动项目)、"排序"(是否热门体育场馆)等标准筛选自己喜欢的场地。与传统的场馆信息查询服务相比,通过"来沪动|健身地图"综合服务平台搜索,所获信息更加简洁、准确。

(二)预定管理数字化

以往市民在获取场馆地理位置信息后,通常主要通过以下两种方式进行预订工作:一是线下实地去咨询场馆基层管理人员,二是以电话咨询的方式询问场馆的基层管理人员,了解场馆的具体预订情况。但传统的两类方式都有其弊端,就线下咨询而言,市民需要花费一定的时间成本去了解相关信息。就电话咨询而言,市民也需要花费一定的时间在网络上搜索场馆联系方式。并且传统电话咨询方式的不友好体验会大大影响市民参与健身的热情。如场馆官网预留的联系电话会间接性无人接听,关键时间无法及时联系上场馆的预订负责人。又如电话联系过程中,场馆预订人员服务态度不友好,也会影响市民参与运动健身的体验。通过"来沪动|健身地图"综合服务平台以及上海市体育场馆设施管理中心微信小程序,市民可以"一站式"了解相关体育场馆的营业时间、收费标准、剩余场次等关键信息,实现手机终端预订场地、扣费流程。

(三)票务管理数字化

传统场馆票务管理通常依赖于人工操作和较为简单技术设施,存在一些明显的弊端:一是效率较低。人工销售和检票流程效率低,尤其在高峰时期,可能导致排长队和等待时间的增加。二是成本较高。需要更多的人力资源处理票务销售、检验和管理,增加了运营成本。三是用户体验不佳。缺乏多渠道预定、快速核验和个性化服务等,可能导致用户体验不佳。四是数据获取和分析困难。传统的票务管理系统往往缺乏有效的数据收集和分析工具,使得场馆管理者难以获得有用的运营数据,也难以做出及时和明智的决策。五是安全和卫生问题。在特殊情况下,如疫情期间,传统的人工检票和纸质门票可能会存在卫生安全风险。六是技术滞后,缺乏创新。传统的票务管理系统技术滞后,缺乏创新性和灵活性,难以适应现代化运营和市场变化的需求。场馆智慧票务管理系统通过运用先进的技术如物联网、AI人工智能和数据可视化等手段,为场馆提供全面和流程化的票务解决方案,旨在提高票务管理效率、节省人力成本并提升用户体验。场馆智慧票务管理的特征:一是全流程票务服务,如提供从门票预定到入馆检票的全流程服务,包括门票预定、检票入馆、综合管理、数据统计和可视化展示等。二是多渠道销售和预定。支持多种线上线下的销售和预定渠道,如 PC 网站、微信公众号、小程序等。三是智能检票系统。智能检票系统为其重要组成部分,包括智能闸机验票系统和智能手持核验系统,为场馆在观众入馆时提供验票服务。四是多形式的门票核验,支持多种购票凭证的核验,如身份证、二维码、人脸识别等。五是数据可视化服务。提供多方位的数据服务,包括票务数据、防疫健康数据、场馆数据和观众画像数据的可视化,帮助场馆管理这直观了解运营情况并做出政策。

(四)智慧停车管理

智慧停车管理是应用无线通信、GPS 定位、GIS 技术、移动终端技术等,实现体育场馆停车位的采集、查询、预订、导航和支付数字化,目的是推进停车场车位的利用率最大化,以及用户停车服务体验最优化。简而言之,智慧停车体现在:智能获取闲置停车位信息、车位导航和数字支付。目前,上海浦东足球场正在建设智慧停车管理系统。

(五)无人值守管理

传统的场馆进入方式主要通过人工检票管理市民入馆运动,这样的方式不仅效率低,而且在黄金时间段等候时间长。无人值守管理系统通过门禁、闸机等多种应用解决方案,通过虹膜识别技术、掌脉技术或者人脸生物信息识别进行自助式现场核验,实现市民运动参与的快速入场。目前上海市部分场馆采用无人值守管理技术,如上海市杨浦区体育活动中心游泳馆、上海市民体育公园等。市民只要在手机移动端进行线上预约,在入馆时通过人脸识别或身份信息核验,就能以秒级的体验入馆,大大提升了市民运动参与的体验感。依靠人脸生物信息验证与传统的刷卡或验票相比,也更加安全可靠,能够有效杜绝假票和非法入馆的情况出现。此外,无人值守系统还可以进行大数据分析,详细记录的市民运动参与的入馆信息、停留时间等,能够为场馆管理提供决策依据。

(六)智慧储物管理

体育场馆传统储物管理存在以下弊端:一是效率低,人工管理储物柜储物过程中,在高峰期存在排队等待问题。二是用户体验不佳,缺乏自助服务和快速存取功能。三是缺乏数据获取和分析功能。由于缺乏数据记录和分析功能，造成场馆管理者难以了解储物柜的使用情况和优化运营策略。场馆智慧储物管理通过先进技术，实现场馆内储物柜的智能化管理。主要特点：一是多种识别方式。智能储物柜支持指纹、人脸、智能运动手环、刷卡等多种识别方式。二是集成管理系统。通过智能储物柜设备与场馆管理系统的集成，可以记录和查询开柜、归还的使用记录，使得场馆管理员能够直观地显示和管理储物柜的使用。三是信息化管理。智慧储物柜与场馆的其他信息化系统互联，如人脸识别闸机，实现场馆的客流、物资供应、财务管理一体化，从而提升场馆的运用能力。

（七）游泳馆智慧安全管理

现阶段上海市游泳场馆的智慧安全管理，主要借助防溺水系统来实现，并且不同游泳场馆的防溺水系统，使用不同的数字化技术。一种是AI防溺水技术，另一种是通过可穿戴设备（泳帽内嵌入芯片）。部分游泳馆采用"视频＋红外"AI防溺水技术，如上海市杨浦区体育活动中心游泳馆。该套技术通过在游泳馆空间上方设置多个红外双目摄像机，监控泳客的实时状态。摄像机将泳池的实时视频传输到云端，为监看大屏提供多角度和全场景的图像信息。另有工作人员实时查看连接摄像机的电脑，观察屏幕上的视频情况。在电脑屏幕中可以看到，每个泳客都被标注了一组数字，以及不同颜色的方框。数字前几位代表泳客的道次，后几位代表的是泳客的体温与环境温度的温差。绿色方框表示安全状态，橙色代表预警，如果是红色就会发出警报提醒。AI防溺水系统在3～30秒时间范围内，自动定位和识别溺水者，及时向救生员发出震动提醒。AI防溺水系统综合根据游客在水下的时长、泳客在池中的姿势以及泳客的体温和室温的温差，判断游客是否处于溺水状态。并且，防溺水系统还可以根据实际情况变化动态调整预警状态。部分场馆采用了可穿戴的泳帽芯片技术，如上海浦东游泳馆。

三、场馆数字化发展面临的挑战

（一）场馆数字化系统不能相互兼容

通过对上海市体育场馆设施管理中心相关体育行政人员的深度访谈，了解到全市多数大型体育场馆的数字化和智慧化系统存在相互不兼容的情况。这种信息化系统不兼容突出体现在两个方面：一是数据传输规范标准不尽相同，缺乏基本的统一标准；二是信息化和智慧化的应用场景不尽相同。导致不同体育场馆数字化系统相互不兼容的根本原因是场馆运营管理机构的不同，造成场馆合作的软件开发公司不一样。如上海市市属体育场馆的数字化发展建设，分别由上海市体育场馆设施管理中心和久事体育进行负责。其中田林体育俱乐部（上海市徐汇区钦州路728号）、上海市体育宫（上海市普通区大渡河路1860号）、康东网球馆（上海市徐汇区浦北路270号）、中原体育场（上海市杨浦区开鲁路518号）、江湾体育场（上海市杨浦区国和路346号）由上海市体育场馆设施管理中心直接运营管理，仙霞网球中心（上海市长宁区虹桥路1885号）、旗忠网球中心（上海市闵行区元江路5500号）、徐家汇体育公园（上海市徐汇区中山南二路1500号）、东方体育中心（上海市浦东新区泳耀路300号）由久事体育进行运营管理。根据对上海市体育场馆设施管理中心相关负责人的访谈了解到，久事体育对自己运营的体育场馆开发了一套内部场馆数字化管理系统（久事通APP），久事体育开发的场馆数字化系统完全有别于上海市体育场馆设施管理中心的数字化管理。通过进一步访谈了解到，全市区级体育场馆和民营企业运营的体育场地的数字化系统都不尽相同。由于不同的体育场馆合作的软件开发公司不一样，导致场馆数字化系统开发的具体应用场景和管理方式也不一样，不同的软件系统数据传输的结果无法实现整合协作和共享，因而造成全市多数体育场馆的数字化系统统计口径和统计类别存在差异，无法进行全市层面总计和总量维度的简易汇总，需要借助人工进行最后的统计工作。

（二）老年人和儿童群体存在数字鸿沟

在调研中，了解到老年人和儿童在使用场馆数字化应用功能方面存在明显的障碍和门槛，无法共享智慧场馆建设的数字化红利，这给不擅长智能应用的人群带来了困扰。尽管上海市体育场馆数字化发展取得了一定的进步，但是总体而言，在无障碍环境建设方面存在较大的短板。现阶段的场馆数字化应用主要依托用户"阅读信息"的能力，完成运动参与流程。场馆数字化信息建设，未较多考虑到老年人和儿童群体的使用情境。对于老年人和儿童群体而言，现阶段的场馆数字化应用功能较为复杂，在使用过程中存在一定的数字化能力障碍，表现出"数字鸿沟"和"数字文盲"现象。

（三）数字化发展导致场馆管理工种被取代

随着场馆数字化的持续推进和全面深入，智慧化将全场景浸润到场馆管理的具体工作。在调研中，上海体育场馆设施管理中的工作人员认为，场馆数字化发展趋势是一把双刃剑，数字化发展朝着理想的路径进展，势必会提高场馆管理工作的效率，但是数字化发展也意味着传统管理工作被取代，如果数字化应用过程出现问题，在缺少经验丰富的场馆管理人员的情况下，该场馆势必将面临管理瘫痪问题。因此，建议场馆数字化建设向上海地铁管理模式取经，在自动驾驶的地铁上会安排经验丰富的人工司机，同样在场馆数字化发展初期，不能放手对场馆管理工作人员的培养，而是要采取"智能＋人工"的发展路径。

（四）场馆数字化功能有待持续优化

现阶段的场馆数字化功能优化程度不够体现在三个方面：一是数字化应用功能使用率较低。在调研中，上海市体育场馆设施管理中心的相关工作人员提到，通过数字化应用进行预订场馆与入场健身运动的市民并不多。这里面除了老年人和儿童的数字鸿沟影响以外，与传统的使用习惯也有关联。通过数字化应用功能进行入场运动的习惯尚未形成。二是已有数字化应用距离发展愿景有差距。以"来沪动|健身地图"为例，当前接入到该线上系统的场馆主要以市级、区级管理的场馆为主，市区两级管理的68家公共体育场馆都接入了该系统，但是社会资本投资运营的场馆接入的数量不到30%，尤其是利用非体育用地改造建设的场馆较少。三是数字化功能不够系统，数字化应用场景较为零散。没有围绕用户运动参与的全场景进行数字化建设，仅仅是对部分运动场景进行了智慧化改造。距离"一站式""全流程式"的数字化应用场景建设仍有距离。

（五）数字化转型成本高

数字化转型成本高是当前上海市智慧场馆建设面临的一大难题。体育场馆数字化建设需要投入大量的资金，包括软件系统开发和硬件设备购置，以及工作人员培训的费用。对于大中型体育场馆而言，场馆的数字化建设由政府部门财政投入。但是对于小型体育场馆，尤其是社会资本运营管理的体育场馆，进行数字化转型无疑是一笔不菲的投入，会提高场馆运营主体的成本，这使得中小体育场馆对数字化转型存在不愿、不敢的心理。特别是利用非体育用地建设体育设施的体育场馆，不愿意投入过多的资金进行数字化改造。主要原因是场馆主体通过租赁获得场馆使用权，租赁期间有限，智慧化改造投入的成本较大，但智慧化改造未来带来的经济效益存在不确定性。

四、先进经验：浙江省黄龙体育中心智慧化方案

（一）浙江省黄龙体育中心基本情况介绍

浙江省黄龙体育中心在智慧体育场馆建设和应用方面积累了较为丰富的经验，其场馆智慧化解决方案受到了国家体育总局和浙江省人民政府的充分肯定，具有一定的推广和参考价值。浙江省黄龙体育中心是综合性的体育中心，可开展体育赛事、文艺表演、娱乐健身、商务办公、餐饮住宿、购物展览等。主要场地设施有黄龙体育场、黄龙体育馆、网球中心、武术馆、跳水游泳馆、嬉水乐园暨包玉刚游泳馆、武术馆、室内训练馆等。其中，黄龙体育场是中甲浙江绿城足球队的主场，座位数近6万个。黄龙体育馆座位数8 000个，总建筑面积为2.5万平方米。为响应浙江省人民政府提出的"数字浙江"一号工程战略，黄龙体育中心积极接入由浙江省体育局打造的"全民健身地图"，并与软件公司合作研发场馆的智慧化改造工作。

（二）发展经验

1. 与软件公司形成共同开发的合作模式

在黄龙体育中心的智慧场馆发展过程中，黄龙体育中心运营主体浙江黄龙体育发展有限公司没有选择将场馆智慧化发展直接外包给软件公司，而是选择与杭州安朵科技有限公司合作成立专注于黄龙体育中心智慧化发展的国有互联网体育科技公司。杭州安朵科技有限公司专注于网络技术、计算机软硬件开发和大数据分析，在数字化和智慧化解决方案方面积累了较为丰富的行业经验。浙江黄龙体育发展有限公司在全面考察该企业的行业资质、专利数量和既往运营经验后，选择杭州安朵科技有限公司合作成立浙江黄龙呼啦网络科技有限公司，由浙江黄龙呼啦网络科技有限公司负责黄龙体育中心的智慧场馆建设工作。浙江黄龙呼啦网络科技有限公司成立以来，获得国家高新技术企业、浙江省省级科技型中小企业认定，并通过IS9001质量管理、

ISO2000信息技术服务、ISO27001信息安全管理认证,成为国内智慧场馆建设的标杆。2021年2月,该企业作为主要力量参与了全国首个场馆智慧化省级地方(浙江)标准化工作,即《大中型体育场馆智慧化建设和管理规范》。

2. 打造全场景型的智慧化应用生态圈

浙江黄龙呼啦网络科技有限公司成立以来,推出了三大核心产品:一是大中型体育场馆智慧管理系统;二是数字体育培训云服务综管平台;三是全民健身公共服务。其中在体育场馆的智慧管理系统建设方面,开发了三套软件系统:一是场馆智能物联系统,具体应用包括场地灯控智能管理、场地智能安防(视频巡检;火警联动;区域监控;智能化人员管控)、场馆进出口智能管理、场馆客流智慧监测、智能设备监测。二是场馆运营管理系统,具体应用包括场地智能预定管理、游泳馆智慧管理、场地门票售卖、场馆会员管理、场馆财务管理、场馆商品售卖。三是场馆大数据展示系统,具体应用包括场馆运营数据展示(场馆水电能耗、空气质量、馆内温度、游泳馆水质/水温/pH、场馆实时运动人次、运动人群年龄/性别比例、场馆充值/消费人次/金额)、智能设备监控展示。场馆智慧管理硬件建设方面,开发了智能灯控设备、人脸识别支付设备、智能衣柜、水质环境监测设备、智能监控设备、巡更巡检设备、停车道闸、客流监测硬件、出入口管理设备、无人值守门禁。与来馆用户直接相关的典型数字化运动场景包括如下几个:一是在来馆前,用户可以通过手机移动终端"动感黄龙"APP,了解场馆的闲置状态、场馆实时人次、特定时间段预估客流量、场馆在线查询、场馆导航服务、智慧消费支付(包括停车缴费)。并且,智慧管理系统根据用户的属性和运动习惯的大数据分析,向用户个性化推送相关活动信息,进行定制服务。二是入馆前,场馆监控通过识别用户车牌号码和人脸信息,识别用户身份,进行个性化信息推送,并且通过传感系统分析用户当前的身体情况,提供个性化的运动健身指导。三是入馆后,用户自助进场后,场地自动亮灯,并且用户可以根据人脸识别、自助设备,租借和购买运动器材以及相关商品。

3. 智慧化方案建设过程中强调梯次推进

智慧场馆软硬件建设是一个比较复杂和庞大的系统性工程,应是逐步推进的过程,需要经过不断优化、打磨,在匹配最为全面的、流畅的管理体验基础上,实现数字化技术与体育场馆传统管理的有效融合。因此,体育场馆黄龙体育中心在智慧化建设过程中,采取梯次推进、分阶段发展的方式。首先对亟须智慧化的领域进行优先开发,突出场馆智慧化建设的重点内容。同时根据新技术、新形势、新需要,对场馆智慧化功能进行适时更新。梯次推进和分布实施的智慧方案发展模式,得益于黄龙体育中心运营主体与软件公司的合作模式,区别于将场馆智慧化工程直接外包给软件公司,双方选择共同成立场馆智慧化软件开发公司,合作成立的浙江黄龙呼啦网络科技有限公司专注于黄龙体育中心的智慧化解决方案,持续进行场馆的数字化应用创新,并将发展成果进行管理输出,扩大场馆收益。将场馆智慧化工程直接外包给软件公司,短期能够满足场馆的数字化应用需求,但从长期看,存在产品技术迭代更新停滞风险。

4. 推进智慧化管理系统向外输出

浙江黄龙呼啦网络科技有限公司开发的智慧体育系统选择省内、省外"两条腿"走路战略,现已向国内近 40 个大中型体育场馆进行管理输出,在浙江省内接近三分之一的大中型体育场馆接入了该司的智慧场馆管理系统。比较典型的有湖州市奥体中心体育场、湖州市全民健身中心、湖州莲花庄体育馆、太湖路体育馆、舟山市体育中心、福州市海峡奥林匹克体育中心、德清体育中心体育馆、晋江市第二体育中心、合肥奥林匹克体育中心等。

五、管理启示

(一)建立上海市体育场馆设施数字化的基本标准

针对现阶段上海市体育场馆数字化系统的不兼容问题,上海市体育局应会同相关部门、学者研究体育场馆设施数字化的管理规范,按照基本标准与非基本标准两类指标,明确体育场馆数字化在基本标准范畴里应做到哪些方面的智慧化和数字化,通过出台优惠政策积极引导全市体育场馆以基本标准为导向,开发体育场馆的数字化系统。同时,鼓励全市体育场馆发展个性化、创新性的非基本数字应用场景。

(二)复制浙江省黄龙体育中心智慧化管理输出模式

在智慧化发展过程中,可借鉴浙江省黄龙体育中心发展模式,由龙头企业牵头,研发能够推广、复制的智慧化解决方案,对其他不具备自主主导智慧化发展的体育场馆,以及难以承担高成本智慧场馆建设的小型体育场馆进行场馆智慧化管理输出,打造全市数据传输结果相对统一的、能够联合协作的一体化智慧场馆管理系统。

（三）对大型体育场馆与全民健身场馆进行分类数字化建设

大型体育场馆主要以举办大型体育赛事为主，数字化建设应以举办高质量的体育赛事为目标，服务对象主要是运动员、教练员、裁判员、技术官员、新闻媒体、观众，因此大型体育场馆的数字化建设应围绕赛事举办需求进行系统开发。全民健身场馆主要以满足市民体育健身和运动休闲为主，服务对象主要是参与运动的市民用户，因此全民健身场馆的数字化建设应围绕市民的健身场景和健身需求进行开发。

（四）发展语音交互技术，消除老年人和儿童的数字鸿沟问题

为帮助老年人和儿童跨越数字鸿沟，应积极鼓励互联网企业发挥技术优势，进一步更新和优化现有场馆数字化应用场景的信息技术，推动数字化信息无障碍技术，从"阅读信息"转向"对话信息"。借助智能语音和人工智能技术，积极发展语音识别技术和虚拟数字人技术，赋能老年人和儿童群体能够顺畅使用场馆数字化功能，通过发展语音"对话式"交互方式，提升场馆数字化功能的使用率，构建信息畅通、体验流畅的无障碍应用场景。

（五）基于服务蓝图技术增强体育场馆数字化功能的体验感

以满足市民运动体验为中心的场馆数字化发展，应充分研究市民运动参与的全流程。基于市民运动行为的场景分析，开发场馆数字化应用生态。建议场馆在开发数字化应用过程中，以服务蓝图技术为指导，构建市民运动参与的具体场景，基于市民运动参与过程中的服务接触点，进行数字化应用开发。服务蓝图技术在应用层面具有较强的操作性，应用思想是分析顾客在接受服务过程中的服务接触点来优化服务质量，通过识别服务接触点可以找到影响服务传递过程中的重要因素。对于场馆数字化应用开发而言，识别市民运动参与的服务接触点，就是场馆数字化应用场景的落脚点。精准把握市民运动参与的服务接触点，也就明确了场馆数字化应在哪些具体领域展开技术开发。同时，洞悉市民运动参与服务接触点，也是检验场馆数字化应用体验是否合理的重要工具。

（六）优化发展亟须领域的智慧化建设

体育场馆管理牵涉体育培训、体育赛事、文艺演出、餐饮购物等多个领域，

场馆数字化应用的具体场景较为丰富。针对不同规模、不同类型的体育场馆进行数字化转型,应基于场馆自身的实际条件和服务需求,有重点地、有选择地进行梯次发展。以场馆数字化发展基本标准为导向,优先开发刚需的数字化应用系统,后续再结合新技术和新需求,不断发展和更新场馆数字化应用场景。

(七)学习和借鉴"他山之石"

目前上海市体育场馆的数字化和智慧化发展处于初级发展阶段,一方面整体智慧化水平不高,另一方面不同场馆的智慧化建设参差不齐。部分体育场馆的数字化建设仅仅体现在官方微信公众号与办公信息化上,距离场馆的智慧化运营相距甚远。就目前国内而言,浙江省黄龙体育中心的智慧化应用场景最为先进。此外,国外职业体育发达,相关职业体育俱乐部的场馆智慧化发展经验也较为丰富,上海市可以通过实地考察,以高质量举办大型体育赛事为目标,将大型体育赛事场馆的智慧化纳入建设国际赛事之都的发展目标中,基于上海市每年常态性举办的大型体育赛事的实际需求,适当引进目前较为领先的智慧化硬件和软件系统。

上海社区体医融合服务的评价体系研究

方朕 岑珏 阎玮婷 陈丽 张潇真[*]

[摘 要] 本课题以上海市社区体医融合服务和指标体系为研究出发点，以上海市社区体医融合服务工作为主要研究内容。通过总结、梳理国家及上海市体医融合发展的相关要求政策以及基层工作现状，通过访谈法、德尔菲法以及层次分析法等方法构建了上海社区体医融合服务评价指标体系，该体系包含5个一级指标、12个二级指标以及36个三级指标。该指标体系尽可能囊括社区体医融合服务的多元主体，并从体育和医疗角度综合体现评价指标。在此基础上，以杨浦、徐汇、青浦三区展开实证研究。最终根据指标体系的研究结果，提出针对性的建议及发展策略。

[关键词] 社区基层；体医融合；评价指标

一、研究背景

近年来，越来越多的民众开始采取体育锻炼、健身运动的方式保证自身的健康状态、增强自身的健康水平。2016年10月，中共中央、国务院印发《"健康中国2030"规划纲要》，该纲要在第六章第三节中明确指出，要加强体医融合和非医疗健康干预，使体育发展与健康产业融合，形成以提高全民身体素质为目

---

[*] 本文作者简介：方朕，上海市第六人民医院预防保健办公室副主任（主持工作），副研究员，硕士，公共管理、健康管理与促进；岑珏，上海市第六人民医院党委副书记，主治医师，硕士，公共政策；阎玮婷，上海市第六人民医院社工师，社会工作与志愿者服务；陈丽，上海市第六人民医院预防保健办公室科员、主管医师，预防医学；张潇真，上海市第六人民医院预防保健办公室科员，实习研究员，公共卫生。

标的体医融合平台和服务体系。2019年7月,健康中国行动推进委员会印发《健康中国行动(2019—2030年)》,在全民健身行动维度中指出,政府要推动构建科学的健身体系,推动形成体医结合的疾病管理与健康服务模式,通过体育健身的方式提升民众的疾病预防和体育锻炼能力。2021年7月,国务院印发《全民健身计划(2021—2025年)》,在推进全民健身融合发展部分指出,要积极推动体育与卫生领域的融合,探索建立体育和卫生健康等部门协同、全社会共同参与的运动促进健康模式,强调了体育发展与卫生健康领域具有极强的契合度,各主体可以结合产业的实际情况不断落实体育与医疗维度的融合发展。

根据上述体育与医疗卫生领域发展的相关要求,各级地方政府均积极响应,分别出台相关政策以推动体医融合发展。2019年12月,健康广东行动推进委员会印发的《健康广东行动(2019—2030年)》明确强调,要加大体医融合力度,各主体要加强对全民健身运动的医学指导,推动形成体医结合的疾病管理与健康服务模式。2020年8月,广西壮族自治区体育局与广西壮族自治区卫生健康委员会联合印发的《关于促进广西"体医融合、资源共享"实施意见(试行)》,结合广西实际,就广西的"体医融合、资源共享"提出了若干要求与意见,主要融合了多主体的体医融合资源,通过推动构建融合服务体系、复合型人才队伍等方式打造体医融合发展。2020年12月,江苏省体育局、江苏省卫生健康委员会联合印发的《关于促进体医融合发展的意见》从多个主体出发指出,各维度主体要积极响应号召,促进体医融合发展,通过构建体医融合服务机构、完善体医融合人才队伍、做好体医融合产业建设、发展体医融合科研创新等方式实现江苏的特色化体医融合发展。

上海市作为国家中心城市、超大城市,据统计,2022年末上海市常住人口约2 475.89万人,民生问题一直都是上海市发展过程中的关键一环。为此,上海市为落实国家号召、提升百姓生活水平,已将体医融合纳入健康上海和全民健身公共服务中。2018年,上海市发布的《"健康上海2030"规划纲要》指出,随着人口老龄化加剧以及疾病谱、生态环境、生活方式的不断变化,上海市面临着多重疾病威胁并存、多种健康因素交织的复杂局面,明确提出要加强体医结合和非医疗健康干预,将体医结合与健康管理、服务模式相结合,使健康理念扎根生活。该规划还明确提出要发展健康产业,积极推动健康休闲运动产业建设,鼓励健康服务新业态发展。这也为体医结合的发展提供了有力支撑。2019年,上海健康促进委员会印发的《健康上海行动(2019—2030年)》,在全民健身行动内容方面明确提出,要推广优秀的健身方法,推动形成体医结合的健康服务模式。2021年,上海市人民政府印发的《上海市全民健身实施计划(2021—2025年)》从促进全民健身融合发展维度,对体医养融合发展做了进一步明确,指出要加强对不同职业、不同年龄段人群的运动促进健康、运动伤病防治、体质健康干预和指导,积极打造"体医融合"示范区、"体医融合"运动促进健康中心。但是,随着上海体医融合的不断发展、相关政策的不断落实,各项工作的难点与堵点也随之出现。2022年,上海市人民政府发展研究中心针对上海体医融合发展指出,当前上海体医融合政策丰富,但是边界模糊、责任重叠,缺乏具体的投入政策,导致政策碎片化问题严重。此外,各领域发展的标准没有明确,导致各区落实体医融合的模式无法规范统一,各区效果差异较大。

从政策的发展脉络以及细化程度来看,目前上海各项政策较为笼统,具体的落地政策、下沉政策有限,特别是各项工作的评判标准十分欠缺,导致上海市各区的体医融合发展参差不齐。所以针对上海市体医融合发展面临的痛点与难点,建立基层体医融合评价指标体系是规范体医融合发展、发挥各区优势、补齐各区短板的重要方法。故本课题针对上海社区体医融合的评价指标展开研究,以此为上海体医融合发展提供参考。

二、现状分析和国际比较研究

(一)研究现状

体医融合不仅包含体育和医疗卫生健康主体,其自身还包含政府主导的相关部门、各领域中的产业主体,而且其面向主体为广大群众。目前,针对体医融合的相关研究比较丰富,在主体划分方面,有学者从体育与文化多元主义的角度研究体育等多元主体协同治理,讨论了多元文化主义及跨文化对体育治理的影响,涉及健康、教育、卫生等诸多方面。冯振伟等人(2019)指出体医融合是协调体育、医疗、卫生、教育等多元主体,强调医疗卫生与体育非医疗手段深度融合,通过明晰不同利益相关者的权利及责任,构筑整体均衡的合作秩序,走出了多元主体协同治理之路。薛欣等人(2021)通过分析我国当前体医融合政策落实情况后指出,我国的体医融合存在缺少融合理论、机构职能界限过多、多元主体不能形成协同治理等诸多问题。丁举岩等人(2022)以居民的体医融合感知角度入手指出,在体医融合的发展背景下,居民对该理念的认知存在不足,参与感也不足,而且多主体协同存在困难、协同治理意识淡薄,相关的人才队伍也有待提高。在各类评价指标体系的建设方面,田学礼、赵修涵(2021)以体医融合示范区为研究对象,构建了示范区建设评估体系,该体系包含6个一级指标、15个二级指标、54个三级指标。其指出,体医融合的核心是服务建设,涉及慢病预防、运动健身以及基层宣传指导等服务。柴王军、刘龙飞(2021)对体育与医疗的产业融合展开研究,构建了体育与旅游产业融合评价指标体系,该体系包含4个一级指标、32个二级指标。研究指出,目前我国各省的体医融合发展、体育与医疗的耦合协调度均不高,这也导致各省的体医融合工作成效不足、发展相对独立。高尚尚等人(2021)构建了基于体医融合思想的医护群体科学健身素养评价指标体系,该体系包含4个一级指标、13个二级指标、57个三级指标。文章针对体医融合耦合协调度不高的问题,从健身对身体的益处出发,通过将部分体育维度的指标转化为医疗健康维度的指标,以此构建了体医融合的综合性评价指标体系。王文倩、王家宏(2022)构建了运动健康城市指标体系,该体系包含3个一级指标、9个二级指标以及33个三级指标。文章主要从大众化的健身活动与基础性的体育锻炼入手,以城市大众化的体育活动对民众身体健康的潜在影响为基本路径,所构建的评价指标体系以运动为主要视角包含了民众的体育活动与医疗健康内容。

(二)国际对比

1. 美国体医融合模式发展情况

美国作为世界上推行体医融合的先行者,其在落实体医融合理念时的主要出发点在于体育运动能够为民众的身体健康带来益处,其体医融合的内在逻辑是由体育活动带动医疗健康发展。具体而言,其通过协同体育、医疗、卫生等部门,并将专业化的企业引入到体医融合发展体系当中,形成政府部门主导顶层设计、多方主体进行体系构建的层次化体医融合发展模式。从美国的体医融合发展模式可以看出,美国针对体医融合建设的切入点是由体育活动出发的,是基于民众身体健康理念将体育活动与医疗健康进行融合,从而实现"治未病"的目的。

2. 日本体医融合模式发展情况

日本作为亚洲最早推行体医融合的国家,其开展体医融合的出发点在于日本面临着较为严重的老龄化问题,而且随着对社会性疾病的研究以及治理的不断深入,日本也亟须整合医疗资源,以此实现医疗管理与服务的效用最大化。由此日本一直致力于完善体医融合健康产业模式,并逐步构建了福利型、医疗整合型以及商业型等多种形式的体医融合体系。其中,福利型体医融合模式主要是由政府为主导,向民众提供基础的医疗健康检查、体育活动锻炼指导等基础性服务;医疗整合型体医融合模式主要是以预防和治疗疾病为出发点,由医疗机构将各类医学资源进行整合,以此实现医疗体系的效益合理化发展;商业型体医融合模式则是由企业以盈利为目的的、提供健康促进服务为主的商业化体育与医疗产业。从日本的体医融合发展模式可以看出,日本针对体医融合的建设主要是从医疗健康的视角出发,为解决老龄化等社会性问题,推行了体医融合发展。而且在发展过程中,政府主体、医疗体系、体育体系、相关企业等均有不同的定位与发展方向,这也为日本的体医融合发展提供了广阔的发展空间和可行性。

3. 德国体医融合模式发展情况

德国作为体育融合发展较好的国家之一,其采用的是下沉式的发展模式,逐步构建了社区嵌入、项目型、整合医疗型以及医保激励型体医融合发展模型。在体医融合发展的过程中,德国的主要理念在于将体育健康理念推广到民众当中,同时也将医疗卫生体系下沉到基层维度当中,以此实现社会性医疗卫生与身体健康的管理。而且在体医融合发展过程中,政府部门着重通过体系设计、医保激励的方式,提升了民众对体医融合模式的亲和度,使受众群体、服务提供主体以及政府相关部门能够形成体系化运转模式。从德国的体医融合发展模式可以看出,政府相关部门在推行体医融合发展过程中具有十分重要的地位,同时相关部门在体医融合的下沉发展设计方面需要着重关注。因为良好的体系化能够让民众更好地融合体医融合发展中,使各个主体均能够在该体系中发挥作用。

(三) 研究述评

从当前的研究内容角度出发,无论是从维度划分还是评价指标来看,各项研究成果聚焦领域略显单一,融合性、基层化体系的建设成果还十分有限。特别是针对基层维度的体医融合评价指标体系的建设以及运用的相关研究十分有限,由此也可以看出当前我国体医融合发展存在下沉困难,各项工作在基层维度所能发挥的作用十分有限。但是从各类研究成果能发现,目前针对体医融合的各类评价指标体系,均开始重视体育与医疗两个维度的协同以及多元主体在各自领域所能发挥的作用成效。

通过对比我国与其他国家在体医融合发展方面的差异,相较于其他体医融合发展较为完善的国家,我国体医融合的发展还处在初级阶段,相关部门虽积极推进各项工作,但是政策内容相对笼统,而且也没有较为统一的标准指导基层维度各主体开展各项工作。目前,上海市体医融合的发展,各区均还在探索阶段,虽然具有特色化工作成果,但是普适性的工作经验、标准化的工作流程以及准确量化的评估体系还没有完全建立。

因此,针对我国当前体医融合发展相对笼统、各项工作下沉难度大的实际情况,以社区作为基本单位构建社区体医融合服务评价指标体系能够更好地将相关政策落实到位,同时也能够帮助体医融合相关主体更加明确自身工作的各项重点。此外,通过构建社区体医融合服务评价指标体系,也能够激发广大受众群体的参与积极性,通过设立受众群体满意度等相关指标,使民众的意见能够直接反馈到体医融合发展中,为相关维度的发展提供方向。

(四)研究开展的有利条件与不利因素

1. 有利条件

(1)在研究素材上具有可行性。上海具有良好的体育发展环境,同时上海的医疗卫生资源及实力也位居全国前列,具有良好的体医融合基础。而且上海各区均在积极探索并落实体医融合发展的相关工作,各区也逐渐形成了具有自身特色的体医融合发展体系,这为本课题研究的开展提供了良好的基础。

(2)在研究技术方法上具有可行性。研究团队成员均接受过系统的学术训练,能熟练运用社会科学领域中的数学模型,构建研究分析框架;能熟练运用数据处理软件进行统计分析,为本研究主要指标及数学模型等的确立提供了技术支撑。

(3)在研究团队组成上具有可行性。研究团队成员结构合理,既有具有丰富社会科学研究经验的科研人才,又具有体育和医疗领域的专业化从业人员和管理人员。因此,本课题在人员结构上既能保证理论研究较为深入,又能保证具体方案的实施。

(4)课题负责人目前全职在上海交通大学附属第六人民医院从事医学相关工作,具有扎实的卫生管理、公共管理科研能力,与上海交通大学附属第六人民医院、上海健康医学院附属周浦医院、上海健康医学院附属嘉定区中心医院等多家上海地区医院具有良好的合作关系。其中,上海交通大学附属第六人民医院是一家综合性的三级甲等医院,上述医院均能从医疗、康复、诊断等多领域为本课题提供专业技术与渠道支持。同时,上海交通大学具有丰富的相关数据库,能够为本课题提供全面且最新的学术资源。

2. 不利因素与研究重难点

(1) 在问卷维度及题项的确定方面存在一定困难。目前针对体医融合的细化研究较为丰富,但是切入角度各有不同,而且本课题的落脚点在于上海市社区的体医融合服务评价指标体系,其中社区作为面向民众的基层组织单位,其在体医融合发展的各个方面需要十分具体的评价指标。因此,明确较为细致的评价指标体系,构建全面的问卷内容与题项具有一定的难度。另外,在问卷设计、数据分析以及结论得出的过程中,也需要考虑其适用性和实用性。

(2) 在问卷内容方面,由于相关指标需要包含多个维度的主体,且各个主体需要履行的职责各有不同。本课题针对上海市社区体医融合服务展开研究,最终目的是形成整体性的体医融合服务评价指标体系,因此在该指标体系中,体育与医疗指标之间需要存在一定关联性,以此保证体医融合服务的可行性。

三、评价体系构建

(一) 研究思路与方法

1. 研究思路

本课题以上海市社区体医融合服务和指标体系为研究出发点,以上海市各政府部门工作人员、社区体医融合工作人员、社区体医融合受众群体以及相关领域专家为主要研究对象,通过总结、梳理国家及上海市体医融合发展的相关政策要求以及基层工作现状,通过访谈法、德尔菲法以及层次分析法等方法构建并完善该指标体系。最终根据指标体系的研究结果,提出针对性的建议及发展策略。

(1) 梳理国家、上海市在体医融合领域的相关政策,明确体医融合发展重点。通过整合国家、上海市关于体医融合、评价指标、划分维度的相关政策和优秀成果,找准我国和上海市在社区层面未来重点需要发展的领域。

(2) 结合政策梳理和文献整合,找出上海市社区体医融合服务的多元主体和评价划分维度。结合各类研究成果,开展政策对标和优秀成果对比。通过政策对标与优秀成果对比,从理论层面细化上海社区体医融合服务评价指标体系的内容并对指标体系做初步构建。

(3) 针对上海社区体医融合服务评价指标体系,运用访谈法、问卷调查法对相关主体开展调研。对上海市各政府部门工作人员、社区体医融合工作人员、社区体医融合受众群体开展访谈、发放问卷,以此将各主体对上海社区体医融合服务评价指标体系主观认知进行量化,相关数据也能够明确未来该指标体系的优化方向。此外,针对该指标体系,借助现有研究指出的问题,明确现有各类指标体系中打分存疑的指标,将其纳入本课题构建评价体系的重点研究内容。最终从量化的维度出发,明确上海社区体医融合服务评价指标体系的构建设想。

（4）利用德尔菲法、层次分析法,通过专家打分等方式对评价体系进行进一步论证,明确相关维度的权重。基于访谈内容、问卷数据反馈,结合对指标体系构建设想,设计针对相关领域专家的评分表。通过对专家开展数次打分反馈与论证,对指标体系的指标设立、概念明晰、内容论述等进行明确。此外,借助专家评分表,对指标体系进行权重确定和计算。以此构建完整的上海社区体医融合服务评价指标体系。

（5）做评价指标体系权重分析与指标解释。针对上海社区体医融合服务评价指标体系,需对各项指标的权重以及指标做明确解释,通过内容的解释,帮助相关部门明确工作的重点。同时,权重的分析与指标的解释也能够进一步明确未来一段时间上海市社区体医融合服务的重点方向。此外,结合上海市体医融合工作的实际情况,目前上海市各区均在积极开展体医融合工作,例如：杨浦区引入社区（运动）健康师服务,构建慢病运动干预体系；嘉定区、徐汇区等区建立了"1位社区医生＋1位体育老师＋1位健康管理专员＋1位自我管理组长"的糖尿病运动干预社区工作团队模式；青浦区推出健康积分制,社区居民可以通过参与健康讲座和健康促进活动获取健康积分。各区均有特色的体医融合落地项目,由此,本课题选取杨浦区、青浦区、徐汇区三区展开实证研究,在了解各区体医融合特色的基础上,针对所构建的上海社区体医融合服务评价指标体系进行实用性和适用性检验。相关结果也可以为上海市各区在体医融合方面发挥优势、补齐短板提供参考。

（6）基于相关数据分析结果与指标体系,为相关部门提供建议、策略。基于上海社区体医融合服务评价指标体系权重分析与解释,进一步夯实各相关工作的落实主体,将评价指标与体医融合工作进行有效契合。同时,在本课题开展的过程中,相关数据结论以及专家建议也能够为有关部门主体提供建议、策略的数据支撑。

2. 研究方法（图1）

（1）资料分析法。通过搜集、查询和分析近年来党中央、国务院、上海市

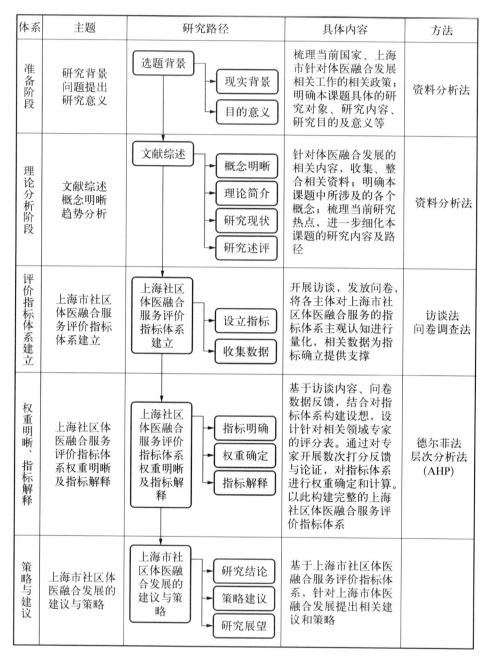

图 1　本课题研究框架

关于体医融合、社区服务、指标体系的相关政策基本布局,并通过政府数据库了解当前上海市体医融合工作的基本情况,尽可能获取该指标体系的相关数据,以此作为本课题开展研究的基础。另外,利用国内外各类权威数据库查询、整理相关文献,明确课题当中的核心概念。

(2)访谈法与问卷调查法。由于当前社区体医融合服务和指标体系的研究并不丰富,因此针对上海市社区体医融合服务和指标体系,需要采用访谈法和问卷调查法对各相关主体展开信息收集。以量化方法掌握上海市社区体医融合服务和指标体系的维度划分以及关键指标,同时明确上海市社区体医融合服务和指标体系的细分指标思路。

(3)德尔菲法与层次分析法。综合运用两种方法构建相对科学、客观的评价模型,对上海市社区体医融合服务和指标体系展开分析。先结合德尔菲法明确指标权重,再利用层次分析法构建评价指标体系的基本关系和递阶层次,并利用元素间的相互影响关系划分多个层次,形成"总目标层+若干个子准则层"所组成的层次结构,最终构建完整的评价指标体系。

(二)研究阶段及成果

1. 上海社区体医融合服务评价指标体系的指标确定

在课题研究开展的初期,研究团队针对上海市社区体医融合服务进行了深入分析。主要通过资料分析法梳理相关信息,提取与社区体医融合服务评价体系相关的各项指标。卢文云、陈佩杰(2018)以全民健身与全民健康的融合为研究切入点指出,构建深度融合的全民健身与全民健康机制需要政府体系形成统筹推进机制,同时各部门之间也要形成跨部门的协同机制。在明确各部门本职工作的基础上,做好各项工作相互间的信息互通、领导互动。此外,文章还指出要注重受众群体参与机制的建设以及社会组织服务端口建设。以此为良好的全民健身与全民健康融合提供环境基础。刘海平、汪洪波(2019)从体育维度入手,针对体医融合的基层体育组织制度保障以及人才队伍建设展开研究,指出当前基层体医融合工作的制度保障仍存在不足,而且在人才队伍建设、平台完善度等方面仍有很大的进步空间;随着社会信息化程度的不断提升,结合基层社区的体医融合服务平台建设也将成为未来推动相关工作的重要支撑。代方梅、李可乐(2021)指出,社区体医融合服务是以政府为主导、社区为基本单位,通过整合社区服务力量,协同推进体育与医疗的综合性发展体系。主要提出了主体认知、基本配置、综合治理、平台建设以及人力资源等五个维度的内容。刘颖、王月华(2021)以 SFIC 模型为分析框架对我国体医融合的发展展开研究,文章指出,统一领导、体医协同、高效管理是推进体医融合的基本条件;政府主导、需求引领、资本运作是体医融合服务的市场机制;配套齐全、有效激励、体系完备是体医融合服务的内在需求,信息化平台建设和人才队伍建设是体医融合长久发展的根本保障。张小沛等人(2023)以老龄化背景下的体育服务与健康管理服务融合为研究内容,指出当前基层维度的体医融合发展在基础服务建设、协同机制建设、体医信息互通以及复合型人才运用方面存在不足,相关工作也需要从上述维度展开并进行完善。

综合上述相关研究成果,对于社区体医融合服务的相关内容,从主体划分的角度出发,可以将涉及的相关主体划分为部门主导主体、体育服务主体、医疗服务主体、社会参与主体以及民众自治主体。从上述五个维度出发,结合前人针对体医融合服务的相关研究,研究团队对社区体医融合服务的一级指标进行了总结和提取。共提取 5 个一级指标,即管理建设、基础配置、服务能力、安全保障以及居民体验。在此基础上,运用访谈法对社区体医融合相关从业人员、体育行业专业人员、医疗卫生专业人员等主体展开访谈,以此对各一级指标进行展开,逐步拓展出 12 个二级指标以及 35 个三级指标(表1)。

表 1　上海社区体医融合服务评价指标体系(初稿)

一级指标	二级指标	三级指标	指标说明
管理建设	政策支持	基本政策	涉及体医融合发展的综合性、指导性政策
		保障政策	推动社区体医融合建设的相关政策
		协同政策	保证部门间协同、社会组织参与等各类支持性政策
	组织领导	参与机构	社区体医融合所能包含、接纳的政府机关、体育组织、医疗单位、社会组织、志愿者团体等
		领导机关	社区推动体医融合发展过程中,负责各维度工作的政府主管部门、体育工作管理部门、医疗卫生管理部门等

续　表

一级指标	二级指标	三级指标	指标说明
基础配置	场地设备	场地规划面积	根据相关政策要求，社区所能够使用的，用于社区体医融合发展的土地面积
		体育设备	社区体医融合服务体系中具备的基本体育活动设备、器材等相关设备数量
		医疗设备	社区体医融合服务体系中配备的医疗卫生检查、治疗等相关设备数量
	人力资源	体育活动指导人员数量	社区体医融合服务体系中，在体育服务维度的相关专业化人才数量
		医护人员数量	社区体医融合服务体系中，在医疗服务维度的相关专业化人才数量
		基础服务人员数量	社区体医融合服务体系中，为维持各项工作运转的基层服务工作人员
	信息化平台建设	个人信息数据存储能力	社区体医融合工作中，对社区成员基本信息的储存、调取、使用能力
		日常健康信息存储能力	社区体医融合工作中，对社区成员健康信息的储存、调取、使用能力
		医学诊疗信息处理能力	社区与各大医院信息互通，对社区成员医学诊疗的获取、储存、调取、使用能力
服务能力	服务类型	体育运动与身心健康指导	社区能够为民众提供体育运动与身心健康指导
		知识讲座与集体性活动	社会能够开展或举办面向民众的体医融合知识讲座及相关集体性活动
		体医融合内容宣传	社会能够通过网络媒体开展多种传播，向民众宣传"体医融合服务、健康价值"等相关内容

续　表

一级指标	二级指标	三级指标	指标说明
服务能力	服务内容	提供体育锻炼指导服务	—
		提供慢病预防性医疗服务	—
		提供日常饮食营养指导服务	—
	服务质量	具有明确的体医融合服务标准	—
		能够严格执行、落实各项服务	—
		特色模式	具有特色化、创新性且与社区实际相匹配的服务内容
安全保障	日常保障	设备管理与维护	社区能够对运动器械及医用设备进行定期维护、检修与更换
		社区提供基本身体指标检查	社区提供基本身体指标检查
		运动评估与监测	社区提供运动风险评估以及运动中生命指征监测
	急救保障	急救仪器、设备完善程度	—
		急救人员数量	—
		应急机制	针对紧急情况,社区具有应急处理方案并能有效落实
居民体验	居民参与度	居民经常参与社区体育活动	—
		居民经常在社区了解身体健康知识、定期进行健康检查	—
		居民了解并能够从有效渠道提出对社区体医融合服务的相关意见及建议	—

续 表

一级指标	二级指标	三级指标	指 标 说 明
居民体验	居民满意度	对社区体育活动服务的满意程度	—
		对社区医疗保障服务的满意程度	—
		对社区体医融合综合性服务的满意程度	—

针对研究团队初步构建的上海社区体医融合服务评价指标体系，本课题采用问卷调查的方式，邀请相关部门负责体医融合工作领域、体育领域、医疗健康领域、社区服务领域、公共管理领域、相关专业科研领域等32名专家开展两轮咨询，以此对研究团队所构建的上海社区体医融合服务评价指标体系的各项指标进行内容调整和明确。在问卷咨询过程中，评估指标需要参考专家的权威程度以及协调程度。其中，专家权威程度由专家自评频数和专家总数共同决定；专家协调程度主要以Kendall's W系数和变异系数（Coefficient of Variation，CV）来表示。表2为专家基本情况及熟悉程度和判断依据调查表（样表），表3至表5为上海社区体医融合服务评价指标体系一级到三级评价指标专家意见表（样表）。

表2 专家基本情况调查表（样表）

姓名		性别		年龄	
学历		职称/职务		工作年限	
从事研究领域					

您对调查的熟悉程度					
熟悉程度	很熟悉	熟悉	一般熟悉	不熟悉	很不熟悉
专家自评					

您的判断依据：以下四个方面可能影响您对该问题的判断，每个方面对您的影响程度分为大、中、小三个程度，请根据自身判断在对应的栏内"√"即可

续 表

判断依据	大	中	小
理论分析			
实践经验			
同行了解			
主观判断			

表 3　上海社区体医融合服务评价指标体系一级指标专家意见表(样表)

一级指标	指标说明	指标意见			
		同意	合并	删除	修改意见
管理建设	为保证社区体医融合服务工作顺利开展的相关政策支持、主导机构等体系构建保障				
基础配置	社区体医融合服务的各维度、各项工作的基础设施、人员配备、系统管理等基础内容				
服务能力	社区体医融合服务的具体服务内容				
安全保障	保证社区体医融合服务的各维度保障内容				
居民体验	受众群体对社区体医融合服务的主观体验				
需增加指标(没有填"无"):		理由:			

表 4　上海社区体医融合服务评价指标体系二级指标专家意见表(样表)

二级指标	指标说明	指标意见			
		同意	合并	删除	修改意见
1.1 政策支持	为保障社区体医融合发展的各项政策内容				
1.2 组织领导	推动社区体医融合服务工作的各类型组织以及各主管单位及部门				

续 表

二级指标	指标说明	指标意见			
		同意	合并	删除	修改意见
2.1 场地设备	社区体医融合服务必要的场地、设备等				
2.2 人力资源	提供社区体医融合服务的各领域人员				
2.3 信息化平台建设	保证社区体医融合服务体系化运转的信息化平台管理工作				
3.1 服务类型	社区体医融合服务的类型划分				
3.2 服务内容	社区体医融合服务的具体内容				
3.3 服务质量	社区体医融合服务的具体质量				
4.1 日常保障	维持社区体医融合服务日常运转的基本保障				
4.2 急救保障	应对紧急情况、突发事件的必要保障				
5.1 居民参与度	居民积极融入社区体医融合的程度				
5.2 居民满意度	居民对社区体医融合服务的满意度				
需增加指标(没有填"无")：		理由：			

表5 上海社区体医融合服务评价指标体系三级指标专家意见表(样表)

三级指标	指标说明	指标意见			
		同意	合并	删除	修改意见
1.1.1 基本政策	涉及体医融合发展的综合性、指导性政策				
1.1.2 保障政策	推动社区体医融合建设的相关政策				

续 表

三级指标	指标说明	指标意见			
		同意	合并	删除	修改意见
1.1.3 协同政策	保证部门间协同、社会组织参与等各类支持性政策				
1.2.1 参与机构	社区体医融合所能包含、接纳的政府机关、体育组织、医疗单位、社会组织、志愿者团体等				
1.2.2 领导机关	社区推动体医融合发展过程中,负责各维度工作的政府主管部门、体育工作管理部门、医疗卫生管理部门等				
2.1.1 场地规划面积	根据相关政策要求,社区所能够使用的,用于社区体医融合发展的土地面积				
2.1.2 体育设备	社区体医融合服务体系中具备的基本体育活动设备、器材等相关设备数量				
2.1.3 医疗设备	社区体医融合服务体系中配备的医疗卫生检查、治疗等相关设备数量				
2.2.1 体育活动指导人员数量	社区体医融合服务体系中,在体育服务维度的相关专业化人才数量				
2.2.2 医护人员数量	社区体医融合服务体系中,在医疗服务维度的相关专业化人才数量				
2.2.3 基础服务人员数量	社区体医融合服务体系中,为维持各项工作运转的基层服务工作人员				
2.3.1 个人信息数据存储能力	社区体医融合工作中,对社区成员基本信息的储存、调取、使用能力				

续 表

三级指标	指标说明	指标意见			
		同意	合并	删除	修改意见
2.3.2 日常健康信息存储能力	社区体医融合工作中,对社区成员健康信息的储存、调取、使用能力				
2.3.3 医学诊疗信息处理能力	社区与各大医院信息互通,对社区成员医学诊疗的获取、储存、调取、使用能力				
3.1.1 体育运动与身心健康指导	社区能够为民众提供体育运动与身心健康指导				
3.1.2 知识讲座与集体性活动	社会能够开展或举办面向民众的体医融合知识讲座及相关集体性活动				
3.1.3 体医融合内容宣传	社会能够通过网络媒体开展多种传播,向民众宣传"体医融合服务、健康价值"等相关内容				
3.2.1 提供体育锻炼指导服务	—				
3.2.2 提供慢病预防性医疗服务	—				
3.2.3 提供日常饮食营养指导服务	—				
3.3.1 具有明确的体医融合服务标准	—				
3.3.2 能够严格执行、落实各项服务	—				
3.3.3 特色模式	具有特色化、创新性且与社区实际相匹配的服务内容				
4.1.1 设备管理与维护	社区能够对运动器械及医用设备进行定期维护、检修与更换				

续 表

三级指标	指标说明	指标意见			
		同意	合并	删除	修改意见
4.1.2 社区提供基本身体指标检查	社区提供基本身体指标检查				
4.1.3 运动评估与监测	社区提供运动风险评估以及运动中生命指征监测				
4.2.1 急救仪器、设备完善程度	—				
4.2.2 急救人员数量	—				
4.2.3 应急机制	针对紧急情况,社区具有应急处理方案并能有效落实				
5.1.1 居民经常参与社区体育活动	—				
5.1.2 居民经常在社区了解身体健康知识、定期进行健康检查	—				
5.1.3 居民了解并能够从有效渠道提出对社区体医融合服务的相关意见及建议	—				
5.2.1 对社区体育活动服务的满意程度	—				
5.2.2 对社区医疗保障服务的满意程度	—				
5.2.3 对社区体医融合综合性服务的满意程度	—				
需增加指标(没有填"无"):		理由:			

通过各领域专家对研究团队初步构建的上海社区体医融合服务评价指标体系进行细致的评判与分析,对上海社区体医融合服务评价指标体系(初稿)进行

了一系列的调整与修改,最终新增了2项三级指标、合并了2项三级指标、修改了6项三级指标。表6为上海社区体医融合服务评价指标体系(终稿)。

表6 上海社区体医融合服务评价指标体系(终稿)

一级指标	二级指标	三级指标	指标说明
管理建设	政策支持	基本政策	涉及体医融合发展的综合性、指导性政策
		保障政策	推动社区体医融合建设的相关政策
		协同政策	保证部门间协同、社会组织参与等各类支持性政策
	组织领导	参与机构	社区体医融合所能包含、接纳的政府机关、体育组织、医疗单位、社会组织、志愿者团体等
		领导机关	社区推动体医融合发展过程中,负责各维度工作的政府主管部门、体育工作管理部门、医疗卫生管理部门等
		规章制度	各机构、领导主体在推动社区体医融合服务工作过程中的规章制度完善程度
基础配置	场地设备	场地规划面积	根据相关政策要求,社区所能够使用的,用于社区体医融合发展的土地面积
		体育设备	社区体医融合服务体系中具备的基本体育活动设备、器材等相关设备数量
		医疗设备	社区体医融合服务体系中配备的医疗卫生检查、治疗等相关设备数量
	人力资源	体育活动指导人员数量	社区体医融合服务体系中,在体育服务维度的相关专业化人才数量
		医护人员数量	社区体医融合服务体系中,在医疗服务维度的相关专业化人才数量
		基础服务人员数量	社区体医融合服务体系中,为维持各项工作运转的基层服务工作人员

续　表

一级指标	二级指标	三级指标	指标说明
基础配置	信息化平台建设	个人信息数据管理能力	社区体医融合工作中,对社区成员基本信息的储存、调取、使用能力
		日常健康信息与医学诊疗信息管理能力	社区体医融合工作中,对社区成员健康信息的储存、调取、使用能力以及社区与各大医院信息互通,对社区成员医学诊疗的获取、储存、调取、使用能力
		各类网络媒体建设程度	以社区为单位的各类网络媒体建设工作,如微信公众号、微博、抖音等官方账号的开通与运营
服务能力	服务类型	体育运动与身心健康指导	社区能够为民众提供体育运动与身心健康指导
		知识讲座与集体性活动	社会能够开展或举办面向民众的体医融合知识讲座及相关集体性活动
		体医融合内容宣传	社会能够通过网络媒体开展多种传播,向民众宣传"体医融合服务、健康价值"等相关内容
	服务内容	提供体育锻炼指导服务和体育活动组织服务	—
		提供慢病预防性和治疗性医疗服务	—
		提供日常饮食营养指导服务	—
	服务质量	具有明确的体医融合服务标准	—
		能够严格执行、落实各项服务	—
		特色模式	具有特色化、创新性且与社区实际相匹配的服务内容

续　表

一级指标	二级指标	三级指标	指标说明
安全保障	日常保障	设备管理与维护	社区能够对运动器械及医用设备进行定期维护、检修与更换
		社区提供基本身体指标检查	社区提供基本身体指标检查
		运动评估与监测	社区提供运动风险评估以及运动中生命指征监测
	急救保障	急救仪器、设备完善程度	—
		急救人员数量	—
		应急机制	针对紧急情况,社区具有应急处理方案并能有效落实
居民体验	居民参与度	居民经常参与社区体育活动或使用社区体育设施	—
		居民经常在社区了解身体健康知识、定期进行健康检查	—
		居民了解并能够从有效渠道提出对社区体医融合服务的相关意见及建议	—
	居民满意度	对社区体育活动服务的满意程度	—
		对社区医疗保障服务的满意程度	—
		对社区体医融合综合性服务的满意程度	—

2. 上海社区体医融合服务评价指标体系的权重确定

根据层次分析法的具体步骤,一是依据研究团队所构建的上海社区体医融合服务评价指标体系,将指标内容做好详细说明与解释,以问卷形式向体医融合管理领域、体育领域、医疗卫生领域、社区服务领域、公共管理领域等相关领域的25位专家发放打分矩阵问卷调查表。二是通过收集各位专家的打分矩阵问卷调查表,对相关内容进行汇总。三是对收集到的打分矩阵问卷调查表构建的两两对比矩阵,并进行一致性检验。检验结果显示各层级指标均通过一致性检验。四是通过计算,确定上海社区体医融合服务评价指标体系各项指标的权重。表7为上海社区体医融合服务评价指标体系指标权重。

表7　上海社区体医融合服务评价指标体系指标权重

一级指标（权重）	二级指标（权重）	三级指标（权重）
管理建设（0.117 6）	政策支持（0.068 3）	基本政策（0.018 6）
		保障政策（0.026 6）
		协同政策（0.023 1）
	组织领导（0.049 3）	参与机构（0.018 2）
		领导机关（0.016 3）
		规章制度（0.014 8）
基础配置（0.266 3）	场地设备（0.087 2）	场地规划面积（0.025 3）
		体育设备（0.031 2）
		医疗设备（0.030 7）
	人力资源（0.092 7）	体育活动指导人员数量（0.031 2）
		医护人员数量（0.029 7）
		基础服务人员数量（0.031 8）
	信息化平台建设（0.086 4）	个人信息数据管理能力（0.029 7）
		日常健康信息与医学诊疗信息管理能力（0.026 2）
		各类网络媒体建设程度（0.030 5）

续　表

一级指标（权重）	二级指标（权重）	三级指标（权重）
服务能力（0.310 6）	服务类型（0.098 6）	体育运动与身心健康指导（0.031 0）
		知识讲座与集体性活动（0.034 7）
		体医融合内容宣传（0.032 9）
	服务内容（0.103 2）	提供体育锻炼指导服务和体育活动组织服务（0.031 2）
		提供慢病预防性和治疗性医疗服务（0.036 8）
		提供日常饮食营养指导服务（0.035 2）
	服务质量（0.108 8）	具有明确的体医融合服务标准（0.034 1）
		能够严格执行、落实各项服务（0.036 5）
		特色模式（0.038 2）
安全保障（0.162 7）	日常保障（0.093 2）	设备管理与维护（0.026 7）
		社区提供基本身体指标检查（0.033 4）
		运动评估与监测（0.033 1）
	急救保障（0.069 5）	急救仪器、设备完善程度（0.021 2）
		急救人员数量（0.022 7）
		应急机制（0.025 6）
居民体验（0.142 8）	居民参与度（0.066 6）	居民经常参与社区体育活动或使用社区体育设施（0.021 6）
		居民经常在社区了解身体健康知识、定期进行健康检查（0.021 9）
		居民了解并能够从有效渠道提出对社区体医融合服务的相关意见及建议（0.023 1）

续 表

一级指标（权重）	二级指标（权重）	三级指标（权重）
居民体验（0.142 8）	居民满意度（0.076 2）	对社区体育活动服务的满意程度(0.025 3)
		对社区医疗保障服务的满意程度(0.024 2)
		对社区体医融合综合性服务的满意程度(0.026 7)

3. 基于上海社区体医融合服务评价指标体系的实证研究及结论

本课题选取杨浦区、青浦区、徐汇区三区作为代表，展开实证研究。针对所构建的上海社区体医融合服务评价指标体系，通过问卷调查的方式收集打分结果。调查对象为所选三个区的随机社区民众。此次问卷调查，共发放 1 200 份问卷，回收有效问卷 876 份，有效率为 73%。问卷采取单项指标打分的方式，打分区间为 0～100 分。同时，研究团队成员还需深入各调研社区，尽可能收集与评价指标相关的各项管理数据，因此保证为此次调查数据提供支撑。表 8 为杨浦区、徐汇区、青浦区三区社区体医融合服务评估分值。

表 8　杨浦区、徐汇区、青浦区三区社区体医融合服务评估分值

一级指标（权重）	二级指标（权重）	三级指标（权重）	杨浦区		徐汇区		青浦区	
			指标得分	总分	指标得分	总分	指标得分	总分
管理建设（0.117 6）	政策支持（0.068 3）	基本政策(0.018 6)	83.4	82.4	84.1	83.2	82.6	81.4
		保障政策(0.026 6)	86.3		87.6		85.4	
		协同政策(0.023 1)	79.8		80.2		76.5	
	组织领导（0.049 3）	参与机构(0.018 2)	84.2		85.3		83.1	
		领导机关(0.016 3)	81.1		82.4		82.1	
		规章制度(0.014 8)	75.4		78.6		76.9	

续　表

一级指标（权重）	二级指标（权重）	三级指标（权重）	杨浦区 指标得分	总分	徐汇区 指标得分	总分	青浦区 指标得分	总分
基础配置（0.266 3）	场地设备（0.087 2）	场地规划面积（0.025 3）	85.5	82.4	88.4	83.2	90.7	81.4
		体育设备（0.031 2）	89.7		90.3		84.3	
		医疗设备（0.030 7）	90.2		91.2		86.9	
	人力资源（0.092 7）	体育活动指导人员数量（0.031 2）	88.5		86.7		84.3	
		医护人员数量（0.029 7）	84.2		83.5		81.4	
		基础服务人员数量（0.031 8）	86.3		84.3		87.5	
	信息化平台建设（0.086 4）	个人信息数据管理能力（0.029 7）	76.9		80.1		78.5	
		日常健康信息与医学诊疗信息管理能力（0.026 2）	73.2		72.5		70.6	
		各类网络媒体建设程度（0.030 5）	70.6		74.4		71.7	
服务能力（0.310 6）	服务类型（0.098 6）	体育运动与身心健康指导（0.031 0）	82.7		80.8		81.9	
		知识讲座与集体性活动（0.034 7）	85.9		86.9		84.3	
		体医融合内容宣传（0.032 9）	79.8		83.2		75.1	

续　表

一级指标（权重）	二级指标（权重）	三级指标（权重）	杨浦区 指标得分	杨浦区 总分	徐汇区 指标得分	徐汇区 总分	青浦区 指标得分	青浦区 总分
服务能力（0.310 6）	服务内容（0.103 2）	提供体育锻炼指导服务和体育活动组织服务（0.031 2）	86.1	82.4	88.4	83.2	89.4	81.4
		提供慢病预防性和治疗性医疗服务（0.036 8）	85.4		83.7		81.2	
		提供日常饮食营养指导服务（0.035 2）	80.6		82.1		81.9	
	服务质量（0.108 8）	具有明确的体医融合服务标准（0.034 1）	74.3		72.3		70.7	
		能够严格执行、落实各项服务（0.036 5）	77.5		79.6		76.2	
		特色模式（0.038 2）	81.8		80.9		78.9	
安全保障（0.162 7）	日常保障（0.093 2）	设备管理与维护（0.026 7）	83.2		84.7		80.6	
		社区提供基本身体指标检查（0.033 4）	86.7		88.5		84.7	
		运动评估与监测（0.033 1）	76.4		80.2		79.6	
	急救保障（0.069 5）	急救仪器、设备完善程度（0.021 2）	81.3		78.6		77.4	
		急救人员数量（0.022 7）	76.8		77.9		73.2	
		应急机制（0.025 6）	82.5		85.5		80.5	

续　表

一级指标（权重）	二级指标（权重）	三级指标（权重）	杨浦区 指标得分	杨浦区 总分	徐汇区 指标得分	徐汇区 总分	青浦区 指标得分	青浦区 总分
居民体验（0.142 8）	居民参与度（0.066 6）	居民经常参与社区体育活动或使用社区体育设施（0.021 6）	86.7	82.4	87.6	83.2	90.4	81.4
		居民经常在社区了解身体健康知识、定期进行健康检查（0.021 9）	84.3		85.3		89.6	
		居民了解并能够从有效渠道提出对社区体医融合服务的相关意见及建议（0.023 1）	81.4		80.9		78.2	
	居民满意度（0.076 2）	对社区体育活动服务的满意程度（0.025 3）	85.9		86.7		84.2	
		对社区医疗保障服务的满意程度（0.024 2）	86.1		88.9		89.7	
		对社区体医融合综合性服务的满意程度（0.026 7）	82.3		84.3		84.9	

从实证研究的评分结果来看，杨浦区、徐汇区以及青浦区的社区体医融合服务评估分值均处在 80～85 分的区间之内，基本可以作为上海市社区体医融合服务发展的代表性区域。由此可见，目前上海市社区体医融合服务发展仍有一定的提升空间。这也为相关部门开展社区体医融合服务提供了指向。

此外，研究团队所构建的上海社区体医融合服务评价指标体系主要是针对基层维度体医融合服务工作进行分析。从实证结果来看，信息化平台建设、急救保障以及服务质量等二级指标下的关键指标并不理想，分值大多低于 80 分。由此可见，当前上海市社区虽然在努力推进社区基层的体医融合服务建设工作，但是相关工作仍受到技术手段、工作意识以及工作态度的影响。因此,在未来的发展过程中,要更加注重体医融合服务质量的反馈,同时进一步做好信息化平台建设以及相关信息的管理与运用是提升社区基层体医融合服务的关键环节。从实证结果来看,目前上海社区基层的体医融合服务工作已经初见成效,各维度基础工作基本落实到位,只是在特色性、精细化的相关内容方面有所欠缺。由此可知,当前上海社区基层体医融合服务过于普适,许多工作可能流于表面形式。因此,在未来的发展过程中,社区基层体医融合发展还需要更加精细化规划,通过夯实多主体责任,凝聚多主体力量,以此提升上海市社区体医融合服务的综合实力。

四、对策建议

根据以上实证研究的结果,为了进一步提升上海市社区体医融合服务的发展水平,研究团队提出以下对策建议:

(一)提升信息化平台建设

从杨浦区、徐汇区以及青浦区三区社区体医融合服务二级指标信息化平台建设的得分情况来看,目前上海市各区的信息化平台建设均存在不足,导致指标得分相对较低。因此,针对上海市社区基层体医融合服务工作,相关部门和主体应加大对信息化平台建设的投入,提升社区基层存储、整合、运用各类信息的能力。具体包括完善各类网络媒体建设,如健康信息查询、个人健康管理、医疗服务预约等功能;提高个人信息数据管理能力,以便更好地收集、整理和运用各类与健康相关的信息,如个人健康档案、医疗记录、健康咨询等,这些信息的有效运用将为提供更为精准的社区体医融合服务奠定坚实基础,进而满足社区居民多层次的健康需求。

(二)强化服务能力

社区基层体医融合服务的关键在于服务内容的丰富以及服务质量的提升。结合研究团队所构建的上海社区体医融合服务评价指标体系,在一级指标当中,服务能力权重最大。而细化到各二级指标当中,服务质量的权重相对较高。由此可见,社区基层的体医融合服务,关键在于服务水平的保证。

从此次实证研究的得分结果来看,各区服务质量维度的得分大部分处在80分以下,且主要体现在服务流程、服务标准等方面。结合社区体医融合发的现实情况,目前上海市社区体医融合发展仍处在起步阶段,各维度工作还未找到合适的提升路径,其中在服务质量方面,各社区也仅能够满足相对基本的服务内容,由此导致该维度得分较低,并且缺乏相应的政策支持、缺乏民众基础也可能是造成该问题的重要原因。因此,针对未来上海市社区基层体医融合服务发展的工作,各责任主体应重视服务内容的丰富性和有效性,提供更多元化、个性化的服务,如划分年龄开展体育运动与身心健康指导、知识讲座与集体性活动等,以此提升民众对社区体医融合服务的信任度。同时,要不断提高服务人员的专业素养和技能水平,保证服务质量,以此为社区基层体医融合发展助力。

(三)优化急救保障体系

急救保障体系作为社区基层体医融合服务的基本要求,在此次实证研究结果当中,该维度评分并不高。结合上海市体医融合发展的实际情况来看,随着各项工作的逐步开展,上海市体医融合发展更加注重"治未病"、提升身心健康水平等各类提升性指标。在这样的大环境下,作为兜底指标的急救保障体系、应急保障体系反而成为社区基层体医融合服务体系中容易被忽视的环节。由此也就导致该维度指标的评分在此次实证研究当中较低的结果。

为了提升公共卫生安全水平,更好推进社区基层体医融合服务发展工作,相关主体部门应当建立健全急救保障体系。首先需要加大投入力度,不断完善急救仪器设备,确保其正常运转、准确检测和快速响应。同时,还应该加强急救人员的培训与教育,提高他们的专业技能水平和应急处理能力,以便在紧急情况下能够迅速采取正确的救治措施。此外,建立一个科学、高效的应急机制也是至关重要的,这包括完善急救网络、加强信息沟通、做好人员调配和资源整合等方面的工作。只有通过这些措施的综合实施,才能在紧急情况下迅速响应并提供给居民必要的医疗救治,保障人民生命安全和身体健康。

(四)注重居民体验反馈

在此次构建的上海社区体医融合服务评价指标体系当中,居民体验作为关键环节占整体权重为14.28%。目前,上海市社区基层体医融合服务正在摸索中发展,广泛接收、听取受众群体的意见建议和体验反馈对提升社区体医融合服务工作具有重要作用。但是从此次实证研究的结果来看,"居民参与度"

二级指标当中的"居民了解并能够从有效渠道提出对社区体医融合服务的相关意见及建议"三级指标得分均处在 80 分左右。由此可见,在当前上海市社区体医融合服务建设中,各相关主体对受众群体的体验反馈重视不够。一方面是因为信息反馈的渠道不畅通导致受众群体的意见建议无处传递,另一方面则可能是由于当前社区体医融合服务在居民群体当中影响力有限,导致居民参与度不高,相关反馈信息较少。

因此面对上述可能存在的问题,社区基层体医融合服务主体应积极了解居民对于社区医疗服务的体验和需求,广泛收集居民的意见和建议,不断优化服务内容和质量。通过公布意见建议接收渠道、完善网络信息化平台等方式,增强与居民的沟通互动,进而提升居民的参与度和满意度,确保社区体医融合服务更好地满足社区居民的需求。

(五)鼓励创新发展

综合来看,目前上海市社区体医融合服务工作均处在积极探索且逐步推进的过程中,各社区的发展模式需要结合社区的实际情况、地理位置、居民生活习惯、年龄分布等各项因素展开。在研究团队所构建的上海社区体医融合服务评价指标体系当中,杨浦区、徐汇区以及青浦区在"特色模式"三级指标的得分并不高,由此可见,各区虽在努力推进基层体医融合发展,但是在具体工作当中缺乏创新性。特别是在社区基层体医融合发展初期,探索具有创新性的体医融合模式有助于各区更好地分享经验,提高社区基层体医融合服务水平和质量。

因此,应当积极鼓励各社区开展创新性的体医融合服务模式探索,以适应当代社会的多元化需求。通过不断的尝试与实践,致力于满足居民的各种需求,推动上海市社区体医融合服务的特色发展。在鼓励创新的过程中,主管部门还需注重合作伙伴的意见与建议,通过共同探讨、研究,不断完善服务模式,以提供更优质的服务体验。

参考文献

[1] 冯振伟,张瑞林,韩磊磊.体医融合协同治理:美国经验及其启示[J].武汉体育学院学报,2018,(5).

［2］薛欣,徐福振,郭建军.我国体医融合推行现状及政策问题确认研究[J].体育学研究,2021(1).

［3］丁举岩,刘永青,刘献国.健康中国视角下"体医融合"的价值逻辑及模式创新研究[J].当代体育科技,2022(3).

［4］田学礼,赵修涵.体医融合示范区建设评价指标体系研究[J].成都体育学院学报,2021(5).

［5］柴王军,刘龙飞.我国体医融合测度与时空演化研究[J].山东体育学院学报,2021(5).

［6］高尚尚,王彦,石潇洋等.基于体医融合思想的医护群体科学健身素养评价指标体系的构建[J].护理研究,2021(22).

［7］王文倩,王家宏.我国运动健康城市评价体系构建研究[J].中国体育科技,2022(1).

［8］冯振伟,张瑞林,韩磊磊.体医融合协同治理:美国经验及其启示[J].武汉体育学院学报,2018(5).

［9］徐士韦,肖焕禹,谭小勇.体力活动:美国国家健康政策之要素——基于美国健康公民战略的考察[J].上海体育学院学报,2014(1).

［10］黄晶,王世强,刘晴.日本体医融合健康促进的经验借鉴与启示[J].中国全科医学,2021(18).

［11］刘晴,王世强,黄晶等.德国体医融合服务模式及对我国的启示[J].中国慢性病预防与控制,2021(7).

［12］Kerr R. The integration of science and medicine into sports training[J]. Transport Plan Techn, 2016(10).

［13］Mueller-Stierlin. Does one size really fit all? The effectiveness of a non-diagnosis-specific integrated mental health care program in Germany in a prospective, parallel-group controlled multi-centre trial[J]. BMC Psychiatry, 2017(1).

［14］卢文云,陈佩杰.全民健身与全民健康深度融合的内涵、路径与体制机制研究[J].体育科学,2018(5).

［15］刘海平,汪洪波."体医融合"促进全民健康的分析与思考[J].首都体育学院学报,2019(5).

［16］刘海平,汪洪波."大健康"视域下中国城市社区"体医融合"健康促进服务体系的构建[J].首都体育学院学报,2020(6).

［17］代方梅,李可乐.社区体医融合交互偶联机制及路径[J].体育文化导刊,2021(5).

［18］刘颖,王月华.基于SFIC模型的我国体医融合推进困囿与纾解方略[J].沈阳体育学院学报,2021(4).

［19］张小沛,张瑞林,冯振伟.老龄化背景下社区体育服务与健康管理服务融合共生发展探析[J].体育文化导刊,2023(3).

上海市儿童青少年体育锻炼研究

徐划萍　汪东颖　王会儒　倪伟平[*]

[摘　要]　上海市儿童青少年体育锻炼频率和时间达不到世界卫生组织推荐量,学业负担重是影响运动参与率的主要原因;儿童青少年两项运动技能的掌握率不高;学生自主锻炼的频率较低,学生自我锻炼意识和行为有待提高;家庭体育锻炼氛围、学校体育锻炼环境和社区体育锻炼环境均有待改善。本文结合现状及上海城市特点,提出上海市儿童青少年体育锻炼促进应依托五大主体(政府、学校、家庭、社区、媒体),围绕五段时空(课内、课外、校内、校外及节假日),制定五项行动计划(建设儿童青少年体育锻炼数字化平台、开发儿童青少年运动健身设施、打造儿童青少年体育金课、构建学校/社区—培训机构—家长三方合作模式、优化学校学生体质健康促进工作),以此推动儿童青少年体育锻炼良性发展,促进儿童青少年体质健康水平的提升。

[关键词]　儿童;青少年;体育锻炼;体质健康;体力活动

一、研究背景

儿童青少年是国家的未来和希望,他们的身心健康状况不仅关系到个人的健康成长,更关系到国家民族的兴衰。党的二十大报告中提出要加强青少

---

[*]　本文作者简介:徐划萍,上海中医药大学体育部中医体质健康研究室主任,副教授,医学博士,学生体质健康管理及儿童青少年肥胖干预;汪东颖,上海中医药大学中医体质健康研究室副教授,医学硕士,学生体质健康管理及运动损伤防治;王会儒,上海交通大学体育系教授,博士生导师,民族传统体育传承与发展,运动与健康促进;倪伟平,祝桥小学副校长,高级职称,本科,学生德育管理及儿童肥胖干预。

年体育工作,儿童青少年体育作为提升学生体质健康水平、实现体育强国建设的基石,其战略性、基础性和全局性地位尽显。

党和国家高度重视儿童青少年体质健康,自党的十八大以来,以习近平总书记为核心的党中央高度重视学校体育工作,颁布了一系列关于青少年学校体育工作的政策文件,聚焦学生体质健康。如《国家学生体质健康标准(2014年修订)》《国务院办公厅关于强化学校体育促进学生身心健康全面发展的意见》《关于深化体教融合 促进青少年健康发展的意见》《关于全面加强和改进新时代学校体育工作的意见》等,这一系列文件的颁布,无不体现了国家对学校体育工作的重视及对儿童青少年健康成长的关注和关心,为儿童青少年健康成长提供了政策支撑,也在一定程度上遏制了儿童青少年体质健康下滑的趋势。然而,当前儿童青少年的健康发展需求与不均衡、不充分的健康促进实践之间依然存在矛盾,儿童青少年的体质健康问题不但未得到根本解决,反而产生了近视、肥胖、脊柱侧弯等一系列新的问题。面对新问题、新挑战,如何举全社会之力,共同促进儿童青少年体质健康水平的提升,成了迫切需要解决的问题,也是事关国家长远发展和民族未来的问题。

儿童青少年体质健康水平不容乐观与体力活动不足密切相关,一项针对上海市初中生身体活动的调查发现,上海市初中生自主性身体活动的综合比例为21.2%,且较为明显地呈现出随年级递增而下降的趋势,七年级(大致年龄为13岁)到八年级(大致年龄为14岁)是初中生退出体育参与的重要阶段。上海市初中学校综合环境的比例为77.5%,总体情况较好。但大多数学校主要围绕"体育课"进行,对初中生同样甚至更为重要的"课外体育活动"以及"每天锻炼一小时",并没有得到应有的重视。上海市初中生所处社区综合环境的比例为36.3%,存在"有设施,缺组织,没活动"的现象,且常见的运动设施多适合老年人和幼儿群体,偏离或没有考虑青少年群体体育参与的兴趣需求。

儿童青少年身体活动促进是一项系统性的复杂工程,受学校、家庭、社区、社会、政府等各方面的影响,本研究在调查上海市儿童青少年体育锻炼情况及上海市儿童青少年体育锻炼支持环境的基础上,分析影响儿童青少年体育锻炼的因素及上海市儿童青少年体育支持体系的不足,从学校、家庭、社区、社会、政府层面分析促进儿童青少年体育锻炼的策略,提出上海市儿童青少年构建积极运动、主动健康生活方式的发展路径,为儿童青少年体育公共服务相关政策的制定及实施提供决策依据。

二、问题和现状分析

（一）上海市儿童青少年体育锻炼情况

1. 儿童青少年体育锻炼频率和时间达不到世界卫生组织推荐量

按照世界卫生组织的体力活动推荐量，儿童和青少年应平均每天进行60分钟中等强度到剧烈强度的有氧运动，每周至少有3天进行包含剧烈强度的有氧运动，也就是说中等强度的有氧运动每天应最少1小时，剧烈强度的有氧运动每周至少应有3天参与。但是调查发现，上海市儿童青少年每天进行中等强度运动的比例为9.5%，一天进行60分钟以上运动的比例仅为10.53%；一周进行3次及以上剧烈强度运动的比例为53.22%；日常体力活动方面，每天步行10分钟以上的比例为29.97%。

中共中央办公厅、国务院办公厅《关于全面加强和改进新时代学校体育工作的意见》中提到，要开齐开足上好体育课，上海市高度重视中小学校体育工作，上海市委教育工作领导小组于2023年发布的《上海市促进中小学校体育工作高质量发展 进一步提升学生体质健康水平行动方案》（被称为"体育20条"）中提到要保证小学每周开设5节体育课，推动落实初中每周开设4节体育课，推动高中每周开设4节体育课，保障每天校内外运动时间不少于2小时。这里面的每天校内外运动时间不少于2小时，仅靠体育课显然是达不到运动时间要求的，因此，课后锻炼的落实显得尤为重要。课后布置体育作业是落实该项措施的重要举措，随着互联网在线运动的开发和应用，体育课后作业的监控也变得可行，另外，可充分发挥家长的监督作用。

2. 学业负担重是影响运动参与率的主要原因

调查发现，影响儿童青少年参与运动的主要原因占前三位的分别是学习太忙，没时间运动（54.82%）；学习太累，没体力再去运动（26.17%）；没有运动场地和器材（25.15%）。

当前学生的课业负担太重已成为影响学生身心健康的严峻现实问题，同样，脊柱侧弯、抑郁症高发、近视、睡眠不足等均与课业负担重密切相关。除了学习内卷，家长焦虑给学生课外报班或自行增加学习内容导致的学业压力外，因为追求升学率，学校给学生增加学习任务、学生学习科目众多、各科学习难度增加也是导致学生学业压力大的直接原因。当前，初高中的学生，即便课外不参加任何辅导,单是完成学校布置的作业就已经将每天的课后时间完全占满了,睡眠不足情况突出,可用于自由锻炼的时间少之又少。

3. 两项运动技能的掌握率不高

中小学体育教学的培养目标之一就是帮助学生掌握两项运动技能,掌握两项运动技能是落实终身体育的基础。但调查发现,掌握两项及以上运动技能的学生比例为57.01,有15.64%的学生连一项运动技能都没有掌握。说明仅靠体育课堂教学,课后练习不跟上的话,很难熟练掌握某项体育运动技能,体育锻炼和文化课学习及其他技能习得规律一样,都遵循1万小时理论,即没有持之以恒、日复一日的艰苦训练,很难熟练掌握某项运动技能。

4. 除去学校安排的体育课,学生自主锻炼的频率较低

调查发现,除去学校安排的体育课和体育锻炼外,学生自主参加体育锻炼的次数不高,一周在3次及以上的比例仅为34.94%,16.67%的学生完全仅靠校内锻炼,课余根本不进行自主锻炼。另外,与热衷于参加课外文化课辅导班不同,参加体育类培训班的比例为44.3%,还有55.7%的学生并没有参加校外体育培训。

很多家长接受调查时表示,体育锻炼没必要花钱去学,小朋友们自己一起追追跑跑就可以了,事实上,花钱了以后,家长会更加重视,学习相对系统全面,也比较有规律,同时,学习运动技能也能让学生获得自我挑战、不断超越的满足感。观察市场上开设的儿童体适能课程,发现其很受小朋友欢迎,同样是体育课,校内外上课效果差异很大。这与场地设施有关,也与教学观念、教学方法有关,当前校内的体育课应借鉴校外培训模式,不断改善教学环境,努力提升教学效果。

5. 学生自我锻炼意识和行为有待提高

调查发现,有37.57%的学生不认为体育锻炼有益健康;40.94%的学生没有意识到久坐的危害,不知道久坐会造成体态不良,有害健康;7.89%的学生认为在学校运动过了,回家没必要再运动,只有25.88%的学生认为校外锻炼很有必要;有6.58%的学生认为自己身体很好,用不着运动;3.22%的学生以后也不打算多运动。

体育锻炼的目的是促进健康,因此,体育课不仅仅是教会学生运动技能,更应该培养学生健康第一责任人的意识,帮助学生树立终身锻炼的理念。意识决定行动,只有学生自己认识到锻炼的重要性,才能主动参与到锻炼过程中。

6. 家庭体育锻炼氛围不足

在家庭体育锻炼环境方面,调查发现,只有52.92%的家长会鼓励孩子参与体育锻炼;33.19%的家长会跟孩子一起参加体育锻炼;仅有29.68%的家长会给孩子报名参加体育培训;41.96%的家长会在孩子参加体育活动需要经费时(如购买体育器材、装备、服装等)提供支持;44.74%的家庭有健身器材(如羽毛球、哑铃、瑜伽垫等);仅有21.49%的孩子会在家跟着视频或自行锻炼;22.08%的家长会在家跟着视频或自行锻炼。

家长是孩子学习的最好榜样,儿童的很多行为都来自模仿家长,因此,在全社会营造全民健身的氛围,提高家长的运动参与度,也是间接影响儿童青少年体育锻炼的重要因素。儿童青少年参加户外运动势必需要家长的陪同,家长对子女参加体育锻炼的重视程度决定了家长是否愿意拿出时间陪孩子外出运动。近年来,在线运动蓬勃发展,很多办公室一族也接触了室内运动。虽然户外运动有部分室内运动无法比拟的效果,如缺乏光照、缺乏视觉冲击等,但在时间场地有限的情况下,室内运动也是非常好的有益补充。

同时,室内运动因为不受场地、天气、时间的限制,随时可以开始,因此有助于帮助儿童青少年养成规律运动的习惯。另外,长期坚持运动需要有极强的自制力,以完成作业的方式督促学生锻炼较为可行。

7. 学校体育锻炼环境有待改善

在学校体育锻炼环境调查中发现,仅有51.02%的学生认为学校体育场地能满足自己的锻炼需求;48.54%的学生认为学校体育器材充足,能够满足体育锻炼时使用;45.91%的学生认为能够方便地使用学校的体育场地或器材进行体育锻炼;46.35%的学生认为学校体育锻炼氛围浓厚;51.75%的学生知道学校每年会开展学生体质健康测试;45.47%的学生认为学校每天能较好地组织大课间及体育课外的锻炼活动;46.64%的学生认为学校的体育活动(如运动会、单项比赛等)非常丰富;体育社团是学校体育活动的重要载体,可以满足学生多样化的活动需求,对于活跃校园体育文化、提升运动技能有重要作用。调查发现,只有36.7%的学生认为学校的体育社团很多,活动丰富。

2023年,教育部办公厅在关于开展第7个全国近视防控宣传教育月活动的通知中提到:要引导学生课间走出教室开展活动,保障学生每天校内、校外各1个小时的体育活动时间,鼓励有条件的学校学生校内户外活动达到2小时。但调查发现,仅有29.39%的学生经常下课时进行体育锻炼;11.84%的学生表示在学校除了上体育课,没有自由锻炼的时间;仅有20.76%的学校每天都会布置课后体育作业。

运动强度是保证运动效果的关键,对于儿童青少年,更推荐中等到大强度的运动,具体体现在呼吸加快加深,心率加快,出汗量增加。体育课除了技能教学,体能训练也是很重要的教学内容,但调查发现,仅有40.5%的学生认为学校的体育课能让自己出汗和心跳加快。

学校体育锻炼环境和校领导的理念有较为直接的关系,实际调查中也发现,有的小学建于20世纪80年代,教室空间狭小,学生人数众多,学校没有风雨操场,一到下雨,体育课完全没法上,仅有的一个迷你操场课后要用于足球队训练,很难满足全校学生的锻炼需求。对于先天场地不足的情况,修建雨棚其实是迫在眉睫的事情。另外,开展错峰下楼活动,进行室内徒手操运动也是重要的补充。

担心发生运动伤害也是影响学校体育运动开展的重要因素。儿童追赶打闹本是天性,但是为了避免冲撞引起损伤,很多小学禁止学生课间时追逐打闹,并有专门的值日生记录打闹同学的名字并批评。此举实属因噎废食,学校应制订风险防控制度和体育运动伤害事故处理预案,明确教务、后勤、学生管理、体育教学等各职能部门的职责,而不是以减少体育活动的做法规避体育运动风险。

8. 社区体育锻炼环境有待改善

对于儿童青少年来说,除了学校,社区就是自己最主要的活动场所,社区体育锻炼环境对儿童青少年的运动参与率影响较大。简单来说,老旧小区由于整体布局原因,往往存在道路狭窄、人车不分流、公共活动区域很小甚至没有等问题,家长不得已将小孩圈在家里。还有的老小区周边用地资源紧缺,体育设施较匮乏或者供需矛盾较大,很难满足大多数儿童青少年的锻炼需求。另外,运动设施如使用不当会带来一定的安全风险,导致有的物业公司宁愿把钱投入在其他地方也不愿意多增加运动设施。

调查也发现,仅有30.56%的学生认为住所周围的运动器械和设施能满足自己参加课外锻炼的需求;11.4%的学生认为住所附近很难找到可以参加体育运动的场所;仅有30.7%的学生认为住所附近体育场地设施开放时间充裕;20.03%的学生认为住所周围没有儿童青少年运动技能的培训场所;仅有21.2%的学生认为住所所在的社区或街道会经常组织儿童青少年体育活动或比赛。

9. 儿童青少年的体育锻炼需求

在学校课外体育锻炼方面,儿童青少年的需求排名第一的是希望学校增设运动场地,如风雨操场、球场等;排在第二位的是希望学校增设运动设施,如球类、攀爬架、健身器材等;排在第三位的是希望学校多组织体育活动,如课间操、体育比赛、运动会等。

在社区体育公共服务方面,儿童青少年的需求排名第一的是希望社区增设运动场地,如球场、跑步道等;排在第二位的是希望社区增设运动设施,如健身器材、攀爬架等;排在第三位的是希望社区多组织体育活动,如体育比赛、户外徒步、骑行等。

(二)国内外儿童青少年体育锻炼情况

吴慧攀等做的一项关于中国儿童青少年体力活动的年龄、性别和地区差异调查发现,中国儿童青少年中高强度体力活动不足,总体检出率为53.8%,不同年龄段中,10～12岁中高强度体力活动不足检出率最低(43.6%),16～18岁最高(63.0%);不同地区儿童青少年中高强度体力活动不足检出率华北地区最低(44.0%),华东地区最高(65.9%);中国儿童青少年中高强度体力活动不足检出率随年龄增长呈先下降后升高趋势,男生体力活动水平高于女生。

李培红等结合国家体育总局国民体质监测中心于2014年面向我国30个城市49 308名6～19岁儿童青少年体育健身活动调查数据分析表明,我国儿童青少年达到国际身体活动指南推荐量的人数仅为8.9%,远低于新西兰、墨西哥和英格兰等发达国家(均大于50%),也低于国际上多数国家儿童青少年身体活动平均水平(平均达标率约为20%)。

王超等在2011—2012年开展面向全国11个城市的儿童青少年体力活动调查,发现绝大多数儿童青少年没有达到平均每天中高强度活动不少于60分钟的推荐量,其中4～6年级沈阳、赣州儿童青少年达到推荐量的比例最高,分别是8.5%和7.6%,上海、广州比例最低,分别是0.8%和0;7～9年级西安、赣州比例最高,分别是17.4%和12.7%,温州、南通比例最低,均是0,上海、天津比例较低,分别是1.0%和0.6%;10～11年级赣州比例最高,达到41.2%,温州、天津、成都比例最低,均是0,上海比例较低,是1.4%。

世界卫生组织牵头进行的一项针对2001—2016年全球160万名11～17岁儿童青少年体育锻炼的调查数据表明:全球85%的女孩和78%的男孩没有达到目前推荐的每天锻炼1小时的活动水平;2016年,菲律宾是男孩缺乏锻炼比例最高的国家(93%),韩国则是女孩缺乏锻炼比例最高的国家(97%),韩国也是两性比例合计缺乏锻炼最高的国家(94%),孟加拉国则是男孩、女孩及两性比例合计缺乏锻炼比例最低的国家（63%、69%、66%）；孟加拉国、印度和美国是男孩缺乏体育锻炼比例最低的国家，前两个国家可能因为对板球等国民运动的高度重视，美国则是因为校内良好的体育教育、媒体对体育的广泛报道及随处可见的体育俱乐部。

Troiano 等开展的一项针对全美范围内的调查显示，从儿童到青少年阶段身体活动水平呈逐渐下降趋势，42%的儿童可达到每天 60 分钟中等以上强度的身体活动，而青少年仅有 8%能达到这一活动量，且这种趋势持续到成人阶段。

儿童青少年身体活动水平下降是国际范围内纵向研究的一致趋势，且女生比男生更为严重，这可能与学校体育课程设置有关，如我国教育部体育课程设置规定小学 1~2 年级每周 4 课时、小学 3~6 年级和初中每周 3 课时、高中阶段教育（含普通高中、中等职业学校）每周 2 课时。学校体育课在儿童青少年体育活动中占重要比重，因此随着每周体育课程的减少，学生身体活动量也随之下降。另外，这一现象与课业负担的加重也密不可分，学业负担重，作业量大，势必会挤占学生自由锻炼时间；睡眠不足、近视等也会影响运动参与意愿，同时又互为因果。随着年龄增加，女生生理发生变化也会导致参与体育锻炼的频率下降。

（三）国内外儿童青少年体育锻炼促进政策比较

国内外儿童青少年体育锻炼促进政策均强调多部门协作，共同治理，如美国综合性学校体育计划（Comprehensive School Physical Activity Programs，CSPAP，2013）要求教育主管部门、地区健康部门、学校、家庭、社区、高校相关专业、媒体等共同参与，多部门协作，共同为儿童青少年体育锻炼创造条件。新西兰的儿童青少年健康策略（Child and Youth Wellbeing Strategy，2019）也很注重利用公众支持和社区行动来促进儿童青少年健康发展。我国也在 2019 年颁布了《国务院关于实施健康中国行动的意见》，提出要实施中小学健康促进行动，动员家庭、学校和社会共同维护中小学生身心健康，但主要从优化学校体育工作角度出发。虽然多方统一协调，共同发力是保证儿童青少年健康促进策略的有效举措，但仍需出台系统性、综合性、可操作性、可评估的儿童青少年健康促进行动方案，明确各方职责、实施效果及评价办法。

除了政策支持，各国也非常重视促进儿童青少年体育锻炼的支持性环境建设，如英国的活力的设计——体育促进健康行为计划（Active Design：

Planning for health and wellbeing through sport and physical activity,2015)就提出城市、街道和公园等在进行设计布局的时候,除了考虑交通要求,也要考虑体育活动的便捷性和舒适性,为儿童青少年提供安全、方便的锻炼空间。澳大利亚也非常重视社区体育的基础性建设,在"体育 2030(Sports 2030, 2018)"中明确提出要加大社区公共体育设施建设,为儿童青少年提供方便的运动场所。

《世界儿童白皮书 2019》显示,日本儿童的健康状况处于全球领先地位,死亡率、肥胖率以及体重不达标率等指标均处于低位,这些成就主要得益于日本儿童青少年公共体育服务的有效治理。日本通过促进国家和社会力量协同参与儿童青少年公共体育服务的供给,使日本儿童青少年享受到高质量的公共体育服务,促进了体育锻炼习惯的养成。

体育是丰富城市文化、提振城市精神、彰显城市品质的重要抓手,从"十三五"到"十四五"五年间,上海市青少年体育从"小体育"向"大体育"发展,通过建设健全青少年体育普及、完善青少年后备人才培养等方面,让上海青少年了解体育、掌握体育技能,充实体育后备人才储备,为上海市打造全球著名体育城市奠定基础。

上海市积极推进体育基础设施建设,积极推动市民 15 分钟生活圈建设,在寸土寸金的地段,将金角银边、厂房、仓库、楼宇、高架桥下等不易察觉的地区,变成一个个健身站点。根据上海市体育行政主管部门提供的数据,截至 2020 年底,上海市累计建成各类市民健身步道(绿道)、骑行道总长度 1 954 千米,建成市民益智健身苑点 17 556 个、市民球场 2 714 片、市民健身步道(绿道)1 669 条、社区市民健身中心 101 个、市民健身房 186 个。

同时,上海市体育局优化整合资源,积极推动"学校、社会、家庭"三位一体的青少年体育活动模式。加大政府购买服务力度,鼓励引导社会力量参与青少年体育公共服务,创办青少年体育公益培训。重点推进市区两级政府购买服务,开展青少年体育公益培训、青少年社区运动会等公益活动。

(四)上海儿童青少年体育发展促进行动的优势和劣势

优势:一是上海市推动全球著名体育城市建设,一大批重大体育设施建成,为广大儿童青少年提供了在家门口观看体育赛事的机会,有助于提升儿童青少年体育锻炼兴趣。二是上海市大力推动全民健身建设,打造 15 分钟生活圈,为儿童青少年参加体育锻炼提供了场地设施保障。三是上海市教育和体育部门联合推动儿童青少年体育公共服务,通过暑托班、夏令营、课后服务等形式,为儿童青少年提供配送体育服务课程。四是上海市体育产业结构较好,体育服务业占比达到80%,体育纳入扩大消费范畴。五是上海市儿童青少年体育锻炼政策执行度较高,健身理念及儿童青少年体育相关研究走在全国前列。六是上海市学校体育综合环境较好,体育课按要求开课率达到95%以上,少数是因为场地器材满足不了天气变化而影响开课。七是上海市家庭体育环境方面,家长对儿童青少年体育锻炼多持积极态度,且能在儿童青少年体育装备等消费方面提供一定资金支持。八是校外体育培训蓬勃发展,一定程度上提升了儿童青少年校外活动量及运动技能。

劣势:一是健身环境失衡,儿童青少年体育锻炼主要集中在校内,社会参与儿童青少年体育的广度和深度还有很大提升空间。健身环境中社区健身环境是短板,社区体育活动和体育组织的比例相较于发达国家还有很大差距,社区体育人文环境落后于硬件环境建设,要努力改变有设施、没组织、没活动的局面。另外,现有设施偏离儿童青少年健身需求。二是特大城市空间局限,体育场地拓展困难,已成为制约学校体育发展的重要影响因素,单靠学校很难解决。三是学生课业负担重,静态生活时间过多,过度使用电子产品;主动健身少,被动运动多,体育技能和健身意识薄弱;中高强度身体活动偏低,年级越高,时间越短。四是儿童青少年公共体育服务主体出现碎片化现象,儿童青少年体育相关的公共服务被分解到财政、体育、教育、卫生、共青团等多个政府部门,由于缺乏一个统一协调沟通的专门性政府机构,相关政策在落实过程中难免会出现交叉重复的现象,有时还会产生管理上的盲点,从而导致儿童青少年公共体育服务的碎片化。五是儿童青少年上下学交通方式采取积极出行的比例不高,父母汽车接送的比例较高,无形中减少了儿童青少年进行体力活动的机会。六是在量的层面,上海市学校和家庭在促进儿童青少年体育锻炼方面已超过活力健康儿童全球联盟平均水平,但在质的层面,还需要进一步提升执行效果。

三、对策建议

结合以上调研及分析,上海市儿童青少年体育锻炼促进方案应面向未来长远发展,着眼于上海城市特点及人口与结构特点,制定五大主体、五段时空、五项行动计划的5-5-5发展战略。

（一）五大主体

即构建政府、学校、家庭、社区、媒体五大行动主体，联合其他协会、青少年活动组织、俱乐部等组织，形成多方联动、多元协作的合作模式。

政府：政府主要加强儿童青少年健康促进顶层设计，完善儿童青少年锻炼保障体系，通过制定政策、颁布法律法规及拨付资金等方式，规范与引导社会各方力量开展丰富多样的体育活动；同时，指导和检查学校体育课程、师资、器材、场地落实情况，完善学校体育保障体系和资源建设，加大评估检查力度；帮助学校及社会体育组织在师资、场地方面实施资源共享，补齐短板；引导媒体正面宣传体育锻炼的健身功效，在全社会倡导全民健身的运动氛围。同时，应加强对各联动部门的组织领导，定期召开联席会议，检查政策落实情况，发现实施中的困难及瓶颈问题，并及时商讨解决应对办法。

学校：学校在儿童青少年健康促进行动中发挥着重要作用，所需要承担的主要任务：一是开齐开足体育课，提升体育教学质量，把握体育课运动强度，帮助学生掌握两项运动技能，树立终身体育的锻炼意识。二是开展充足的日常锻炼，充分利用课间、午后及课后等碎片化时间引导学生积极锻炼，营造充满活力的校园运动氛围。三是组建丰富的体育社团及运动队，满足学生个性化锻炼需求，提升不同层次同学的运动技能；四是以赛促练、以赛促学，开展贯穿全年的各项体育赛事，包含单项赛事及综合性运动会，发挥榜样力量，提升学生运动训练积极性。

家庭：家庭是人生的第一所学校，家长是孩子的第一任老师，家庭体育环境对儿童青少年体育锻炼行为具有重要影响，在儿童青少年健康促进行动中，家庭应承担以下责任：一是家长应支持并鼓励儿童青少年积极参加体育运动锻炼，培养儿童青少年体育锻炼习惯。家长的体育运动观念及体育锻炼行为直接影响儿童青少年对体育锻炼的认知、态度及行为。二是家长应为孩子提供参加体育运动必要的资金支持，如购买体育装备、支付体育场地费、培训费等。三是家长应身体力行，发挥榜样作用，利用闲暇时间带孩子积极参与户外运动，积极配合完成学校的课后体育作业，同时，可每天安排一定时间的室内运动。

社区：社区体育公共服务作为家庭体育和学校体育的有益补充，对于儿童青少年锻炼习惯的养成具有重要作用。社区可以通过如下途径促进儿童青少年健康：一是拓宽经费渠道，加大青少年体育设施供给，引进适合儿童青少年的运动设施，改变当前仅有老年健身设施及幼儿玩乐设施的局面。当前，社区开展活动的经费主要依靠上级部门拨款，经费有限，应引入企业或社区公众对社区体育进行投资，促进社区体育的良性运转。二是完善体育配套指导服务，促进科学健身。如为社区配备体育健身指导员，招募志愿者或大学生为儿童青少年健身提供服务，也可与周边学校合作，由专业体育教师为社区儿童青少年锻炼提供指导。三是加强社区体育文化培育，可通过亲子运动、体育节等形式，营造体育运动良好氛围。

媒体：媒体是我们获取资讯、开阔眼界、学习知识、休闲娱乐的重要载体，随着互联网及智能手机的普及，媒体已经全方位融入我们的日常生活，直接影响着我们的生活观念和价值取向。儿童青少年处于世界观、人生观、价值观的形成时期，很容易受到媒体传播内容的影响。在儿童青少年健康促进行动中，媒体可以通过如下途径：一是通过传播体育知识、体育竞赛、体育娱乐等信息，吸引青少年对体育的关注和兴趣，引导儿童青少年投入到体育锻炼中。二是帮助儿童青少年养成锻炼行为，围绕身材、活力、健康来建构正向传播内容。三是和学校体育相结合，依托媒体丰富教学手段，利用体育传媒提升体育教学效果。四是以发布报告的形式获得全社会对儿童青少年体育锻炼及体质健康状况的关注。

（二）五段时空

包含课内、课外、校内、校外及节假日。

课内和校内：体育课应借鉴校外体适能培训教学优势，利用器械设施变换运动环境，通过不同体位、不同动作、不同挑战任务，全方位提升学生身体素质，提高学生运动兴趣。同时体育课应包含技能教学、体能训练、体育竞赛等内容，提升运动强度。通过丰富课间锻炼，营造体育运动氛围，组织比赛及组建社团、运动队等举措，积极落实每天锻炼 1 小时。

课外和校外：通过布置课后体育作业，发挥家长及社区联动作用等，促进校外每天锻炼 1 小时。

节假日：充分发挥体育俱乐部及体育培训机构、社会体育组织等功能，通过举办单项体育技能培训班、单项体育俱乐部、夏令营、冬令营等形式，开展体育技能专项学习；同时，提高学校节假日运动场利用率，通过学校和第三方培训机构合作，降低儿童青少年运动技能培训开支。

（三）五项行动计划

针对当前儿童青少年体育锻炼促进中的瓶颈问题，提出以下五项着力需要解决的问题：

第一，建设儿童青少年体育锻炼数字化平台。课后体育作业如果没法监控，最终将会流于形式，因此，建立儿童青少年体育锻炼轨迹或能量消耗数据采集系统，将运动量化和数字化，便于教师及家长查看锻炼记录。同时，不断丰富平台建设内容，将体育课所学技能动作 3D 呈现，方便学生课后自学；运用 AR 技术，自动分析练习者动作角度，纠正错误动作，使动作标准化；丰富平台健身内容，针对耐力、肌肉力量、平衡、柔韧等身体素质，开发相应的动作库，供学生进行针对性锻炼。

第二，开发儿童青少年运动健身设施。当前社区面向老年人及幼儿的运动设施较多，专门针对中小学生的运动器械较少，因此，应加大这部分设施的开发力度，提升儿童青少年的锻炼兴趣。该类器械应融安全性、有效性、针对性、趣味性和智能化于一体，既能满足儿童青少年锻炼需求，又能保证锻炼科学有效。

第三，打造儿童青少年体育金课。当前虽然有政策规定中小学生每周的课时数，但是对于体育课教学质量并没有严格监控。在对大一新生调研中发现，有学生反映好几年没有好好上体育课了，高中时期的体育课大多都是自由活动，很多同学都在背书或写作业，这样的体育课其实施效果显然没有，开设课时再多也意义不大。因此，需要规范体育课程教学内容并监控教学质量，同时，打造一批体育示范性金课，供其他体育教师学习。

第四，构建学校/社区—培训机构—家长三方合作模式，提升儿童青少年体育锻炼服务质量。具体可由学校/社区提供场地和器械，培训机构提供师资，家长支付一定费用，利用课后、节假日开展单项培训，给有一定体育特长和爱好的儿童青少年提供进一步学习的平台。

第五，优化学校学生体质健康促进工作。《国家学生体质健康标准》已在全国范围内实施 20 余年，标准实施的初衷是想了解全国学生体质健康水平、激励学生积极锻炼，但实施下来，作用较为有限，甚至不如体育中考对学生体质健康水平影响大，实施过程中反倒耗费了非常大的人力、物力和财力。标准实施过程中存在的主要问题如下：一是该项任务给各学校的体育工作带来了非常大的负担。二是学生如果不是肥胖，一般很容易就能及格，《标准》很难起到激励锻炼的作用,绝大多数学生都是裸测,即不锻炼就去测试。当初项目设置的时候,考虑到评价的全面性,设置了形态、机能、柔韧、力量、心肺耐力等指标,但是评价时只要总分及格,单项不一定需要及格,因此,即便某项不能及格,学生也不会去进行针对性锻炼。如果测试不能引导学生锻炼,那每年重复拿到一个自然的测试结果有什么意义呢?三是当前大多数学校测试工作仅仅是流于表面,没有结合测试结果,制定相应的干预措施,陷入为了测试而测试的无效工作模式。

针对以上情况,提出如下建议:一是减少无效的重复测试,如果需要了解学生体质健康水平,可选取样本学校开展抽样测试,节省人力、物力和财力。二是激励学生锻炼不可少,可采用布置课后体育作业的形式,要求学生锻炼打卡。这样即便没有体育课,也能保证学生有一定的运动量。三是利用好碎片化时间,打破儿童青少年静坐少动模式。当前,学生在校内的时间基本被课程排满,供自己自由活动的时间很少,如何充分利用这有限的自由时间减少静坐少动带来的危害便显得尤为重要,可开发一些耗时短、健身效果好的动作,如利用大屏幕投放,带动学生进行课间锻炼。

参考文献

[1] 盛怡,刘玉恒,庄洁等.儿童青少年自主性身体活动国外研究进展及启示[J].上海体育学院学报,2023(4).

[2] 吴慧攀,张明,尹小俭等.中国儿童青少年体力活动年龄性别和地区特征[J].中国学校卫生,2022(4).

[3] 汪晓赞,杨燕国,孔琳等.中国儿童青少年体育健康促进发展战略研究[J].成都体育学院学报,2020(3).

[4] 王占坤,周以帖,李款等.日本青少年公共体育服务治理经验及启示[J].沈阳体育学院学报,2020(6).

[5] 沈丹琳.世界卫生组织:八成青少年缺乏锻炼[J].英语文摘,2020(2).

[6] Child and Youth Wellbeing Strategy[EB/OL].(2019-08-10)[2020-04-10]. https://child youth wellbeing.Govt.nz.

[7] 胡月英,唐炎,陈佩杰等.儿童青少年体育健身评估指标体系构建研究[J].中国体育科技,2019(2).

[8] 张加林,唐炎,陈佩杰等.全球视域下我国城市儿童青少年身体活动研究——以上海

市为例[J].体育科学,2017(1).

[9] 李培红,王梅.中国儿童青少年身体活动现状及相关影响因素[J].中国学校卫生,2016(6).

[10] TREMBLAY M S, GRAY C E, AKINROYE K, et al. Physical activity of children: a global matrix of grades comparing 15 countries[J]. JPhys Act Health, 2014(1).

[11] MADDISON R, DALE L P, MARSH S, et al. Results from New Zealand's 2014 report card on physical activity for children and youth[J]. J Phys Act Health, 2014(1).

[12] STANDAGE M, WILKIE H J, JAGO R, et al. Results from England's 2014 report card on physical activity for children and youth[J]. J Phys Act Health, 2014(1).

[13] 王超,陈佩杰,庄洁.我国不同城市儿童青少年体力活动水平的比较研究[C]//国家体育总局,中国体育科学学会.第三届全民健身科学大会论文集.2014.

[14] CDC. Comprehensive school physical activity programs: a guide for schools. Atlanta, GA: U. S. Department of Health and Human Services, 2013.

[15] DUMITH S C, GIGANTE D P, DOMINGUES M R, et al. Physical activity change during adolescence: a systematic review and a pooled analysis[J]. Int J Epidemiol, 2011(3).

[16] TROIANO R P, BERRIGAN D, DODD K W, et al. Physical activity in the United States measured by accelerometer[J]. Med Sci Sports Exer, 2008(1).

上海市儿童青少年体育锻炼研究

周 璇 杨晓颜 邓巍巍 王立霞 陶 晶 李颖娴*

[摘 要] 本研究通过问卷形式对上海市儿童青少年或家长进行调查,结合对典型案例1周身体活动监测结果的分析,了解上海市儿童青少年体育运动、体育公共服务资源与实际需求匹配情况,给出促进儿童青少年身体健康发育的对策与建议。调查发现,76.47%的学生会进行课余体育锻炼,最主要的锻炼场所为学校;儿童青少年身体活动与性别、年龄、体型、家庭成员体育锻炼习惯、课余参加体育锻炼情况、是否成立体育组织、举办体育活动等因素相关。上海市体育资源与实际运动需求存在差异,公共体育资源配置低于发达国家。建议通过合理调配公共资源、扩大宣传、提高学生及家长的体育运动意识,来更好地推进"全民健身计划"。

[关键词] 体育锻炼;身体活动;儿童青少年

一、研究背景

积极的体育锻炼能促进儿童青少年心肺功能,磨炼坚强意志,促进身心发展。然而,随着社会经济的发展、智能化的普及、生活方式的改变,目前国内外

---

* 本文作者简介:周璇,上海交通大学医学院附属新华医院副主任医师,硕士,儿童康复,身体活动;杨晓颜,上海交通大学医学院附属新华医院主治医师,硕士,儿童康复,身体活动;邓巍巍,上海交通大学医学院附属新华医院主管技师,学士,儿童康复治疗,运动疗法;王立霞,上海交通大学医学院附属新华医院技师,硕士,儿童康复治疗,运动疗法;陶晶,上海交通大学医学院附属新华医院住院医师,学士,儿童康复,身体活动;李颖娴,上海交通大学医学院附属新华医院住院医师,学士,儿童康复。

儿童青少年普遍缺乏体育锻炼,而身体活动的缺乏又会对全生命周期的健康产生影响。2020年世界卫生组织(WHO)建议,5～17岁的儿童青少年每天中高强度体力活动不少于1小时,每周有氧运动锻炼不少于150分钟,而同年调查数据显示,全球80%左右的儿童青少年缺乏运动,体质健康下降,约20%的儿童青少年超重或肥胖,严重影响身体健康。体育锻炼对青少年的骨骼发育、代谢水平、心理健康等有重大影响,体育锻炼参与度下降,身体活动不足可导致超重、肥胖、身体素质发展不均衡及代谢性疾病患病风险增加。

(一)国内儿童青少年体育锻炼现状

我国儿童青少年的体育锻炼现状堪忧,孩子们不同程度地存在户外活动时间不足、体育运动机会较少、身体素质下降等问题。2014年国内的一项调查数据显示,每天达到1小时中等到大强度身体活动(Moderate to Vigorous-intensity Physical Activity,MVPA)的儿童青少年仅占14.4%。2018年9—12月对华东、西北、华北、华中、西南、华南六大行政区7～18岁儿童青少年进行随机整群抽样调查发现,4 269人中MVPA不足的人数占53.8%,且随年龄增加呈先降后升趋势,女生MVPA不足率高于男生,各地区间也存在着差异。7～9岁、10～12岁、13～15岁、16～18岁MVPA不足率分别为57.6%、43.6%、50.8%、63%;男女生MVPA不足率分别为50.8%、57.1%;不同地区中,华北地区MVPA不足率最低,华东地区最高,分别为44.0%、65.9%。2019年对9 014位6～19岁学生的抽样调查数据显示,我国儿童青少年中达到每天1小时MVPA的仅占3.7%。各类校内体育活动中,体育课参加率为98.9%,远高于体育社团、兴趣班等其他体育活动;校外体育活动参与度低,周末、节假日、寒暑假相对较好,寒暑假参与度最高,达78.8%,上学日仅54.9%。儿童青少年上学日和寒暑假中每天1小时及以上MVPA的占比均非常低,分别为1.8%、4.5%,其中男生略高于女生,城市稍高于农村。2019年对宁夏地区12 018名9～18岁儿童青少年的调查发现,每日体育锻炼时长不足1小时人数占55.97%。对上海市中小学生的调查发现,仅约9%的学生每天户外活动时间达到2小时,户外活动时间不足增加了视力不良的风险。2016年《"健康中国2030"规划纲要》提出,应培育学生运动爱好,使其熟练掌握1项以上运动技能。2019年抽样调查83 730名上海市中学生,最终完成研究纳入统计的学生54 576名,结果显示还有13.6%的学生没有掌握专项运动技能,每天1

小时及以上MVPA的学生仅占8.2%。2019年我国6～22岁学生体质健康测试优良率仅23.8%,距离《健康中国行动(2019—2030年)》中设定的到2022年学生体质健康总优良率达50%以上仍有较大差距。调查数据表明体育锻炼不足与多种因素相关,客观因素包括体育设施缺乏、学业负担重、体育课时不足、缺乏运动伙伴等,主观因素包括无体育运动习惯、体育运动意识不足等。而性别间的差异可能与儿童青少年生长发育规律相关。

(二)国外儿童青少年体育锻炼现状

WHO公布的数据显示,全球范围内仅约20%的儿童青少年每天体育锻炼时间达到WHO指南推荐的中高强度身体活动量,许多国家的儿童青少年都存在身体活动不足、久坐行为过多的现象,这是全球性公共卫生问题,严重威胁到孩子的健康成长。为了提高对儿童青少年参与体育锻炼等身体活动的重视,WHO于2018年启动身体活动全球计划,提出到2025年身体活动不足的发生率减少10%、到2030年减少15%的目标,以减少由此带来的潜在公共卫生负担。然而近七年的数据显示,儿童青少年体育锻炼缺乏的现状并没有得到明显改变,按此趋势发展,大多数国家将无法实现WHO 2018年身体活动全球计划的预定目标,儿童青少年肥胖、代谢性疾病、心理疾病等的发生率也将大大增加。

除了身体活动参与时间不足外,国外儿童青少年的体育锻炼也存在与国内相似的问题。调查发现,加拿大高中课堂体育活动的重视度不足,只有30%的青少年在校期间每天上体育课,对于常规体育活动的参与度低,并且学生认为体育锻炼对于学业成功没有帮助。在美国,随着年龄增加,儿童青少年参加体育活动水平下降,6～11岁的孩子每天MVPA时间88分钟,12～15岁的孩子每天MVPA时间33分钟,16～19岁的孩子每天MVPA时间26分钟。在加拿大,6～10岁儿童每天MVPA时间56分钟,但11～19岁的青少年每天MVPA时间只有38分钟。加拿大和英国部分地区,在醒着的时间里7岁儿童的久坐时间占51%,而15岁的青少年则占62%～74%。不同国家间儿童青少年体育锻炼情况也存在差异。2018年对欧洲等45个国家和地区的22万多名学龄期儿童青少年健康行为研究发现,芬兰、塞尔维亚、爱尔兰、哈萨克斯坦、北马其顿、加拿大、美国的青少年达到WHO推荐MVPA的比例高于意大利、丹麦、法国和葡萄牙等国家。地区间的差异可能与不同国家对于体育锻炼的重视和宣传程度有关。如美国和加拿大的体育课程更丰富,除球类、游泳等常规项目外,还有马术、击剑、橄榄球等非常规体育运动,此外,广泛的社区基础也是儿童青少年体育锻炼参与的重要因素之一。而在低体育资源投入的国家,儿童青少年每日大部分活动来自交通,如骑自行车或步行。

(三)国内儿童青少年体育锻炼公共服务资源现状

根据国家体育总局体育场地调查统计结果,2022年底,我国共有体育场地422.68万个,人均面积2.62平方米,而世界发达国家人均体育场地面积7平方米,日本19平方米,我国人均体育资源严重不足。近年来,国家出台了多项政策支持儿童青少年体育健康发展,然而相关体育锻炼公共服务资源尚有不足。2007年《国务院关于加强青少年体育增强青少年体质的意见》指出,青少年身体素质发展是事关我国和民族前程的重要大事。2016年《"健康中国2030"规划纲要》制定促进青少年体育锻炼计划,提高他们运动兴趣,使其普遍精准掌握1项以上的运动锻炼技能,并保证青少年在校体育运动时间至少1个小时。2016年发布的《全民健身计划(2016—2020年)》指出,青少年是实施全民健身计划的重中之重,要着力推进青少年体育参与,提升青少年的身体素质,促进青少年体育计划全面实施。国务院分别于2017年、2021年印发了《"十三五"推进基本公共服务均等化规划》《全民健身计划(2021—2025年)》,旨在推动免费或低收费开放公用体育场馆,逐步将学校体育设施向公众开放,公园、绿地等公共场所免费提供全民健身器材,达到社区15分钟健身圈全覆盖的发展目标。2021年中共中央办公厅、国务院办公厅印发提出的"双减政策",要求学校改革体育教育,以适应学生日益增长的体育运动需求。2021年教育部等五部门联合发布《关于全面加强和改进新时代学校卫生与健康教育工作的意见》,提出学生是"自己健康第一责任人",社会、学校、家庭共同引导学生掌握锻炼的技能,增加体育锻炼时间,保证每天校内、校外各1小时体育活动时间。强化学校体育,加强健康教育经费保障,加强督导检查。此类体育政策的出台和实施,为青少年体质的健康发展提供了政策保障,促进了青少年体育锻炼的健康发展。但目前,儿童青少年体育锻炼仍存在着诸多问题:课后没有合适的锻炼场所,学校体育场地、设施节假日开放不足,公共体育场所收费较高,社会体育设施严重不足,城乡学生体育服务发展失衡等,这些都限制了其体质健康促进。此外,青少年体育俱乐部、青少年体育赛事也未能够满足青少年的运动及心理需求,与国外体育强国还存在着一定的差距。因此完善公共体育服务体系仍然是当前乃至今后的一大艰巨任务。

(四)国外儿童青少年体育锻炼公共服务资源现状

欧美等一些国家为儿童青少年提供了多样化的公共服务资源,以促进儿童青少年体育锻炼。WHO呼吁国家内部和各国之间的公共卫生组织推动教育、卫生、科研等部门合作,提供促进儿童青少年体育锻炼的全面战略。各国纷纷颁布了各种激励政策和规章制度来支持和鼓励儿童青少年参与体育锻炼,培养他们对体育的兴趣和热爱,促进体质健康。校园是促进儿童青少年体育锻炼的理想场所,美国学校体育是青少年体育发展的基石,社区是儿童青少年校外体育锻炼场所的重要补充。美国前第一夫人马歇尔·奥巴马发起并建立"动起来计划",突出强调学校、家庭、社区、医院等均有义务参与到降低青少年肥胖率的工作中,学校需设置丰富多彩的体育活动,供学生在玩乐中进行体育锻炼。2010年美国健康与公共服务部颁布的《全民健身计划》指出社区体育组织在为儿童青少年提供校外体育活动中占据重要地位,通过举办各类体育赛事、打造俱乐部社区球迷文化、构建社区体育健康文化等措施,推动社区体育锻炼发展模式的形成。目前,美国各社区基本都拥有体育活动中心、配备各类运动项目场地的公园,同时具备基本器械健身和能够满足青少年参与自发组织娱乐性比赛等功能。此外,美国还通过开放街道的方式扩展体育锻炼的空间,鼓励主动交通的选择以及促进健康生活方式的养成。截至2015年,美国开放街道数目就已上升至122个,每次开放时间增至1.5小时至15小时不等。

早在20世纪60年代英国就推进实施了整合学校与社会体育资源促进青少年健康发展的融合性举措。英国提出的"青少年体育与运动策略"、设立的"女孩活跃计划"和"圣士贝利英国学校运动会计划",都旨在将体育锻炼融入学校及青少年的日常生活中,促进青少年的全面发展。"加拿大体育与健康教育"这一青少年体育专业组织,主要职能是促进学校提供高质量的健康教育及体育教育。脱离校园环境后,同样需要不同措施促进儿童青少年积极进行体育锻炼。大多数发达国家的儿童存在身体活动不足、健康状况堪忧的情况。加拿大推出了"儿童健身活动税务豁免优惠",以激励更多的儿童青少年,特别是低收入家庭儿童青少年参与体育锻炼。澳大利亚政府拨款9 000万澳元,在四年时间里开展名为"课后活跃社区"的计划,以学校为依托,为儿童青少年每天放学后提供免费体育活动,解决儿童青少年身体活动水平下降的问题。

随着国家各项激励、促进政策的推出,以及儿童青少年体质健康筛查结果的发布,大家逐步认识到体育锻炼的重要性与必要性,期望通过运动减少儿童青少年近视、肥胖、高血压等疾病的发生。目前上海市儿童青少年体育运动情况、体育公共服务资源与民众需求匹配情况尚不清楚,通过问卷调查、典型案例分析的方式,了解上海市儿童青少年体育锻炼情况以及体育资源获得、利用情况,可以更好地推进"全民健身计划",为实现"健康中国2030"目标提供依据。

二、问题和现状分析

(一)现状和趋势

为了解上海市儿童青少年体育锻炼、公共服务资源情况,2023年研究团队对上海市371名儿童青少年或其家长通过问卷形式进行调查,最终获得有效问卷323份。所调查的323名儿童青少年中,幼儿园49人,小学123人,初中126人,高中25人;男性124人,女性199人;就读于公办学校269人,就读于民办学校54人。体力活动问卷(Physical Activity Questionnaire,PAQ)平均得分2.15 ± 0.63 PAL,儿童青少年国际身体活动问卷(International Physical Activity Questionnaire,IPAQ)平均得分$2\,715.25\pm2\,294.18$ MET/min/week。

1. 儿童青少年体育锻炼情况影响因素分析

(1)学校体育资源。学校一周只安排1节体育课的儿童青少年PAQ平均得分最低($P<0.05$);IPAQ平均得分差异无统计学意义。认为学校开展体育活动的场地不够用的儿童青少年IPAQ平均得分高于认为场地够用、人多时会不够用的儿童青少年($P<0.05$);PAQ平均得分差异无统计学意义。从其他学校体育资源来看(有无1名体育老师同时给2个及以上班级上课的情况、文化课有无占用体育课、不同体育课教学内容、学校体育设施开放时间是否合理、学校体育设施数量是否够用、学校体育设施是否有专人管理、学校体育设施是否需要改善、对校内或校外体育设施的倾向性),学生的PAQ、IPAQ平均得分差异无统计学意义。

（2）公共体育资源。平常锻炼时使用公共体育设施频率高（经常使用、一般使用）的儿童青少年PAQ平均得分明显高于平常锻炼时使用公共体育设施频率低（偶尔、从不使用）的儿童青少年，平常锻炼时从不使用公共体育设施的儿童青少年PAQ平均得分最低（$P<0.001$）；平常锻炼时经常或一般使用公共体育设施的儿童青少年IPAQ平均得分高于偶尔使用公共体育设施的儿童青少年（$P<0.05$）。相比于近1年里所在地区举办青少年体育活动次数少（一般、较少、没有举办）的儿童青少年，所在地区举办活动次数很多的儿童青少年IPAQ平均得分较高（$P<0.05$）；IPAQ平均得分差异无统计学意义。近1年里，所在地区免费开展很多青少年体育技能培训的儿童青少年IPAQ平均得分较所在地区较少、没有开展培训的儿童青少年高（$P<0.05$）；PAQ平均得分差异无统计学意义。所在地区有成立儿童青少年体育组织的学生PAQ平均得分高于所在地区未成立儿童青少年体育组织的学生（$P<0.05$）；IPAQ平均得分差异无统计学意义。从其他公共体育资源来看（常去的公共体育场所和家的距离、所在地区的体育设施配置是否齐全、所在地区的公共体育设施是否能满足锻炼需求、所在地区是否能方便地找到适合儿童青少年进行体育锻炼的设施、所在地区公共体育场地申请的难易度、平均每月通过公共体育设施进行锻炼的开支），儿童青少年的PAQ和IPAQ平均得分差异无统计学意义。

（3）个人因素。男性PAQ和IPAQ平均得分均较女性平均得分高（$P<0.05$）。相比于初中生、高中生，幼儿园儿童PAQ平均得分较高（$P<0.05$），其余年级之间儿童青少年PAQ平均得分差异无统计学意义；相比于初中生，小学生IPAQ平均得分较高（$P<0.05$），其余年级之间儿童青少年IPAQ平均得分差异无统计学意义。体型正常的儿童青少年IPAQ平均得分高于超重/肥胖的儿童青少年（$P<0.05$）；不同体型的儿童青少年PAQ平均得分差异无统计学意义。在课余和日常生活中有参加体育锻炼的儿童青少年PAQ和IPAQ平均得分明显高于课余和日常生活不参加体育锻炼的儿童青少年（$P<0.001$）。除学习目的外，每天使用电子产品的时间小于0.5小时、0.5小时至1小时的儿童青少年均较使用时间大于2小时的儿童青少年PAQ平均得分高（$P<0.05$）；IPAQ平均得分差异无统计学意义。学校就读方式（走读或住宿）、学校类型（公办或民办）、每天使用电子产品总时间不同的儿童青少年PAQ、IPAQ平均得分差异无统计学意义。

（4）家庭环境因素。母亲教育程度为研究生的儿童青少年PAQ平均得分高于母亲教育程度为本科/大专、高中/中专及以下的儿童青少年（P<0.05）；母亲教育程度不同的儿童青少年IPAQ平均得分差异无统计学意义。

和父母共同居住或只和父亲居住的儿童青少年IPAQ平均得分高于只和母亲居住、不和父母居住的儿童青少年（P<0.05），和父母共同居住、只和父亲居住的儿童青少年IPAQ平均得分差异无统计学意义；与不同家庭成员同住的儿童青少年PAQ平均得分差异无统计学意义。家庭成员有锻炼习惯的儿童青少年PAQ和IPAQ平均得分明显高于家庭成员无锻炼习惯的儿童青少年（P<0.001）。父亲教育程度、家庭月收入不同的儿童青少年PAQ、IPAQ平均得分差异无统计学意义。

2. 儿童青少年体育锻炼情况影响因素的多因素分析

将上述分析结果有统计学意义的各变量纳入模型，其中多分类变量和等级变量以哑变量赋值，二分类变量为简单赋值，计量资料以实际值直接纳入。

（1）儿童青少年体力活动问卷（PAQ）。多元线性回归分析显示：课余和日常生活是否参加体育锻炼、所在地区是否成立儿童青少年体育组织、平常锻炼使用公共体育设施情况是PAQ相关影响因素（P<0.05）。课余和日常生活有参加体育锻炼、所在地区有成立儿童青少年体育组织的儿童青少年PAQ平均得分较高。与平常锻炼从不使用公共体育设施的儿童青少年相比，平常锻炼经常或一般使用公共体育设施的儿童青少年PAQ平均得分较高。

（2）儿童青少年国际身体活动问卷（IPAQ）。多元线性回归分析显示：性别、体型、课余和日常生活是否参加体育锻炼、近1年所在地区举办青少年体育活动情况是IPAQ相关影响因素（P<0.05）。女性、超重/肥胖、课余和日常生活不参加体育锻炼的儿童青少年IPAQ平均得分较低。与近1年所在地区没有举办青少年体育活动的儿童青少年相比，近1年所在地区举办很多青少年体育活动的儿童青少年IPAQ平均得分较高。

3. 体育锻炼场所、动机的分析

76.47%的学生会选择进行课余体育锻炼，选择的场所有所不同，更多的学生就近选择学校、小区、公园作为锻炼场所，分别约有68%、57%、31%；也有很大一部分学生选择培训中心这样的专业场地进行体育锻炼，约有40%；个别学生会选择健身房或其他场所进行体育锻炼（图1）。

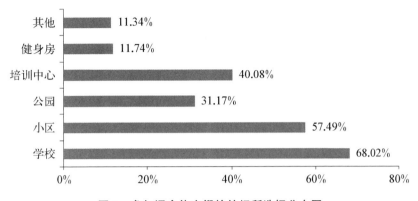

图1 参加课余体育锻炼的场所选择分布图

76.47%的学生选择进行体育活动的动机多样,主要包括"强身健体,愉悦身心""培养体育兴趣""缓解学习压力""提高运动技能水平""提高体育成绩""减肥"等。其中约84%的学生选择体育锻炼来强身健体,愉悦身心,在锻炼动机中占很大一部分比例(图2-A)。而23.53%的学生不进行体育活动的也有诸多因素,包括"缺乏趣味性""缺乏体育场地或器材""缺乏体育专业辅导""体育成绩不好""身体状况不允许""家长不支持"等。其中,大部分学生不进行体育锻炼的主要原因有自身主观因素如认为运动缺乏趣味性(约47%),也有客观因素如缺乏体育场地或器械(约42%)(图2-B)。

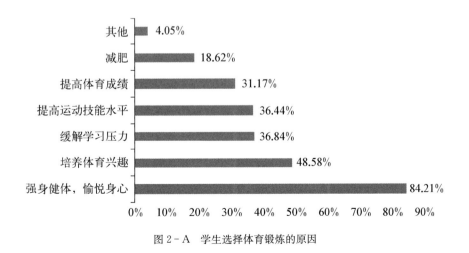

图2-A 学生选择体育锻炼的原因

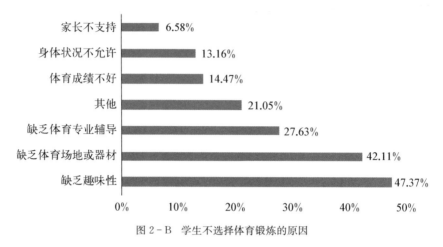

图 2-B 学生不选择体育锻炼的原因

图 2 学生选择或不选择体育锻炼的原因

4. 学校体育教学过程、设备不足的分析

目前,学生和家长认为校园体育课教学过程的不足会影响学生积极性,依次是开设运动种类、场地器材数量和种类、课堂趣味性、教师专业水平等,其中过半的受访者认为学校开设的运动类目偏少是影响学生参加体育锻炼主动性的最重要因素,近半的受访者认为校园场地器材数量和种类也影响了学生的积极性(图3)。

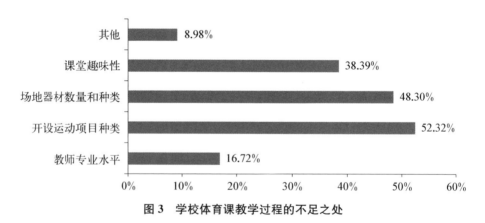

图 3 学校体育课教学过程的不足之处

约18.8%的学生及家长认为,学校体育设备存在不足,依次是体育器材数量不足、场地数目不足、体育设施老旧、体育器材种类不足、场地环境不佳、设施质量不佳、关闭时间太早等(图4)。

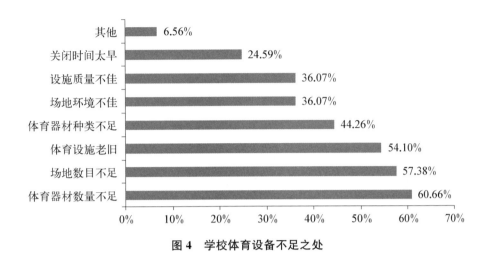

图 4　学校体育设备不足之处

5. 公共体育设施、场所不足的分析

目前学生所在地区附近最常见的公共体育设施是小区、公园的健身器械，约占 90%，其次较为常见的有篮球场（约 44%）、活动广场（约 40%）等面积较广、受众人群范围较大的场所，而某些特定的、受众面较小的体育运动场所如网球场、排球场则较为少见。进一步调查了学生希望增建的公共体育场所，对于室内外羽毛球场、篮球场、游泳池这三类场所，超 30% 的学生希望增建；而网球场、排球场仍不在前列（图 5）。

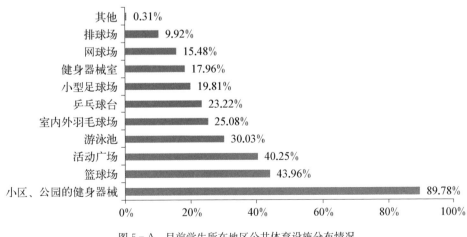

图 5-A　目前学生所在地区公共体育设施分布情况

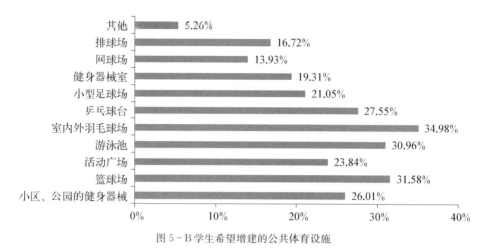

图 5-B 学生希望增建的公共体育设施

图 5　公共体育设施分布情况

83%的学生及家长认为当前区域的公共体育场所运营良好,而 17%则认为依次存在以下问题:公共体育设施缺少有效的保护和管理;公共体育设施或场地数量不足;体育健身设施开放程度不够(如网球场、小型足球场);商业活动增多,乱占用健身用地;设施或场地距离较远,使用不便;公共基础设施不够完善(如卫生间、垃圾筒等);公共场地收费太贵等(图 6)。其中 50%的学生及家长认为缺失有效的保护和管理是影响公共体育场所使用的最重要的因素。

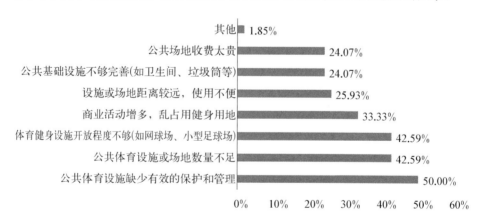

图 6　公共体育场所存在的问题

6. 典型案例分析 1

(1)研究对象。从上海市普通公立幼儿园选取 1 名儿童 P,女,6 岁,身高

125 cm,体重 21 kg。该儿童就读于宝山区某公办幼儿园大班,否认既往病史,出生以来一直与外祖父母及父母居住。父亲运动情况为 1~2 次/周,30 分钟~1 小时/次;其余同居住者无运动习惯。父母学历均为大学本科,家庭收入情况约 1 万~2 万元/月。

（2）研究方法。本研究使用单一个案观察法进行研究,通过问卷调查和三轴加速度传感计(Actigraph GT3X+)记录相结合的方式全方位评估儿童一周的身体活动。GT3X+监测儿童日常身体活动量、活动强度,评估人体活动的能量消耗。该设备单次工作时间长,易于携带,能同时监测多人的身体活动,且在监测儿童青少年和成人的身体活动能耗的信度高。测试时将设备固定在实验对象的右侧腰部,连续佩戴一周(包含五个工作日和周六、周日两个休息日),除洗澡、睡眠、游泳外,其余时间不得摘除。测试期间儿童需保持日常生活的活动模式。对不同体力活动等级的划分依据 Evenson Children (2008)身体活动切点划分标准。

（3）研究结果与分析:

第一,问卷调查结果:

体育锻炼情况:调查问卷提示儿童 P 工作日体育锻炼包括步行上下学(约 350 米),学校户外活动包括课间操 1 次/天、活动课 1 次/天,累计约 1 小时/天。校外活动情况包括工作日 4 次游泳课,2 小时/次;小区附近儿童游乐场活动 2~3 次/周,30 分钟/次。休息日 1 次游泳课,2 小时/次,其余体育锻炼时间不固定。

公共服务资源情况:学校体育资源包括活动课 5 节/周,课程内容为自由活动、集体游戏。居住地附近有健身器材、活动广场等,使用频率为 2~3 次/周,与居住地的距离约为 300 米,健身器材包含儿童滑梯、秋千和跷跷板等,基本可以满足其体育锻炼需要。

第二,GT3X+测试结果(表 1):

表 1 典型案例 1 的 GT3X+测试结果

测 试 内 容	工作日	周 末	总 计
平均每天静坐行为(分钟)	370.63	430.67	387.79
平均每天低强度体力活动(分钟)	261.40	217.00	248.71

续 表

测 试 内 容	工作日	周 末	总 计
平均每天中等强度体力活动(分钟)	28.63	15.33	24.83
平均每天高强度体力活动(分钟)	6.03	5.08	5.76
平均每天中高强度体力活动(分钟)	34.66	20.41	30.59
静坐时间百分比	55.59%	64.46%	58.13%
低强度体力活动时间百分比	39.21%	32.48%	37.28%
中等强度体力活动时间百分比	4.29%	2.30%	3.72%
高强度体力活动时间百分比	0.90%	0.76%	0.86%
中高强度体力活动时间百分比	5.20%	3.06%	4.59%

第三,结果分析:

根据 GT3X+监测结果显示,中高强度体力活动的平均累计时间工作日为 34.66 分钟,周末为 20.41 分钟,该时间低于指南推荐的 60 分钟,工作日高强度体力活动的时间高于周末。由于儿童 P 每周有 5 次游泳训练,游泳训练中 GT3X+无法记录儿童 P 的运动强度和运动时间,可能导致该儿童中高强度体力活动时间被低估。结合该儿童问卷调查所记录的游泳训练时间,符合指南推荐的每天累计活动时间 180 分钟。

GT3X+监测结果提示,儿童 P 静坐时间工作日平均累计 370.63 分钟,周末为 430.67 分钟,明显高于指南推荐的静坐时间小于 60 分钟。

同时,问卷调查结果提示儿童 P 每天户外活动累计时间也未达到指南要求的 120 分钟/天。

7. 典型案例分析 2

(1) 研究对象。从上海市民办小学选取 1 名青少年 H,男,11 岁,身高 161 cm,体重 55 kg。该青少年就读于杨浦区某民办小学五年级,有鼻炎、湿疹病史,出生以来一直与父母居住。父亲运动情况为 1~2 次/周,30 分钟/次,运动形式为划船机;母亲运动情况为 1 次/周,30 分钟/次,运动形式为骑功率自行车。父亲博士学位,母亲硕士学位,家庭收入为 2 万~4 万/月。

(2) 研究方法。同案例分析 1。

(3)研究结果与分析：

第一，问卷调查结果：

体育锻炼情况：调查问卷提示青少年 H 工作日体育锻炼包括步行上下学（约 500 米），学校户外活动包括课间操 1 次/天，体育课 6 节/周，累计约 1 小时/天。休息日骑功率自行车 1 次/周，30 分钟/次。

公共服务资源情况：青少年 H 表示公共体育设施丰富且设施设备较为齐全。家长表示不清楚周围公共体育设施情况。

电子产品使用情况：使用电子产品时间累计约 1~2 小时/天；非学习目的应用平板或手机时长约 30 分钟~1 小时/天。

第二，GT3X+测试结果（表 2）：

表 2　典型案例 2 的 GT3X+测试结果

测 试 内 容	工作日	周　末	总
平均每天静坐行为（分钟）	636.97	516.92	602.67
平均每天低强度体力活动（分钟）	201.33	231.42	209.93
平均每天中等强度体力活动（分钟）	31.40	22.83	28.95
平均每天高强度体力活动（分钟）	28.00	14.50	24.14
平均每天中高强度体力活动（分钟）	59.40	37.33	53.09
静坐时间百分比	70.96%	65.79%	69.62%
低强度体力活动时间百分比	22.43%	29.45%	24.25%
中等强度体力活动时间百分比	3.50%	2.91%	3.34%
高强度体力活动时间百分比	3.12%	1.85%	2.79%
中高强度体力活动时间百分比	6.62%	4.75%	6.13%

第三，结果分析：

青少年 H 的问卷调查结果分析得出，H 每周运动时间和运动频次与父母的体育锻炼时间和频次接近，日常体育锻炼多以跑步、足球、划船、自行车等中高强度体育锻炼为主，经常在课余时间做 30 分钟以上的运动，主要锻炼场所在学校，进行体育运动是为了强身健体、提高运动技能。青少年 H 所在学校每周安排6节体育课,不存在被文化课占用的情况,教学内容以运动技能教学为主,体育设施充足。青少年H的居住地区公共体育设施丰富,能方便找到适合儿童青少年的体育锻炼设施且设施设备较为齐全。

WHO推荐5～17岁儿童青少年每天MVPA应不少于60分钟,屏幕前久坐时间不超过2小时,青少年H的中等及以上强度身体活动未达标,久坐时间超出标准。青少年H的运动习惯与父母接近,表明孩子体育活动习惯的养成在一定程度上与父母相关,取决于父母对体育活动的重视程度。这与中国青少年研究中心的研究结果一致,该研究对6个城市2 000多名学生的调查发现,缺乏课外体育活动的学生中,他们的家长60.6%无体育锻炼习惯,而父母喜欢运动的学生参加运动的比例也更高,建议家长要以身作则、营造家庭运动的氛围。青少年H的运动健身的主要场所是学校,经常在课余时间做30分钟以上的运动,可见课间活动对调节学生学习节奏、提高身体活动、增强体质、增进健康以及培养终身体育意识等有着重要的意义。

青少年H电子产品使用时间控制在2小时内,但久坐时间较长,长期久坐会影响心肺功能,增加肥胖风险,降低肌肉力量和耐力,影响心理健康、睡眠及社会行为,故应减少因学习任务繁重导致的持续久坐行为,课间可增加活动。

青少年H就读学校一周上6节体育课,对增强青少年体质、培养良好运动习惯具有积极意义。但因其学业负担较重,缺少体育运动时间,学校课程为学生提供足够的体育运动时间、引导学生积极参加运动十分重要。

青少年H居住地公共体育设施丰富,有助于保持日常身体活动水平,加大力度完善社区的体育设施,扩大城市体育服务资源,是促进青少年参加体育锻炼的有效途径。充分利用城市空间,建立篮球场、足球场、体育活动休闲室,能够带动更多的青少年参与体育运动。

(二)比较分析

调查发现,男性PAQ、IPAQ均高于女性,与国内外其他研究结果类似,考虑性别间的差异可能与儿童青少年生长发育规律相关。国外研究发现,在小学阶段,男女生之间的身体活动差距并不明显。但在青春期,女生的校园体育活动参与率明显下降。有研究明确指出,体育运动中强烈的男子气概文化是女生参与感低的最大因素,除此之外还有无能感、不喜欢结构化运动以及缺乏时间等原因。关注替代性运动,而不是以团队为基础的竞争性运动,并创造参与单一性别活动的机会,可能会增加女生在青春期的身体活动量。

而对于不同年龄段儿童青少年的身体活动结果显示,幼儿园孩子的 PAQ 值高于初中、高中学生,差异有统计学意义;小学生 IPAQ 值高于初中生,差异有统计学意义,这与美国、加拿大儿童青少年每天参与体育活动的结果相似,随着年龄的增加,儿童青少年参加体育活动水平下降。对于加拿大、英国部分地区儿童青少年久坐时间的研究显示,清醒状态下 7 岁儿童的久坐时间低于 15 岁青少年,考虑可能与初中、高中学生学业负担相对较重有关,且这个阶段的学生正值青春期,身体活动等行为习惯也随之发生了改变,导致身体活动量下降。

既往国外研究发现,提高学生校外体育活动是促进学生整体身体活动水平的有效方式,如果在课外时间能够使用学校体育活动资源学生获得身体活动的机会将提升 3 倍。本调查同样发现,上海市学生更倾向于使用校内体育设施(占 65.6%)。但 58.7% 的人认为学校体育设施需要改善,认为在 1 000 米以内能找到公共体育场所的占 58.8%、能找到合适的儿童青少年体育锻炼设施的占 61.6%;有 39.2% 的人认为比较容易申请到公共体育场地,52.3% 的人认为场所设施配置相对比较齐全,有 31% 的人认为公共体育设施能满足锻炼需求。因此,增加社区使用学校体育活动设施的机会,可有效提高学生的身体活动水平,因为学校设施相对种类较多、配置安全、费用较低。对于其他公共体育场所,90% 的学生及家长认为最常见的公共体育设施是小区、公园的健身器械,其次是篮球场、活动广场等。而美国也是从社区体育资源配置来达到体育资源的广泛覆盖的,故而善用社区体育资源也是提升学生身体活动水平的有效途径。

美国综合学校体力活动计划(comprehensive school physical activity program,CSPAP)认为,高质量的体育教学管理包括任务设计优化、课程呈现方式、班级管理等是促进学生身体活动水平的重要因素之一。而课外活动作为学校场所内非正式的体力活动,其有助于学生身体活动水平的提高,比例约为 17%~44%。对学校体育课开展情况的调查显示,上海市学校对体育教育重视程度高于国外,本研究中每周上 5 节体育课及以上约占 48.3%,明显高于国外的 30%,这可能与我国近年持续推出的儿童青少年体育运动促进计划相关。瑞典的一项研究指出,在有卫生政策支持、手机禁令和开展更多体育课程的学校就读,学生会有更多的身体活动时间和更少的久坐时间。尼日利亚的一项研究将影响校园体育活动的因素分为三大类,分别是学校因素、父母家庭因素及社会文化和宗教因素,其中学校因素包括专业体育教师的数量减少、体育教学的优先等级较低、非体育教师的消极态度、学校资金不足等。学校是实施"健康强国"战略的重要场所,因为其广泛容纳了来自各种社会经济背景的儿童青少年。而学校环境是促进儿童青少年身体活动的一把双刃剑,当学校为促进学生身体活动提供相关资源、制作相关文化宣传、培训师资力量并积极推动积极氛围、确保所有学生获得课外活动机会时,学校能够更好地提高学生的身体活动量。因此,提高学校体育教育水平、确保校内体育活动时间,对于提高儿童青少年整体身体素质有着重要的作用。

课外体育锻炼中,学生对篮球场、羽毛球场、游泳池三类体育锻炼场所需求较高,学生开展的运动项目包括乒乓球、羽毛球、足球、篮球、排球、广播操、健身操、舞蹈、爬山、跳绳、轮滑、跆拳道等,而美国、加拿大除球类、游泳等项目外,学生还开展马术、击剑、橄榄球等体育活动。运动项目的差异与当地文化、体育锻炼习惯等相关。国外研究指出,学校提供的体育活动类型是造成学生参与差异的关键因素,小学提供的体育活动种类有限,小学后体育课程仍然以游戏为主。课外体育活动中提供的复合型活动对学生参与度产生积极影响,特别是女生。因此,我们建议在学校开展多种多样的活动,鼓励多元化的体育课程。

(三)有利条件

体育发展是上海市建设"五个中心"的基石,发展公共体育服务、促进全民健康是上海市做好全国改革开放先行者的重要任务。儿童青少年是社会的希望、国家的未来,他们的身体素质不仅与其个人成长密切相关,更同家庭幸福、国家兴旺紧密相连。儿童青少年公共体育服务工作是全民健康素质提升的重要组成部分。上海市具有良好的经济基础、政策支持,社区体育的发展与建设作为背景基础,相比其他省市开展儿童青少年公共体育服务更具优势。

经济基础决定上层建筑,良好的经济基础和产业发展结构是社区公共体育服务发展的保障。上海市作为超大城市,第三产业发展占有绝对优势,体育彩票公益基金是我国开展全民健身、群众性体育工作以及儿童青少年公共体育服务工作的重要资金来源,绝大多数用于群众体育领域开展和组织全民健身活动,在科学研究与宣传、体育后备人才培养中发挥了很大作用。

少年强则国强,党和国家一贯将青少年权益的维护和保障放在重要位置,国家也在儿童青少年的体育方面出台了大量相关政策文件并与时俱进地实时更新,如《中共中央国务院关于加强青少年体育增强青少年体质的意见》《青少年体育活动促进计划》和《中长期青年发展规划(2016—2025年)》等,为儿童青少年提供更好的公共体育服务。上海市在积极推行各项体育制度的同时,尝试体育教学改革,完善学校体育工作,出台《上海市青少年运动员奖学金管理办法》来鼓励青少年培养体育精神,评选上海市体育局三好学生,激发儿童青少年参与体育活动的积极性。

此外上海市政府一直重视儿童青少年体育事业的发展,出台了一系列支持政策,包括加大对青少年体育经营的资金投入、建设了多个专业青少年运动训练基地等。这些政策的实施为儿童青少年公共体育服务提供了有力支持。上海市多年来重点发展乒乓球项目,培养了众多优秀的青少年乒乓球选手,提升了儿童青少年学习乒乓球的兴趣和积极性。通过媒体对亚运会和奥运会进行广泛的宣传报道,将体育赛事信息传递给更多人群,增加了儿童青少年对体育项目的关注度,激发了其对体育运动的兴趣和热爱,从而提高了参与体育活动的积极性。

(四)不利因素

上海市儿童青少年公共体育服务领域中也存在一些不利因素,可能会影响儿童青少年的体育参与度与健康成长。

从政府建设层面考虑,一些社区在建设体育场馆和改善体育设施方面,可能无法获得足够的资金来建设和维护,限制了儿童青少年的体育参与。如尤丹丹等针对松江区青少年体育政策执行者开展问卷调查与访谈,仅28.41%～35.05%的人认为松江区青少年体育政策"好"及"非常好",可见该区的青少年体育政策标准不清晰,不利于后续儿童青少年公共体育服务建设推进。

从教育层面分析,上海市的学业竞争压力大,学生需要花费大量时间和精力在学业课程上,可能导致他们在体育活动方面的参与度下降。部分学校可能会过分强调学业成绩,而忽视体育发展,这些因素可能会影响儿童青少年对体育活动的兴趣和积极性。家庭教育缺乏对体育活动的意识和重视,家长可能更关注孩子的学业成绩或其他方面的培养,忽视了体育对于孩子身心健康的重要性。学业至上的观念使得家长和学校更加注重学业,对于体育活动也过度强调竞争,忽视了体育锻炼的乐趣和合作精神,影响儿童青少年对体育活动的积极性。赵欣等的问卷调查结果显示,家庭社会经济地位、父母运动习惯对儿童青少年课外体育持续参与具有显著的正向左右。

三、对策建议

（一）合理调配公共体育资源

1. 重视体育运动技能获得

各个体育场所可根据已有的体育设施进行运动技能的培训，如体育馆、健身房或社区活动中心可无偿或低偿组织球类、游泳、健身操等运动技能培训班，定期组织中小型体育赛事，通过专业且正规的途径在提高民众的运动技能和运动安全性的同时，还可提高民众参与运动的积极性。培训班所得费用可用于本场所的基础运转经费，如体育设施维护、卫生环境改造等，以实现管理的良性循环。

2. 提供专业的运动防护指导

每个体育场地需提供运动咨询途径，体育馆、健身房等中大型体育场所应配置经过专业培训的运动指导师，向民众传授运动相关知识，如运动前后和过程中的注意事项、禁忌证和适应证、如何正确处理运动损伤。而社区活动中心等小型体育场所可提供运动咨询途径，收集并反馈该社区内居民的运动指导需求，定期举办讲座，必要时将可疑运动损伤的居民引导到合适的医疗场所，及时就医。

3. 合理增设体育场地及设施

了解并登记各个区域目前已有的体育场地及设施，同时通过民众的真实反馈了解他们的需求，综合分析后做到精准投入，在减少经费和开支的同时，达到体育资源利用最大化。可增设的体育场地包括体育馆、健身房、社区活动中心、活动广场等，可增设的体育设施包括游泳池、乒乓球台、篮球场、排球场、羽毛球场、网球场等。增设后还需对体育设施进行定期维护，监测使用情况，必要时需进行更换以减少运动相关风险。

4. 完善公共体育资源预约使用路径

通过官网、微信公众号等官方平台，定时发布本区域公共体育场所相关信息，包括场馆的地理位置和含有的体育场地设施的种类、数量、可预约时间段，具体预约方式可分为线下预约和线上预约两种，出示身份证件后可直接在该场馆进行线下预约，每个场馆每天需保留一定数量的线下预约名额，实名认证后可通过网络在线预约，预约成功后可在到馆 2 小时前取消预约，如若预约后未至,将记录此次信息,一月内累计超过两次者将取消本月预约资格。

5. 社区体育场所实现一场多用

针对小型体育场所,可以通过错时使用达到空间共享,如在社区中,篮球场地和排球场地可以根据居民的实际需求实时调整使用方案,以提高现有体育设施的使用效率,增加社区体育项目多样性。

(二)扩大宣传

1. 体育锻炼的科普宣传

体育锻炼是增强儿童青少年体质健康最有效的方法之一,可以通过进行体育运动形式、技能、防护等主题的科普讲座,提供公益健身指导以及免费发放科普资料等方式开展儿童青少年科普教育及宣传工作。此外,还能通过举办体育锻炼知识竞赛等,提高儿童青少年参与度,激发积极性,促进健康生活方式的养成。

2. 体育资源的发布

通过电视台、报纸、新媒体、微信公众号等各种媒介及时发布或更新当前地区体育资源情况,有助于居民实时了解体育锻炼场所的具体位置、设施配置以及空闲情况等,从而进一步提高体育资源利用率。

3. 体育锻炼形式的宣传

除了鼓励儿童青少年参与学校组织的体育活动、社团活动以及健身俱乐部等常见的体育锻炼形式外,学校还能通过布置体育家庭作业的形式,搭建家校联合模式,促使学生在家长的监督下积极完成体育锻炼。此外,"直播跳操""Keep"软件等新型线上体育锻炼形式,既能节省时间、空间,还能激发运动热情,同样值得推广应用。

4. 榜样激励,冠军效应

邀请体育明星、奥运会冠军进行演讲或参加公益活动,有利于激励广大儿童青少年以冠军为榜样,向他们看齐,积极参与各项体育锻炼,增强身体素质,养成优良的体育运动习惯,学会在运动中享受乐趣,收获健康。

(三)提高学生及家长的体育运动意识

1. 增加体育课、体育运动的多样性、趣味性,提高儿童青少年参与度

(1)兴趣是坚持锻炼的源泉,增加体育课、体育运动的多样性是提高学生积极参与体育运动的基础。学校可以根据不同的运动类型,结合学校的实际

情况,选择性增加教授体育技能的类型。除跑步、爬楼、游泳等有氧运动和举哑铃、深蹲、俯卧撑、卷腹等力量性训练外,还可以开展各种球类运动和五禽戏、八段锦、武术等传统运动等。此外,可以根据学生需求开设击剑、马术、曲棍球等体育特需课程。

(2) 在体育课教育过程中,可以在班级内、年级内引入小型体育竞赛,以激励学生,提高其参与度。校内组织运动会或某一专项的体育类型的比赛,激发学生的主动参与性与集体荣誉感。

(3) 教授学生如何判断自我体育活动强度、自我疲劳度测定,指导高年级学生制定简版的自我运动处方,提高其体育运动的参与度。

(4) 青春期学生的独立意识增强,伙伴群体关系密切,可以针对其特征,选择复合型运动、团体运动等,以促进初中、高中学生主动参与体育锻炼的意愿。

2. 体育活动的参与情况适度纳入学校考核,提高执行力度

(1) 体育活动的参与参考学分制度,每学期需完成一定的课时数、一定的活动量才能通过审核,参加学期测试。

(2) 细化中考、高考中体育考核的要求,适当提高体育成绩在考核中的占比,引起学生、家长、老师、学校的共同关注。

(3) 扩大可供选择的体育考试项目。可以设立几大类体育项目,如耐力、力量、速度、协调性项目等,每类有几个运动项目可供选择,学生根据自身爱好、特点选择平时体育锻炼类型,期终每类选择 1 项运动进行考核,增加学生参与体育运动的选择,提高参加体育运动的兴趣。

3. 特定人群的体育运动激励

(1) 可以增加适合女性的体育运动项目,如健美操、骑行、羽毛球等,以提高女性参与体育运动的积极性。

(2) 建立签到、打卡、奖励机制,提高肥胖人群的主动体育锻炼意识,可以通过运动小程序或建立小组群,相互激励,提高他们参与运动的积极性、持续性。同时增设饮食指导,使其科学运动、科学饮食,提高坚持运动的可行性。

4. 与科技发展相结合,提高体育场所的智慧服务

(1) 通过开发体育运动打卡小程序等,激发儿童青少年体育运动的兴趣。如杨浦区的"智慧步道",在增强趣味性的同时可以督促儿童青少年通过运动获得卡路里币兑换礼物。

(2) 开发智能预约系统,统筹协调、推荐合理的体育场馆、设施资源,提高

预约成功率,提高场馆的利用率,促进民众体育锻炼的良性循环。

5. 组织区域内体育比赛

(1) 区、市组织不同级别的体育类赛事,合理设定参赛要求,通过比赛前期的宣传,比赛的参与(参赛者、啦啦队、志愿者),比赛结果的颁布、奖励、报道等,扩大体育活动的影响力,调动大家参与的主动性、积极性,提高大家参与体育运动的意识与兴趣。

(2) 组织家庭为单位的体育趣味类活动或比赛,提高儿童青少年、家长的体育运动意识,增进家庭成员间情感交流,提高家庭养育者的运动习惯与理念,在家庭小环境中做到相互促进的良性循环,提高整体健康、运动意识。

参考文献

[1] Chaput J-P, Willumsen J, Bull F, et al. 2020 WHO guidelines on physical activity and sedentary behaviour for children and adolescents aged 5–17 years: summary of the evidence[J]. Int J Behav Nutr Phys Act, 2020(1).

[2] 孔琳. 中国儿童青少年身体活动促进模式构建的理论与实证研究[D]. 上海:华东师范大学,2021.

[3] Dimitri P, Joshi K, Jones N. Moving more: physical activity and its positive effects on long term conditions in children and young people[J]. Arch Dis Child, 2020(11).

[4] Janssen I, Leblanc A G. Systematic review of the health benefits of physical activity and fitness in school-aged children and youth[J]. The International Journal of Behavioral Nutrition and Physical Activity,2010(7).

[5] 李培红,王梅. 中国儿童青少年身体活动现状及相关影响因素[J]. 中国学校卫生,2016(6).

[6] 吴慧攀,张明,尹小俭等. 中国儿童青少年体力活动年龄性别和地区特征[J]. 中国学校卫生,2022(4).

[7] 王富百慧,李雅倩,冯强. 儿童青少年身体活动现状与特点[J]. 中国校外教育,2021(5).

[8] 黄子睿,赵海萍,张慧等. 宁夏儿童青少年体育锻炼行为及相关因素社会生态模型分析. 中国学校卫生,2023(2).

[9] 王丽娟. 身体活动、户外时间与上海市儿童青少年视力不良的关系研究[J]. 中国体育科技,2023(8).

[10] 马晓凯,朱政,杨漾等.上海市青少年专项运动技能概况及其与身体活动和体质健康的关系研究[J].体育科学,2022(12).

[11] 第八次全国学生体质与健康调研结果发布[J].中国学校卫生,2021(9).

[12] Guthold R, Stevens G A, Riley L M, et al. Global trends in insufficient physical activity among adolescents: a pooled analysis of 298 population-based surveys with 1·6 million participants[J]. Lancet Child Adolesc Health, 2020(1).

[13] Barnes J. D., Cameron C., Carson V., et al. Results from Canada's 2018 Report Card on Physical Activity for Children and Youth. J. Phys. Act. Health, 2018(S2).

[14] Guthold R, Stevens G A, Riley L M, et al. Worldwide trends in insufficient physical activity from 2001 to 2016: a pooled analysis of 358 population-based surveys with 1.9 million participants[J]. Lancet Glob Health, 2018(10).

[15] Fenesi B, Graham J D, Crichton M, et al. Physical Activity in High School Classrooms: A Promising Avenue for Future Research[J]. Int J Environ Res Public Health, 2022(2).

[16] Belcher B. R., Berrigan D., Dodd K. W., et al. Physical activity in US youth: Effect of race/ethnicity, age, gender, and weight status. Med. Sci. Sports Exerc. 2010(42).

[17] Colley R. C., Garriguet D., Janssen I., et al. Physical activity of Canadian children and youth: Accelerometer results from the 2007 to 2009 Canadian Health Measures Survey. Health Rep. 2011(22).

[18] Janssen X., Mann K. D., Basterfield L., et al. Development of sedentary behavior across childhood and adolescence: Longitudinal analysis of the Gateshead Millennium Study. Int. J. Behav. Nutr. Phys. Act. 2016(13).

[19] World Health Organization. Regional Office for E. Spotlight on adolescent health and well-being. Findings from the 2017/2018 Health Behaviour in School-aged Children (HBSC) survey in Europe and Canada. International report. Volume 2. Key data [M]. Copenhagen: World Health Organization. Regional Office for Europe, 2020.

[20] World Health Organization (WHO). Global Strategy on Diet, Physical Activity and Health, 2008. https://www.who.int/dietphysicalactivity/factsheet_inactivity/en/ (accessed 12 December 2019).

[21] Young D R, Felton G M, Grieser M, et al. Policies and opportunities for physical activity in middle school environments[J]. J Sch Health, 2007(1).

[22] Edwards M B, Rowe K. Managing sport for health: An introduction to the special

[23] Kulbaga T A, Spencer L G. Fitness and the feminist First Lady: Gender, race, and body in Michelle Obama's Let's Move! campaign[J]. Women & Language, 2017(1).

[24] Xiaofan Y, Xiangle W U, Weidong L I, et al. Community Access to Opportunities for Exercise in the United States: Development Mode, Organizational Forms, and Experience Promotion[J]. Journal of Chengdu Sport University/Chengdu Tiyu Xueyuan Xuebao, 2021(1).

[25] Crouse K. Jet and Giant Team Up to Promote Youth Fitness[J]. New York Times, 2007, 54093.

[26] Roth K P. Park and Rec Out-of-School Time Programs Provide Essential Support to Communities. Parks & Recreation. Arlington: National Recreation and Park Association, 2016.

[27] 汪辉,姜同仁.美国大众健身公共服务体系的基本特征及启示[J].南京体育学院学报(自然科学版),2016(5).

[28] Hipp J A, Bird A, Van Bakergem M, et al. Moving targets: Promoting physical activity in public spaces via open streets in the US[J]. Prev Med, 2017(103).

[29] Charles E. Lindblom. The Policy-Making Process[M]. 3rd Edition. Prentice Hall. Inc. Engle-wood Cliffs. New Jersey, December, 1992.

[30] Gorely T, Harrington D M, Bodicoat D H, et al. Process evaluation of the school-based Girls Active programme[J]. BMC Public Health, 2019(1).

[31] Stearns J A, Veugelers P J, Mchugh T L, et al. The Use of a Nonrefundable Tax Credit to Increase Children's Participation in Physical Activity in Alberta, Canada[J]. J Phys Act Health, 2021(9).

[32] Moodie M L, Carter R C, Swinburn B A, et al. The cost-effectiveness of Australia's Active After-School Communities program[J]. Obesity (Silver Spring), 2010(8).

[33] Klinker CD, Schipperijn J, Christian H, Kerr J, Ersbøll AK, Troelsen J. Using accelerometers and global positioning system devices to assess gender and age differences in children's school, transport, leisure and home based physical activity[J]. Int J Behav Nutr Phys Act, 2014(7).

[34] Bramham P. Boys, Masculinities and PE[J]. Sport Educ. Soc, 2003(8).

[35] Corr M, McSharry J, Murtagh EM. Adolescent Girls' Perceptions of Physical Activity: A Systematic Review of Qualitative Studies[J]. Am J Health Promot, 2019(5).

[36] Castelli D M, Centeio E E, Beighle A E, et al. Physical literacy and Comprehensive

School Physical Activity Programs[J]. Preventive Medicine, 2014(66).

[37] Carson R L, Castelli D M, Beighle A, et al. School-Based Physical Activity Promotion: A Conceptual Framework for Research and Practice[J]. Childhood Obesity, 2014(2).

[38] Centers for Disease Control and Prevention (CDC). School health guidelines to promote healthy eating and physical activity[J]. MMWR Recomm Rep, 2011(RR-5).

[39] Carson R L. Certification and duties of a director of physical activity[J]. J phys Educ Rec Dance, 2012(83).

[40] Nyberg G, Ekblom Ö, Kjellenberg K, Wang R, Larsson H, Thedin Jakobsson B, Helgadóttir B. Associations between the School Environment and Physical Activity Pattern during School Time in Swedish Adolescents[J]. Int J Environ Res Public Health, 2021(19).

[41] Oluwasanu MM, Oladepo O, Ibitoye SE. Qualitative views of Nigerian school principals and teachers on the barriers and opportunities for promoting students' physical activity behaviours within the school settings[J]. BMC Public Health, 2021(1).

[42] Moore E. W. G., Fry M. D. Physical Education Students' Ownership, Empowerment, and Satisfaction with PE and Physical Activity[J]. Res. Q. Exerc. Sport, 2017(88).

[43] Sport Northern Ireland Sport Northern Ireland: A Baseline Survey of Timetabled PE in Primary Schools in Northern Ireland. [(accessed on 24 October 2023)]; Available online: http://www.sportni.net/sportni/wp-content/uploads/2014/06/REPORTPRIMARYPESURVEY.pdf.

[44] Smith, A., Thurston, M., Green, K., & Lamb, K. (2007). Young people's participation in extracurricular physical education: A study of 15-16 year olds in North-West England and North-East Wales[J]. European Physical Education Review, 13(3).

[45] 马伟龙. 社区青少年公共体育服务供给的比较研究[D]. 成都：四川师范大学, 2023.

[46] 中共中央国务院关于加强青少年体育增强青少年体质的意见[J]. 中国学校卫生, 2007(6).

[47] 陈元, 王丽娟, 梁果等. 儿童青少年24 h活动与肥胖进展的关系——基于上海市318名小学生2年的前瞻性队列研究[J]. 上海体育学院学报, 2022(6).

[48] 陈元. 上海市小学生24小时活动和肥胖进展的关系[D]. 上海：上海体育学院, 2022.

[49] 杨漾. 上海市学生体质健康相关工作回顾与探讨[J]. 中国体育教练员, 2022(4).

［50］邓小飞.上海市体育公园的全民健身公共服务供给优化研究［D］.上海：东华大学，2023.

［51］尤丹丹.上海市青少年体育政策执行研究［D］.上海：东华大学，2023.

［52］洪婧婧.体育环境与上海市初中生体育锻炼行为的关系研究［D］.上海：上海体育学院，2022.

［53］赵欣.家庭社会经济地位对儿童青少年课外体育持续参与影响的双重中介效应［D］.武汉：武汉体育学院，2023.

元宇宙体育场景创设研究

雷　禹　李学澄[*]

[摘　要]　元宇宙是互联网产业革新重塑后的理想终极形态,在健康中国和体育强国的战略背景下,元宇宙体育场景的创设不仅是智能技术发展的必然产物,也是大众对生命健康的强烈要求,更是体育产业转型发展当即必须直面的严峻现实。研究前沿性地聚焦"大体育,大健康"的社会发展需求,现实性地梳理了当前体育产业元宇宙化的现状,创新性地提出了元宇宙体育的五个未来可能性的空间场域的情境创设建构——元宇宙体育竞技、元宇宙体育观赛、元宇宙体育健身、元宇宙体育教育、元宇宙体育产品,预测性地探讨了体育产业革新、体育精神淡化、体育秩序破坏、大众隐私困局、运动效能影响、法制监管时弊等可能的风险挑战,同时前瞻性地提出相关调治路径:加速总体布局以推进元宇宙体育场景的联动建构;加强多方治理以助力元宇宙体育社会的高效运行;破壁数字局限以保障元宇宙体育空间的健康发展;育养专业人才以攻克元宇宙体育应用的技术瓶颈。

[关键词]　元宇宙体育;场景创设;风险挑战;调治路径

2021年,元宇宙概念逐渐引发关注,它由科幻概念延伸到产业应用,在体育、医疗、教育等领域具有的巨大发展潜力引发了各界广泛关注,正在进行中的杭州亚运会更是一场科技塑造的元宇宙盛宴。各地政府与社会组织开始大量参与元宇宙核心技术的前瞻研发、以智能算力为核心的新型基础设施建设,大力拓

---

[*]　本文作者简介:雷禹,上海交通大学医学院党委宣传部副部长、上海交通大学中国医院发展研究院医学教育研究所副研究员,博士,健康传播;李学澄,上海交通大学医学院党委宣传部,硕士,健康传播。

展元宇宙相关产业生态。党的二十大报告提出"要推进健康中国建设,把保障人民健康放在优先发展的战略位置",而体育则是促进人民健康的重要路径。《体育强国建设纲要》中强调,要坚持以人为本、改革创新、依法治体,致力于在21世纪中叶把我国全面建设成为社会主义现代化体育强国。《"十四五"体育信息化发展规划》中提出要加速体育领域中新技术的创新与应用,以满足体育数字政府治理、全民健身优化体验、助力经济实力提升、赋能体育产业发展、体育场地数字化升级等各方面发展的需要。在此时代背景下,诸多体育场景将发生深刻改变,未来体育元宇宙化是必然趋势,其与大众健康促进深度融合更是大势所趋。

一、元宇宙体育场景创设的背景

(一)元宇宙体育场景应用势不可挡

伴随数字化经济的剧增,智能技术与传统产业的交叉融合成为体育产业的发展趋向,2023年9月召开的服务贸易交易会数字体育发展论坛对体育产业数字化升级尤为关注;杭州亚运会中体育数字化应用大放光彩,智能科技赋能的赛事刷新大众想象。在国家战略方面,党的二十大报告鼓励要推动战略性新兴产业融合集群发展并构建一批新的增长引擎。元宇宙体育场景雏形的现实应用无疑已经证实了自身的实力,它的巨大潜力将极大开辟数字经济的新场景、新应用、新生态,促发经济新动能。所以元宇宙自诞生之日起,就被国家视为重要发展战略。在技术成熟度方面,经过政策与市场共同发力,国内的元宇宙产业链不断升级,逐步扩展到与体育文旅、教育医疗、数字支付等应用进行多维场景融合。数据显示,全球元宇宙应用行业仅在2022年就完成了共312笔高达309.78亿元的融资。而智能技术的不断升级与现实应用的持续延展,促进了元宇宙技术与传统产业的深度融合与加速落地。在人民需求方面,生命健康与体育健身逐步受到高度重视。持续增长的线上需求促发推动体育产业寻求转型突破。新冠肺炎疫情防控期间养成的虚拟应用习惯已为体育产业转型培育了大量忠实的用户,而虚拟现实应用促发各类体育活动摆脱物理空间束缚,转向网上线下结合的健身休闲的新范式。

(二)元宇宙体育场景的生成逻辑

元宇宙(Metaverse)由意为超越的Meta与宇宙的Verse组成,意即"超越宇宙"，是新型社会体系的数字生活空间，是整合了多种新技术进行链接与创造的与现实世界映射与交互相融的互联网应用和社会形态。元宇宙的提出和逐步构建是对人类未来生存方式的一种愿景勾勒，而体育是人类以身体活动为基本手段，认识自我，完善自我，超越自我，进而促进人的自由和社会进步的实践活动，在元宇宙空间中将具有不同的应用情境，并且通过元宇宙技术持续赋能与升级。

由此，研究认为，元宇宙体育场景是以促进身心健康发展为目标，以身体活动为手段，以区块链、人工智能、云计算、物联网等新兴智能技术为基底，以虚实融合的体育空间为落地方式的多层级多元化的体育形态运行体系。它呈现为以身体活动为核心的沉浸式体验空间、以促进人的全面发展为目标的层次性空间、虚实融合链接的体育交互空间的核心特征。

国外元宇宙的研究相对较早，多聚焦于概念、模型、技术以及对教学、游戏、社会发展的影响等展开。国内相关研究，同样集中于元宇宙本身及其在不同行业领域的应用，学界对体育元宇宙的相关探索相对较少，主要集中在元宇宙的本体及其与体育文旅等产业的结合等方面，如对体育元宇宙的内涵特征、多元价值、大众参与方式及角色进行探讨，对智能技术应用生成的新型体育生态及元宇宙中呈现的各异数字角色进行探索，对体育教学的方式、模式变化进行探析等。但对于元宇宙中体育场景具体创设相对欠缺，大多是针对不同情境下的体育应用，场景创设的研究较少；或是脱离技术层面谈概念，与现实应用脱节，研究方式也较单一，普遍缺乏实地调研支撑。

二、元宇宙体育产业落地的初阶现况

随着经济发展与体育消费需求升级，新技术在体育领域中的创新应用已大幅增长，这是实现体育高质量发展的必然选择，未来体育元宇宙构建的全新体育空间场域，将赋予现实体育发展的新活力，催生体育形成全新产业与模式，助力当前体育现实发展困境的突破。当前，元宇宙在各类体育场景中已有一定的初步实践应用：

（一）打造临感式观赛场景

元宇宙技术在赛事转播方面已初具规模和质量。体育界早已实现通过VR看比赛，2015年的NBA、2016年的里约奥运会、2019年的CBA总决赛就已为球迷提供了部分 VR 现场转播服务。2023 年的杭州亚运会也推出亚运元宇宙,融合了 AI 智能、数字孪生、VR、动作捕捉等数字技术,推出"亚运数字火炬手",打造了首个"云上亚运会",实现赛事核心系统 100% 上云,观众可通过元宇宙观赛、智能互动等。

（二）推出具象化的数字形象

2021 年北京冬奥会前,中国移动咪咕以滑雪冠军谷爱凌为原型,推出首个体育数智达人 Meet GU,她踩着滑雪板"破屏"而出,身穿滑雪服在隧道中快速穿梭,多次冲向跳台高空翻转,带领大家"亲临"比赛现场,临境式体验让观众实现和体育明星的"零距离"互动。杭州亚运会期间,数智家族再添新成员,运动员张雨霏、刘洋的数智分身亮相,并入驻元宇宙鼓浪屿,给元宇宙中的"岛民"带来别样互动,带领观众开启虚实融合的亚运之旅。

（三）加强科技化的赛事保障

各类元宇宙技术不断加持,有力保障了各类赛事运行。2022 年北京冬奥会开幕式运用了 EUHT 无线宽带技术进行超高清的 8K 直播无线传输技术,这是当时直播显示技术的天花板。在杭州亚运会中,元宇宙新技术已批量应用,多个体育场采用了数字孪生技术实现各级颗粒度场景孪生;还基于 AI 捏脸建立亚运数字人分身,用户通过手机就可塑造自己的亚运数字人分身,试穿亚运服装等。

（四）发布联名式的数字藏品

2021 年,由中体数科联合冬运中心共同发布的中国冰雪吉祥物"冰娃、雪娃"3D 数字藏品在支付宝平台发布,这是 3D 数字藏品的首次试水。四款产品均限量发售,上线后不到 1 分钟便宣告售罄。2022 年 9 月,20 000 个杭州亚运会数字火炬的数字藏品一经上线就售罄;同年 12 月,三款亚运会数字吉祥物同时开售,同样被秒抢,体育主题数字藏品已成为数字时代的新赛道和新趋势。

（五）开启共情化的运动体验

元宇宙的应用使得全民健身不再局限于线下模式,打破了时空和现实的限制。早在 2014 年,多款运动 APP 已开始试水线上马拉松,如咕咚、悦跑圈、乐动力、点点运动等。用户只需戴上 VR 设备,就能享受到不受环境限制的运动体验,同时,选手使用相关运动记录软件,可在 APP 上交流并形成社群。"云健身"不断升温,各种线上培训、云健身、直播互动等慢慢引导和改变了受众的健身习惯和渠道偏好。VR、实时互动等技术手段的运用,提高了和受众互动的教学频率,也使得用户的线上健身体验感更好。

除上述的应用外,元宇宙技术在体育训练、场馆建设、运动设备等方面均有不同程度的应用,这都为未来体育元宇宙场景建设的基础雏形。

三、元宇宙体育场景的发展趋向与情境创设

(一)未来元宇宙体育场景的发展趋向

体育元宇宙化是体育产业数字融合的进阶,其进程将大致分成以下路径:一是现实生活场景的模拟构建。体育运动不再固化在传统的现实场景,而是延伸到数字化情境,对现实运动场景进行虚拟运动场景的模拟搭建,实现线上跑步赛事、国际足联 Online 游戏等线上运动竞赛等。二是数字多维世界的智能进入。借助 VR 等设备,用户可进入虚拟的体育空间体验沉浸式虚拟现实。伴随技术与设备的不断升级嬗变,用户在体育空间中将逐步获得更加深度、实时和多元的泛娱乐体验。三是现实数字孪生的真切实现。元宇宙利用数字建模、人工智能等复刻技术,创建与现实世界平行的体育再造空间,甚至生成现实世界中未曾存在的场景,它将融合虚拟世界与物理世界,帮助大众以"具身"形式来代替真身的现场缺席。四是虚拟空间与现实世界的交汇交融。叠加了人工智能等技术的体育元宇宙并非单纯的虚拟世界,而是虚实融合的社会形态,将生产出独具特色的数字价值并影响现实世界。体育产业也将形成虚实融合的新业态,革新传统产业的生产运营、资源整合与价值创造。

(二)未来元宇宙体育场景的情境创设

体育元宇宙将促发体育竞技、教学培训、健身运动、产品设施等体育相关板块产业形成全新的业态,即实现多样化体育运动的价值共享、数字化体育竞技的沉浸观摩、具身化体育社交的联动交互、重构化体育产品的共创生产,它将生成元宇宙体育竞技、元宇宙体育观赛、元宇宙体育健身、元宇宙体

育教育、元宇宙体育产品五个空间场域的情境模式,而这所有的情境都聚焦大众的健康与娱乐需求、基于数字孪生的元宇宙体育场馆的底座进行建设(图1)。

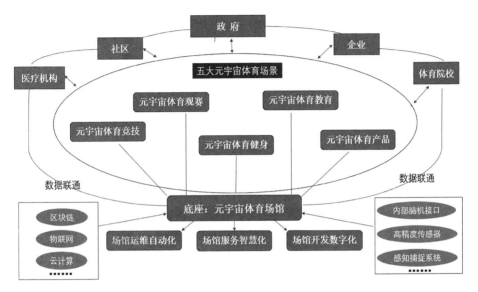

图1 元宇宙体育五大场景创设

元宇宙体育场馆使用区块链、交互技术、人工智能、物联网等智能技术,用虚拟空间加物理空间融合链接的模式,塑造一个再生社会空间,空间中的每个运动者均会生成一个数字人身份,在多维体育场景中自由切换;空间同时链接了所有的体育场馆、健身器材、运动软件、检测设备、数据采集分析系统、健康监测装置等,相关的健身设备与产品均具备智能生物信息采集装置、多维感知捕捉系统,通过内部脑机接口、高精度传感器设备,实时检测用户的皮肤汗液或其他分泌物、心率血压、情感起伏等,将运动者在虚拟空间中的感官全方位"连接"至现实的五官感知与精神感知,并与政府、社区、医院实现数据共享。元宇宙体育场馆将实现场馆运维自动化——全面、实时、详细地检测、掌控与处置场馆各细节,动态呈现设备参数与警告信息,实现智能化控制与管理;场馆服务智慧化——出台指挥调度指令及决策监测,实现场馆虚拟巡检和智能化引导以及实现票务接口、场景呈现、后勤保障等服务的一体化;场馆开发数字化——利用聚类分析、决策树等计算方法分析观众的观赛属性、消费偏好等,采取动态、分级定价等方案,挖掘消费者市场,实现主办方与观众方等多方互利共赢。

1. 元宇宙体育竞技——打造专业化虚拟对战情境

元宇宙将赋能体育竞技生成专业化的比赛虚拟对战的情境,重新定义竞技体育。这是元宇宙体育的核心体验情境,在此情境中,场景以 MR 混合现实、AI、空间定位、实时位置追踪、3D 空间音频、动作捕捉、5G 等多项技术为底层技术框架,通过体表传感器、多形式 AR/MR 眼镜、身体数据综合跟踪系统等为交互载体,而运动者则以数字人身份在虚实融合的空间中开展实时竞技对战。元宇宙竞技对战情境将在赛场三维重构、人体运动模拟、竞技 AI 行为、表情跟肌肉物理模拟、大场景渲染等方面实现突破,并且可以精准捕捉人体毫米级动作,智能操控元宇宙虚拟人物,沉浸式体验元宇宙竞技运动,实现人境合一,同时可实时测量运动者的身体和心理的综合数据,在保持体育的高对抗性的竞技特点的基础上,不但降低了运动员受伤隐患,还延长了运动寿命,同时还增加了体育的娱乐性和互动性。运动员不再局限于物理空间的集聚竞赛,在任何不同地点均可以隔空参加比赛,如同线下真实的竞赛场景一样。专业化虚拟对战情境是未来竞技体育的终极形态,竞技项目变得更为紧张刺激,未来运动员只有同时掌握现实竞技和虚拟科技双重优势方可处于不败之地。

2. 元宇宙体育观赛——创设高仿真现场观摩情境

元宇宙体育观赛通过多维场景和信息融合,打造高仿真现场观摩情境,突破地理和空间的限制,让观众通过体感设备从"家里"跃至"赛场",此前非现场观众无法获得的沉浸感与存在感得到弥补,同时观赛成本降低、观赛便捷性提高。在元宇宙体育观赛情境中,观众用户通过使用唯一的验证身份解锁虚拟世界,球迷们将能够在这个虚拟体育运动场上创建自己的体育化身,选择运动产品、穿戴运动装备、共同健身观赛、开展社交生活。元宇宙观赛将消解地理和物理障碍,在赛前、赛中和赛后提供更好的体验:赛前,观众可在系统中快捷、清晰地获取运动员信息、赛事信息等资料,并且可以步入孪生赛场进行活动,感受欢呼、吹哨、歌唱等热烈比赛氛围,而观众本身发生的呼喊、动作、表情也通过传感器一一传入赛场被其他观众感知;赛中,观众可采用多元视角与自由视角随意切换观赛以深入研究更多细节,也可与在现实世界中相隔万里的朋友并排观赛并探讨赛事;赛后,观众可以与体育明星合影、握手拥抱、与其他球迷互动等,双方身体上可实时感受到对方真实的体温、气息与力度,实现真正的极致"具身化"观赛体验。

3. 元宇宙体育健身——建立虚实结合的运动情境

元宇宙体育健身是面向全民健身需求的运动情境,将传统健身项目与数字孪生、人工智能、感知交互等数字技术相结合,实现体育健身自由发挥、即时对抗、自主可控、实时在线。大众健身的主要特征即群体性活动,而这正与元宇宙的强社交性、开放式创造、鼓励经验分享等特征不谋而合。大众健身人群不同于专业运动员,存在运动时间碎片化和不规律化、体能基础参差不齐、场地条件限制、健身难以坚持等痛点,而这些通过元宇宙体育健身情境则迎刃而解。元宇宙体育健身情境中,用户可自主选择不同风景的场景进行运动,场景中的风霜雨雪、阳光流水等均可通过传感器被真实感知;用户亦可选择游戏身份,在游戏故事中以别样身份进行运动,其中的游戏、竞技等场景让运动不再枯燥,增强健身黏性;用户还能通过社交场景建立与不同健身人群线上社交,结识志同道合的新朋友,实现不同圈层的情感沟通;通过皮肤、汗液、心率、情感等实时分析不同运动层级的健身者身体数据,云计算后制定针对性训练计划等。同时,元宇宙打造无处不在的全民健身场景和智能运动消费体系,搭建虚拟现实+权益组合,建立会员权益、会员商城、跨界权益一体的体育经济全方位运营体系,打造智慧型体育经济元宇宙。

4. 元宇宙体育教育——开展沉浸式训练教学情境

元宇宙体育的教育场景通过创设逼真虚拟的培训教育、训练操作情境,为运动员和大众提供前沿、优质、个性的培训服务。一是训练教学模式多元化。用户可选择体育明星教练数字人手把手授课,亦可选择沉浸式游戏化的自我操练,更可选择身临其境的同伴交互式参观学习;用户不但可自由选择,还可结合现实经验与新获认知,自由创建打造独特的元宇宙训练空间,组建个性训练方案。二是训练教学过程数据化。元宇宙体育的教育场景通过传感器等设备不仅可以实时测量用户的身体机能、心理素质以及技术水平,还可捕捉用户的心理波动、生理反应、表情变化、情感走向等数据,更可以实时追踪用户的身体健康情况等。元宇宙精确采集用户学习、练习全过程的行为数据,并通过高算力实现体育评价的多元化,实现体育培训的即时精准反馈。三是训练教学资源海量化。场景中完整的培训资源体系配备了聚合世界优秀运动员的技术数据,可时刻通过多维感知捕捉系统衡量与计算用户的动作准确度,即刻进行战术分析与技术指导,也可以根据不同的用户的健康状况、身体技能、训练目标等提供模块化培训方案的定制。元宇宙体育教育场景中沉浸式的训练教学情境,打破体育场地的物理桎梏,增强了用户对技术动作的理解,强化了用户的主体意识与愉悦体验,极大提升了体育教育的空间性、精准性、实效性与均衡性,实现了体育培训资源的多方参与和共建共享。

5. 元宇宙体育产品——共创多元化体育用品情境

在高度开放的元宇宙体育场景中,用户被提供了非既定任务可编辑的开放世界与海量工具用以探索与创新,其不但可自由选择与创作、打造独属运动空间,还可通过第三方开放技术接口,结合现实经验和虚拟环境新认知,产生新的运动体验,将"意识所想"转化为"感官可达",从而获得更佳的具身运动体验。由此,大众用户精神心智的共同投入,成为元宇宙空间中多元化体育产品、设施共创的动力来源。所以,在该场景中,一是对体育场馆设施设备、器材用品进行共创生产,用户根据个体需求与偏好,将自己的新获感知与既有经验,与各类虚实结合的体育产品进行融合,从而生成全新独有的虚实结合的体育产品,如独有的元宇宙体育场、元宇宙球拍、元宇宙球鞋等,这些产品并非仅仅单纯物理空间的事物,而是物理实体和数字用品以技术进行深度链接的高科技体育设施产品,其虚实共融,可新建,可更改,可创作。二是对体育产品生产流程的共创推动。该场景中,元宇宙技术赋能生产链的各环节、各场景,上下游的生产商在关照大众用户的需求前提下,将各自的生产设备、生产流程在虚拟空间中协同工作、模拟运行以达到组合效率最大化,同时可在该场景中提前测试产品的性能、受欢迎程度以做出调整。由此,成本降低、生产效率提高,可实现体育用品业智能制造的跳跃升级。三是对体育用品营销模式的共创搭建。该场景通过精准云计算,结合用户的健身喜好、购买能力、运动意愿等,搭建满足用户、销售商、银行等多方要求的多层次孪生映射的元宇宙空间虚拟营销模式,用户可以通过传感器等设备实现肤感、视觉、嗅觉等真实购物体验;同时通过物联网等技术实现产品到家。如建立数字孪生金融小镇、打造虚拟销售的消费环境、提供产品性能模拟试用、利用数字偶像进行非虚构营销等。

四、元宇宙体育场景可能的风险与挑战

元宇宙体育新业态的出现无疑扩充了体育与健康、教育、社会等深度链接的应用场景和发展可能,也不断为数字体育的创新发展输入了强大的驱动力。但与此同时,元宇宙体育场景的建构也同时存有潜在的负向赋能的危险性,其在应用过程中不可避免地面临着诸多风险与挑战。

（一）体育业态发生颠覆革新

元宇宙体育的发展与兴起将使传统体育产业发生颠覆性革新，由"传统体育"升为"科技体系"，由"资源驱动"转向"创新驱动"，由"初阶应用"跃至"高度融合"。一是体育业态结构与生态模式发生重大变化。元宇宙体育产业深度应用云计算、大数据、区块链、物联网等元宇宙技术，对不同层级与行业间的数据进行破壁，体育产业原有的组织结构、管理模式、决策模式、商业模式和供应链协同模式将发生转型重构，可能接续出现传统基建数字化转型受阻、数字平台应用场景缺失、产业链之间数据传输不畅、信息不对称阻碍供需精准对接等现实困境。二是体育产业经济发生结构转型。体育运动、健身产品、竞技赛事、运动场所与元宇宙技术的深度融合与重组改造后，体育细分市场的趋势更为凸显，数字体育经济将高速增长，经营成本、运营机制、盈利模型将发生大幅调整，经济结构、市场需求、贸易规则等经济环境以及政策环境、治理模式等社会环境均发生巨大转变。三是运动个体的健身与娱乐方式发生巨大转变。元宇宙体育场景通过人机交互、算力整合等技术赋能，将日常生活与体育相融合，打造聚合"硬件、内容、服务、AI"一体化与丰富完整的运动、健身、娱乐服务体验，为体育用户提供智能健身、培训、娱乐解决方案，打造专业、有趣、黏性的体育消费模式，将变成体育市场的主流增长方式。

（二）体育精神出现淡化衰落

体育运动作为一项重要的社会活动，具有丰富的体育人文精神内涵，包括公平竞争、诚实守信、相互尊重的人格修养，友谊互信、协作配合、团结向上的团队合作意识，坚韧不拔、勇往直前、突破极限的比赛精神等。然各类元宇宙体育场景中，运动负荷与竞技难度逐步非标准化、非可控化，现实人身份部分或者完全转替为数字人身份后，元宇宙技术的应用参与将极大弥补现实人身机体与机能的不足，打造出一个与现实人身并非绝对等同的、卓越的数字运动者，对技术的高度依赖性将极大导致吃苦耐劳、勇攀高峰等运动精神逐步缺失或不复存在。此外，现实人身去质化后成为数字元件，运动主体的完整生命意义也被逐步消解，相较于传统体育项目中的心灵之间的温暖传递和意义共享，运动者在元宇宙中的体育交往仅存现在冰冷的数字元件之间的相互转换，更易产生道德冷漠现象。以往依靠球员之间的精神交流来建立战术互信的团队合作类运动,在元宇宙场景下的战术安排依赖算法建议即可获得,团队之间共通的精神纽带失去意义,团队性比赛的组织意义本身也遭到削弱。大众在体育运动中的初衷遭到破坏,体育运动的本源受到违背,由此,体育运动中完整的体育精神可能逐步淡化、衰落甚至是丢失。

(三)体育秩序遭到破坏消解

包含法律和道德在内的体育秩序是社会秩序的一束细小分支,维护的是体育运动与生活中的一种稳定状态,在体育活动的正义结构之中处于重要位置。而新兴元宇宙体育场景中,原有的体育秩序将遭到极大破坏甚至消解。一是元宇宙空间中,运动个体呈现高度自由化的特征,这导致个体自由与空间秩序的冲突成为必然并鲜明凸显。二是运动主体及运动过程的高度数据化,导致体育道德在空间中的个体归属仅剩余数字映射,道德自律成为无所依附、主体缺失的空谈。三是智能科技赋能的极度便捷性,使得数字运动者可能对 AI 等智能技术无节制运用,造成本应建立在双方软硬条件对等上的比赛公平性遭到破坏,导致平等竞争的体育规则受到践踏。四是现实人身以数字身份在元宇宙中发生行为的极度隐匿性,使得现有体育体制与法治下的管理与治理极易出现徇私舞弊。由此,体育运动或竞技的公平性可能逐步消减,体育秩序遭到破坏、出现消解。

(四)大众隐私遭遇安全困局

数字化采集在元宇宙体育再造社会空间处于常态化,系统将大量详细记载体育用户的身份信息、兴趣爱好、运动路径、情感变化、健康状况、消费记录等个人隐私数据,这些数据衔接并嵌入海量 UGC 内容以及跨越虚实边界的应用后,个人的体育信息数据时刻都在动态化"重新组合生产",其中管控的复杂性与不确定性急剧显现。体育用户的健康数据可能会被泄露、盗取和恶意利用,资金与密码可能会被窃取,竞技的成绩可能会被非法篡改等,而当前的相关技术还未能达到完全严格保护数据的程度。2022 年国际乒联的服务器出现安全漏洞,数百名运动员的护照细节和疫苗接种证明以及赛程被泄露,这直接影响了正常训练与比赛进行。由此,体育元宇宙不再是简单的互联网络社区,而是聚合了大众工作、生活、运动、娱乐、经济等为一体的多元复合的虚实交融的再造社会空间,其任何一处如若受到攻击或泄露信息,不但对个人隐私造成侵害,更严重影响体育产业的正常发展,还会影响到社会安全、国家经济,当前的传统防火墙、反病毒软件、入侵检测技术等安全防护措施将难以应对,所以体育元宇宙面临的数据安全风险也是前所未有的。

（五）法制监管呈现新兴时弊

由于生成内容的极强参与性、应用平台的极大开放性、发展方向的极不稳定性等特征,元宇宙体育场景的规范化成为未来发展必需,这也将为监管体系带来较大压力。一是元宇宙体育生态极为广阔,涉及的技术细节太多,内容藏匿性强,违法违规行为难以准确及时地甄别,监控体系极为复杂。二是体育元宇宙开放性与去中心化特征,与现实中的社会组织架构和权力运行机制存在结构性矛盾,将直接导致监管机构出现管理不力的现象。由于没有丰富经验可以参考,政府及体育管理部门应对这些全新的风险也是边探索边实践,制度建设与监管在一定程度上会延迟新型技术的应用,造成管理与发展的不匹配。如何规避元宇宙沉浸式体验给体育用户带来的隐私风险和心理伤害、竞赛的规则如何保护、流程如何监管等一系列问题需要确立相应法律进行约束,有待引起警惕。

（六）运动效能受到严重影响

体育运动的效能表现在人体技能的提升、旺盛生命力的保持方面,而元宇宙体育场景中,技术的加持使得人的自然属性被削弱,运动效能受到一定影响。一是感知出现边界模糊。元宇宙体育场景中,运动者的数字替身化身情境中的"数字主体",成为物理人身的替代,身份混淆直接造成体验的真假难辨,从而导致现实人身感知体验出现模糊、缺失甚至丧失,面临情感认知失衡的风险。二是可能导致成瘾风险。元宇宙体育场景中交互的强具身性与感知的高沉浸感带来现实的高度"补偿效应",强大的吸引力可能造成巨大的"成瘾性"风险。在大数据精准的偏好推呈下,自控力差的运动者可能沉迷至元宇宙运用中,养成强烈的数字依赖,丧失对真实物理空间的志趣追求。三是可能导致行为能力弱化。相较于现实体育运动的交流范式和参与规则,元宇宙体育场景的过度沉溺除了导致运动者出现头晕、失去空间意识等生理不适外,还极大弱化了身体活动和体育参与的可能性,同时带来社交恐惧等心理健康问题,造成运动者与社会的疏离与分化,甚至导致其与现实的分化、孤立甚至异化、对立。由此,交往能力弱化、主体行动能力退化、身体和生命经验边缘化等消极后果随之而生。

五、元宇宙体育场景的调治对策建议

元宇宙体育场景建构与应用中可能存有的风险受诸多因素综合影响，对这些风险的准确识别和挑战的及时应对，是发挥元宇宙体育应用场景正价值赋能的应有之义，也是技术向善理念在体育领域的必然要求。元宇宙体育场景的创设是极其繁复与庞大的工程，当前仍处初始阶段，离大众期待的智慧与理想状态还有较大差距，真正实现也仍有很长距离。由此，应针对当前发展现状和风险挑战建立合理良性的权力配置，从国家政策、技术保障、法律制度、人才培养等层面，提出元宇宙体育应用管理的调治路径，有效规避上述风险，促进元宇宙体育建设有序推进，以推进体育产业的顺畅运行，促进大众生命健康。

（一）加速总体布局：推进元宇宙体育场景的联动建构

立足当前现实，由政府层面牵头，进行科学合理、层次清晰、符合国情的体育元宇宙发展的整体布局。一是在组织管理层面上，加强顶层设计。各地政府应出台培育"体育元宇宙"相关行动方案及实施细则，组建工作专班，优化管理和评价机制，加大体育元宇宙孵化培育力度，鼓励体育元宇宙场景应用的设计和供给；优化体育元宇宙交叉人才评价引进方式，创造多学科交叉、多行业融合的平台与机会，打造人才绿色通道和配套保障措施等。二是在技术应用层面上，加快产业布局。加快布局基于内容寻址的网络体系架构以及终端直连技术等 6G 前瞻技术研究；研究面向超低时延的信息中心网络新型组网协议以及超高带宽超低延时的毫米波无线接入技术，建立超低时延安全网络架构，实现元宇宙新型计算终端在安全规范下的超低时延无线接入；重点攻关 Web 3.0 前沿技术，开展区块链数字身份、分布式可信存储等支撑技术和数字监管技术布局，建设高性能、可扩展和安全可控的新型区块链体系架构，作为承载大规模元宇宙创新应用的基础设施。三是在行业标准层面上，推进规范先行。组建包括体育行业协会、研究机构、网信部门和元宇宙技术领先单位等在内的标准委员会，制定元宇宙体育产业的产业技术标准；加快制定元宇宙技术在体育场馆基础设施建设、运营管理、场馆维护等层面的管理法规与标准，规范产业安全发展。四是在先期推广层面上，积极试点推进。引导组织体育管理机构与技术产业龙头单位牵头打造创新联合体,推动与研发机构合作,鼓励开展体育元宇宙场景建设与试验,以典型案例的模范作用与成功经验,为体育相关行业提供借鉴。在元宇宙相关应用落地之前,应在高校、体育机构加强虚拟体育技术应用的试点,为全面推进体育元宇宙建设提供充分的测试反馈与实践支撑。

(二)加强多方治理:助力元宇宙体育社会的高效运行

当前已有部分与数字经济相关法律法规,虽在一定程度上规范了信息技术在体育产业的应用,但其并不能生搬硬套直接用于元宇宙体育场景,具体的针对性法规亟待制定出台与落实。一是出台针对性的法律法规。制定和出台涉及体育元宇宙的行业性法律文件和规范,制定与确立数据加密、传输、调取、使用、共享等相关流程的法规和标准,明确体育数据的权属划分,实现从传统行业到新型虚拟体育、电子竞技产业以及元宇宙赋能下的传统体育产业新模式下的规制。探索元宇宙赋能体育产业发展的虚拟经济规则体系,建立多部委协同发力的监管机制,极力保障消费者的数据安全。二是建立制度化审查体系。针对用户隐私保护不足、体育平台企业不正当竞争应用风险的难以规避性,应督促相关部门加强监督监管与重点审查,保证目标数据的应用符合伦理规范。同时编制"政府+企业+平台"全覆盖审查目录清单,为审查提供实用有效的操作指引,切实推动体育审查专业化、规范化。三是重建新型体育秩序。体育秩序包含法律、制度、道德与社会思想等多元因素,体育秩序治理不能仅依靠政府服务社会,还要依赖政府对社会提出要求。新型体育秩序下,社会大众充分发挥主人翁意识开展体育监管,体育治理转变为以政府为主导、多种治理主体并存的新格局。

(三)破壁数字局限:保障元宇宙体育空间的健康发展

体育元宇宙场景的创设与发展,数据是核心关键,亦是当下数字经济时代面临的最紧迫的安全问题,要实现元宇宙赋能体育行业,破壁数字局限、开展数字治理需成为保障元宇宙体育空间健康发展的常态化管理。一是要共立数据标准。零散杂乱的各类体育应用数据无法打造完整的体育生态体系,各体育场馆、体育产业、体育APP之间的数据与信息各自独立、格式不一、自成体系,数据难以实现共享、转化、互通,政府难以开展统一管理,因此,须制定体育元宇宙场景统一的数据格式与行业信息化标准。二是要共破数字壁垒。应由政府主导，夯实信息化基础，推进传统基建数字化转型，组织各机构、行业、单位搭建共建、共享、共管的一体化信息平台，畅通产业链数据传输与共享，精准对接大众运动、健身、娱乐等方面的供需，共创缺失的数字平台应用场景，助力元宇宙体育场景的健康发展。三是要共建数字治理。政府、企业等应共同发力，联合完善数据采集、数据共享、数据计算、数据建模、二次数据挖掘等数据服务流程，落实数据管理的问责机制，善用数字技术工具，加强持续性监测预警，全方位管理和监督数据内容、数据类型、数据时效等，保证用户数据使用与传输的稳定性与私密性，全方位共同维护元宇宙体育空间中的数据安全。同时鼓励公众、媒体等第三方监督机制的完善，加强对体育领域数字风险的防范预警。

（四）育养专业人才：攻克元宇宙体育应用的技术瓶颈

当前，我国元宇宙数字化人才短缺且断层、供需严重不匹配、难以满足各产业发展需求，伴随体育元宇宙各类应用场景的新建与推广，体育与元宇宙技术专业交叉的复合型人才培育迫在眉睫。一是加强基础复合人才培育。不仅要充分发挥体育类高校在元宇宙人才培养中的基础性作用，增设元宇宙相关的课程或专业，更需要院校之间采用学科交叉的联合模式，培养体育产业＋元宇宙的复合型人才。此外，加大校企合作、产教融合，加强体育智库团队的建立，促进元宇宙体育人才的交流合作。二是培养复合型管理人才。优秀管理人才的培育是新兴行业健康发展的核心要素，针对元宇宙体育的竞技表演、体育培训、体育健身休闲、体育用品、体育场馆服务等多元应用场景，需要实现在行业标准制定和行业管理上更专业的人才储备，他们熟悉元宇宙体育行业规则、精通元宇宙行业管理，可适时推进行业优化革新与先进管理。三是引进攻克型高端人才。作为需要高新技术支持的一项新兴产业，元宇宙赋能体育的发展需要集成高新科技的应用。引进海内外顶尖优质人才以开发更为先进的算法、算力以及网络通信技术，突破更为进阶的建模、传感、显示以及交互等重点环节，提升竞技观赛、健身运动、教育培训、产品开发等多产业场景创设的公平性、稳定性与舒适性。

六、结语

元宇宙体育场景是以人的身体活动为核心，借助元宇宙技术实现的虚实运动空间融合发展的全新再生社会情境。它应当紧密关照与契合人民需求，探索耦合健康促进、文化娱乐、教学培训的可行性路径。在元宇宙体育场景中，当以仿真式体育社交强化体育健康促进，以联袂式体育运动推进健康生活方式建立，以沉浸式体育培训提升健康身体机能，以信息化体育数据开展健康数据监测分析，以多元化体育用品促进健康娱乐产业智慧化转型。在此建设目标下，针对当前发展现状和可能存在的风险，应秉持积极开放的态度，以前瞻性视角布局，制定切实可行的有效规避上述风险的行动实施方案，促进元宇宙体育建设有序推进。

参考文献

[1] 人民网. 把保障人民健康放在优先发展的战略位置[EB/OL]. (2022-10-21)[2023-9-2]. https://baijiahao.baidu.com/s?id=1747247863437882453&wfr=spider&for=pc.

[2] 国务院办公厅. 关于印发体育强国建设纲要的通知[J]. 中华人民共和国国务院公报，2019(26).

[3] VR让世界更精彩　VR点亮元宇宙[J]. 传媒，2023(2).

[4] 光明网. 培育壮大战略性新兴产业，锻造产业竞争新优势[EB/OL]. (2023-2-27)[2023-9-12]. https://m.gmw.cn/baijia/2023-02/27/36393193.html.

[5] 李哲. 元宇宙产业风起云涌　游戏能否分一杯羹?[N]. 中国经营报，2023-01-16(D03).

[6] 陈雯雯，黄海燕. 元宇宙视域下的体育产业：诉求、变革与展望[J]. 西安体育学院学报，2022(4).

[7] 胡乐乐. "元宇宙"解析[N]. 中国社会科学报，2022-04-06(010).

[8] 郭轶群，秦天浩，江礼磊等. 体育元宇宙的内涵特征、多元价值及建构要素[J]. 西安体育学院学报，2022(4).

[9] 黄材楠，王润斌. 元宇宙与体育：场景创设、价值彰显与路径探索[J]. 河北体育学院学报，2023,37(1).

[10] 中央纪委国家监委网站. 亚运PLOG丨亚运赛场内外的"科技范"[EB/OL]. (2022-9-30)[2023-9-1]. https://www.ccdi.gov.cn/yaowenn/202309/t20230930_297529_m.html.

[11] 欧阳亨星. "元宇宙+体育"的特色及发展趋势研究[J]. 新闻研究导刊，2022(11).

[12] 白静. 科技唱响冰雪欢歌　创新闪耀冬奥五环——北京冬奥会展现我国科技创新智

[13] 罗恒,钟丽萍.元宇宙赋能体育产业：应用场景、现实挑战与推进策略[J].山东体育学院学报：2023(5).
[14] 雷禹,朱立峰.智慧医疗：动因、发展趋势及风险规避[J].新媒体与社会,2022(1).
[15] 黄海燕.中国式现代化进程中的体育产业：发展趋势与变革路径[J].西安体育学院学报,2022(6).
[16] 马越斐,李海.数字经济赋能文体旅产业深度融合的内在机理、困境审视与实践路径[J/OL].沈阳体育学院学报：1-7[2023-09-27].http://kns.cnki.net/kcms/detail/21.1081.G8.20230915.1720.008.html.
[17] 孙晋海,王静."双循环"新发展格局下体育产业数字化转型路径研究[J].沈阳体育学院学报,2022(5).
[18] 姜懿轩.体育人文精神在体育训练中的价值与意义[J].当代体育科技,2023(27).
[19] 徐英瑾.元宇宙技术与体育竞技公平性[J].上海体育学院学报,2022(5).
[20] 海峡网.国际乒联服务器出现安全问题,马龙樊振东等运动员个人信息遭泄漏[EB/OL].（2022-12-14）[2023-9-7].https://sports.sohu.com/a/619835667_121380594.
[21] 段伟文.虚拟影响者与元宇宙时代体育传播的哲学思考[J].上海体育学院学报,2022(5).
[22] 李伟.上海市推进元宇宙新赛道发展现状与对策建议[J].互联网周刊,2023(16).
[23] 曾辉,辛琪.体育强国视域下探究构建新型体育秩序的合理路径[J].当代体育科技,2022(24).

编 后 语

"十四五"规划已然过半,"十四五"以来,上海坚持以办人民满意的体育为出发点和落脚点,紧紧围绕"基本建成全球著名体育城市"目标,全力推进各项任务有序落地,全民健身活动蓬勃开展,市民健身场地及体育设施不断完善,竞技体育加快发展,体育产业恢复向好,儿童青少年体育不断加强,体育发展总体水平处于全国前列,为体育强国建设贡献上海力量。

2023年,立足本市体育发展迫切需要解决的问题,上海体育决策咨询研究成果丰硕,本年度课题重点围绕都市体育发展体系构建、体医融合、体育促消费等主题,共收到申报课题77项,经组织专家评审,给予立项17项,顺利结题16项,共评出6项优秀课题,10项合格课题。课题评审专家、热心为体育发展建言献策的专家学者以及上海大学出版社等各界人士对本书出版给予大力支持,我们对此表示衷心感谢!

本书汇编课题有关文字内容、观点由作者负责。按照课题研究的规范化要求,我们对部分课题的内容和数据做了适当调整和编辑。由于编辑水平有限,本书难免存在疏漏之处,敬请批评指正。

编 者
2024年2月